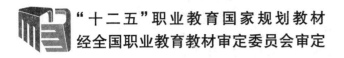

"十二五"职业教育国家规划教材
经全国职业教育教材审定委员会审定

Qiche Jiegou yu Chaizhuang

汽车结构与拆装

（第二版）

交通职业教育教学指导委员会　组织编写
潘伟荣　刘越琪　主　编
杨宏进　主　审

人民交通出版社
China Communications Press

内 容 提 要

本书是"十二五"职业教育国家规划教材,是在各高等职业院校积极践行和创新先进职业教育思想和理念,深入推进"校企合作、工学结合"模式的大背景下,由交通职业教育教学指导委员会汽车运用与维修专业指导委员会组织编写而成。

本教材内容主要包括汽车总体认知、汽车发动机机械系统结构与拆装、汽车燃料供给系统结构与拆装、汽车点火系结构与拆装、汽车传动系结构与拆装、汽车变速器结构与拆装、汽车转向和行驶系结构与拆装、汽车制动系结构与拆装、汽车电气系统结构与拆装、汽车车身结构与拆装,共10个学习任务。

本书主要供高等职业院校汽车类专业教学使用,也可作为汽车类专业人员的岗位培训教材或自学用书。

图书在版编目(CIP)数据

汽车结构与拆装/潘伟荣,刘越琪主编.2版.
—北京:人民交通出版社,2014.8
"十二五"职业教育国家规划教材
ISBN 978-7-114-11220-1

Ⅰ.①汽…　Ⅱ.①潘…②刘…　Ⅲ.①汽车-结构-高等职业教育-教材②汽车-装配-高等职业教育-教材
Ⅳ.①U463②U472

中国版本图书馆 CIP 数据核字(2014)第 036414 号

"十二五"职业教育国家规划教材
书　　名:汽车结构与拆装(第二版)
著 作 者:潘伟荣　刘越琪
责任编辑:时　旭
出版发行:人民交通出版社股份有限公司
地　　址:(100011)北京市朝阳区安定门外外馆斜街 3 号
网　　址:http://www.ccpress.com.cn
销售电话:(010) 59757973
总 经 销:人民交通出版社股份有限公司发行部
经　　销:各地新华书店
印　　刷:北京市密东印刷有限公司
开　　本:787×1092　1/16
印　　张:26.75
插　　页:4
字　　数:620 千
版　　次:2011 年 4 月　第 1 版
　　　　　2014 年 8 月　第 2 版
印　　次:2019 年 6 月　第 3 次印刷　总第 6 次印刷
书　　号:ISBN 978-7-114-11220-1
定　　价:59.00 元

(有印刷、装订质量问题的图书由本社负责调换)

交通职业教育教学指导委员会
汽车运用与维修专业指导委员会

主 任 委 员：魏庆曜

副主任委员：张尔利　汤定国　马伯夷

委　　　员：王凯明　王晋文　刘　锐　刘振楼

　　　　　　刘越琪　许立新　吴宗保　张京伟

　　　　　　李富仓　杨维和　陈文华　陈贞健

　　　　　　周建平　周柄权　金朝勇　唐　好

　　　　　　屠卫星　崔选盟　黄晓敏　彭运均

　　　　　　舒　展　韩　梅　解福泉　詹红红

　　　　　　裴志浩　魏俊强　魏荣庆

秘　　　书：秦兴顺

第二版 前言

根据教育部的《关于"十二五"职业教育国家规划教材选题立项的函》(教职成司函[2013]184号)的通知精神,人民交通出版社出版的教材《汽车结构与拆装》符合"十二五"职业教育国家规划教材选题立项要求。

2013年10月,人民交通出版社组织十几所院校的汽车专业教师代表,在青岛召开了"十二五"职业教育国家规划教材汽车类专业立项教材修订会议。会议根据《教育部关于"十二五"职业教育教材建设的若干意见》(教职成[2012]9号)文件精神,经过认真研究讨论,吸收了教材使用院校教师的意见和建议,确定了立项教材的修订方案。

本书是在第一版的基础上,在会议确定的修订方案指导下完成的,教材的内容修订主要体现在以下几个方面:

1. 将学习任务4中的原单元一内容删除,部分内容如配电器、提前器加到单元二中,相应地对本任务的学习目标进行修改,将任务实施一之传统点火系内容进行删除,对学习工作页进行局部修改,评价反馈部分语句进行更换。

2. 将学习任务6中单元二的内容进行替换,单元要点进行增加;将自动变速器行星齿轮传动组的基本形式内容进行替换,局部有保留;任务实施内容进行替换,学习工作页部分内容进行更换;评价反馈部分语句进行更换;新增加了双离合器内容。

3. 更换原书后面的彩图。

本教材的修订工作,具体分工如下:广东交通职业技术学院刘越琪(编写学习任务1、学习任务4的任务实施部分)、郭海龙(编写学习任务7)、莎仁高娃(编写学习任务6、学习任务4的任务实施部分以外的内容),广州市工贸技师学院王正旭(编写学习任务6单元2内容),其余内容由潘伟荣编写。云南交通职业技术学院杨宏进担任主审。

限于编者水平,书中难免有疏漏和错误之处,恳请广大读者提出宝贵建议,以便进一步修改和完善。

编者
2014年1月

第一版 前言

为贯彻《国务院关于大力发展职业教育的决定》以及教育部制订的《国家教育事业发展"十一五"规划纲要》精神,深化职业教育教学改革,积极推进课程改革和教材建设,满足职业教育发展的新需求,交通职业教育教学指导委员会汽车运用与维修专业指导委员会组织全国交通职业技术院校的骨干教师及相关企业的专业人员,编写了本套高等职业教育规划教材,供高等职业院校汽车技术服务与营销专业教学使用。

本系列教材在组织编写过程中,认真总结了全国交通职业院校多年来的专业教学经验,注意吸收发达国家先进的职教理念和方法,形成了以下特色:

1. 推行工学结合的人才培养模式。汽车技术服务与营销专业建设,从市场调研、职业分析,到专业教学标准、课程标准开发,再到课程方案制订、教材编写的全过程,都是交通职业院校的教师与相关企业的专业人员一起合作完成的,真正实现了学校和企业的紧密结合。本专业的课程也体现了工学结合的本质特征——"学习的内容是工作,通过工作实现学习"。本专业的核心课程有:《汽车结构与拆装》、《汽车使用与维修》、《汽车维修服务》、《汽车备件管理》、《汽车营销》、《汽车保险与公估》、《旧机动车鉴定与评估》。

2. 体现任务驱动的课程教学理念。以职业岗位的典型工作任务为驱动,确定理论与实践一体化的学习任务,按照工作过程组织学习过程。每个学习任务既有知识学习,又有技能操作,是工作要求、工作对象、工具、方法与劳动组织方式的有机整体。

3. 倡导行动导向的引导式教学方法。本系列教材注重对学习目标和引导问题的设计,以学生为主体,强化学生的地位,给学生留下充分思考、实践与合作交流的时间和空间,让学生亲身经历从观察→操作→交流→反思的活动过程。

4. 提供紧密结合职业岗位的技术内容。教材内容力求符合最新的国家及行业相关技术岗位标准以及技能鉴定的要求,为学生考取双证提供帮助。

5. 采用全新的结构编排模式。本系列教材打破了传统教材的章节体例,以典型学习任务为一个相对完整的学习过程,每个学习任务的内容相互独立但又有内在的联系。在每个学习任务开篇处,都以解决实际问题、完成岗位任务为导引,设定"学习目标"、"任务描述"和"学习引导"三个栏目,围绕工作任务聚焦知识和技能;正文则由若干个单元组成,包含"单元要点"、"相关知识"、"单元能力检测"等内容;任务的最后是"评价反馈",包括自我评价、小组评价、教师评价,可帮助学生获得初步的总结、反思,是学习的延伸与拓展。

第一版 前言

《汽车结构与拆装》是本系列教材中的一本。同时该教材是2009年全国交通职业教育科研立项项目《高职汽车专业"理实一体"教学模式构建的研究与实践》课题的研究成果。本教材是紧跟汽车销售服务企业汽车营销工作岗位的发展，根据职业的工作过程进行设计与开发的全新模式教材。汽车销售服务企业营销相关工作岗位主要有汽车销售、汽车维修服务顾问、汽车配件销售等，本教材内容涵盖了完成这些职业岗位工作所需的汽车结构主要知识与技能。本书图文并茂，格式新颖，每一个学习任务后按照职业工作过程设计了引导问题，这些引导问题不仅便于教师教学，也有利于学生自我学习。书中还编写了很多汽车结构认知和拆装的内容，便于组织学生进行实操演练，提高职业技能。书中的评价反馈部分内容，有利于教师方便地对学生的学习效果进行科学的评价。

参加本书编写工作的有：广东交通职业技术学院的刘越琪（编写学习任务1、学习任务4的任务实施部分）、郭海龙（编写学习任务7）、任思帆（编写学习任务6、学习任务4任务实施部分以外的内容），广东白云学院的于仕斌（编写学习任务10），其余内容由潘伟荣编写。全书由广东交通职业技术学院的潘伟荣、刘越琪担任主编，云南交通职业技术学院的杨宏进担任主审。

在本书的编写过程中，云南交通职业技术学院的杨宏进教授给予了悉心指导，深圳标鑫汽车服务有限公司总经理王玉彪、深圳摩圣科技有限公司总经理刘志强也给予了指导与帮助，广东汽车有限公司、一汽丰田汽车销售有限公司等单位给予了大力支持。在此，谨向上述人士、各支持单位和参考文献的原作者们一并表示真诚的感谢！

限于编者经历和水平，教材内容难以覆盖全国各地的实际情况，希望各教学单位在积极选用和推广本系列教材的同时，注重总结经验，及时提出修改意见和建议，以便再版修订时补充完善。

交通职业教育教学指导委员会
汽车运用与维修专业指导委员会
2010年6月

目 录

学习任务1　汽车总体认知 ··· 1
　学习目标 ··· 1
　任务描述 ··· 1
　学习引导 ··· 1
　单元一　汽车的分类及其代码 ·· 2
　单元二　汽车总体结构认知 ··· 9
　单元三　发动机总体结构认知 ··· 13
　单元四　汽车底盘总体结构认知 ·· 17
　任务实施 ··· 21
　评价反馈 ··· 26

学习任务2　汽车发动机机械系统结构与拆装 ·· 28
　学习目标 ··· 28
　任务描述 ··· 28
　学习引导 ··· 28
　单元一　发动机的基本术语和原理认知 ··· 29
　单元二　曲柄连杆机构的结构认知 ·· 34
　单元三　配气机构的结构认知 ··· 48
　单元四　冷却系的结构认知 ··· 62
　单元五　润滑系的结构认知 ··· 69
　任务实施 ··· 75
　评价反馈 ··· 88

学习任务3　汽车燃料供给系统结构与拆装 ·· 90
　学习目标 ··· 90
　任务描述 ··· 90
　学习引导 ··· 90
　单元一　汽油机燃料供给系统基本认知 ··· 91
　单元二　电控汽油喷射系统的总体结构认知 ·· 95
　单元三　进排气系统的结构认知 ·· 119
　单元四　柴油机燃料供给系结构认知 ·· 122
　任务实施 ··· 140
　评价反馈 ··· 159

学习任务4　汽车点火系结构与拆装 ·· 161
　学习目标 ··· 161
　任务描述 ··· 161

目 录

学习引导	161
单元一　普通电子点火系的结构认知	162
单元二　微机控制的电子点火系的结构认知	167
任务实施	170
评价反馈	174

学习任务 5　汽车传动系结构与拆装 … 176
  学习目标 … 176
  任务描述 … 176
  学习引导 … 176
  单元一　汽车传动系的作用与组成 … 177
  单元二　离合器的结构认知 … 180
  单元三　万向传动装置的结构认知 … 186
  单元四　主减速器与差速器的结构认知 … 190
  任务实施 … 196
  评价反馈 … 210

学习任务 6　汽车变速器结构与拆装 … 212
  学习目标 … 212
  任务描述 … 212
  学习引导 … 212
  单元一　手动变速器的结构认知 … 213
  单元二　自动变速器的结构认知 … 224
  任务实施 … 258
  评价反馈 … 271

学习任务 7　汽车转向和行驶系结构与拆装 … 273
  学习目标 … 273
  任务描述 … 273
  学习引导 … 273
  单元一　汽车转向系的结构认知 … 274
  单元二　汽车行驶系的结构认知 … 282
  任务实施 … 292
  评价反馈 … 306

学习任务 8　汽车制动系结构与拆装 … 308
  学习目标 … 308
  任务描述 … 308

目 录

  学习引导 ·· 308
  单元一 制动系统的作用、分类和组成 ······························ 309
  单元二 制动器的结构认知 ·· 311
  单元三 制动主缸及助力器结构认知 ································ 314
  单元四 ABS液压汽车制动系统结构认知 ························· 317
  任务实施 ·· 320
  评价反馈 ·· 328

学习任务9 汽车电气系统结构与拆装 ································· 330
  学习目标 ·· 330
  任务描述 ·· 330
  学习引导 ·· 330
  单元一 汽车电气系统的作用和组成 ································ 331
  单元二 汽车电源系统认知 ·· 332
  单元三 起动系的结构认知 ·· 342
  单元四 仪表系统的结构认知 ······································· 352
  单元五 照明及信号装置结构认知 ··································· 358
  单元六 汽车空调系统的结构认知 ··································· 365
  任务实施 ·· 369
  评价反馈 ·· 383

学习任务10 汽车车身结构与拆装 ···································· 385
  学习目标 ·· 385
  任务描述 ·· 385
  学习引导 ·· 385
  单元一 车身的结构认知 ·· 386
  单元二 桑塔纳车身结构认知 ······································· 395
  单元三 附属装置结构认知 ·· 400
  任务实施 ·· 409
  评价反馈 ·· 418

参考文献 ·· 420

学习任务1　汽车总体认知

1. 能够叙述汽车的分类与代码；
2. 能够介绍汽车的基本组成和性能特点；
3. 能够懂得汽车总体结构、汽车发动机和底盘的总体组成、参数和名称。

客户刘先生想购买一部经济实用型轿车，到某汽车特约经销店，咨询汽车基本类型、代码和参数，要求导购人员能够解答客户的问题。请接待该客户，解答客户提出的问题。

学习引导

本学习任务沿着以下脉络学习：

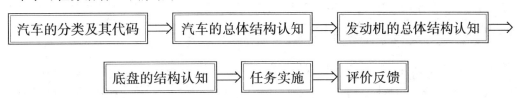

单元一　汽车的分类及其代码

单元要点

1. 汽车的类型；
2. 汽车代码的含义。

相关知识

一、汽车的类型

随着汽车工业的不断发展，汽车的用途也越来越广泛，根据《汽车和挂车类型的术语和定义》（GB/T 3730.1—2001）规定，汽车分为乘用车和商用车两大类。

乘用车主要用于载运乘客及其随身行李和临时物品，包括驾驶员座位在内最多不超过9个座位。它也可以牵引一辆挂车。

商用车用于运送人员和货物，并且可以牵引挂车。

乘用车和商用车的分类情况见表1-1。

乘用车和商用车的分类　　　　　　　　　表1-1

类型			说明				图例
			车顶	座位	车门	车窗	
乘用车	轿车	普通乘用车	硬顶	≥4	2 4		
		活顶乘用车	硬顶 软顶	≥4	2 4	≥4	
		高级乘用车	硬顶	≥4	4 6	≥6	
		小型乘用车	硬顶	≥2	2	≥2	
		敞篷车	软顶 硬顶	≥2	2 4	≥2	
		仓背乘用车	硬顶	≥4	2 4	≥2	

续上表

类型			说明				图 例
			车顶	座位	车门	车窗	
乘用车	旅行车		硬顶	≥4	2 4	≥4	
	多用途乘用车		座位数超过7个,多用途				
	短头乘用车		短头				
	越野乘用车		可在非道路上行驶				
	专用乘用车		专门用途(救护车、旅居车、防弹车、殡仪车)				
商用车	客车	小型客车	载客,≤16座(除驾驶员座)				
		城市客车	城市用公共汽车				
		长途客车	长途客车				
		旅游客车	旅游客车				
		铰接客车	由两节刚性车厢铰接组成的客车				
		无轨电车	经架线由电力驱动的客车				
		越野客车	可在非道路上行驶的客车				
		专用客车	专门用途的客车				

续上表

类型			说明				图例
			车顶	座位	车门	车窗	
商用车		半挂牵引车	牵引半挂车的商用车				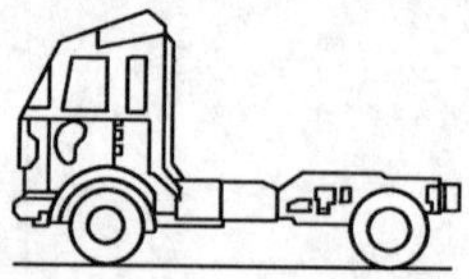
商用车	货车	普通货车	敞开或封闭的载货车				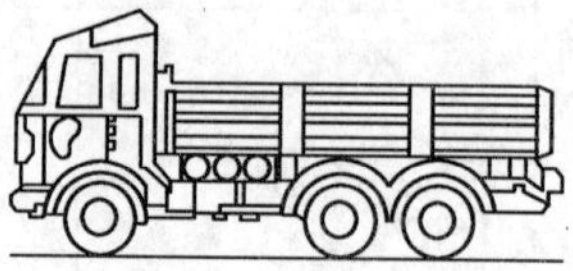
商用车	货车	多用途货车	驾驶座后可载 3 人以上的货车				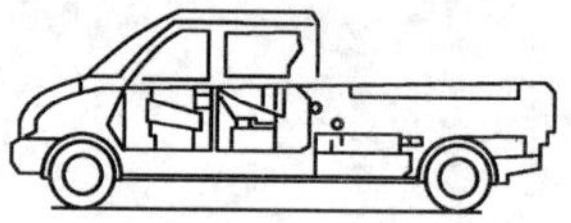
商用车	货车	全挂牵引车	牵引杆式挂车的货车				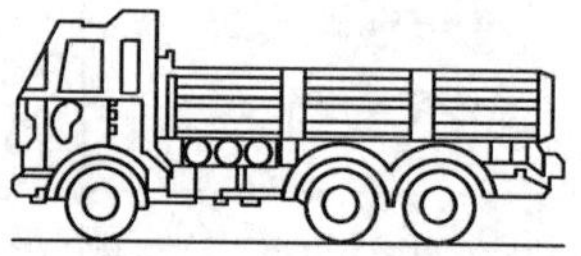
商用车	货车	越野货车	可在非道路上行驶				
商用车	货车	专用作业车	特殊工作的货车（消防车、救险车、垃圾车、应急车、街道清扫车、扫雪车、清洁车等）				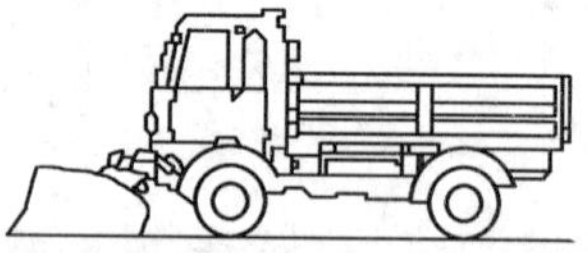
商用车	货车	专用货车	运输特殊物品的货车（罐式车、乘用车运输车、集装箱运输车等）				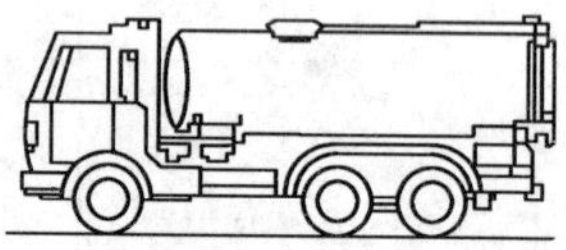

二、汽车的代码

现代汽车是以生产厂家、汽车的类型及其基本特征、设计序号等进行分类的，通常反映在汽车的铭牌上，如图 1-1 所示。

国产汽车型号根据国标一般由 6～7 位字码（汉语拼音及数字）组成，其含义如图 1-2 所示。

（一）车型代码

1. 汽车的生产企业名称

表 1-2 为国内一些著名的汽车生产厂家代号。

图1-1 汽车的铭牌

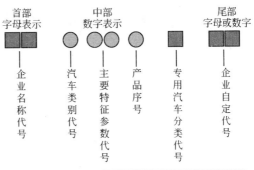

图1-2 汽车代码的含义

汽车的生产厂家代号　　　　　　　　　　　　　表1-2

企 业 名	车 牌 名	代 号
第一汽车集团公司	解放	CA
东风汽车工业公司	东风	EQ
北京汽车制造厂	北京	BJ
南京汽车制造厂	跃进	NJ
上海汽车制造厂	上海	SH
天津汽车制造厂	天津	TJ
济南汽车制造厂	黄河	JN
陕西汽车制造厂	延安	SX
四川汽车制造厂	红岩	CQ
武汉汽车制造厂	武汉	WH

2. 汽车类别代号

汽车类别代号见表1-3。

不同汽车的代号　　　　　　　　　　　　　表1-3

汽车类型	代码	图 示
载货汽车	1	
越野汽车	2	

续上表

汽车类型	代　码	图　示
自卸汽车	3	
牵引汽车	4	
专用汽车	5	
客车	6	
轿车	7	
挂车与专用半挂车	9	

3. 主要参数代号

主要参数代号用两位数字表示。其表达内容见表1-4。

车辆主要参数代号含义　　　　　　　　　　　　　　　　　　　　表1-4

车 辆 类 别	参 数 代 号
载货汽车	表示汽车总质量(t)数值
越野汽车	表示汽车总质量(t)数值
自卸汽车	表示汽车总质量(t)数值
牵引汽车	表示汽车总质量(t)数值
专用汽车	表示汽车总质量(t)数值
客车	表示汽车总长度(0.1m)数值
轿车	表示发动机工作容积(0.1L)数值
半挂车或专用半挂车	表示汽车总质量(t)数值

4. 产品设计顺序号

产品顺序号一般由1位数字代表,第一代产品序号为0。之后依次使用1,2,3,…设计有重大变化时,顺序号延顺。一般来讲顺序号越大,相对技术越先进。

车型代码举例如下:

GZH7230:GZH是指广州本田;7指轿车;23指排量2.3 L;0指第一代产品。

CA1092:表示第一汽车集团公司生产的总质量为9t的第三代载货汽车。

(二)汽车其他常用代码含义

汽车常用代码及含义见表1-5。

汽车常用代码及含义　　　　　　　　　　　　　　　　　　　　表1-5

汽车代码或型号	含　　义
发动机机型及总排气量	发动机机型及总排气量标明在铭牌上,用以区分相同型号车辆上所安装的不同型号和不同排量的发动机
底盘号	用以确定车辆的车架号,打印在车身或车架上,车架号包括基本车型代码和系列号
车辆识别代码	车辆识别代码是用来区别车辆的,是全球汽车工业标准化的主要依据
车身颜色代码	车辆的外观颜色也用代码代表,颜色代码在配制车身油漆和有颜色的外部零件(如保险杠和外部门镜)时是必需的
装饰颜色代码	装饰颜色代码代表车辆内部的颜色;此代码在定购有颜色的内部零件(如转向盘、座椅、门装饰等)时是必需的
变速器形式代码	代表具体车辆使用的变速器类型,用以区分相同车型的车辆所安装的不同型号的变速器和传动轴
车桥代码	车桥代码是由字母数字混编而成,它代表下列几条信息:齿轮直径、齿轮传动比、小齿轮的数量和是否有ISD(限滑差速器)
厂名代码	代表汽车生产厂的厂名

三、车辆识别代码

按国际上对车辆出口国的法律要求,汽车应有车辆识别代码(VIN),VIN 是英文 Vehicle Identification Number 的缩写。因为 SAE(美国汽车工程师学会)标准规定:VIN 码由 17 位字符组成,所以俗称十七位码。它包含了车辆的生产厂家、年代、车型、车身形式及代码、发动机代码及组装地点等信息。正确解读 VIN 码,对于我们正确地识别车型,以致进行正确地诊断和维修都是十分重要的。

VIN 码由 17 位数字和字母组成。VIN 码共分为三部分:①世界制造厂识别代码(第 1 至 3 位);②车辆说明部分(第 4 至 8 位);③车辆指示部分(第 9 至 17 位)。具体如图 1-3 所示。

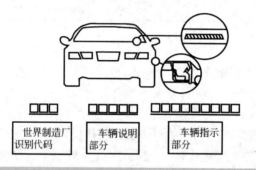

图 1-3　汽车识别码位置与组成

单元二　汽车总体结构认知

单元要点

1. 汽车的总体结构组成；
2. 汽车的基本参数的含义。

相关知识

一、汽车的总体结构概述

汽车由发动机、底盘、车身、电气系统四部分组成,其中底盘又由传动系、行驶系、转向系、制动系四大系统组成。随着汽车技术的不断发展,汽车各部分的电子控制元件所占比例越来越大,如图1-4所示,各总成的功能见表1-6。

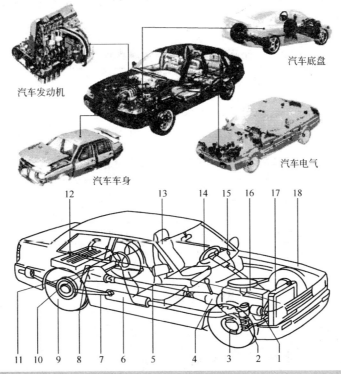

图1-4　汽车总体结构
1-前桥;2-前悬架;3-前车轮;4-变速器;5-传动轴;6-消声器;7-后悬架钢板弹簧;8-减振器;9-后轮;10-制动器;
11-后桥;12-油箱;13-座椅;14-转向盘;15-转向器;16-发动机;17-散热器;18-车身

汽车结构与功用简表 表1-6

序号	结构名称		功用
1	发动机		汽车动力源
2	底盘	传动系	将发动机动力传至驱动轮
3		行驶系	支撑车身,并通过车轮将驾驶员对车辆的操控传至路面
4		转向系	掌控汽车行驶方向,保证直行稳定,转向灵活
5		制动系	在车辆行驶时迅速减速或停车。驻车制动系统使车辆可靠停放,防止滑移
6	车身		用以安装汽车全部机件的骨架并可承载人员、储存货物,应具备安全、舒适、便捷等功能
7	电气系统		提供持续可靠电源及控制装置,使汽车用电系统能正常工作

二、汽车的基本参数

准确了解汽车的结构尺寸、性能和工况,往往需要借助用数字表达的物理量,这个物理量就叫汽车的基本参数。汽车的基本参数主要包括质量参数、尺寸参数和性能参数。表1-7所示为比亚迪F8轿车的基本参数。

比亚迪F8轿车的基本参数 表1-7

车型		比亚迪F8
外形尺寸(mm)	长	4490
	宽	(后轮缘处)1780;(外后视镜处)2020
	高	(空载)1405
轴距(mm)		2520
轮距(mm)	前	1520
	后	1515
前悬(mm)		975
后悬(mm)		995
最小离地间隙(mm)		140
质量参数(kg)	整车整备质量	1525
	总质量	1825
乘载质量(kg)		300
通过性(满载)(°)	接近角	17.2
	离去角	19.5
最小转弯直径(m)		10.2
行李舱容积(L)		190/490

（一）汽车的质量参数

汽车的质量参数见表 1-8。

汽车的质量参数及含义　　　　　　　　表 1-8

序 号	基本参数	含 义
1	整车整备质量	汽车完全装备好的质量。包括发动机、底盘、车身、电气设备和汽车正常行驶所必需的辅助设备，加足燃料、润滑油、冷却液及其他工作液，带齐随车工具、标准备件、备用轮胎、灭火器等的质量
2	最大总质量	汽车满载时的总质量
3	最大装载质量	汽车最大总质量与整车整备质量之差

（二）汽车的尺寸参数

汽车的尺寸参数如图 1-5 所示。汽车主要尺寸参数及含义见表 1-9。

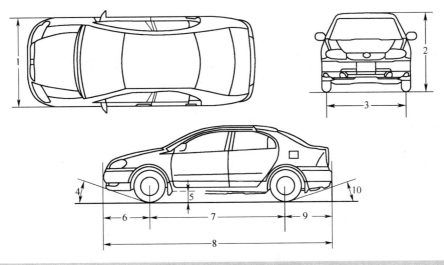

图 1-5　汽车主要尺寸参数

汽车主要尺寸参数及含义　　　　　　　　表 1-9

图 1-5 中序号	参　　数	含　　义
1	车宽	车辆横向两侧固定突出部件之间的距离。固定突出部件不包括后视镜、侧面标志灯、示宽灯、挡泥板等
2	车高	车辆最高点与车辆支撑平面之间的距离
3	轮距	同轴两侧车轮轮胎宽度对称面之间的距离。轴两端为双胎时，轮距为车辆两中心平面之间的距离
4	接近角	车辆前端突出点向前轮所引切线与地面之间的夹角
5	最小离地间隙	满载车辆除车轮以外最低点至地面之间的距离
6	前悬	前轮旋转中心至车辆最前端的距离

续上表

图1-5中序号	参　　数	含　　义
7	轴距	车轴中心线之间的距离
8	车长	车辆纵向前后最外端突出部位之间的距离
9	后悬	后轮旋转中心至车辆最后端的距离
10	离去角	车辆后端突出点向后轮所引切线与地面之间的夹角

（三）汽车的性能参数

汽车的性能参数见表1-10。

汽车主要性能参数及含义 表1-10

序　号	性能参数	具体含义
1	最高车速	汽车满载时在平坦的公路上行驶能达到的最高速度
2	等速百公里油耗	汽车在公路上以规定车速行驶时，百公里的燃油消耗量
3	最大爬坡度	汽车满载时的最大爬坡能力，可用所爬最大角度表示
4	最小转弯直径	向右或向左将转向盘转到尽头，使车辆在路上缓慢转弯时，车辆旋转中心和最外侧车轮（或车身最外侧）轮胎中心之间所绘圆的直径

单元三　发动机总体结构认知

单元要点

1. 发动机的作用；
2. 发动机的类型；
3. 发动机的总体构造。

相关知识

一、发动机的作用

汽车动力来自发动机。现代汽车的发动机是将燃料在机体内燃烧释放的热能转换为机械能的内燃机。

二、发动机的分类

1. 按汽车使用的燃料分

可分为使用汽油的汽油机和使用柴油的柴油机。

2. 按发动机的排列方式分

汽车发动机排列方式有直列式、V形式和对置式三种。

3. 按发动机的工作循环分

按照发动机完成一个工作循环活塞上下运动的行程数可以分为二冲程和四冲程两种。

三、发动机的总体构造

汽车发动机主要由两大机构、五大系统组成。两大机构是指曲柄连杆机构、配气机构；五大系统是指燃料供给系统、点火系统、冷却系统、润滑系统和起动系统。下面我们以桑塔纳发动机为例，分别就上述组成作简单介绍。

（一）曲柄连杆机构

曲柄连杆机构包括机体组、活塞连杆组和曲轴飞轮组三部分。

1. 机体组

机体组的结构如图1-6所示。

机体组包括汽缸盖、汽缸垫、汽缸体及油底壳等。汽缸盖和汽缸体的内壁共同组成燃烧室的部分，是承受高温、高压的机件。机体作为发动机各机构、各系统的装配基体。

2. 活塞连杆组

活塞连杆组的结构如图1-7所示。

 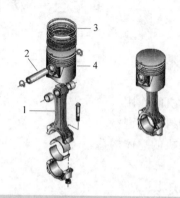

图1-6　发动机机体组
1-汽缸盖;2-汽缸垫;3-汽缸体;4-油底壳

图1-7　发动机活塞连杆组
1-连杆;2-活塞销;3-活塞环;4-活塞

活塞连杆组由活塞、活塞环、活塞销和连杆等组成,在汽缸里作往复直线运动。

3. 曲轴飞轮组

曲轴飞轮组的结构如图1-8所示。

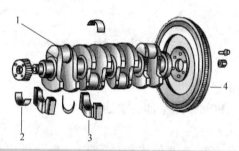

图1-8　发动机曲轴飞轮组结构
1-曲轴;2-曲轴主轴承;3-曲轴主轴承盖;4-飞轮

曲轴飞轮组由曲轴、曲轴主轴承、曲轴主轴承盖和飞轮等组成。

(二)配气机构

配气机构由气门组和气门传动组组成,如图1-9所示,其作用是使可燃混合气及时充入汽缸并及时从汽缸排出废气。

(三)电控汽油机燃料供给系统

汽油机燃料供给系统的结构如图1-10所示。

电控汽油发动机燃料供给系统包括汽油箱、燃油泵、汽油滤清器、油管、空气滤清器、喷油器、进排气歧管、排气管、消声器等。其作用是根据发动机各种工况要求,电控单元根据进气量控制喷油器的通电时间,提供一定数量、一定浓度的可燃混合气供入汽缸,并将燃烧后生成的废气排出发动机。

(四)点火系统

点火系统的结构如图1-11所示。

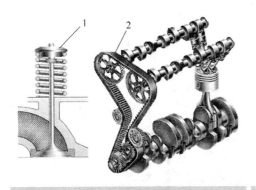

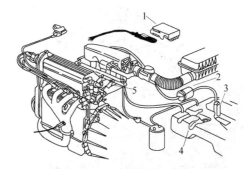

图1-9　发动机配气机构
1-气门组;2-气门传动组

图1-10　汽油机燃料供给系统
1-电控单元;2-滤清器;3-燃油泵;4-汽油箱;5-喷油器

点火系统包括电源（蓄电池和发电机）、分电器、点火线圈和点火开关。其作用是保证按规定时刻及时点燃汽缸中被压缩的可燃混合气。

(五)冷却系统

冷却系统的功用是将受热零件吸收的部分热量及时散发出去,保证发动机在最适宜的温度状态下工作。发动机冷却系统如图1-12所示。

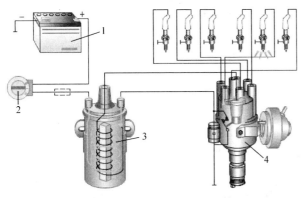

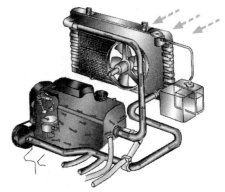

图1-11　发动机点火系统
1-蓄电池;2-点火开关;3-点火线圈;4-分电器

图1-12　发动机冷却系统

(六)润滑系统

润滑系统的结构如图1-13所示。润滑系统包括油底壳、机油泵、机油集滤器、机油道、机油滤清器、限压阀、润滑油道及油管、油温和油压传感器、油温和油压表、油标尺等。

润滑系统的功用是将润滑油不断地供给作相对运动的零件,以减少它们之间的摩擦阻力,减轻机件的磨损,并部分地冷却摩擦零件,清洗摩擦表面。

(七)起动系统

起动系统的结构如图1-14所示。起动系统主要包括起动机、冷起动加热器及其附属装置。起动系统使静止的发动机起动并转入自行运转。

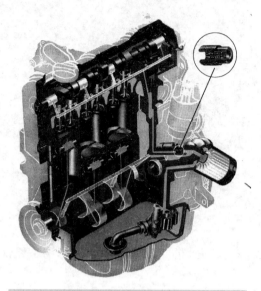
图1-13 发动机润滑系统

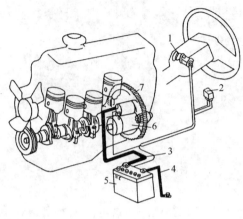
图1-14 发动机起动系统
1-点火开关；2-起动继电器；3-起动机电缆；
4-搭铁电缆；5-蓄电池；6-起动机；7-飞轮

单元四　汽车底盘总体结构认知

单元要点

1. 汽车底盘的作用；
2. 汽车底盘的组成和各部分的作用。

相关知识

一、底盘的作用

底盘如图 1-15 所示，一般由传动系、行驶系、转向系、制动系组成，其作用是支撑和安装发动机、车身及其他总成部件，形成汽车的整体，接受发动机输出的动力使汽车产生运动并保证汽车正常行驶。

图 1-15　汽车底盘

二、底盘的组成和各部分的作用

（一）传动系

传动系的作用是将汽车发动机的动力按需要传给驱动车轮，使路面对驱动车轮产生一个牵引力，推动汽车行驶。汽车传动系的组成与传动系的类型、布置形式以及汽车驱动形式等许多因素有关。

如图 1-16 所示为发动机前置、前轮驱动的机械式传动系，主要由离合器、变速器、万向传动装置、主减速器、差速器、半轴等组成。发动机的动力经过各总成传给驱动轮，驱动轮得到的转矩便给地面一个向后的作用力，并因此使地面对驱动轮产生一个向前的反作用力，这个反作用力称为驱动力或牵引力，当驱动力足以克服汽车行驶阻力，并满足附着条件时，汽车就会起步和正常行驶。机械式传动系各总成的基本功用分别是：

离合器——按照需要适时地切断或接合发动机与传动系之间的动力传递。

变速器——改变发动机输出转速的高低、转矩的大小以及输出轴的旋转方向，也可以切断发动机向驱动轮的动力传递。

主减速器——降低转速，增大转矩，改变动力的传递方向。

差速器——将主减速器传来的动力分配给左右两半轴，并允许两半轴以不同角速度旋转，以满足左右两驱动轮在行驶过程中差速的需要。

汽车传动系的布置形式取决于汽车的使用性质、驱动形式和发动机的安装位置。汽车的驱动形式通常用汽车车轮总数×驱动车轮数来表示，普通汽车一般装有 4 个车轮，根据车轮总数的不同，常见的驱动形式有以下几种。

1. 发动机前置、后轮驱动

如图 1-17 所示为发动机前置、后轮驱动的布置形式。它一般是将发动机、离合器、变速器连成一个整体安装在汽车的前部，而主减速器、差速器和半轴则安装在汽车后部的后桥壳内，两者之间通过万向传动装置相连，这种后轮驱动的布置形式，附着力大，容易获得足够的驱动力，并且发动机的散热条件好，驾驶员可直接操纵离合器、变速器，是载货汽车上广泛采用的一种传动系布置形式。少数轿车也采用这种布置形式。

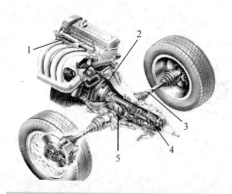

图 1-16　汽车传动系的组成
1-发动机；2-离合器；3-半轴；4-变速器；5-主减速器

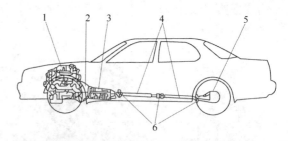

图 1-17　发动机前置、后轮驱动
1-发动机；2-离合器；3-变速器；4-传动轴；5-驱动桥；6-万向节

2. 发动机前置、前轮驱动

如图 1-16 所示为发动机前置、前轮驱动的传动系布置形式。这种布置形式，其变速器、主减速器和差速器装配成一个整体，并同发动机、离合器一起集中安装在汽车前部，除具有发动机散热条件好、操纵机构简单、维修方便等优点外，还省去了很长的传动轴，传动系结构紧凑，整车质心降低，高速行驶稳定性好；缺点是上坡时前轮附着力减小，易打滑，下坡制动时，前轮负荷过重，高速时易产生翻车现象。这是轿车上普遍采用的一种传动系布置形式，其发动机有纵向布置和横向布置之分。

3. 发动机后置、后轮驱动

如图 1-18 所示为发动机后置、后轮驱动的传动系布置形式。

这种布置形式,其发动机、离合器和变速器制成一体布置在驱动桥之后,大大缩短了传动轴的长度,传动系结构紧凑,质心有所降低,前轴不易过载,后轮附着力大,并能充分地利用车厢面积,但由于发动机后置,散热条件较差,发动机、离合器、变速器的操纵机构变得复杂,且行车中某些故障不易被驾驶员察觉,这是大型客车常采用的一种传动系布置形式。有些跑车也采用这种布置形式。

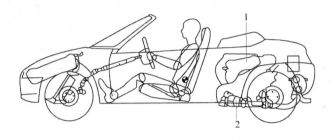

图1-18 发动机后置、后轮驱动
1-发动机;2-传动系

4.越野汽车传动系布置形式

如图1-19所示为4×4越野汽车传动系布置示意图,与发动机前置、后轮驱动的汽车相比较,其前桥既是转向桥也是驱动桥,为了将发动机传给变速器的动力分配给前后两驱动桥,在变速器后增设了分动器,并相应的增设了从变速器到分动器、从分动器通向前后两驱动桥之间的万向传动装置,由于前驱动桥又是转向桥,所以左右两根半轴均分为两段,并用万向节相连。

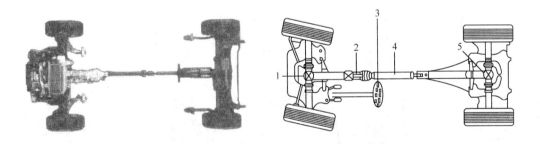

图1-19 越野汽车传动系
1-前桥差速器;2-轴间差速器;3-转向盘;4-传动轴;5-后桥差速器

(二)行驶系

行驶系包括车架、车桥、车轮、悬架等部件,其作用是将汽车各总成及部件连成一个整体并对全车起支撑作用。如图1-20所示。

(三)转向系

转向系由转向盘、转向器和转向传动机构等组成,其作用是保证汽车按驾驶员选择的方向行驶。如图1-21所示。

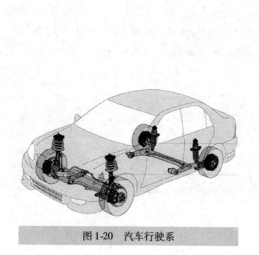

图1-20　汽车行驶系

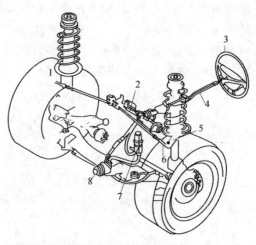

图1-21　汽车转向系
1-右横拉杆；2-动力转向器；3-转向盘；4-转向轴；5-转向臂；6-左横拉杆；7-转向油罐；8-叶片泵

（四）制动系

制动系包括制动传动机构、车轮制动器、驻车制动器等部件，其作用是控制汽车，实现减速、停车以及可靠的停驻。如图1-22所示。

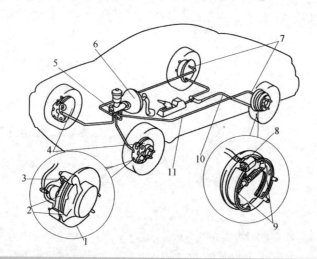

图1-22　汽车制动系
1-制动盘；2-制动钳；3-磨损提示片；4-盘式制动；5-制动主缸；6-真空助力器；7-鼓式制动器；8-制动轮缸；9-制动蹄片；10-驻车制动油管；11-行车制动油管

任 务 实 施

一、指出汽车识别码（VIN）的含义

例如：汽车识别码 1G1BL52P7TR115520，见表1-11。

汽车识别码　　　　　　　　　　　　　　　　　　　表1-11

代码位	1	2	3	4	5	6	7	8	9	10	11	12–17
VIN	1	G	1	B	L	5	2	P	7	T	R	115520

第1位：生产国家或地区代码见表1-12。

生产国家或地区代码　　　　　　　　　　　　　　　表1-12

1	美国	J	日本	S	英国
2	加拿大	K	韩国	T	瑞士
3	墨西哥	L	中国	V	法国
4	美国	R	中国台湾	W	德国
6	澳大利亚			Y	瑞典
9	巴西			Z	意大利

第2位：汽车制造商代码见表1-13。

汽车制造商代码　　　　　　　　　　　　　　　　　表1-13

1	Chevrolet	B	BMW	M	Hyundai
2	Pontiac	B	Dodge	M	Mitsubishi
3	Oldsmobile	C	Chrysler	M	Mercury
4	Buick	D	Mercedes Benz	N	Infiniti
5	Pontiac	E	Eagle	N	Nissan
6	Cadillac	F	Ford	P	Plymouth
7	GM Canada	G	General Motors	S	Subaru
8	Saturn	G	Suzuki	T	Lexus
8	Isuzu	H	Acura	T	Toyota
A	Alfa Romeo	H	Honda	V	Volkswagen
A	Audi	J	Jeep	V	Volvo
A	Jaguar	L	Daewoo	Y	Mazda
		L	Lincoln	Z	Ford
				Z	Mazda

G=所有属于通用汽车的品牌：Buick，Cadillac，Chevrolet，Oldsmobile，Pontiac，Saturn

第3位：汽车类型代码见表1-14（不同的厂商有不同的解释）。有些厂商可能使用前3位组合代码表示特定的品牌。

汽车类型代码　　　　　　　　　　　　　　表1-14

TRU/WAU	Audi	1YV/JM1	Mazda
4US/WBA/WBS	BMW	WDB	Mercedes Benz
2HM/KMH	Hyundai	VF3	Peugeot
SAJ	Jaguar	WP0	Porsche
SAL	Land Rover	YK1/YS3	Saab
		YV1	Volvo

第4~8位(VDS)：车辆特征代码（不同的厂商有不同的解释）。

第9位：校验位。0~9或X（罗马数字10）。

第10位：车型年份见表1-15。

车型年份　　　　　　　　　　　　　　表1-15

B	1981	K	1989	V	1997	5	2005
C	1982	L	1990	W	1998	6	2006
D	1983	M	1991	X	1999	7	2007
E	1984	N	1992	Y	2000	8	2008
F	1985	P	1993	1	2001	9	2009
G	1986	R	1994	2	2002		
H	1987	S	1995	3	2003		
J	1988	T	1996	4	2004		

第11位：装配厂（不同的厂商有不同的解释）。

第12~17位：汽车出厂序列号。

注意：VIN中不会包含I、O、Q三个英文字母。

二、指认汽车各总成的名称和位置

面对一辆解剖轿车（图1-23），在汽车上分别指出发动机、底盘、汽车电气和汽车车身的位置及各总成的组成。

图 1-23　解剖轿车

三、学习工作页

完成相关任务的实训,填写学习工作页表 1-16。

汽车总体认识工作页　　　　　　　表 1-16

汽车总体认识	班级		日期	
	姓名		成绩	

实训目标:
1. 认识汽车的总体构造和类型;
2. 认识汽车发动机、底盘的组成及位置。

实训设备:
解剖轿车 1 辆;解剖桑塔纳发动机 2 台、别克发动机 4 台、柴油发动机 1 台。

实训步骤:
1. 指出图 1-24 所示的汽车发动机位置,并且说明这台发动机是纵置的还是横置的。
2. 传动系的认知。

解剖轿车如图 1-25 所示,请在实物上指认离合器、变速器、万向传动装置、主减速器、差速器、半轴。其传动路线为:_____。

图 1-24　汽车发动机位置

图 1-25　汽车传动系统位置

续上表

3. 记录图1-26所示VIN码，并说明该车的生产国家、生产厂家、生产厂家分厂、车身代码、车身类型、发动机代码、车型年代。

4. 如图1-27所示，指认汽车外观各部件，将前、后保险杠、挡泥板、发动机罩、车顶、行李舱盖的名称进行填空。
   1-_____;2-_____;3-_____;4-_____;5-_____;6-_____

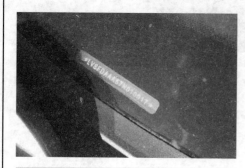

图1-26 汽车VIN码

图1-27 汽车外观各部件

5. 根据下表，比较新威驰两款轿车的尺寸参数，指出二者的异同点。

车型	新威驰1.3L		新威驰1.6L			
	GL—i MT	GL—i AT	GL—i MT	GL—i AT	GL—S 炫酷运动	GLX—i 炫酷天窗
长(mm)	4300	4300	4300	4300	4320	4300
宽(mm)	1690	1690	1690	1690	1690	1690
高(mm)	1490	1490	1490	1490	1490	1490
轴距(mm)	2550	2550	2550	2550	2550	2550
最小离地间隙(mm)	170	170	170	170	170	170
最小转弯半径(m)	4.8	4.8	4.8	4.8	4.8	4.8
整备质量(kg)	1500	1515	1515	1535	1540	1540
行李舱容积(L)	475	475	475	475	475	475
轮胎规格	185/60R 15	185/60R 15	185/60R 15	185/60R 15	185/60R 15	185/60R 15

6. 面对如图1-28所示的一台发动机，请指认曲柄连杆机构、配气机构、燃料供给系统、点火系统的元件位置。

7. 请仔细观察图1-29所示两台发动机a和b，请判断：哪台是汽油机？哪台是柴油机？
请指出二者的主要区别。

8. 填写汽车底盘各组成的名称及作用。
   ① _____
   ② _____
   ③ _____
   ④ _____

续上表

图1-28 发动机整体结构

a) b)

图1-29 发动机

评 价 反 馈

1. 自我评价

(1) 通过本学习任务的学习你认为自己是否已经掌握了下述汽车总体结构知识:
① 汽车包括哪两大类型?＿＿＿＿＿＿＿＿＿＿＿＿＿＿＿＿＿＿＿＿＿＿＿＿＿＿
② 汽车由哪几部分组成?＿＿＿＿＿＿＿＿＿＿＿＿＿＿＿＿＿＿＿＿＿＿＿＿＿＿
③ 发动机由哪几部分组成?＿＿＿＿＿＿＿＿＿＿＿＿＿＿＿＿＿＿＿＿＿＿＿＿
④ 底盘由哪几部分组成?
＿＿＿＿＿＿＿＿＿＿＿＿＿＿＿＿＿＿＿＿＿＿＿＿＿＿＿＿＿＿＿＿＿＿＿＿＿

(2) 在车辆总体结构认知的过程中用到了哪些技能?你是否已经掌握了在工作中运用这些技能的正确方法?

(3) 实训过程完成情况。
评价:＿＿＿＿＿＿＿＿＿＿＿＿＿＿＿＿＿＿＿＿＿＿＿＿＿＿＿＿＿＿＿＿＿＿

(4) 仪容仪表是否符合职业规范?
评价:＿＿＿＿＿＿＿＿＿＿＿＿＿＿＿＿＿＿＿＿＿＿＿＿＿＿＿＿＿＿＿＿＿＿

(5) 能否积极主动参与工作现场的清理、清洁和整顿工作?
评价:＿＿＿＿＿＿＿＿＿＿＿＿＿＿＿＿＿＿＿＿＿＿＿＿＿＿＿＿＿＿＿＿＿＿

(6) 在完成本学习任务的过程中,你和同学之间的协调能力是否得到了提升?是否有过与其他同学探讨车辆接待过程中的有关问题?讨论的最多的问题是什么?讨论的结果是什么?

(7) 通过本学习任务的学习,你认为还要学习汽车总体认识哪些知识和技能才能胜任汽车销售和汽车维修服务岗位?

签名:＿＿＿＿＿＿＿＿＿   ＿＿＿＿年＿＿＿＿月＿＿＿＿日

2. 小组评价(表1-17)

小组评价表　　　　　　　　　　　表1-17

序号	评价项目	评价情况
1	学习过程是否主动并能深度投入	
2	在实训过程中的执行力是否突出	
3	是否能按照职业人的要求对待到课率	
4	学习态度是否符合要求	
5	是否合理规范地使用实训设备	
6	是否按照安全和规范的要求完成作业	

续上表

序号	评价项目	评价情况
7	是否遵守实训场地的规章制度	
8	是否能主动地和他人在实训中合作	
9	是否能按要求对实训场地进行清理、清洁	
10	在团队活动中是否能做到相互尊重	

参与评价的同学签名：_____　　____年____月____日

3. 教师评价

_____

_____

教师签名：_____　　____年____月____日

学习任务 2　汽车发动机机械系统结构与拆装

学习目标

1. 能够解释发动机机械系统各组成的作用、类型；
2. 能够懂得汽车发动机机械系统的基本组成和工作原理；
3. 按照规范要求完成发动机机械系统的拆装作业。

任务描述

一辆新的奔驰 E280 轿车发动机怠速运转时抖动严重，转速超过 1500r/min 以后运转平稳。该车底盘号为 211.054，装配的发动机为奔驰 M272 发动机。检查发动机配气正时，发现左侧汽缸正时标记正确，右侧汽缸的铜链节与凸轮轴调节器的位置发生错位，拆下重新调整，装配完成后起动发动机进行试车，故障消失，说明故障已经排除。

学习引导

本学习任务沿着以下脉络学习：

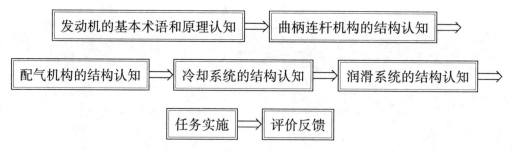

单元一 发动机的基本术语和原理认知

单元要点

1. 发动机的基本术语；
2. 四冲程发动机工作原理。

相关知识

发动机是将其他形式的能量转变为机械能的一种机械装置。

发动机种类很多。按活塞运动形式的不同，可分为往复活塞式和转子式；按所用燃料不同，可分为汽油机和柴油机；按工作循环不同，可分为四冲程机和二冲程机；按汽缸排列不同，可分为单行直线排列机和双行V形排列机；按汽缸数不同，可分为单缸机和多缸机等。

在组成发动机的两大机构、五大系统中，曲柄连杆机构是最核心的机构。发动机的其他组成部分都是在配合曲柄连杆机构的工作，起着协助它正常运转的作用。因此用以描述发动机工作的基本术语是以活塞在工作时的相应位置来表达的，如图2-1所示。

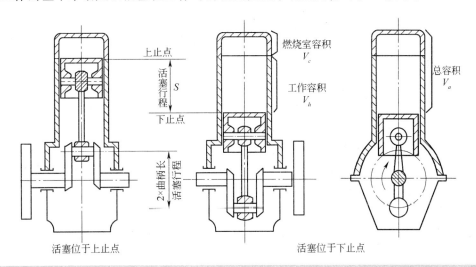

图2-1 发动机常用术语

一、发动机常用术语

掌握发动机的基本参数对学习发动机工作原理非常重要。

上止点：活塞顶部离曲轴中心的最远处，即活塞在汽缸中的最高位置。

下止点:活塞顶部离曲轴中心最近处,即活塞在汽缸中的最低位置。

活塞行程:即上下止点间的距离。活塞由一个止点移动到另一个止点的运动过程,称为一个行程。

汽缸工作容积(V_h):活塞从上止点到下止点(一个行程)所扫过的汽缸容积,用V_h(单位:L)表示。

$$V_h = \frac{\pi D^2}{4 \times 10^6} S$$

式中:V_h——汽缸工作容积,L;
　　　D——汽缸直径,mm;
　　　S——活塞行程,mm。

发动机工作容积(V_L):多缸发动机各汽缸工作容积的总和,也叫发动机排量。用V_L(单位:L)表示。

$$V_L = V_h i$$

式中:i——发动机汽缸数;
　　　V_L——发动机工作容积,即发动机排量,L。

燃烧室容积(V_c):活塞在上止点时,活塞顶部以上空间的容积(单位为L)。

汽缸总容积(V_a):活塞在下止点时,活塞顶部以上整个空间的容积(单位为L)。它等于汽缸工作容积与燃烧室容积之和,即$V_a = V_c + V_h$。

工作循环:发动机内进行的每一次能量转换的一系列连续过程。

二、发动机主要结构参数

(一)排量(V_L)

多缸发动机各汽缸工作容积之和,$V_L = V_h i$(i为汽缸数目)。发动机排量决定了发动机的动力性。轿车发动机的排量也反映了轿车的档次。

(二)短行程、长行程发动机

发动机排量一定时,缸径越大,活塞也越大,从而导致活塞上下运动的行程变短;反之,缸径越小,活塞也越小,从而导致活塞上下运动的行程加长。

(三)压缩比(ε)

汽缸总容积与燃烧室容积的比值,反映了活塞由上止点移动到下止点汽缸内气体被压缩的程度。用ε表示。

$$\varepsilon = V_a / V_c$$

压缩比越大,则压缩终了时汽缸内的压力和温度就越高。汽油机要求压缩比与汽油牌号一致,汽油机压缩比一般为6~9(有的轿车可达9~11),如压缩比低于7.5时,可使用90号汽油;压缩比在8~10时应选用93号~95号汽油,否则会出现工作不正常。柴油机的压缩比一般为16~22,压缩比过高,会使工作粗暴;而过低则难以起动或动力下降。

三、发动机基本工作原理

现代汽车采用的一般是四冲程发动机,所以本书重点介绍四冲程发动机的工作原理。发动机每进行一次能量转换的连续过程,称为一个工作循环,而每一个工作循环是由进气、压缩、做功和排气4个过程组成的,发动机的工作就是连续不断地依次进行着这4个过程,以实现热能向机械能的转换,向外输出动力。

(一)四冲程汽油机的工作原理

四冲程汽油机的一个工作循环是由进气、压缩、做功和排气4个行程组成。图2-2为单缸四冲程汽油机工作原理示意图。

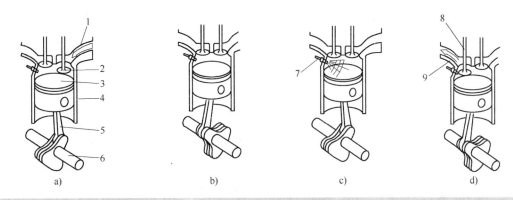

图2-2 四冲程汽油机工作原理
a)进气;b)压缩;c)做功;d)排气
1-进气道;2-进气门;3-活塞;4-汽缸;5-连杆;6-曲轴;7-火花塞;8-排气门;9-排气道

1. 进气行程

活塞由曲轴带动从上止点向下止点运动,此时排气门关闭,进气门开启。活塞移动过程中,汽缸内容积逐渐增大,形成一定真空度,于是空气和汽油混合成的可燃混合气,通过进气门被吸入汽缸。由于进气系统有阻力,进气终了时汽缸内气体的压力约为 0.075 ~ 0.09MPa。由于汽缸壁、活塞等高温件以及前一个循环留下的高温残余废气的加热,气体温度升高到 370 ~ 440K。

2. 压缩行程

进气行程结束时,活塞在曲轴的带动下,从下止点向上止点运动,汽缸内容积减小,由于进、排气门均关闭,进入汽缸的可燃混合气被压缩,至活塞到达上止点时,压缩结束。压缩行程中,气体温度、压力同时升高,并使混合气进一步均匀混合。压缩终了时,汽缸内的压力约为 0.6 ~ 1.2MPa,温度可达 600 ~ 700K。

3. 做功行程

在压缩行程末,火花塞产生电火花点燃混合气,并迅速燃烧,此时进、排气门仍然关闭,气体的温度、压力迅速升高而膨胀,从而推动活塞从上止点向下止点运动,通过连杆使曲轴旋转并输出机械能,至做功结束为止。在做功行程中,开始阶段汽缸内气体压力、温度急剧上升,瞬间压力可达 3~5MPa,温度可达 2200~2800K。随着活塞的下移,压力、温度下降,做功行程终了时压力约为 0.3~0.5MPa,温度约为 1300~1600K。

4. 排气行程

在做功行程终了时,排气门打开,进气门关闭,曲轴通过连杆推动活塞从下止点向上止点运动,废气在自身剩余压力和在活塞推动下,被排出汽缸,至活塞到达上止点时,排气门关闭,排气结束。排气行程终了时,由于燃烧室容积的存在,汽缸内还存有少量废气,气体压力也因排气系统的阻力而高于大气压。此时,压力约为 0.105~0.115MPa,温度约为 900~1200K。

综上所述,四冲程汽油机经过进气、压缩、做功和排气 4 个行程而完成一个工作循环。这期间活塞在上下止点间往复运动 4 个行程,相应的曲轴旋转了两周。

(二) 四冲程柴油机工作原理

四冲程柴油机和四冲程汽油机一样,每个工作循环也是由进气、压缩、做功和排气 4 个行程组成。但由于柴油和汽油的性质不同,使可燃混合气的形成、着火方式等与汽油机有很大区别,下面主要叙述柴油机与汽油机工作循环的不同之处。图 2-3 为单缸四冲程柴油机工作原理示意图。

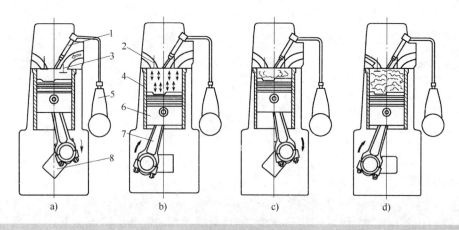

图 2-3 四冲程柴油机工作原理
a)进气;b)压缩;c)做功;d)排气
1-喷油器;2-排气门;3-进气门;4-汽缸;5-喷油泵;6-活塞;7-连杆;8-曲轴

1. 进气行程

进气行程如图 2-3a)所示。它与汽油机的区别是进入汽缸的不是可燃混合气,而是纯空气。由于进气阻力比汽油机小,上一行程残留的废气温度比较低的原因,进气行程终了的压力和温度与汽油机稍有不同,压力约为 0.08~0.09MPa,温度约为 320~350K。

2. 压缩行程

压缩行程如图 2-3b)所示。不同于汽油机的是压缩的是纯空气,且由于柴油机压缩比高,压缩终了的温度和压力都比汽油机高,压力可达 3~5MPa,温度可达 800~1000K。

3. 做功行程

做功行程如图 2-3c)所示。此行程与汽油机有很大不同,在柴油机压缩行程末,喷油泵将高压柴油经喷油器呈雾状喷入汽缸内的高温空气中,迅速汽化并与空气形成混合气,由于此时汽缸内的温度远高于柴油的自燃温度(约500K左右),柴油便立即自行着火燃烧,且此后一段时间内边喷油边燃烧,汽缸内压力、温度急剧升高,推动活塞下行做功。

此行程中,瞬时压力可达5~10MPa,瞬时温度可达1800~2200K;做功行程终了时压力约为0.2~0.4MPa,温度约为1200~1500K。

4. 排气行程

排气行程如图2-3d)所示。与汽油机基本相同。排气终了汽缸内压力约为0.105~0.125MPa,温度约为800~1000K。

由上述两种发动机的工作循环可知:四冲程发动机工作循环的4个活塞行程中,只有1个行程是做功的,其余3个行程则是做功的准备行程。因此,在单缸发动机内,曲轴每转两周中只有半周是由于膨胀气体的作用使曲轴旋转,其余一周半则依靠飞轮惯性维持转动。显然,做功行程时,曲轴的转速比其他3个行程内曲轴的转速要快,所以曲轴的转速是不均匀的。为此飞轮必须具有较大的转动惯量,才能使发动机的运转平稳。而这样做,将使发动机质量和尺寸增加。另外,也可以采用多缸发动机以补救上述缺点。因此现代汽车发动机基本上不用单缸机。

在多缸四冲程发动机的每一个汽缸内,所有的工作过程都是相同的,但各个汽缸的做功行程并不是同时发生,而是按照一定的工作顺序进行。汽缸数越多,发动机工作越平稳。

单元二 曲柄连杆机构的结构认知

单元要点

1. 曲柄连杆机构的功用；
2. 曲柄连杆机构的结构。

相关知识

曲柄连杆机构工作特点是：曲轴的旋转运动与活塞在汽缸套内的往复直线运动是可以互相转换的。利用这个特点，燃油在汽缸中燃烧使气体膨胀产生的推力作用在活塞上，活塞被推动下行时曲轴即随之转动。之后，曲轴在飞轮惯性作用的驱动下继续转动，同时带动活塞在汽缸中往复运动。直至活塞下一次做功。

曲柄连杆机构由机体组、活塞连杆组和曲轴飞轮组三部分组成，如图 2-4 所示。

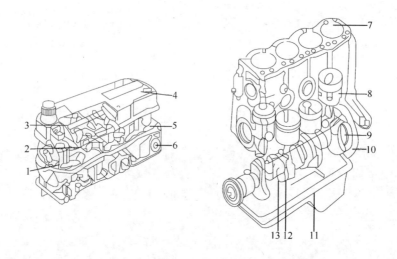

图 2-4 曲柄连杆机构的组成
1-正时链轮；2-摇臂轴；3-摇臂；4-汽缸盖罩；5-气门弹簧；6-进水口；7-汽缸体；8-活塞；
9-飞轮；10-齿圈；11-油底壳；12-连杆；13-曲轴

一、机体组的结构

机体组由汽缸体(汽缸套)、汽缸盖、汽缸垫和油底壳等组成，如图 2-5 所示。

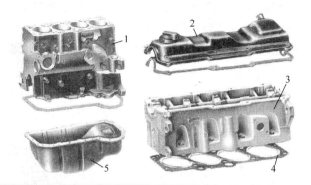

图2-5 机体组的组成
1-汽缸体；2-汽缸盖罩；3-汽缸盖；4-汽缸垫；5-油底壳

（一）汽缸体

1. 汽缸体的作用

汽缸体是发动机的基体和骨架，大多数发动机机件都装在汽缸体上。

2. 汽缸体的分类

（1）汽缸体结构可分为两种：整体式和多片式。

整体式汽缸体又可分为一般式、龙门式和隧道式三种，如图2-6所示。

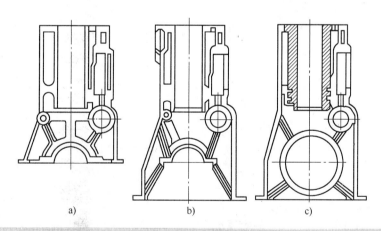

图2-6 汽缸体结构分类
a）一般式；b）龙门式；c）隧道式

（2）汽缸体按汽缸排列形式分为三类：直列式、V形和对置式，如图2-7所示。

直列式一般用于六缸以下发动机，如桑塔纳、捷达、富康等汽车的发动机；V形多用于六缸以上发动机，它缩短了发动机的长度，降低了发动机的高度，增加了发动机的刚度，质量有所减轻，但加大了发动机的宽度，且形状复杂，加工困难；对置式发动机的高度比其他形式小得多，方便某些轿车和大型客车的总布置。

（3）汽缸体的结构。

大多数发动机的机件都装在汽缸体上，各安装面如图2-8所示。汽缸体的上方装有汽缸盖。曲轴装在汽缸体下部。汽缸体下方装有油底壳。汽缸体的前方是正时齿轮室和水泵、散热器。汽缸体的后方是变矩器或离合器,在汽缸体两侧还分别装有分电器、起动机、发电机、机油滤清器、燃油滤清器、机油尺等。

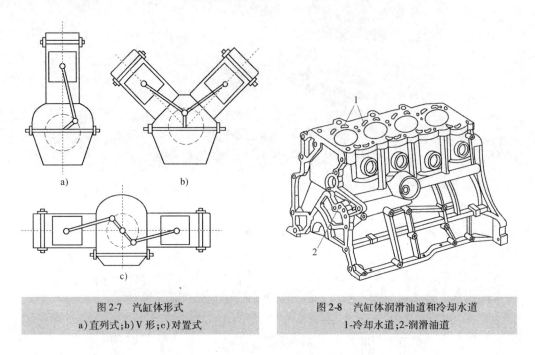

图 2-7 汽缸体形式
a)直列式；b)V 形；c)对置式

图 2-8 汽缸体润滑油道和冷却水道
1-冷却水道；2-润滑油道

汽缸是直接加工在汽缸体上的圆孔。有的汽缸则是加工成圆筒形镶入汽缸孔内的汽缸套。汽缸体内还加工有引导润滑油的油道及让冷却液流通的冷却水套,如图 2-8 所示。油道是在机体上钻出的圆孔,某些油道端口用螺塞封堵。

根据汽缸套是否与冷却水接触,分为干式和湿式两种,如图 2-9 所示。通常,汽油机使用干式汽缸套,柴油机使用湿式汽缸套。其基本特性见表 2-1。

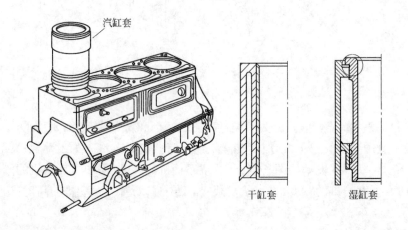

图 2-9 汽缸套的类型

汽缸套的基本特性　　　　　　　　表2-1

类　型	特　　性	壁厚	与汽缸的配合关系	定　位	装配要求
干式汽缸套	不与冷却水接触	1~3mm	过盈配合	过盈配合	检查圆度和圆柱度误差
湿式汽缸套	与冷却水接触,其外装有耐油、耐热橡胶密封圈	5~9mm	间隙配合	上部凸缘的支撑平面	高出汽缸体0.05~0.15mm

(二)汽缸盖

1. 汽缸盖的作用

汽缸盖封闭汽缸的上部,并与活塞顶、汽缸壁共同构成燃烧室。

2. 汽缸盖的结构

汽缸盖上安装着进排气凸轮轴或摇臂轴、火花塞(汽油机)、喷油器(柴油机)及进、排气歧管,如图2-10所示。

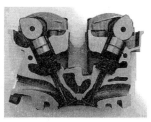

图2-10　汽缸盖的结构

汽缸盖内加工有与汽缸体相通的冷却水套和润滑油油道。

(三)汽缸垫

1. 汽缸垫的作用

汽缸垫装在汽缸体和汽缸盖的结合面之间。作用是密封汽缸,防止漏气、漏水和漏机油。

2. 汽缸垫的结构

汽缸垫要定向安装。石棉外包铜皮的汽缸垫,装在汽缸体、汽缸盖用同一种材料制成的发动机上时,翻边一面朝向汽缸体;汽缸体、汽缸盖用不同材料时,翻边一面朝向汽缸盖,如图2-11所示。通常是一次性使用。

(四)油底壳

1. 油底壳的作用

油底壳的作用是储存机油并封闭曲轴箱。

2. 油底壳的结构

油底壳一般为薄钢板冲压而成,其结构如图2-12所示。有的发动机为达到良好的散热效果,采用带有散热片的铝合金铸造而成的油底壳。

为保证发动机纵向倾斜时机油泵仍能吸到机油,油底壳中部或后部做得较深。有时在油底壳中还设有挡油板,以减轻油面波动。底部装有磁性的放油塞,以吸附润滑油中的铁屑,减少发动机运动零件的磨损。注意:放油塞下的密封垫为一次性件,拆过后即要予以更换新件。

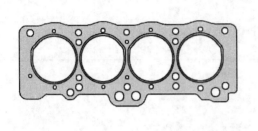

图2-11 汽缸垫

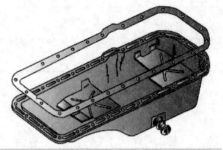

图2-12 油底壳

二、活塞连杆组的结构

(一)活塞连杆组的结构与工作原理

活塞连杆组主要由活塞、活塞环、活塞销和连杆等机件组成,如图2-13所示。

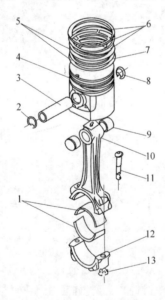

图2-13 活塞连杆组

1-连杆轴瓦;2-活塞销锁环;3-活塞销;4-活塞;5-活塞环刮片;6-活塞密封环;7-活塞油环衬环;8-活塞销锁环;9-连杆衬套;10-连杆;11-连杆螺栓;12-连杆盖;13-连杆螺母

(1)活塞的作用。活塞承受汽缸中的燃烧压力,并将此压力通过活塞销和连杆传给曲轴,产生旋转运动。此外,活塞还与汽缸盖、汽缸壁共同构成燃烧室。

(2)活塞的结构。活塞可分为活塞顶部、活塞头部和活塞裙部三部分,如图2-14所示。

①活塞顶部。活塞顶部是燃烧室的组成部分,常制成不同的形状,如图2-15所示。

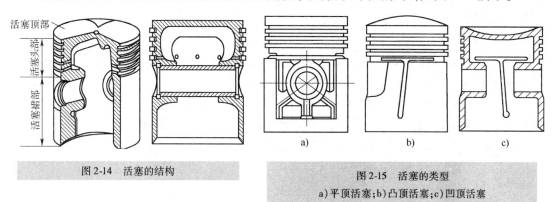

图2-14 活塞的结构

图2-15 活塞的类型
a)平顶活塞;b)凸顶活塞;c)凹顶活塞

汽油机活塞顶部多采用平顶或凹顶。柴油机活塞顶部常制成各种凹形顶。这些凹顶与进气歧管及喷油器共同使空气产生急速涡流并与雾状柴油充分混合。有的活塞顶部有箭头的装配记号,装配时要指向发动机前端。

②活塞头部。活塞顶部至最下面一道活塞环槽之间的部分称为活塞头部,如图2-14所示,其作用是安装活塞环。上面的2~3道槽用来安装气环,下面的一道用来安装油环。油环槽的底部钻有若干径向小孔,使油环从汽缸壁上刮下的多余润滑油经此流回油底壳。

③活塞裙部。活塞环槽以下的所有部分称为活塞裙部,其作用是引导活塞在汽缸中作往复运动,并承受侧压力。

④绝热槽。为使发动机工作时,活塞受热后能与汽缸壁间保持均匀的间隙,通常采取两种措施:

一种将活塞裙部制成锥形,如图2-16所示;另一种在活塞上开槽,活塞裙部开绝热槽及膨胀槽,形状有Π形和T形,如图2-17所示。

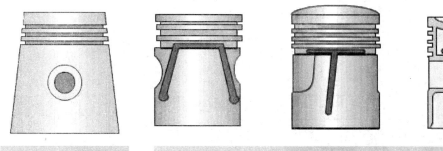

图2-16 锥形的活塞

图2-17 活塞裙部开槽

高速发动机的活塞,将活塞销座孔向主推力面偏移1~2mm,可减轻活塞越过上止点时产生的"敲缸"现象,如图2-18所示。如果反装会出现明显的振动和噪声。为了防止错装,活塞顶上一般都打有箭头等安装记号,箭头指向发动机的前端。

(二)活塞环

1. 活塞环的分类

活塞环是中间断开的弹性金属环,可分为气环和油环两种。活塞环在高温、高压、高速及润滑条件极差的条件下工作,是发动机所有零件中最易磨损的。

2. 活塞环的作用、结构及工作原理

1)气环

(1)气环的作用。气环密封汽缸中的高温、高压燃气,防止它漏入曲轴箱,同时,还将活塞头部70%~80%的热量传导给汽缸壁。

(2)气环的密封原理。气环在自由状态下,外径略大于汽缸直径,如图2-19所示。装入汽缸后,因压缩产生弹力,在弹力的作用下,紧贴在汽缸壁上。当发动机工作时,高压气体的压力更加强了活塞环的密封作用,如图2-20所示。

图2-18 活塞销座孔偏置

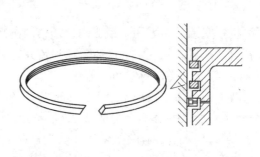

图2-19 气环的密封原理

(3)气环的结构。

①气环的端隙。活塞装入汽缸后,活塞环开口处两端的距离称为活塞环的端隙Δ_1,如图2-21所示。若端隙过大,则漏气量大,使得发动机的功率减小;端隙过小,会使活塞环高温时在汽缸中卡滞,拉伤汽缸并造成断裂。端隙一般为0.20~0.90mm。为了防止气体从端隙处漏出,活塞环的开口相互铺开90°~120°,以对汽缸中的高压燃气进行有效的密封。

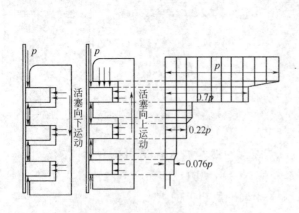

图2-20 高压气体作用在活塞环上的作用力

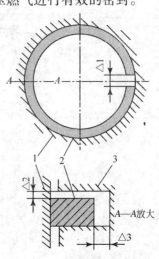

图2-21 活塞环三隙
1-汽缸;2-活塞环;3-活塞

②气环的侧隙。为了保证活塞在汽缸内运行时,活塞环能适应缸套的不同磨损部位始终紧贴缸壁,活塞环与环槽间存在轴向的间隙,该间隙叫侧隙 Δ_2,如图 2-21 所示。侧隙过大,会造成响声引起漏气;侧隙过小,活塞环受热卡死在环槽中,会拉伤汽缸并漏气。

③气环的背隙。气环背隙是指活塞环装入汽缸后,活塞环背面与环槽底部的间隙 Δ_3,如图 2-21 所示。

④气环的断面形状。气环的断面决定了气环与缸套接触面积的大小。接触面积越小,越利于密封并能减少气环运动消耗的功,增大发动机的输出功率。

气环常见的断面形状有以下几种,如图 2-22 所示。

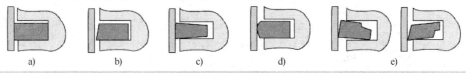

图 2-22 气环的断面形状
a)矩形环;b)锥面环;c)梯形环;d)桶面环;e)扭曲环

矩形环:结构简单、散热性好,但有泵油作用。

桶面环:接触面积小,有利于密封,但凸圆弧表面的加工较困难。

梯形环:主要优点是能使沉积在环槽中的结焦挤出,同时其密封作用强,使用寿命长,上下两面的精磨工艺较复杂。

锥面环:汽缸壁为线接触,有利于密封和磨合,但其传热性差,不宜用于第一道气环。

扭曲环:除具有锥面环的优点外,还能减小泵油作用、减轻磨损、提高散热能力,目前,在发动机上得到广泛的应用。扭曲环分内倒角在上的正扭曲环和外倒角在下的反扭曲环,大部分扭曲环同时使用这两种结构。

2)油环

(1)作用。活塞上行时,气环将润滑油均匀分布到汽缸壁,活塞下行时,油环刮去多余的润滑油,经活塞上的回油孔流回油底壳,如图 2-23 所示。此外,油环还起到辅助密封的作用。

目前,汽车发动机的油环有普通油环和组合油环两种,如图 2-24 所示。

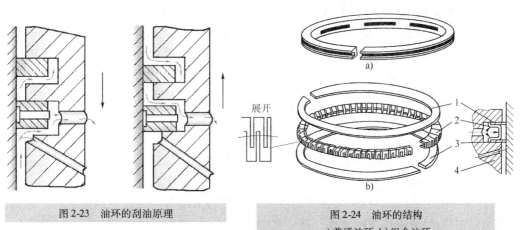

图 2-23 油环的刮油原理

图 2-24 油环的结构
a)普通油环;b)组合油环
1—上刮片;2—衬簧;3—下刮片;4—活塞

(2)结构。普通油环的断面与矩形气环相似,为提高对缸壁的压力,增强刮油效果,在其外围上切有环形槽,槽底开有若干个回油孔或狭缝。普通油环组合油环由上、下刮片和产生径向、轴向弹力作用的衬簧组成。它的主要优点为刮油能力强,对缸套变形的适应性好,回油通路大。

(三)活塞销

1. 活塞销的作用

活塞销连接活塞和连杆小头,将活塞所承受的气体压力传给连杆。

2. 活塞销的结构

根据活塞销与活塞销座孔和连杆小头衬套孔的配合情况,活塞销分为全浮式和半浮式两种,如图2-25所示。

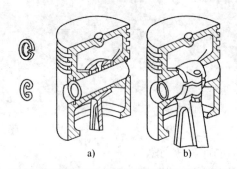

图2-25 活塞销的结构
a)全浮式;b)半浮式

全浮式活塞销在发动机运转过程中,活塞销在连杆小头衬套孔和活塞销座孔内作自由转动,增大了实际活动接触面,减少磨损且使磨损较均匀。为防止活塞销的轴向窜动而损坏汽缸壁,在活塞销座两端用卡环来限位。

半浮式活塞销与活塞销座孔和连杆小头两处连接,一处固定,一处浮动。其中大多数采用活塞销与连杆小头固定的方式。

(四)连杆

1. 连杆的作用

连杆将活塞承受的力传给曲轴,推动曲轴转动,将活塞的往复运动转变为曲轴的旋转运动。

2. 连杆的结构

连杆可分为连杆小头、杆身和连杆大头三部分,如图2-26所示。

(1)连杆小头。连杆小头用于安装活塞销,连接活塞。全浮式连杆小头孔内压有减磨衬套。它是润滑衬套,在连杆小头和衬套上钻有积存飞溅润滑油的油槽或油孔,如图2-26所示。

(2)杆身。连杆杆身多采用"工"字形断面,以提高其抗弯刚度。在杆身内有纵向的压力油通道,以对活塞销进行压力润滑。

(3)连杆大头。连杆大头与曲轴的连杆轴颈相连。为便于安装,通常将连杆大头做成剖分式,上半部与杆身为一体,下半部即连杆盖,两者通过连杆螺栓装合,其中还有油道通向活塞销,如图2-26所示。

连杆大头的切口形式有两种,如图2-27所示。连杆大头沿着与杆身轴线垂直的方向切开,称为直切口连杆,多用于汽油机。有些柴油发动机的连杆大头尺寸较大,为了维修拆装时仍能将其从汽缸中抽出,将连杆大头沿与连杆杆身轴线成30°~60°(常用45°)的方向切开,即为斜切口连杆。柴油机的连杆一般采用斜切口。

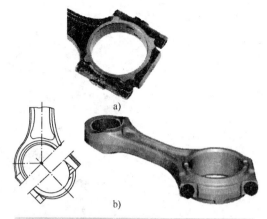

图 2-26 连杆的结构
1-连杆轴承；2-油孔和油槽；3-连杆小头；
4-杆身；5-连杆大头；6-连杆螺栓

图 2-27 连杆大头的结构
a) 直切口；b) 斜切口

（五）连杆轴承

1. 连杆轴承的作用

连杆轴承装在连杆大头孔内，用以保护连杆轴颈（曲柄销）和连杆大头孔。其在工作时承受着较大的交变载荷、高速摩擦、低速大负荷时润滑困难等苛刻条件。为此，要求轴承具有足够的强度、良好的减磨性和耐腐蚀性。

2. 连杆轴承的结构

现代汽车发动机用的连杆轴承是由钢背、减磨合金和镀在表面的耐磨合金组成，如图 2-28 所示。

在自由状态下，轴承的曲率半径和周长都略大于连杆大头孔的曲率半径和周长，装入后，使其紧贴在大头的孔壁上。在两个轴承的剖分面上，均制有定位凸键，以防止连杆轴承在工作中发生转动或轴向移动，在其内表面还加工出油槽用以储油，保证可靠的润滑，如图 2-28 所示。

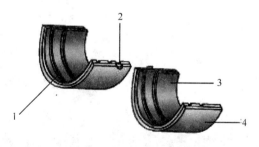

图 2-28 连杆轴承的结构
1-油槽；2-定位凸键；3-耐磨合金；4-钢背

三、曲轴飞轮组的结构

曲轴飞轮组主要由曲轴、主轴承、飞轮、正时齿轮、带轮和曲轴扭转减振器等组成，如图 2-29 所示。

（一）曲轴

1. 曲轴的作用

曲轴的主要作用是将活塞连杆组的动力变为转矩，然后通过飞轮传到汽车的传动系统；曲轴驱动发动机的配气机构和其他辅助装置。

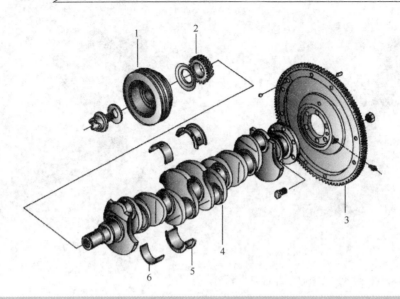

图2-29 曲轴飞轮组
1-曲轴扭转减振器；2-正时齿轮；3-飞轮；4-曲轴；5-推力轴承；6-主轴承

2. 曲轴的结构

曲轴一般由主轴颈、曲轴前端、连杆轴颈、曲柄、平衡重、曲轴后端等组成，如图2-30所示。

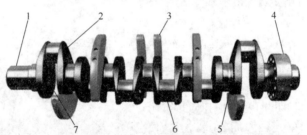

图2-30 曲轴的结构
1-前端；2-曲柄臂；3-平衡块；4-输出端；5-曲柄；6-主轴颈；7-油孔和油道

(1)曲拐。一个连杆轴颈和它两端的曲柄及相邻两个主轴颈构成一个曲拐。曲拐的数目取决于发动机的汽缸数目及其排列方式。直列发动机的曲拐数等于汽缸数，而V形和对置式发动机的曲拐数为汽缸数的一半，如图2-31所示。

(2)曲轴支撑。曲轴可按其主轴颈的数目分为全支撑曲轴及非全支撑曲轴。在相邻两曲拐间都设置一个主轴颈的曲轴，称为全支撑曲轴，如图2-31所示，否则称为非全支撑曲轴。全支撑曲轴刚度较好且主轴的负荷相对较小，多用于柴油机和负荷较大的汽油机；非全支撑曲轴结构简单，多用于中小负荷的汽油机。

(3)平衡重。平衡重在曲拐的对面，用于补偿活塞和连杆的质量，以便平衡曲轴的离心力及其力矩，在主轴颈、曲柄销和轴承上都钻有径向油孔，如图2-32所示。通过和斜向油道相连以使润滑油进入主轴颈和曲柄销的工作表面。

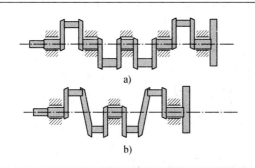
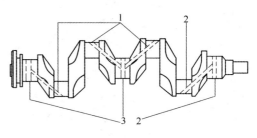

图 2-31　发动机的曲拐排列
a) 全支承曲轴; b) 非全支承曲轴

图 2-32　油道
1-连杆轴颈; 2-油道; 3-主轴颈

（4）曲轴前、后端。曲轴前端是第二道主轴颈之前的部分，装有驱动其他装置的机件——正时齿轮、带轮、起动爪、推力垫片及扭转减振器等，如图 2-33 所示。

曲轴后端是最后一道主轴颈之后的部分，一般在其后端为安装飞轮的凸缘盘，如图 2-33 所示。

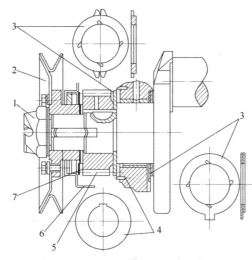

图 2-33　曲轴的前端结构
1-起动爪; 2-带轮; 3-推力垫片; 4-垫圈; 5-正时齿轮; 6-油封; 7-甩油盘

（二）曲轴的轴承

1. 分类

曲轴轴承按其承载方向可分为径向轴承和轴向（推力）轴承。

2. 径向轴承

径向轴承用于支撑曲轴。轴承底座一半加工在曲轴箱上，另一半用螺栓固定，如图 2-34 所示。

3. 推力轴承

推力轴承则用来限制曲轴的轴向窜动，保证曲柄连杆机构各零件正确的相对位置，并在曲轴受热膨胀时，防止其因伸长而卡死。其结构如图 2-35a) 所示。曲轴轴承还可将径向轴承和推力轴承合二为一，制成翻边轴承，如图 2-35b) 所示。

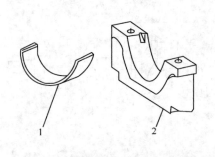

图2-34 径向轴承
1-曲轴径向轴承;2-轴承盖

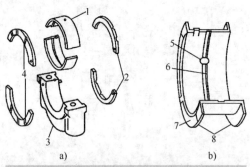

图2-35 曲轴的推力轴承的两种形式
a)组合式;b)整体式
1-主轴承;2-推力轴承片;3-主轴承盖;4、6-油槽;
5-油孔;7-止推面;8-止推边

(三) 几种常用的多缸发动机曲拐布置和点火顺序

在安排各缸的工作顺序时,各缸的做功间隔应均衡,即发动机每完成一个工作循环,各缸都应着火做功一次,对于缸数为 i 的四冲程发动机而言,其发火间隔角为 $720°/i$。常见多缸发动机的曲拐布置和着火顺序如表2-2、表2-3所示。

直列四缸发动机工作循环(发火顺序:1-2-4-3) 表2-2

曲轴转角(°)	第一缸	第二缸	第三缸	第四缸
0~180	做功	压缩	排气	进气
180~360	排气	做功	进气	压缩
360~540	进气	排气	压缩	做功
540~720	压缩	进气	做功	排气

直列六缸发动机工作循环(发火顺序:1-5-3-6-2-4) 表2-3

曲轴转角(°)		第一缸	第二缸	第三缸	第四缸	第五缸	第六缸
180	60	做功	排气	进气	做功	压缩	进气
	120						
360	240	排气	进气	压缩	排气	做功	压缩
	300			做功	进气		
540	420	进气	压缩	排气	压缩	排气	做功
	480					进气	
720	600	压缩	做功	进气	做功	进气	排气
	660		排气				

1. 直列四缸四冲程发动机

发火间隔角为 $720°/4=180°$,采用全支撑曲轴时其4个曲拐布置在同一平面内,具有良好的平衡性。发火顺序有两种方式:1-2-4-3 或 1-3-4-2。若以第一种发火顺序为例,则其工作循环如表2-2所示,曲拐布置如图2-36所示。

2. 直列六缸四冲程发动机

发火间隔角为 $720°/6=120°$,曲拐均匀布置在互成 $120°$ 的两个平面内。六缸四冲程发动机常用的点火顺序为 1-5-3-6-2-4,其工作循环如表2-3所示。曲拐布置如图2-37所示。

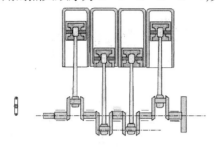

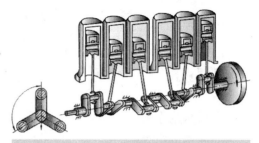

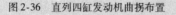

图2-36 直列四缸发动机曲拐布置　　　　图2-37 六缸发动机的曲拐布置

(四) 飞轮

1. 飞轮的作用

飞轮可储存做功行程的一部分能量,以克服各辅助行程的阻力,使曲轴均匀旋转。飞轮又常作为汽车传动系中离合器和变矩器的主动件。

2. 飞轮的结构

发动机飞轮的结构如图2-38所示。飞轮的外缘上镶有齿圈。起动时起动机上的齿轮工作时与它啮合。飞轮上通常刻有第一缸点火正时记号,以供调整和检验点火(喷油)正时和气门间隙。飞轮与曲轴装配后一起进行静态和齿圈动态平衡校验,并通过在曲轴的平衡重和飞轮圆周上钻孔达到质量平衡。

(五) 曲轴扭转减振器

1. 作用

当曲轴较匀速运转时,连杆作用于曲轴上的力是呈周期性变化的,造成曲轴的扭转振动。为了防止曲轴的振动,大多数发动机曲轴前端都装有曲轴扭转减振器。汽车发动机常用的曲轴扭转减振器为橡胶式扭转减振器。

2. 橡胶式扭转减振器的构造和工作原理

在橡胶式扭转减振器中,减振器圆盘用螺栓与带盘及带轮紧固在一起,减振器圆盘和惯性盘同橡胶垫粘接在一起,如图2-39所示。

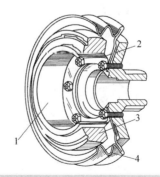

图2-38 飞轮　　　　图2-39 曲轴扭转减振器
1-减振器壳体;2-硫化橡胶层;3-扭转振动惯性质量;4-皮带轮

当曲轴发生扭转振动时,保持等速转动的惯性和使橡胶层发生内摩擦,从而消耗扭转振动的能量,减小振幅达到减振的效果。

单元三 配气机构的结构认知

单元要点

1. 配气机构的作用；
2. 配气机构的组成；
3. 配气机构的工作原理。

相关知识

一、配气机构概述

(一) 配气机构的作用

配气机构的功用是按照发动机工作的要求,定时开闭进排气门,使可燃混合气(汽油机)和空气(柴油机)进入汽缸,并将废气排出汽缸。

(二) 配气机构的组成

配气机构由气门组与气门传动组组成。气门组由气门、气门弹簧、气门锁片、气门导管和气门弹簧座等组成。气门传动组由正时齿轮、凸轮轴正时齿轮、正时皮带、凸轮轴和液力挺杆等组成,如图2-40所示。

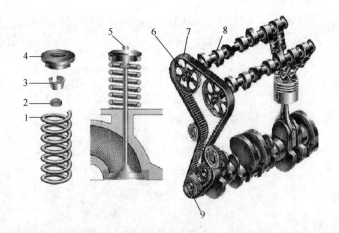

图2-40 配气机构
1-气门弹簧;2-挡圈;3-气门锁片;4-气门弹簧座;5-气门;6-凸轮轴正时齿轮;7-正时皮带;
8-凸轮轴;9-曲轴正时齿轮

（三）配气机构的类型

1. 按气门布置形式分

按气门布置形式分类，可分为双气门和多气门两种，如图2-41所示。两气门式配汽机构每个汽缸中有两个气门，一进一排；新型的发动机采用了多气门结构，有两进一排、两进两排、三进两排等，使得进气门总流通面积增大，充气效率提高，而排气门直径减小，工作温度降低，提高了工作可靠性。此外，多个小气门结构还可适当减小气门升程，改善配气机构的性能。

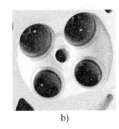
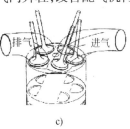

a)　　　　　　　b)　　　　　　　c)

图2-41　双气门和多气门
a)双气门；b)四气门；c)五气门

2. 按凸轮轴布置形式分

按凸轮轴布置形式分类，可分为凸轮轴上置式、凸轮轴中置式和凸轮轴下置式三种，如图2-42所示。

a)　　　　　　　b)　　　　　　　c)

图2-42　凸轮轴的布置形式
a)凸轮轴下置式；b)凸轮轴中置式；c)凸轮轴上置式

（1）凸轮轴下置式：凸轮轴位于曲轴箱中部。

（2）凸轮轴中置式：凸轮轴位于缸体上部。缩短或省去推杆，高速时惯性小。

（3）凸轮轴上置式：凸轮轴位于缸盖上。可省去推杆、摇臂，惯性更小，但驱动较复杂。为了提高发动机转速，减少配气传动机构的惯性，现代汽车发动机多采用凸轮轴上置式。

3. 按气门驱动形式分

按气门驱动形式分类，可分为直接驱动式与摇臂驱动式两种。

4. 按凸轮轴传动方式分

凸轮轴传动方式有齿形带传动式、链传动式和齿轮传动式三种，如图2-43所示。

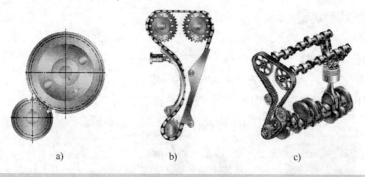

图 2-43 凸轮轴传动方式
a) 齿轮传动机构; b) 链传动机构; c) 齿形带传动机构

5. 按凸轮轴的数量分

按凸轮轴的数量分类,可分为单凸轮轴和双凸轮轴两种。现代汽车大多采用多气门,所以使用双凸轮轴,一根驱动进气门,另一根驱动排气门。而单凸轮轴既驱动进气门,又驱动排气门。

（四）配气机构的工作原理

1. 凸轮轴上置配气机构的工作原理

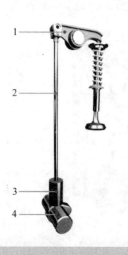

图 2-44 凸轮轴下置配气机构
1-摇臂; 2-推杆; 3-挺柱; 4-凸轮轴

凸轮轴通过正时齿轮由曲轴驱动。四冲程发动机每完成一个工作循环曲轴转两圈,各缸进、排气门各开启一次,凸轮轴只需转一圈,曲轴转速与凸轮轴转速之比为 2:1,也就是曲轴正时齿轮的齿数是凸轮轴正时齿轮齿数的 1/2。桑塔纳发动机曲轴正时齿轮带动凸轮轴正时齿轮和凸轮轴转动,凸轮的尖角推动液力挺杆使气门向下运动,气门打开。凸轮转到圆角时,由气门弹簧使气门关闭。

2. 凸轮轴下置配气机构的工作原理

凸轮轴下置式发动机,如图 2-44 所示。当凸轮轴转至凸起部分顶起挺柱时,挺柱通过推杆使摇臂绕摇臂轴摆动。摇臂的长臂端压缩气门弹簧,推下气门,使气门头部离开气门座而打开。当凸轮凸起部分转过挺柱后,气门在气门弹簧弹力的作用下,开度逐渐减小,直至气门关闭。气门的开启是由凸轮通过气门传动组克服气门弹簧弹力推动气门而完成的,而气门的关闭则是由气门弹簧来完成的。

二、气门组的结构

（一）气门组的概述

1. 气门组的功用和工作条件

1) 功用

气门组在压缩、做功行程中密封汽缸。在进气行程时,进气门打开;在排气行程时,排气门打开。气门关闭时气门弹簧的弹力使气门紧贴在气门座圈上。

2) 工作条件

(1) 承受高温、高压气体。

(2) 冷却、润滑条件差。

2. 气门组的零件结构

气门组由气门、气门导管、气门座、气门弹簧和气门锁片等零件组成,如图 2-45 所示。

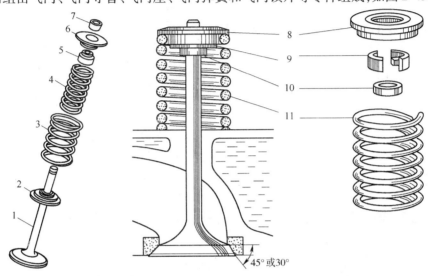

图 2-45 气门组

1-气门;2-弹簧下座圈;3-外弹簧;4-内弹簧;5-气门杆油封;6-弹簧上座圈;
7-气门锁块;8-弹簧座;9-分开式气门锁片;10-油封;11-气门弹簧

(二)气门

1. 气门的功用

气门是燃烧室的组成部分,是气体进、出燃烧室的开关。

2. 气门的结构

气门由头部、杆部和锁止部组成,如图 2-46 所示。

(1) 气门头部的结构形式。气门头部的结构有平顶式、球面顶式和喇叭形顶式三种,如图 2-47 所示。它们的特点见表 2-4。

图 2-46 气门
1-锁止部;2-杆部;3-头部

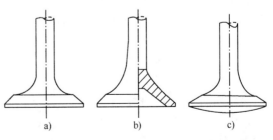

图 2-47 气门头部的结构形状
a) 平顶;b) 凹顶;c) 凸顶

气门头部结构及其特点　　　　　　　　　　　表 2-4

平顶式	结构简单，制造方便，吸热面积小，质量也较小，进、排气门都可采用。目前应用广泛
凸顶式(球面顶)	适用于排气门，因为其强度高，排气阻力小，废气的清除效果好，但球形的受热面积大，质量和惯性力大，加工较复杂
凹顶式(喇叭形顶)	凹顶头部与杆部的过渡部分具有一定的流线型，可以减少进气阻力，故适用于进气门；但其顶部受热面积大，而不宜用于排气门

气门锥角是气门头部与气门座圈接触的锥面和气门顶部平面的夹角，常用的是 45°和 30°，如图 2-48 所示。

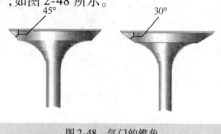

图 2-48　气门的锥角

气门锥角的作用：①获得较大的气门座合压力，提高密封性。扩大导热面积，提高导热性能；②气门落座时有较好的对中、定位作用；③在相同气门升程的条件下，能使气流的通过断面积增大、进气阻力降低，提高进气速度和进气量。避免气流拐弯过大而降低流速。

（2）气门杆部与锁止部。气门杆部的作用：在导管中起运动导向作用，保证气门直线运动兼起导热作用；气门锁止部的作用：通过安装气门锁片，防止气门脱落。气门锁夹内表面有多种形状，相应的气门尾端也有各种不同形状的气门锁夹槽。如图 2-49 所示。

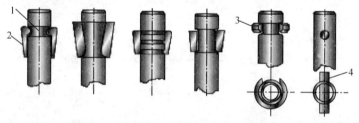

图 2-49　气门尾端的形状
1-气门尾端；2-气门锁片；3-气门卡块；4-圆柱销

（三）气门座

1. 气门座的作用

汽缸盖或汽缸体的进、排气道与气门锥面相结合的部位称为气门座。气门座的作用是靠其内锥面与气门锥面的紧密贴合密封汽缸，并传导气门的热量。

2. 气门座的结构

气门座在汽缸盖上，如图 2-50 所示。与气门紧密贴合。

3. 气门座的工作特点

气门座在高温下工作，并受到气门高速撞击，极易损坏。通常使用耐热材料制成气门座圈，镶嵌入汽缸盖的气门座圆孔中，以便提高其使用寿命，同时便于更换。

（四）气门导管

1. 气门导管的功用

气门导管的功用是给气门的运动导向，并为气门杆散热。

2. 气门导管的结构

气门导管过盈配合在汽缸盖上,如图2-51所示。

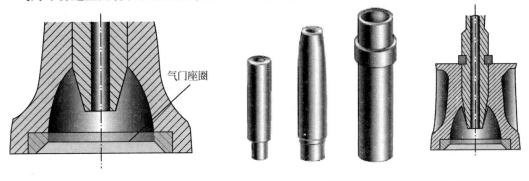

图2-50 气门座圈　　　　　　图2-51 气门导管

3. 气门导管的工作特点

气门杆与气门导管之间的配合使气门杆能在导管中自由运动,不至于松旷。

(五)气门弹簧

1. 气门弹簧的功用

气门弹簧借其弹力使气门及时关闭,并保证气门与气门座紧密贴合。

2. 气门弹簧的结构

安装时,气门弹簧的一端支撑在汽缸盖和汽缸体上,而另一端则压靠在气门杆尾端的弹簧座上,弹簧座用锁片固定在气门杆的末端,如图2-52所示。

3. 气门弹簧的工作特点

为了防止弹簧发生共振,可采用变螺距的圆柱形弹簧[图2-53b)]或双气门弹簧[图2-53c)]。双气门弹簧不但可以防止共振,而且当一根弹簧折断时,另一根仍可维持工作,防止气门落入汽缸内。

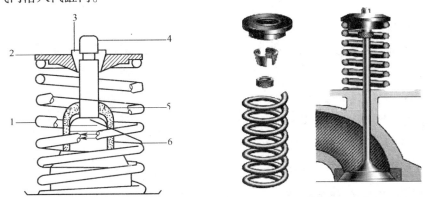

图2-52 气门弹簧的安装
1-气门弹簧;2-气门弹簧座;3-气门弹簧锁片;4-气门杆;5-油封;6-气门导管

(六)气门旋转机构

当气门工作时,如能产生缓慢的旋转运动,可使气门头部周向温度分布比较均匀,从而减小气门头部的热变形。同时,气门旋转时,在密封锥面上产生轻微的摩擦力,能够清除锥面上的沉积物。如图 2-54 所示。

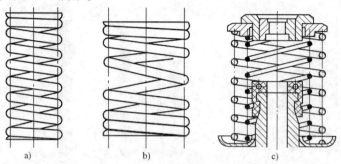

图 2-53 气门弹簧
a)圆柱形弹簧;b)变螺距圆柱形弹簧;c)双气门弹簧

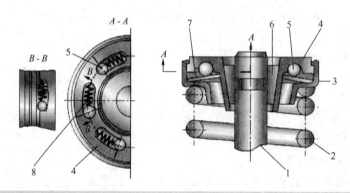

图 2-54 气门旋转机构
1-气门;2-气门弹簧;3-气门弹簧座;4-旋转机构壳体;5-钢球;6-气门锁夹;7-碟形弹簧;8-复位弹簧

(七)每缸气门数

一般发动机每个汽缸有两个气门,即一个进气门和一个排气门。进气门头部直径比排气门大 15%~30%,目的是增大进气门通过断面面积,减小进气阻力,增加进气量。凡是进气门和排气门数量相同时,进气门头部直径总比排气门大。每缸两气门的发动机又称两气门发动机。现代高性能汽车发动机普遍采用每缸 3~5 个气门,其中尤以四气门发动机为数最多。四气门发动机每缸两个进气门,两个排气门,如图 2-55 所示。其突出的优点是气门通过断面积大,进、排气充分,进气量增加,发动机的转矩和功率提高。其次是每缸 4 个气门,每个气门的头部直径较小,每个气门的质量减轻,运动惯性力减小,有利于提高发动机转速。最后,四气门发动机多采用盆形燃烧室,火花塞布置在燃

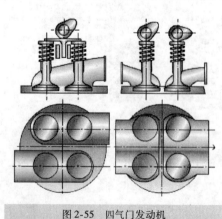

图 2-55 四气门发动机

烧室中央,有利于燃烧。

三、气门传动组的结构

(一)气门传动组

1. 气门传动组的作用

气门传动组的作用是将曲轴的旋转运动变为气门的开闭运动。

2. 气门传动组的结构

气门传动组由正时齿轮、正时皮带、凸轮轴正时齿轮、凸轮轴和摇臂等组成,如图2-56所示。

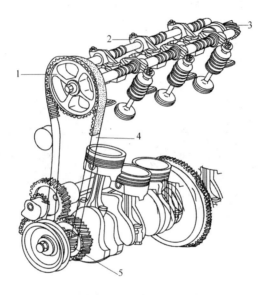

图2-56 气门传动组
1-正时齿轮;2-摇臂;3-凸轮轴;4-正时皮带;5-曲轴正时齿轮

配气机构动力传递:曲轴正时齿轮→正时皮带→凸轮轴正时齿轮→凸轮轴→摇臂→气门。

(二)凸轮轴

1. 凸轮轴的作用

凸轮轴的作用是控制气门的开闭。对于下置凸轮轴的发动机还可驱动机油泵、分电器和汽油泵(汽油机)。

2. 凸轮轴的结构

顶置式配气机构的凸轮轴安装在汽缸盖上,凸轮轴上有进、排气凸轮,如图2-57所示。

3. 凸轮轴的工作原理

汽缸的进、排气凸轮的相对角位置是与既定的配气相位相对应的,发动机的各个汽缸的进、排气凸轮的相对角位置应符合发动机各缸的工作循环的要求。因此,根据凸轮轴的旋转方向以及各缸进、排气和凸轮的工作顺序,就可以判定发动机的点火顺序。

图 2-57 凸轮轴

四冲程发动机每完成一个工作循环,曲轴须旋转两周,凸轮轴只旋转 1 周。在这期间内,每个汽缸都要进行一次进气或排气,且各缸进气或排气时间间隔相等。对于发动机点火顺序为 1-3-4-2 的四缸发动机,各缸进或排气凸轮彼此间的夹角为 360°/4=90°,如图 2-58a)所示(凸轮轴旋转方向从前端向后看);对于发动机点火顺序为 1-5-3-6-2-4 的六缸发动机,各缸进或排气凸轮彼此间的夹角均为 360°/6=60°,如图 2-58b)所示。

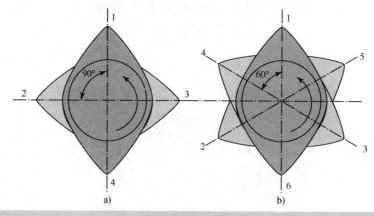

图 2-58 同名凸轮
a)四缸同名凸轮角;b)六缸同名凸轮角

(三)挺柱

发动机的挺柱分液力挺柱与机械挺柱两种。

1. 挺柱的作用

挺柱的作用是将凸轮的推力传递给推杆或气门杆,并承受凸轮轴旋转时所施加的侧向力。

2. 液力挺柱的结构

液力挺柱安装在凸轮与气门之间,由挺柱体、止回阀、止回阀复位弹簧、止回阀复位弹簧座、柱塞复位弹簧、气门、气门推杆和柱塞等组成,如图 2-59 所示。

挺柱体上有油孔与汽缸盖相通,使油流入或流回汽缸盖油道。柱塞套在气门推杆内,柱塞推杆套在挺柱体内。

止回阀和止回阀复位弹簧安装在止回阀复位弹簧座上,止回阀复位弹簧座装在柱塞上,在没有油压的情况下,止回阀是关闭的。

柱塞和气门杆之间有柱塞复位弹簧,它使柱塞向上紧贴在挺柱体上。

3. 液力挺柱的工作原理

发动机运行,气门关闭时,止回阀在机油压力的作用下,克服弹簧的作用力,被顶开,此时柱塞上下腔的油压相等。

当挺柱体被凸轮向下推动时,推动柱塞克服柱塞弹簧的作用力,在气门推杆内迅速运动,于是柱塞下部空腔内的油压迅速增高,使止回阀关闭。液体具有不可压缩性,整个挺柱如同一个刚体一样向下运动,推动气门打开,如图2-59所示。

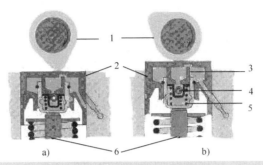

图2-59 液力挺柱结构与工作原理
a)气门开启;b)气门关闭
1-凸轮;2-挺柱体;3-柱塞;4-止回阀;5-柱塞复位弹簧;6-气门

气门关闭时,止回阀打开。若气门冷缩,向柱塞下腔内的补油,会增加油量,将气门推杆向下推,从而使挺柱自动"伸长"。相反,若气门受热膨胀,气门向上顶,推动气门推杆相对于柱塞向上运动,柱塞下方的油液流回汽缸盖,从而使挺柱自动"缩短"。因液力挺柱可随时调节自身高度使气门杆端与摇臂始终保持无间隙状态。两者之间没有了敲击,噪声也大大减小。液力挺柱已被大多数汽车所采用。

4. 机械挺柱的结构

机械挺柱有筒式和滚轮式两种结构,如图2-60所示。

5. 机械挺柱的工作原理

机械挺柱工作原理如图2-61所示。挺柱与凸轮接触部分制成球面,凸轮面制成带锥度形状。这样,凸轮与挺柱的接触点偏离挺柱轴线,当挺柱被凸轮顶起上升时,接触点的摩擦力使其绕本身轴线转动,以达到磨损均匀的目的。在发动机工作时,机械挺柱会受热膨胀,从而导致气门关闭不严。为防止这种情况出现,装有机械挺柱的发动机在冷车时气门杆与摇臂间留有称为气门间隙的缝隙。此间隙随挺柱、气门座等件的磨损会变化。要求按说明书定期检查并调整。

(四)气门推杆

1. 气门推杆的作用

气门推杆只有在顶置式气门、凸轮轴下置的配气机构中使用,它将挺柱传来的推力传给摇臂。

2. 气门推杆的结构

气门推杆是气门机构中最容易弯曲的细长零件,如图2-62所示。上、下两端焊有不同形状的端头。上端头为凹球形,与摇臂上的调整螺钉球头相配合,而且还可以在凹球内积存少量润滑油以减少双方的磨损。下端头通常为球形,以便坐落在挺杆的凹球形支座内。

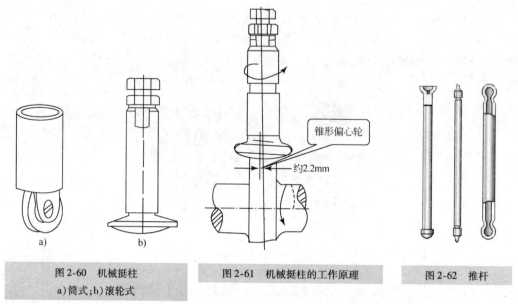

图2-60 机械挺柱
a)筒式;b)滚轮式

图2-61 机械挺柱的工作原理

图2-62 推杆

(五)摇臂、摇臂轴

1. 摇臂、摇臂轴的作用

摇臂和摇臂轴的作用是将推杆和凸轮传来的运动和作用力,改变方向传给气门使其开启。

2. 摇臂、摇臂轴的结构

摇臂在摆动过程中承受很大的弯矩,因此,应有足够的强度和刚度以及较小的质量。摇臂由锻钢、可锻铸铁、球墨铸铁或铝合金制造。摇臂是一双臂杠杆,如图2-63所示。以摇臂

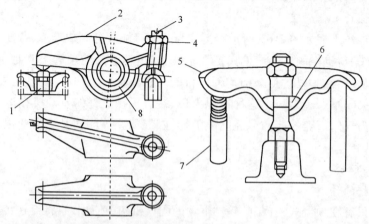

图2-63 摇臂
1-气门;2-摇臂;3-气门间隙调整螺钉;4-锁紧螺母;5-摇臂;6-摇臂支点球座;7-气门;8-摇臂衬套

轴为支点，两臂不等长。长、短臂的比值约 1.5，这个比值称为摇臂的传动比。摇臂的长臂端用来推动气门端，短臂端与推杆接触。摇臂支承孔内压有青铜衬套，并以一定的配合间隙套在中空的摇臂轴上，摇臂轴则装在摇臂轴座的孔中，摇臂轴座用螺栓固定在汽缸盖上。在相邻两摇臂轴座之间装有 1 个摇臂和 1 个弹簧，防止气门摇臂轴向移动。最外的摇臂则用卡簧定位。

(六) 摆臂与气门间隙自动补偿器

摆臂的功用与摇臂相同。两者的区别只在于摆臂是单臂杠杆，其支点在摆臂的一端。在许多轿车发动机上，用气门间隙自动补偿器代替摆臂支座实现零气门间隙。气门间隙自动补偿器无论是结构还是工作原理都与液力挺柱相同，之所以不称其为液力挺柱，是因为它不是凸轮的从动件，仅仅是摆臂的一个支撑而已。因此，它既是摆臂的支座又是补偿气门间隙变化的装置。如图 2-64 所示。

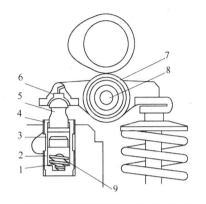

图 2-64　摆臂与气门间隙自动补偿器
1-柱塞弹簧；2-止回阀；3-进油孔；4-壳体；
5-柱塞；6-摆臂；7-滚轮；8-销轴；9-高压腔

四、配气相位

(一) 配气相位的定义与作用

用曲轴转角表示的进、排气门实际开闭时刻和开启持续时间，称为配气相位。通常用相对于上、下止点曲拐位置的曲轴转角的环形图来表示，称为配气相位图，如图 2-65 所示。

按四冲程发动机的工作原理，当曲拐处在上止点时进气门开启，下止点时进气门关闭；排气门则当曲拐在下止点时开启，上止点时关闭。进气时间和排气时间各占 180° 转角。但实际上由于发动机转速很高，活塞运动行程时间很短。在这样短的时间内换气，势必会造成进气不足和排气不净，从而使发动机功率下降。因此，发动机都采取延长进、排气时间的方法，改善进、排气状况，提高发动机的动力性。故发动机气门实际开闭时刻是早开迟闭。

(二) 配气相位的原理

1. 进气门的配气相位

(1) 进气提前角。在排气接近终了，活塞到达上止点之前，进气门便开始开启，从进气门开始开启到活塞移到上止点所对应的曲轴转角 α，称为进气提前角，如图 2-65 所示。

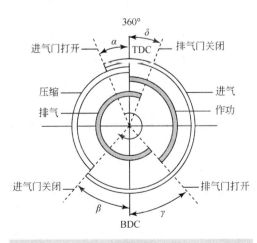

图 2-65　配气相位图

进气门提前开启的目的,是为了保证进气行程开始时进气门已开启,减小进气阻力。但进气提前角不能过大,否则会因发动机的转速增加,而增加进气阻力。一般进气提前角为 $10°\sim30°$。

(2)进气迟后角。在进气行程下止点过后,活塞重又上行一段,进气门才关闭,从下止点到进气门关闭所对应的曲轴转角 β,称为进气迟后角,如图 2-65 所示。

进气门迟后关闭的目的是由于活塞到达下止点时,汽缸内压力仍低于大气压力,且气流还有相当大的惯性,这时气流不但没有停止向汽缸流动,甚至可能流速还相当高,利用气流惯性和压力差继续进气,达到增大充气效率的目的。

但进气迟后角不能过大,否则反而会将充入汽缸的气体压出汽缸,降低发动机的充气效率。一般进气迟后角为 $40°\sim80°$。

由此可见,进气门开启持续时间内的曲轴转角,即进气门持续开启角为 $\alpha+180°+\beta$。

2. 排气门的配气相位

(1)排气提前角。在活塞到达下止点之前,做功行程接近终了时,排气门开始开启。从排气门开始开启到下止点所对应的曲轴转角 γ,称为排气提前角,如图 2-65 所示。

排气门提前开启的目的是:当做功行程活塞接近下止点时,汽缸内的气体大约还有 $0.30\sim0.50$ MPa 的压力,此压力对做功的作用已经不大,但比大气压力高得多,利用此压力使汽缸内的废气迅速地自由排出,待活塞到达下止点时,已将汽缸中 60% 的废气排出了汽缸,使排气行程所消耗的功率大为减少,此外,高温废气迅速地排出,还可以防止发动机过热。但排气提前角不宜过大,一般为 $40°\sim80°$,否则会降低发动机的功率。

(2)排气迟后角。活塞越过上止点后,排气门才关闭。从上止点到排气门关闭所对应的曲轴转角 δ,称为排气迟后角,如图 2-65 所示。

排气门迟后关闭的目的,是由于活塞到达上止点时,汽缸内的残余废气压力继续高于大气压力,且排气时气流有一定的惯性,利用气流惯性和压力差把废气排放得更干净。

但排气迟后角不宜过大,一般为 $10°\sim30°$,否则会增加发动机换气时所消耗的功率。

由此可见,排气门开启持续时间内的曲轴转角,即排气门持续开启角为 $\gamma+180°+\delta$。

3. 气门叠开

进气门在进气上止点前即开启,而排气门在进气上止点后才关闭,这就出现了在一段时间内进、排气门同时开启的现象,称为气门叠开。同时开启的曲轴转角 $\alpha+\delta$ 称为气门叠开角,如图 2-66 所示。

由于新鲜气流和废气流的流动惯性都比较大,在短时间内不会改变流向,因此只要气门叠开角选择适当,就不会有废气倒流进进气管和新鲜气体随同废气排出的现象。但气门叠开角不能过大,否则会将发动机吸入的混合气(空气)直接从排气门排出。

部分发动机的配气正时见表 2-5。

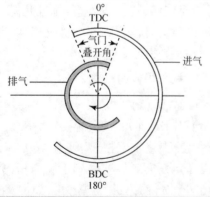

图 2-66 气门叠开

部分发动机的配气正时   表 2-5

发动机型号	α	β	γ	δ	气门叠开角
桑塔纳 AJR	2°	24°	44°	8°	10°
桑塔纳 JV	1°	37°	42°	2°	3°
奥迪 1.8L	3°	33°	41°	5°	8°
EQ6100—1	20°	56°	38.5°	20.5°	40.5°
CA6102	12°	48°	42°	18°	30°

(三)气门间隙

发动机在冷态下,当气门处于关闭状态时,气门与传动件之间的间隙称为气门间隙,如图 2-67 所示。发动机工作时,气门及其传动件,如挺柱、推杆等都将因为受热膨胀而伸长。如果在冷态时气门与其传动件之间不预留间隙,则在热态下由于气门及其传动件膨胀伸长而顶开气门,破坏气门与气门座之间的密封,造成汽缸漏气,从而使发动机功率下降,起动困难,甚至不能正常工作。为此,在装配发动机时,在气门与其传动件之间需预留适当的间隙,即气门间隙。气门间隙既不能过大,也不能过小。间隙过小,不能完全消除上述弊病;间隙过大,在气门与气门座以及各传动件之间将产生撞击和响声。最适当的气门间隙由发动机制造厂根据试验确定。

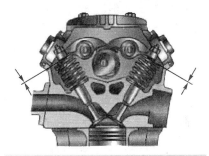

图 2-67 气门间隙

单元四 冷却系的结构认知

单元要点

1. 冷却系的作用；
2. 冷却系的组成和工作原理。

相关知识

一、冷却系的功用

发动机工作时,缸内气体温度高达1800～2000℃,如不及时散热,机体将会产生过热,引起强度、刚度下降,容易变形损坏;材料膨胀、发卡,配合间隙被破坏;机油黏度下降,润滑条件恶化;易产生炽热点,引起表面点火;充气系数下降,发动机动力性下降等。因此,为保证发动机正常工作,必须对高温条件下的机体加以冷却。

发动机的冷却必须适度,若过冷,将使热损失过大,压缩终了温度低,燃烧不充分,功率下降、油耗增加;机油黏度大,机件运动阻力大,润滑也变差等。

因此,冷却系统的功用就是保持发动机在最适宜的温度下工作。

目前,汽车发动机上广泛采用以水为冷却介质的水冷系,因此本书中所提及的冷却系为水冷却系统。

二、水冷系的组成和工作原理

1. 组成

水冷系中,水为冷却介质,采用强制循环式,利用水泵强制水在冷却系中循环流动。水冷系由散热器、水泵、风扇、冷却水套和节温器等组成,如图2-68所示。

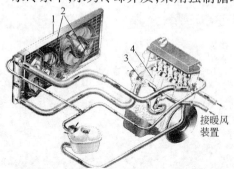

图2-68 冷却系的组成
1-散热器;2-风扇;3-水泵;4-汽缸体水套

2. 水冷系的工作过程

冷却液的流通路线为散热器中的冷却液经水泵抽吸进入汽缸体的水套,再由缸体流向散热器,形成冷却液的循环,如图2-69。冷却液的循环路线分大、小循环。

当发动机处于预热等低温状态时,节温器使水套流出的冷却液不经散热器直接进入水泵,起加速升温的作用,称为小循环,如

图2-70a)所示。

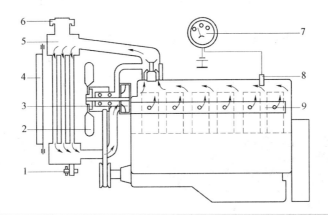

图2-69　冷却系的工作原理
1-放水阀;2-风扇;3-水泵;4-百叶窗;5-散热器;6-散热器盖;7-水温表;8-水温传感器;9-分水管

当发动机处于大负荷等高温状态时,节温器使水套流出的冷却液全部流入散热器,有效散热,称为大循环,如图2-70b)所示。

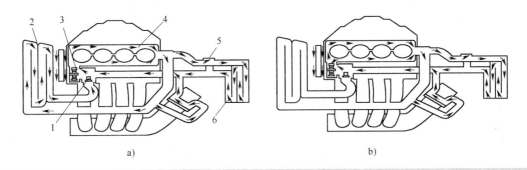

图2-70　水冷系的大、小循环
a)大循环;b)小循环
1-节温器;2-散热器;3-水泵;4-发动机水套;5-控制阀;6-膨胀水箱

三、水冷系主要部件的结构

(一)散热器

1. 散热器的作用

散热器(也称水箱)可增大散热面积,加速水的冷却。冷却水经过散热器后,温度可降低10~15℃。

2. 散热器的结构

(1)散热器。由上水室、散热器芯和下水室等组成,如图2-71所示。散热器后面装有风扇。

①上水室、下水室。上水室顶部有加水口,并用散热器盖盖住。上水室有进水管,用橡

胶软管与缸盖出水管相连;下水室有出水管,与水泵进水管相连。散热器下面装有减振垫。下水室出水管上有放水开关,可放掉散热器内冷却水。

②散热器芯。散热器的散热效果与其和空气的接触面积成正比。为增大散热面积,散热器由许多冷却管和散热片构成,当散热片间被脏物堵塞或散热管被水垢堵塞时,均会影响到冷却系的正常工作。散热器芯结构有多样形式,常用有管片式及管带式,如图2-72所示。

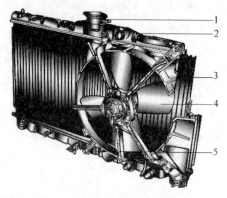

图2-71 散热器
1-散热器盖;2-上水室;3-散热器芯;4-风扇;5-下水室

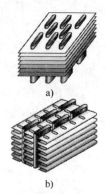

图2-72 散热器芯
a)管片式;b)管带式

(2)散热器盖。目前,汽车发动机多用封闭式水冷系,有的发动机没有散热器盖,但有的发动机安装散热器盖,其上装有蒸汽阀或空气阀,用以控制冷却系统的压力,如图2-73所示。

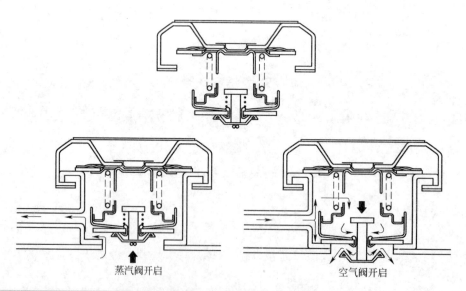

图2-73 散热器盖结构与工作原理

①蒸汽阀。散热器内压力过高时,阀门开启,部分水蒸气经泄气管才排入大气,以免损坏散热器软管。

②空气阀。在散热器内气压降到低于大气压时,空气阀打开,散热器与大气相通,防止散热器芯被大气压坏。

(二)风扇

根据发动机不同工况和使用条件,改变冷却系散热能力(冷却强度),以保证发动机在最有利的温度下工作。

冷却强度调节,通常有改变通过散热器的空气流量及改变冷却液的循环流量两种方式。改变散热器的空气流量方式的装置,有风扇与百叶窗。发动机采用电子风扇以后,不再采用百叶窗。

1. 风扇的作用

车辆行驶时空气被压入车内,再经冷却风扇抽出,风扇护罩和密封件决定了冷却空气的最大进气量。

2. 电子风扇的结构及电路

(1)电子风扇的结构。现代汽车已广泛使用电子风扇,安装位置如图 2-74 所示,电动机的开关由散热器的水温开关控制,有高低速两个挡位,低速挡在沸点内使用,高速挡在沸点外使用,需要冷却时自动起作用。电子风扇由电动机、风扇叶片和控制电路组成。

(2)电子风扇的电路。电子风扇的电路由冷却液温度开关、继电器、冷却风扇电机和汽车空调温控开关等组成,如图 2-75 所示。

图 2-74 电子风扇的安装位置
1-散热器;2-电子风扇

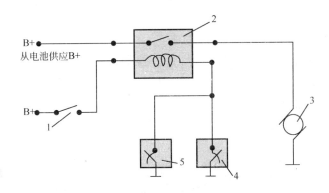

图 2-75 冷却风扇电机控制电路原理示意图
1-点火开关;2-继电器;3-冷却风扇电机;4-冷却液温度开关;5-汽车空调开关

3. 电子风扇的工作原理

对于不同牌号的汽车或同一牌号不同年份生产的汽车,其电动冷却风扇的控制电路都不完全相同,具体应参照该车型维修手册。一般车型的电动冷却风扇控制电路的原理如图 2-75 所示。安装在发动机水道或散热器上的冷却液温度开关和汽车空调开关,通过继电器共同控制冷却风扇电机,在发动机冷却液温度达到规定数值时或开启汽车冷气空调时,电动冷却风扇电机都会运转。

风扇电流路径为:电源 B+→继电器→冷却风扇电机→搭铁点。

(三)节温器

1. 节温器的作用

节温器用于控制通过散热器冷却水的流量。节温器一般装在汽缸盖出水口,通常用蜡式节温器。

2. 节温器的结构

节温器主要由石蜡元件、阀门等组成，如图2-76所示。

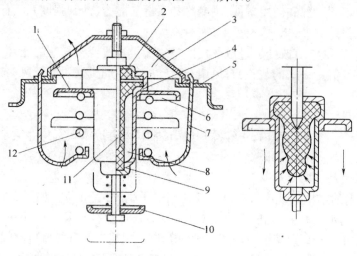

图2-76 蜡式节温器
1-主阀门；2-盖和密封垫；3-上支架；4-胶管；5-阀座；6-通气孔；7-下支架；8-石蜡；9-感应体；10-旁通阀；11-中心杆；12-弹簧

3. 节温器的工作原理

如图2-77所示，常温时，石蜡呈固态，阀门压在阀座上，关闭通往散热器的水路，来自缸盖出水口的冷却水量增大，迫使橡胶管收缩，对推杆上端产生推力。但推杆端固定，反推力使橡胶管、感应体下移，阀门开启。水温达到80℃以上时，阀门会上升，冷却水流向散热器，进行大循环。

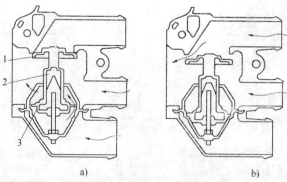

图2-77 节温器工作原理
a) 大循环；b) 小循环
1-旁通阀门；2-石蜡；3-主阀门

（四）水泵

1. 水泵的功用

水泵对冷却水加压，加速冷却水的循环流动，保证冷却可靠。

2. 水泵的结构

水泵由外壳、叶轮、泵盖板、水泵轴、支撑轴承、水封、挡水圈组成。如图2-78所示。

水泵与风扇同轴,通过三角传动带传动。泵壳上有进水孔,用橡胶管与散热器出水管相连,泵盖上有出水孔,与水套相连。水泵轴由两个轴承支撑在壳体上,轴上装有挡水圈,以防水封渗漏时浸湿轴承,渗出的水被挡水圈从检视孔甩出。水封由密封垫圈、水封皮碗和弹簧等组成,装在叶轮前面。

3. 离心式水泵的工作原理

离心式水泵的工作原理如图 2-79 所示。

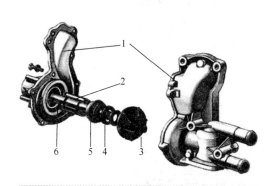

图 2-78 水泵的结构
1-外壳;2-支撑轴承;3-叶轮;4-挡水圈;5-水封;6-水泵轴

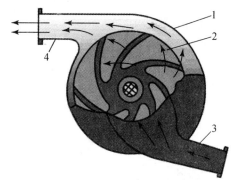

图 2-79 离心式水泵的工作原理
1-水泵壳体;2-叶轮;3-进水管;4-出水管

(1) 压水。当叶轮旋转时,水泵中的水被叶轮带动一起旋转,由于离心力的作用,水被甩向叶轮边缘,经外壳上与叶轮成切线方向的出水管被压送到发动机水套内。

(2) 吸水。在压水同时,叶轮中心处压力降低,散热器中的水经进水管被吸进叶轮中心部分。

(五) 冷却液

1. 冷却液的选择

冷却液最好使用软水,即含盐类矿物质少的水,如雨水、雪水或自来水等。含有盐类矿物质的硬水,如泉水、井水、海水等必须经过软化后才能使用,否则,在水套中易产生水垢,影响冷却效果,造成发动机过热。

2. 防冻液

为了适应冬季行车要求,并防止在冬季冷却水结冰而冻裂机体,可在冷却水中加入适量的防冻液,使冷却介质不单纯是水,而是加了防冻的冷却液。防冻液一般加有防腐添加剂,不仅具有防冻作用,还具有防腐、防氧化、防结垢和提高沸点的功能。

一般防冻液有酒精与水型、甘油与水型、乙二醇与水型三种。水和冷却液添加剂选配的比例不同,防冻能力也不同。市场上销售的防冻液有成品液和浓缩液,并加有着色剂予以识别。成品液可直接使用,浓缩液在加注前,应根据当地历年最低气温,加蒸馏水调配。

现代许多汽车采用了永久封闭式水冷却系统,即增加了一个膨胀水箱(补偿水箱)。发动机工作时,冷却液蒸发进入膨胀水箱,冷却后流回散热器,这样可减少冷却液的损失。一般发动机 1~2 年均不用补充冷却液。

(六)膨胀水箱

1. 膨胀水箱的作用

膨胀水箱具有下列作用：

(1)把冷却系变成永久性封闭系统,减少了冷却液的损失。

(2)避免空气不断进入,避免机件的氧化腐蚀。

(3)减少了穴蚀。

(4)使冷却系中水、蒸汽分离,保持系统内压力稳定,提高了水泵的泵水量。

2. 膨胀水箱的结构

膨胀水箱多用半透明材料（如塑料）制成,上部用一个细软管与水箱加水管相连,底部通过水管与水泵的进水侧相连,位置略高于散热器,如图2-80所示。

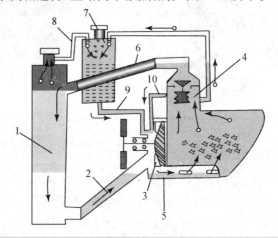

图2-80　膨胀水箱
1-散热器;2-水泵进水管;3-水泵;4-节温器;5-水套出气管;6-水套出水管;7-进水口处
保持较高的水压,减少膨蒸汽泡的产生;8-散热器出气管;9-补充水管;10-旁通管

3. 膨胀水箱的工作原理

膨胀水箱的工作原理如图2-80所示。

(1)水泵吸水的压力低,易产生蒸汽泡,出水量显著下降（装膨胀水箱,与水泵进水口之间存在补充水管,使水泵进水口保持较高水压,减少蒸汽泡的产生）。

(2)散热器中的蒸汽泡、水套中的蒸汽通过蒸汽导管进入膨胀水箱,使水、蒸汽分离。膨胀水箱温度较低,进入的水蒸气得到冷凝,一部分变成液态水,重新进入水泵。积存在膨胀水箱中的气体起缓冲作用,使冷却系内压力保持稳定状态。

单元五　润滑系的结构认知

单元要点

1. 润滑系的作用；
2. 润滑系的组成和工作原理。

相关知识

一、润滑系的功用

如图2-81所示，发动机工作时，所有相对运动零件的金属表面间直接摩擦，将增大发动机的功率消耗，降低发动机机械效率，使零件表面迅速磨损；摩擦产生大量热导致零件工作表面烧损，从而使发动机无法正常运转。为了保证发动机正常工作，必须对相对运动零件表面加以润滑，也就是在摩擦表面间覆盖一层薄而匀的润滑油（机油）膜，以减小摩擦阻力、降低功率消耗、减轻机件磨损、延长发动机使用寿命。将润滑油送到运动零件表面而实现润滑的系统，称为发动机的润滑系统。

润滑系统的作用如下：

(1) 润滑。润滑运动零件表面，减小摩擦阻力和磨损，减少发动机的功率消耗。这是润滑系统的基本作用。

(2) 清洗。机油在润滑系统内不断循环，清洗摩擦表面，带走磨屑和其他异物。

(3) 冷却。机油在润滑系统内循环还可带走摩擦产生的热量，起冷却作用。

(4) 密封。在运动零件之间形成油膜（如活塞与汽缸），可以提高它们的密封性，有利于防止漏气或漏油。

(5) 防锈蚀。在零件表面形成油膜，对零件表面起保护作用，防止腐蚀生锈。

(6) 液压。润滑油还可用作液压油，如在液压挺柱内起液压作用。

(7) 减振。在运动零件表面形成油膜，可以吸收冲击并减小振动，起减振缓冲作用。

机油的黏度随温度变化而变化，温度高，则黏度小，温度低，则黏度大。因此，要根据季

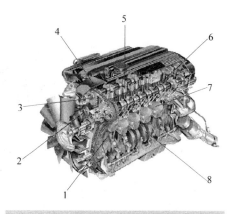

图2-81　发动机润滑部位
1-连杆；2-轴承；3-链轮；4-链条；5-气门挺杆；6-凸轮轴；7-活塞；8-曲轴

节选用不同牌号的润滑油。汽车每行驶7500km,要定期更换发动机润滑油。如果汽车连续在多尘地区以及气温低于-20℃的寒冷地区行驶,发动机润滑油的更换周期应相应缩短。

二、润滑方式

发动机各运动副的工作条件不同,对润滑要求也不同,详见表2-6。

润滑方式、特点和适用零件　　　　　　　　　　表2-6

润滑方式	特　点	适用零件
压力润滑	将经机油泵升压的机油输送到需要润滑的部位。润滑效果可靠,并具有清洗及冷却作用	大负荷、高速工作的表面,如主轴承、连杆轴承、凸轮轴承、气门摇臂轴等
飞溅润滑	发动机工作时,运动件击溅机油以及从运动件间隙流出的机油飞溅到工作表面	荷载速度较低的运动件及压力润滑困难的运动表面,如汽缸壁、活塞销、凸轮、挺柱、偏心轮、连杆小头等
脂润滑	在轴承内注入润滑脂,现代汽车多采用生产时一次性注入	发电机轴承、水泵轴承、起动机轴承

发动机一般采用复合式润滑,即压力润滑和飞溅润滑的复合。

三、润滑系的组成部分

发动机润滑系一般由集滤器、机油泵、机油滤清器、限压阀和机油油道等组成。

集滤器和机油泵安装在汽缸体的曲轴箱内,机油滤清器安装在汽缸体右侧,如图2-82所示。

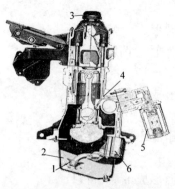

图2-82　润滑系统的组成
1-集滤器;2-油底壳;3-加机油口;4-主油道;5-机油滤清器;6-机油泵

四、发动机润滑系的工作油路及其流向

油底壳内的润滑油经机油集滤器滤掉大的机械杂质后,被机油泵压入机油滤清器后分两路送出,如图 2-83 所示。第一路经主油道后分为两支:一支送入曲轴主轴承分油道,润滑主轴承,经曲轴内油道滑润连杆大端轴承,再经连杆凸轮轴内油道润滑连杆小端轴承后回到油底壳;另一支则进入中间轴的轴承后流回油底壳。第二路从主油道进入凸轮轴的轴承后再润滑专门机构,然后流回油底壳。当主油道油压太高或流量太大的情况下,润滑油冲开限压阀,流回油底壳。

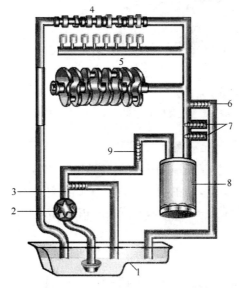

图 2-83 润滑油道及走向
1-油底壳;2-机油泵;3-限压阀;4-凸轮轴;5-液压挺杆;6-限压阀;7-油压开关;8-带旁通阀的机油滤清器;9-回油关闭阀

机油滤清器上设有旁通阀,开启压力为 0.18MPa。当机油滤清器堵塞时,润滑油通过压力开关短路进入主油道,防止发动机运动副因缺润滑油而烧坏。

五、润滑系主要总成的结构

(一)机油泵

1. 机油泵的作用

机油泵将机油增压后,通过油道压送到各运动件的摩擦表面。

2. 机油泵的类型

汽车上常用的机油泵有齿轮式和转子式两种。

3. 齿轮式机油泵的结构与工作原理

(1)齿轮式机油泵的结构。齿轮式机油泵由壳体、驱动齿轮、主动齿轮、从动齿轮和轴承等组成,如图 2-84 所示。

(2)齿轮式机油泵的工作原理。发动机工作时,机油泵的传动齿轮带动主动齿轮轴和从动齿轮旋转,与主动齿轮啮合的被动齿轮也随之旋转。旋转时,进油腔内产生真空,吸入润滑油,通过两齿轮的空隙,将润滑油带到出油腔,润滑油在出油腔内受两齿轮轮齿的挤压产生压力,将润滑油压送到滤清器。经滤清的润滑油再经油道,流到运动件表面进行润滑,如图2-85所示。

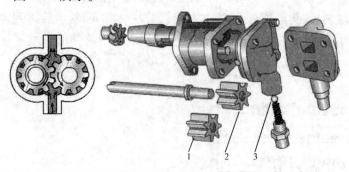
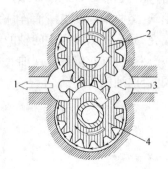

图2-84 齿轮式机油泵
1-从动齿轮;2-主动齿轮;3-限压阀和弹簧

图2-85 齿轮式机油泵工作原理
1-出油口;2-主动齿轮;3-进油口;4-从动齿轮

4.转子式机油泵的结构与工作原理

(1)结构。由外转子、内转子及驱动内转子的转子轴组成。外转子与泵壳为滑动配合,是从动件;内转子与转子轴固定,是主动件。内转子比外转子少一个齿,外转子可在油泵壳体内自由转动,内、外转子轴心有一个偏心距,安装后相互构成4个容积不等的油腔,如图2-86所示。

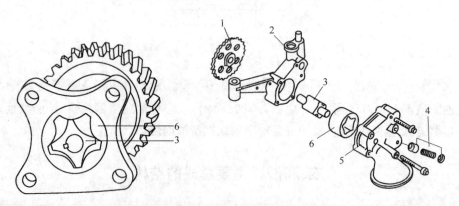

图2-86 转子式机油泵
1-链轮;2-壳体;3-内转子;4-限压阀;5-泵盖;6-外转子

(2)工作原理。如图2-87所示,发动机工作时,内转子带外转子转,内转子的4个齿一边转、一边在外转子的内弧面上滑动,内转子的转速大于外转子,使4个油腔大小呈周期性变化。转子转到靠近出油口时,容积逐渐变小,油压升高而将机油压出;转子转到靠近进油口时,容积逐渐变大,形成真空而将机油吸入。

5.机油泵限压阀

(1)影响机油泵输出油压大小的因素。发动机的转速、机油黏度、润滑油道中的阻力变化、各运动副的配合间隙等,都是影响输出油压大小的因素。

一般主油道内的油压在 150～600kPa 之间。压力过低,润滑油输送不到摩擦副之间,影响润滑效果;压力过高,会引起滤清器、软管、接头等处爆裂和渗漏。为此,在润滑油道中都设有限压阀,使机油压力自动控制在规定范围内。

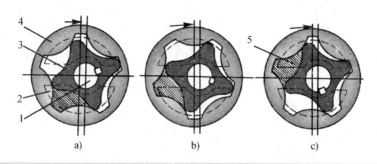

图 2-87　转子式机油泵的工作原理
a)进油;b)压油;c)出油
1-传动轴;2-进油口;3-内转子;4-外转子;5-出油口

(2)工作原理。如图 2-88 所示,限压阀设在机油泵壳盖上。机油压力如果超过规定压力,则出油道中机油压力克服弹簧推力,打开钢球阀门,使一部分机油回流到进油道,在机油泵内循环。

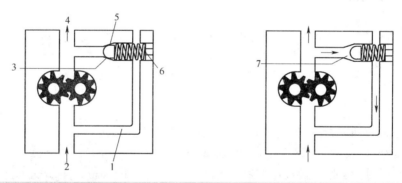

图 2-88　限压阀的工作原理
1-旁通道;2-进口;3-关闭;4-出口;5-限压阀;6-弹簧;7-打开

(二)机油滤清器

1. 机油滤清器的作用

在机油循环过程中,机油滤清器能够滤去机油中的杂质,保持润滑油的清洁。

2. 机油滤清器的类型

机油滤清器分集滤器和机油滤清器(粗、细滤清器)两种。

过滤装置过多,会增加机油的运动阻力。一般润滑系内会装有几个不同功能的滤清器,分别与主油道串联或并联。

3. 集滤器

(1)作用。集滤器能滤去较大的机械杂质,防止机油泵早期磨损。

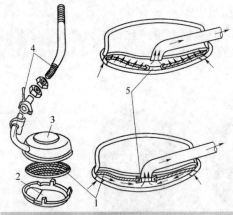

图 2-89 集滤器
1-滤网;2-罩;3-浮子;4-油管;5-环口

(2)集滤器的结构。集滤器由罩、滤网、浮子、固定管、吸油管等组成,如图2-89所示。

(3)工作原理。机油泵工作时,润滑油被吸入罩和滤网间的狭缝中,较大的机械杂质在滤网处滤去。当滤网被杂质堵塞时,由于机油泵产生的压力,使滤网被吸起,滤网上的圆孔和罩分离,此时机油不经滤网而直接从圆孔进入吸油管,保证机油泵不致断油。

4. 机油粗、细滤清器

在发动机润滑系中,轿车发动机采用一个粗滤器清除机油中的杂质,如图2-90a)所示;而大型发动机采用一个细滤器和一个粗滤清器共同清除机油中的杂质,如图2-90b)所示。

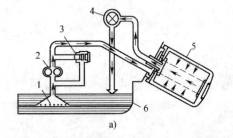
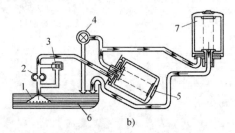

图 2-90 机油粗、细滤器
a)采用一个粗滤器的润滑系统;b)采用一个粗滤器和一个细滤器的润滑系统
1-集滤器;2-机油泵;3-限压阀;4-发动机轴承;5-粗滤器;6-油底壳;7-细滤器

细滤器滤去较细的杂质,使润滑油能持续自洁。粗滤器滤去机油中直径约0.08mm以上的杂质,由于对润滑油的阻力小,因此一般被串联在机油泵与主油道之间。

细滤器通常使用纸质滤芯,滤芯分内外两层,机油经内外两层滤芯过滤后再流向主油道。

当进出油口的压力差大于150~180kPa时,旁通阀打开,防止断油,如图2-91所示。

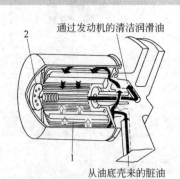

图 2-91 细滤器的工作原理
1-褶纸;2-旁通阀

任务实施

一、曲柄连杆机构的拆装

1. 汽缸体的拆卸

(1) 发动机从汽车上抬下后,将其安装在发动机拆装架上。
(2) 拆除发动机所有附件,如起动机、发电机、机油滤清器等。
(3) 拆卸同步带(同步带的分解图如图2-92所示)。

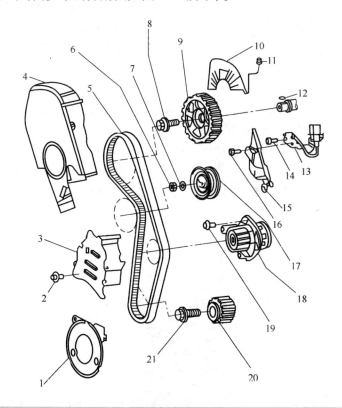

图 2-92 桑塔纳发动机同步带的分解

1-同步带下防护罩;2-中间防护罩螺栓(拧紧力矩10N·m);3-同步带中间防护罩;4-同步带上防护罩;5-同步带;6-张紧轮固定螺栓(拧紧力矩15N·m);7-波纹垫圈;8-凸轮轴同步带轮固定螺栓(拧紧力矩100N·m);9-凸轮轴同步带轮;10-同步带后上防护罩;11-防护罩固定螺栓(拧紧力矩10N·m);12-半圆键;13-霍尔传感器;14-螺栓(拧紧力矩10N·m);15-同步带后下防护罩;16-螺栓(拧紧力矩20N·m);17-半自动张紧轮;18-水泵;19-螺栓(拧紧力矩15N·m);20-曲轴同步带轮;21-曲轴同步带轮螺栓(拧紧力矩90N·m+1/4圈)

① 将曲轴转到第一缸的上止点位置(如图2-93所示),拆下同步带上防护罩。
② 将凸轮轴同步带轮上的标记对准同步带防护罩上的标记,如图2-94所示。

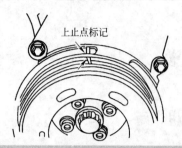

图2-93 桑塔纳发动机第一缸上止点位置标记

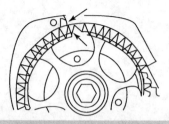

图2-94 桑塔纳发动机正时齿轮与防护罩上的标记

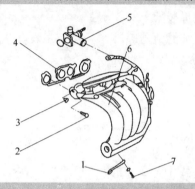

图2-95 桑塔纳发动机进气歧管的分解
1-进气歧管支架；2-螺栓(拧紧力矩20N·m)；3-螺母(拧紧力矩20N·m)；4-进气歧管衬垫；5-凸缘；6-进气歧管；7-进气歧管支架紧固螺栓

③拆下曲轴同步带轮、同步带中间防护罩及下防护罩。

④松开半自动张紧轮并拆下同步带。

⑤可用粉笔或其他工具在同步带上做好记号，检查同步带是否完好。

(4)拆卸进气歧管。拆除进气歧管和汽缸盖之间的连接螺栓(上、下各4颗)，拆下进气歧管及衬垫(其分解图如图2-95所示)。

(5)拆下同步带后上防护罩，拧下气门罩盖的螺母，依次取下支架、压条、气门罩盖、气门罩盖衬垫和机油反射罩，如图2-96所示。

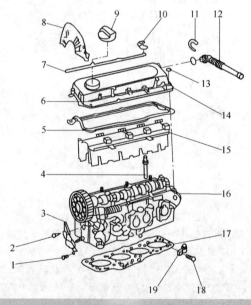

图2-96 桑塔纳发动机汽缸盖的分解
1-螺栓(拧紧力矩15N·m)；2-螺栓(拧紧力矩20N·m)；3-齿形皮带后下防护板；4-汽缸盖螺栓；5-汽缸盖罩衬垫；6-紧固压条；7-压条；8-齿形皮带后上防护罩；9-加机油口盖；10-支架；11-夹箍；12-曲轴箱通气软管；13-螺栓(拧紧力矩12N·m)；14-汽缸盖罩；15-机油反射罩；16-汽缸盖总成；17-汽缸盖衬垫；18-螺栓(拧紧力矩20N·m)；19-吊耳

(6)护罩。旋下同步带后下防护罩的螺栓,拆下同步带后下防护罩。

(7)按照图2-97所示,用扭力扳手从1~10的顺序松开汽缸盖螺栓,将汽缸盖和汽缸垫取下。

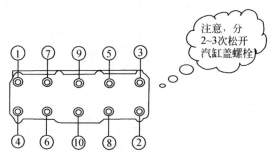

图2-97 桑塔纳发动机汽缸盖螺栓拆卸顺序

(8)拆除凸轮轴、液压挺柱及气门(其分解图如图2-98所示)。

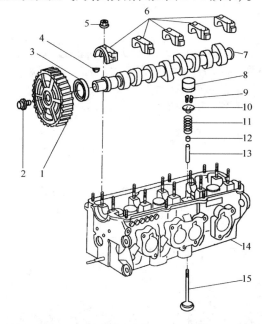

图2-98 桑塔纳发动机凸轮轴与气门、液压挺柱的分解
1-凸轮轴同步带轮(常用于霍尔传感器的脉冲盘);2-同步带轮螺栓(拧紧力矩100N·m);3-密封圈;4-半圆键;5-螺母(拧紧力矩20N·m);6-轴承盖;7-凸轮轴;8-液压挺柱;9-气门锁片;10-气门弹簧座;11-气门弹簧;12-气门杆密封圈;13-气门导管;14-汽缸盖;15-气门

(9)拆除油底壳。预先放掉油底壳内的机油,将汽缸体倒置,松开油底壳螺栓,即可取下油底壳。

(10)装配按照相反的顺序进行。

2. 曲轴飞轮组的拆装

图2-99所示为AJR发动机曲轴飞轮组分解图。拆卸步骤如下:

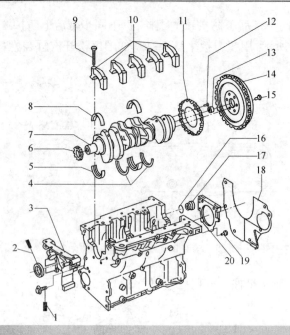

图2-99 AJR发动机曲轴飞轮组分解

1-前密封圈凸缘螺栓;2-前油封;3-前密封凸缘;4-止推片;5-主轴承;6-链轮;7-曲轴;8-主轴承;9-主轴承盖螺栓;10-主轴承盖;11-脉冲传感器轮;12-脉冲传感器轮螺栓;13-滚针轴承;14-飞轮;15-飞轮螺栓;16-密封圈;17-螺塞;18-中间支架;19-后密封凸缘螺栓;20-后密封凸缘及油封

(1)倒置发动机。

(2)拆卸曲轴前端。

①拆卸曲轴前端油封。在拉出器的螺纹头上涂机油,将其尽可能拧入到油封内,如图2-100所示。松开拉出器滚花螺钉,将内件对着曲轴转动,拉出油封。

②拆下前密封。

③用拉出器拉出曲轴链轮,如图2-101所示。

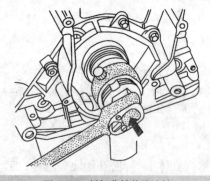

图2-100 拆卸曲轴前端油封

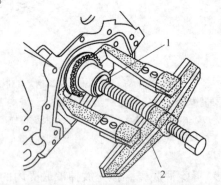

图2-101 拉出曲轴链轮
1-垫圈;2-拉出器

(3)拆卸曲轴后端。

①先用专用工具固定飞轮,如图2-102所示,再按图2-103所示拆下飞轮。

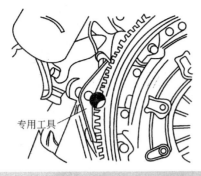

图2-102 固定飞轮

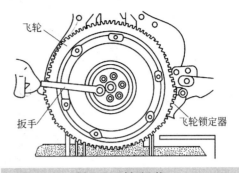

图2-103 拆下飞轮

②使用专用工具拆卸曲轴滚针轴承,如图2-104所示。

③拆除曲轴后端其他部件。

(4)拆卸曲轴。

①检查曲轴主轴承盖上有无顺序标记。

②按图2-105所示顺序,用扭力扳手从两侧向中间分数次拧松曲轴主轴承盖螺栓,取出曲轴主轴承盖和曲轴主轴承。注意:第三道主轴承盖两侧装有止推片。

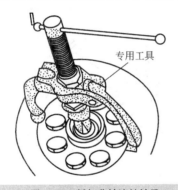

图2-104 拆卸曲轴滚针轴承

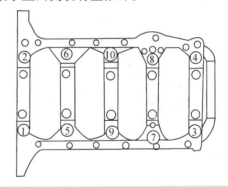

图2-105 桑塔纳AJR发动机曲轴主轴承盖螺栓的拆卸

③卸下脉冲传感器齿轮盘固定螺栓,取下齿轮盘。

④从缸体上抬出曲轴,拆下另一半曲轴主轴承。

⑤按顺序放好分解后的曲轴飞轮组零件。

3. 活塞连杆组的拆装

活塞连杆组的拆装,可参见图2-106所示进行,拆装维修时,有如下注意事项:

(1)安装活塞时应注意活塞的标记位置和所配对的汽缸,活塞裙部的箭头必须朝向发动机前方。

(2)使用活塞环钳进行拆卸和安装活塞环,如图2-107所示。安装活塞环时,其开口应错开120°。活塞环上"TOP"标记必须朝向活塞顶部。

(3)活塞销拆卸时,将活塞销卡簧用尖嘴钳取下(图2-108),使用专用工具将活塞销拆下,如图2-109所示。

(4)活塞销应使用专用工具VW222a进行拆卸和安装,如果安装困难,可将活塞加热到

60℃。如图2-110所示。

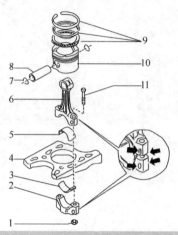

图2-106　AJR型发动机活塞连杆组的分解
1-连杆螺母(拧紧力矩30N·m+90°);2-连杆轴承盖;3-连杆下半轴承;4-汽缸体;5-连杆上半轴承;6-连杆;7-夹箍;8-活塞销;9-活塞环;10-活塞;11-连杆螺栓

图2-107　拆装活塞环

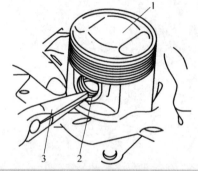

图2-108　活塞销卡簧的拆卸
1-活塞;2-卡簧;3-尖嘴钳

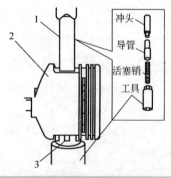

图2-109　活塞销的拆卸
1-冲头;2-活塞;3-调整窗口

图2-110　装配活塞销

(5) 连杆螺栓螺母在拆卸后应更换,安装时,先润滑螺纹和接触表面。在测量连杆径向间隙时,螺栓拧紧力矩为 30N·m,不要再加 90°。

(6) 安装连杆轴承盖时,应注意安装位置,安装时不要使用密封剂。

(7) 连杆的轴向间隙为 0.10～0.35mm,磨损极限值为 0.40mm;连杆的径向间隙为 0.10～0.05mm,磨损极限值为 0.12mm。在测量连杆径向间隙时,不要转动曲轴。

二、配气机构的拆装

1. 拆卸

桑塔纳 2000GSi 轿车 AJR 发动机配气机构的解体,应在专用的拆装架上进行。如图 2-111 所示,解体时,应使用专用工具先拆除发动机各附件,然后按照由外到内的顺序进行分解。具体步骤如下:

(1) 从汽缸盖上拆下凸轮轴各道轴承盖的紧固螺母(先松开 1、3、5 道轴承盖螺母,再松开 2、4 道轴承盖螺母),取下轴承盖及凸轮轴,并把轴承盖按顺序排列或打上装配标记,不得错乱。

(2) 取出液压挺柱,按顺序排列或在内壁上做上标记。

(3) 用气门弹簧拆装钳拆气门弹簧。取出气门锁片、气门弹簧座、气门弹簧、气门油封及气门,各组件按顺序摆放好,不得错乱。气门弹簧拆装钳的结构及使用如下:气门弹簧拆装钳是一种专门拆装顶置气门弹簧的工具,如图 2-112 所示。使用时,将拆装架托架抵住气门,压环对正气门弹簧座,然后压下手柄,使得气门弹簧被压缩,这时可取下气门弹簧锁销(或锁片),慢慢地松抬手柄,即可取出气门弹簧座、气门弹簧和气门等零件。

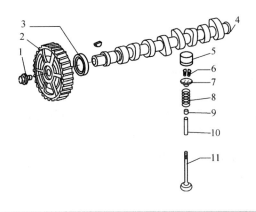

图 2-111 桑塔纳发动机凸轮轴与气门的分解
1-螺栓;2-凸轮轴齿形带轮;3-密封圈;4-凸轮轴;5-液压挺柱;6-气门锁片;7-气门弹簧座;8-气门弹簧;9-密封圈;10-气门导管;11-气门

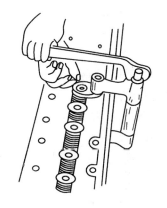

图 2-112 气门弹簧卡钳的使用

2. 装配

配气机构的装配按拆卸时的相反顺序操作,并应注意下列事项:

(1)装配前,必须对零部件进行清洗、检验。
(2)气门组件、液压挺柱、凸轮轴轴承盖等部件必须按原位装入,不得装错。
(3)各紧固件必须按规定顺序和拧紧力矩拧紧。
(4)安装齿形带时,必须使凸轮轴齿形带轮上的标记与气门罩盖平面平齐。

三、冷却系统的拆装

1. 散热器的拆装

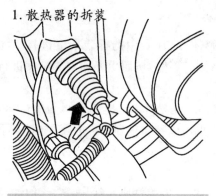

图2-113 拆卸热敏开关插头

(1)散热器的拆卸。
①排放冷却液。
②松开冷却液管上的夹箍,拔下散热器的冷却液软管。
③拆下位于电控冷却风扇罩壳的热敏开关插头,如图2-113所示。
④将双电控冷却风扇连同罩壳拆下。
⑤拆下散热器。
(2)散热器的安装。
①安装散热器。
②安装双电控冷却风扇及罩壳。
③连接电控冷却风扇罩壳上的热敏开关插头。
④连接冷却液软管。
⑤加注冷却液。

2. 冷却液的更换

(1)排放冷却液。
①将冷暖风开关拨至"warm(热)"位置,将暖气阀全开。
②打开散热器盖。
③拆下夹箍,拉出冷却液软管,放出冷却液。用容器收集冷却液,以便以后使用。
(2)添加冷却液。
①将冷暖气开关拨到"warm(热)"位置,将暖气阀全开。
②添加冷却液至膨胀水箱上的最高点标记处。
③旋上散热器盖。
④使发动机运转至风扇转动。
⑤检查冷却液面,必要时,补充冷却液至最高标记处。

3. 节温器的拆装

(1)节温器的拆卸。
①使发动机前端位于维修工作台上。
②在点火开关切断的情况下,拔下蓄电池搭铁线。
③排放冷却液。

④拆卸V形带,拆卸发电机。
⑤从连接体上拆下冷却液管。
⑥松开螺栓,取出节温器盖、O形密封圈和节温器。
(2)节温器的安装。
①清洁O形密封圈的密封表面。
②安装节温器,节温器的感温部分必须在汽缸体内。
③用冷却液浸湿新的O形密封圈。
④拧紧螺栓,安装发电机。
⑤加注冷却液。

4.水泵的拆装
(1)水泵的拆卸。
①把水泵壳体夹紧固定在夹具中或台虎钳上。
②拧松V形带轮紧固螺栓,拆下V形带轮。
③分解前盖与泵壳,但注意分批拧松紧固螺栓。
④用拉具拆下V形带轮凸缘,再用拉具拆下水泵叶轮,注意防止损坏叶轮。
⑤压出水泵轴和轴承,并分解水泵轴与轴承。
⑥压出水封、油封。
⑦放松水泵壳体,换位夹紧,拆下进水口接头的紧固螺栓,取下接管。
⑧拆下密封圈,拆下节温器。
(2)水泵的安装。
①装上节温器,装上密封圈。
②装上进水口接头的紧固螺栓并拧紧。
③压入水封、油封。
④压入水泵轴和轴承。
⑤压入水泵叶轮,注意防止损坏叶轮。检查水泵叶轮与壳体的间隙,一般为1mm。
⑥装上V形带轮。

四、润滑系统的拆装

1.机油泵的拆卸
(1)拆下油底壳。
(2)旋下机油泵的紧固螺栓。
(3)将机油泵链轮和机油泵一起拆下。

2.机油泵的安装
(1)将销钉插入到机油泵上端,机油泵轴与链轮只能有一个安装位置。
(2)安装机油泵,安装油底壳。
(3)用 22±3N·m 的力矩拧紧链轮与机油泵的紧固螺栓,用 16±1N·m 的力矩拧紧机油泵与汽缸体的紧固螺栓。

五、学习工作页

完成本单元实训任务,并填写汽车发动机机械系统的结构认知与拆装工作页(表2-7)。

汽车发动机机械系统的结构认知与拆装工作页　　　　表2-7

汽车发动机机械系统的结构认知与拆装	班级		日期	
	姓名		成绩	

实训目标: 1. 认识汽车发动机机械系统的结构; 2. 能按照规范拆装发动机机械系统各部件。 实训设备: 桑塔纳发动机6台			

实训步骤:

(一)观察与识别发动机结构和工作过程

A、B两位同学配合操纵一台解剖的发动机

A	B
逆时针转动曲轴到上止点位置。仔细观察1、4缸的气门开闭情况,其中进、排气门同开(排气上止点)的一缸作为观察缸	继续转动曲轴360°,观察1、4缸活塞到上止点记号时叫停,如图2-114所示。观察该缸曲轴、活塞和气门的运动,填写下表

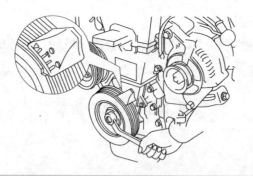

图2-114　发动机1、4缸上止点位置

曲轴转角	活塞运动	进气门	排气门

续上表

(二)汽缸垫的安装

汽缸垫安装时,应注意其安装方向。

(1)安装 AJR 发动机汽缸垫时,有标号(配件号)的一面必须可见。

(2)换用新的汽缸垫时,把有标记的一面朝向汽缸盖,如图2-115所示。

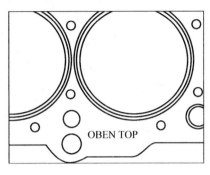

图2-115　汽缸垫的标记

(三)安装汽缸盖注意事项

1.汽缸盖的拆装必须在发动机_____下进行操作。

2.在安装汽缸盖前,必须将_____、_____、_____及螺孔等处的脏物彻底清除掉。

3.安装汽缸盖时,汽缸盖螺栓用_____从中间向两边分数次拧紧,最后一次按规定力矩拧紧。

(四)安装连杆轴承

用手指的力量将连杆轴承压入连杆轴承孔,注意将轴承的突肩对准连杆孔上的凹槽。安装轴承盖时,要注意与连杆上的安装方向对准。将连杆螺栓拧到规定力矩,如图2-116所示。

注意:轴承错装会堵住油孔,造成_____等故障。

(五)活塞连杆组部件认知(图2-117)

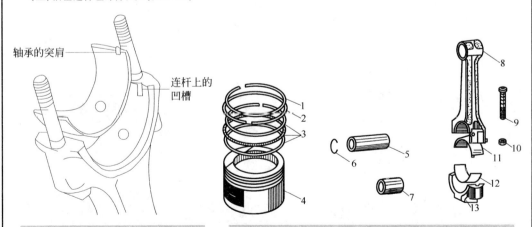

图2-116　安装连杆轴承　　　　　图2-117　活塞连杆组部件

第一道气环(　　);第二道气环(　　);组合油环(　　);活塞(　　);

活塞销(　　);锁环(　　);小头衬套(　　);连杆(　　);

螺栓(　　);螺母(　　);轴瓦(　　);连杆盖(　　)

续上表

(六)曲轴飞轮组的结构认知

结合实物,指认图2-118中曲轴飞轮的零件名称。

1-_____;2-_____;3-_____;4-_____;
5-_____;6-_____;7-_____;8-_____;
9-_____;10-_____

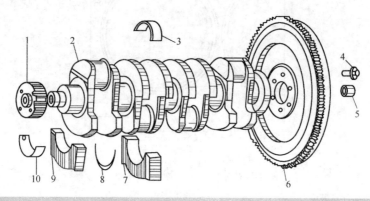

图2-118 曲轴飞轮的零件名称

(七)配气机构结构认知

(1)进气门的气门锥角为_____,排气门的气门锥角为_____。

(2)进气门直径等于排气门直径,对吗?为什么?

_____

(3)气门头部的形状有哪几种?

1)_____,2)_____,3)_____。

(4)观察实物图2-119,填空。

摇臂(   );推杆(   );凸轮轴(   );曲轴正时齿轮(   );挺柱(   );摇臂轴(   )

(5)观察图2-120,说出所用工具的名称和功用。

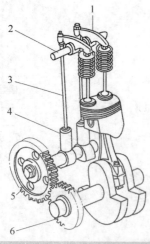

图2-119 气门传动组零部件

图2-120 拆卸气门组

续上表

(6)装配桑塔纳 AJR 发动机配气机构时,应注意哪些事项?
_____
_____

(八)冷却系基本结构的认知
发动机冷却系实物的基本组成,如图 2-121 所示。

(1)发动机冷却系的作用是什么?
_____

(2)在桑塔纳发动机实物上指出冷却系大、小循环的走向。

(九)润滑系统的结构认知
(1)指出图 2-122 元件的名称和作用:
1-_____
2-_____
3-_____

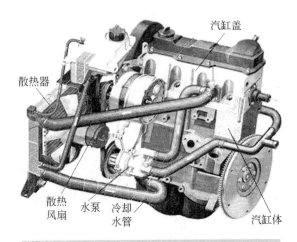

图 2-121 发动机冷却系的组成　　　　图 2-122 发动机润滑系主要部件

(2)写出润滑油路的流向。
(3)结合实物讨论曲轴主轴承、连杆轴承、凸轮轴、摇臂轴、汽缸壁及活塞销分别用何种润滑方式润滑?
_____

(4)安装新滤清器时,应在密封圈上涂上干净的_____。若不涂,安装密封圈与接合面时会发生干摩擦,密封圈易翘曲和损坏,造成密封不良而漏油

评 价 反 馈

1. 自我评价

(1) 通过本学习任务的学习,你认为自己是否已经掌握了以下问题:

①曲柄连杆机构组成有哪些?

_____

②配气机构组成有哪些?

_____

③冷却系统组成有哪些?

_____

④润滑系统组成有哪些?

_____

(2) 在汽车发动机机械系统拆装过程中用到了哪些设备和工具?你是否已经掌握了这些设备和工具的正确使用方法?

_____

(3) 实训过程完成情况。

评价:_____

(4) 仪容仪表是否符合职业规范?

评价:_____

(5) 能否积极主动参与工作现场的清理、清洁和整顿工作?

评价:_____

(6) 在完成本学习任务的过程中,你和同学之间的协调能力是否得到提升?是否有过与其他同学探讨发动机机械系统故障维修接待过程中的有关问题?讨论最多的问题是什么?讨论的结果是什么?

_____

(7) 通过本学习任务的学习,你认为还要学习汽车发动机机械系统哪些知识和技能才能胜任汽车维修服务岗位?

_____

签名:_____ ____年____月____日

2. 小组评价(表2-8)

小组评价表　　　　　　　　　　表2-8

序号	评价项目	评价情况
1	学习过程是否主动并能深度投入	
2	在实训过程中的执行力是否突出	

续上表

序号	评 价 项 目	评 价 情 况
3	是否能按照职业人的要求对待到课率	
4	学习态度是否符合要求	
5	是否合理规范地使用实训设备	
6	是否按照安全和规范的要求完成作业	
7	是否遵守实训场地的规章制度	
8	是否能主动地和他人在实训中合作	
9	是否能按要求对实训场地进行清理、清洁	
10	在团队活动中是否能做到相互尊重	

参与评价的同学签名：_____　　　____年____月____日

3. 教师评价

教师签名：_____　　　____年____月____日

学习任务3　汽车燃料供给系统结构与拆装

学习目标

1. 能够懂得汽车燃料供给系统的基本组成和工作原理；
2. 能够懂得电控汽油喷射系统的总体结构；
3. 能够懂得进排气系统的结构；
4. 能够懂得柴油机燃料供给系结构；
5. 根据规范要求完成汽车燃料供给系统各部件的拆装作业。

任务描述

一辆丰田汽车公司生产的 UCF10L-AEPGKV 型轿车（装备 1UZ-FE 型发动机，A341E 型自动变速器）起动困难，发动机在中、低速运转时抖动比较严重，汽车在行驶中发动机偶尔会出现自行熄火现象，仪表盘上的故障指示灯（CHECK）有时闪烁，但不常亮，并且排气管内有较多白烟排出，有较浓的汽油味，燃油消耗量很大。经检查发现第三缸和第五缸的喷油器已失控，使大量液态汽油进入汽缸，造成混合气过浓、无法着火燃烧而直接进入排气管，与其他汽缸所排出的灼热废气混合后呈白色烟雾状排出。更换喷油器后，发动机故障排除。

学习引导

本学习任务沿着以下脉络学习：

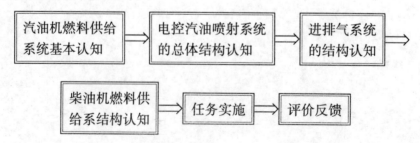

单元一 汽油机燃料供给系统基本认知

单元要点

1. 传统汽油机燃料供给系的组成和工作原理；
2. 发动机的不同工况对混合气浓度的要求。

相关知识

一、传统汽油机燃料供给系的组成和工作原理

汽油机燃料供给系有两种基本形式：化油器式燃料供给系和汽油喷射式燃料供给系。

(一) 化油器式汽油机燃料供给系的作用

汽油机燃料供给系的作用是根据发动机不同工况的要求，配制出一定数量和浓度的可燃混合气，供入汽缸，最后把燃烧后的废气排出汽缸。

(二) 化油器式汽油机燃料供给系的组成

汽油机燃料供给系由汽油供给装置、空气供给装置、可燃混合气形成装置、可燃混合气供给和废气排出装置组成，如图3-1所示。

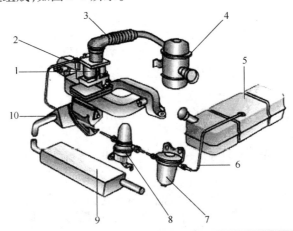

图3-1 传统汽油机燃料供给系的组成
1-化油器；2-进气歧管；3-进气软管；4-空气滤清器；5-汽油箱；6-油管；7-汽油滤清器；8-汽油泵；9-消声器；10-排气管

(1) 汽油供给装置。包括汽油箱、汽油滤清器、汽油泵和油管等组成。汽油供给装置的作用是完成汽油的储存、滤清和输送。

(2)空气供给装置即空气滤清器。空气供给装置的作用是清除流向化油器空气中所含的尘土和砂粒,以减少汽缸、活塞和活塞环的磨损,延长发动机的使用寿命。

(3)可燃混合气形成装置,即化油器。化油器根据发动机各种不同工况的要求,配制出一定数量和浓度的可燃混合气,可燃混合气供给和废气排出装置包括进气管、排气管和排气消声器。其作用是将化油器提供的可燃混合气输送到发动机各个汽缸,然后汇集各汽缸燃烧后的废气经消声器排出。

(三)化油器式汽油机燃料供给系的工作原理

汽油在汽油泵的泵吸作用下,从油箱经油管、汽油滤清器到汽油泵,汽油泵再将汽油压入化油器中。空气经空气滤清器滤去灰尘后,进入化油器。在汽缸吸力的作用下,汽油从化油器喷管喷出,与空气混合开始雾化,经进气管进一步蒸发,初步形成可燃混合气,进入各个汽缸。混合气燃烧产生的废气,经排气门、消声器被排入大气。

(四)汽油使用性能及牌号

(1)汽油机使用的燃料是汽油,汽油是从石油中提炼出来的碳氢化合物。由于环保的要求,我国在2000年7月1日推广使用无铅汽油。含铅小于2.5 mg/L的汽油为无铅汽油。汽油的使用性能指标主要有蒸发性、热值、抗爆性。

(2)汽油的表示方法:以RQ开头,后面是该汽油的辛烷值。例如代号为RQ—90,"R"是"燃"的汉语拼音字头,"Q"是"汽"的汉语拼音字头,代表燃料汽油,90是辛烷值。辛烷值代表了汽油的抗爆性,是汽油机选用汽油时的主要依据。压缩比大的汽油机应选用较高牌号的汽油。

二、发动机的工况与混合气的浓度

(一)可燃混合气成分的表示方法和特性

可燃混合气是指空气与燃料的混合物,其成分对发动机的动力性、经济性有很大的影响。可燃混合气的浓度常用空燃比(R)和过量空气系数(α)表示。

1. 空燃比(R)

实际吸入发动机中的空气质量与燃料质量的比值称为空燃比。

2. 过量空气系数(α)

燃烧1 kg燃料实际消耗的空气质量与理论上1 kg燃料完全燃烧所消耗的空气质量之比称为过量空气系数。

$$\alpha = \frac{燃烧1kg汽油实际消耗的空气量}{完全燃烧1kg汽油理论上消耗的空气量}$$

理论上1 kg汽油完全燃烧需要空气14.7kg。空燃比=14.7,α=1,称标准混合气;空燃比<14.7,α<1,称浓混合气;空燃比>14.7,α>1,称稀混合气。

(二)混合气浓度及其对发动机工作的影响

通过试验证明,发动机的功率和耗油率都是随着过量空气系数α变化而变化的,如图3-2所示。理论上,对于α=1的标准混合气而言,所含空气中的氧气正好足以使汽油完全燃烧,但实际上,由于时间和空间条件的限制,汽油颗粒和蒸气不可能及时地与空气绝对均匀地混合,因此,即使 $\alpha=1$,汽油也不可能完全燃烧,混合气 $\alpha>1$ 才有可能完全燃烧。

可燃混合气根据燃油含量的多少分为标准可燃混合气、浓可燃混合气、过浓可燃混合气、稀可燃混合气、过稀可燃混合气五种。

1. 过浓可燃混合气

$\alpha<0.85$,这种混合气会使发动机耗油率增加,排气管冒黑烟,消声器有放炮声。所以这种混合气仅使用在发动机刚刚起动时。

2. 浓可燃混合气

α 在 0.8~0.9 之间,这种混合气可使发动机的功率增大。$\alpha=0.88$ 时达到最大的功率(称功率混合气)。但由于氧气不足,不能充分燃烧,环保性变差。

3. 标准可燃混合气

$\alpha=1$,从理论上讲,标准可燃混合气燃烧最完全,环保性最好。

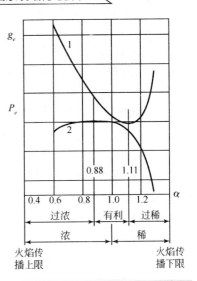

图 3-2 发动机的有效功率、耗油率与过量空气系数的关系
1-耗油率;2-发动机的有效功率

4. 稀可燃混合气

α 在 1.05~1.15 之间,这种混合气可以使汽油分子获得足够的空气而完全燃烧。$\alpha=1.11$ 时燃料燃烧最完全,经济性最好(称经济混合气),耗油率最低。

5. 过稀可燃混合气

由于过稀混合气中的汽油分子过少,燃烧速度慢,使热量传入冷却水,热损失多,发动机的温度过高,因而使发动机功率显著减少40%~50%,耗油率激增。

(三)发动机各种工况对可燃混合气浓度的要求

由于发动机在工作时其工况(转速和负荷情况)是不断变化的,故要求所需混合气浓度也不同,如图3-3所示。

1. 中等负荷工况

随着城市道路的不断建设和完善,汽车性能的不断提高,现代小汽车在最高挡位时经济车速为 65~105 km/h,此时发动机的转速在 2000~3200 r/min 之间。大型汽车在最高挡位时的经济车速为 45~75 km/h,发动机的转速在 1500~2500 r/min 之间。发动机在此负荷下运转,经济性要求是主要的,此时要求节气门开度由小变大,使汽缸的充气量增加,汽油的雾化和蒸发较好,缸内残余废气量相对减少。故需供给稀而多的混合气,α 在 1.08~1.15 之间。

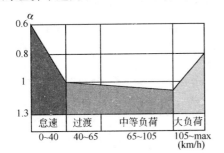

图 3-3 发动机各种工况对可燃混合气浓度的要求

2. 怠速工况

传统发动机怠速时的转速在 300~600 r/min 之间,转速低,汽油雾化不良。另外,由于进入汽缸的混合气数量少,再加上上一循环的残余废气的影响,故需供给较浓而少的混合气,α 在 0.6~

0.8之间。

现代发动机为了降低怠速时废气中HC和CO的含量,采取了下列措施:

(1)冷怠速范围设计为300~700r/min,混合气α在0.6~0.8之间。

(2)热怠速的稳定转速通常为700~800r/min。怠速转速提高,汽油雾化得到改善。另外,由于发动机充气系数的提高,进入汽缸的混合气数量有所增加,可供给标准浓度的混合气,α为1左右。

3. 大负荷和全负荷工况

汽车行驶阻力增大时(如上坡或在艰难道路上行驶),要求发动机发出最大功率。需供给浓而多的混合气,α在0.8~0.9之间。

4. 加速工况

加速时,节气门突然开大,发动机转速迅速提高,由于大量新鲜空气进入进气管,使其温度降低,汽油蒸发性变差,致使混合气瞬时过稀,发动机不仅不能加速,反而可能熄火。故需额外供给较浓的混合气。

5. 起动工况

冷起动时,汽油蒸发条件差。同时,由于发动机转速低,吸入化油器的空气流速也低,致使汽油雾化困难,大部分汽油呈油性状态黏附在进气管壁上,不能及时进入汽缸使缸内混合气过稀,无法燃烧。为了保证进入汽缸的汽油有足够的汽油蒸发,发动机能顺利起动。故需供给极浓的混合气,α在0.2~0.6之间。

单元二　电控汽油喷射系统的总体结构认知

单元要点

1. 电控汽油喷射系统的类型和基本组成；
2. 燃油供给系统主要部件结构与工作原理；
3. 空气供给系统主要部件结构与工作原理；
4. 电子控制系统主要部件结构与工作原理。

相关知识

传统的化油器式供给系统由于结构简单，使用方便，成本较低，曾经在汽车上得到广泛应用。但化油器式发动机存在的主要缺点是充气及混合气分配不够理想。对发动机动力性、经济性的提高和排放性的改善有一定的不利影响，为了克服这些缺点，近20年来，随着科学技术的不断发展，现代汽车的发动机已经采用电控技术，已成功地取代了化油器式供给系统，而且越来越多地用于轿车与轻型车发动机上，以满足发动机安全、环保、节能的需要。

汽油直接喷射与化油器式相比有以下优点：

1. 提高了充气效率，发动机功率增加；进气道中没有喉管，进气阻力小；进气歧管截面积增加，进气压力损失小。
2. 燃油消耗率降低，经济性提高；因为喷油量是根据进气量的多少进行控制，并且各缸分配均匀。
3. 混合气分配均匀性好；可以比较精确地控制各缸混合气浓度与工况匹配。
4. 排气污染程度降低；因为喷油量和进气量都是按照最佳空燃比进行精确配比，燃料燃烧完全，加上三元催化净化装置的作用，能使废气中的 CO、HC、NO_x 含量降低。
5. 发动机冷起动性能改善；汽油雾化良好，再加上冷起动加浓装置的作用，改善了起动性能。
6. 加速性能得到改善。采用喷油器直接向进气门处喷油，供油及时，减少了供油滞后时间。

一、电控汽油喷射系统的类型和基本组成

（一）电控汽油喷射系统的类型

1. 按喷油器数目分

分为单点喷射系统和多点喷射系统两种，如图3-4所示。

（1）单点喷射系统。单点喷射系统是指在节气门前方安装一只或两只喷油器，向进气歧

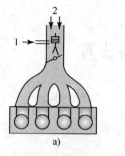 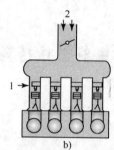

图 3-4 单点和多点喷射
a)单点喷射;b)多点喷射
1-汽油;2-空气

管喷油,形成初步的可燃混合气,在进气行程时,可燃混合气被吸入汽缸内。这种系统结构简单,但混合气浓度不易精确控制。该系统逐渐被淘汰。

（2）多点喷射系统。多点喷射系统是指在每一个汽缸的进气门前的进气道内分别安装一只喷油器,实行各缸分别供油。多点喷射控制精确高,被广泛应用。

2. 按喷油方式分

分为连续喷射系统和间歇喷射系统两种。

（1）连续喷射系统。现在已被淘汰。

（2）间歇喷射系统。广泛地应用于现代电控汽油喷射系统中,在发动机运转期间汽油间歇喷射,其喷油量大小取决于喷油器针阀开启时间,即 ECU 指令的喷油脉冲宽度。

3. 按喷射时序分

分为同时喷射、分组喷射和顺序喷射三种,如图 3-5 所示。

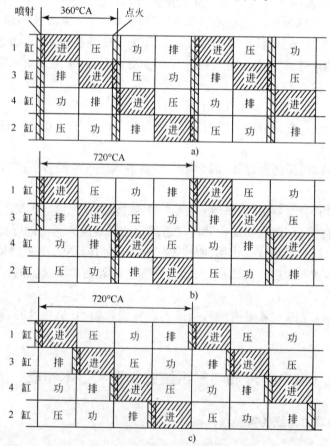

图 3-5 同时喷射、分组喷射和顺序喷射
a)同时喷射;b)分组喷射;c)顺序喷射

(1)同时喷射。这种喷射方式是在电路上将各缸喷油器全部并联在一起,通过一条共同的控制电路和 ECU 连接。在发动机的每个工作循环中,各缸喷油器同时喷油一次或两次。这种控制方式逐渐被淘汰。

(2)分组喷射。这种喷射方式是将多缸发动机的喷油器分成 2~3 组,每组有 2~4 个喷油器,分别通过一条控制电路和 ECU 连接。在发动机每个工作循环中,各组喷油器各自同时喷油一次。

(3)顺序喷射。这种喷射方式的各缸喷油器分别由各自的控制电路与 ECU 连接,ECU 分别控制各喷油器喷油。这种喷射方式得到广泛应用。

4. 按控制方式分

分为开环控制和闭环控制两种。

(1)开环控制。不装氧传感器的电控汽油喷射系统。因控制精度不高,逐渐被淘汰。

(2)闭环控制。装有氧传感器的电控汽油喷射系统。氧传感器未达到工作温度之前,它不能向 ECU 反馈信号,这时电控汽油喷射系统是开环控制。反之,称为闭环控制。但由于开环控制的时间较短,所以目前把装有氧传感器的电控汽油喷射系统称为闭环控制系统。

5. 按空气量检测方式分

分为间接检测式和直接检测式两类。

(1)间接检测式。采用进气压力传感器,这种系统称为 D 型电控汽油喷射系统。

(2)直接检测式。有热线式(LH 型)、热膜式和卡门旋涡式等空气流量计。

6. 按喷射位置分

分为缸外喷射和缸内喷射两种,如图 3-6 所示。

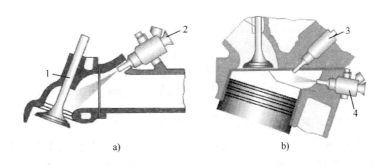

图 3-6 缸外喷射和缸内喷射
a)缸外喷射;b)缸内喷射
1-进气门;2、4-喷油器;3-火花塞

(1)缸外喷射。将汽油喷射在进气道的方法称为缸外喷射。国内轿车发动机电控汽油喷射系统广泛采用缸外喷射。

(2)缸内喷射(直接喷射 GDI)。缸内喷射在有些燃烧稀混合气的轿车发动机中采用,如一汽大众生产的速腾 1.4TSI 轿车就是采用汽油直接喷射式涡轮增压发动机技术,它与缸外汽油喷射电控系统相比具有高效、低油耗的优点。

（二）电控汽油喷射系统的基本组成

电控汽油喷射系统由燃油供给系统、进气系统、电子控制系统3个子系统组成，如图3-7所示。

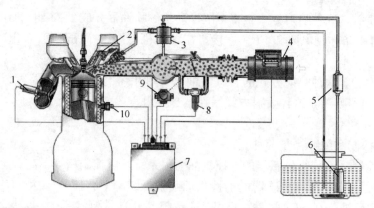

图3-7　电控汽油喷射系统
1-氧传感器；2-喷油器；3-调压器；4-热线式空气流量计；5-燃油滤清器；6-电动燃油泵；
7-电子控制单元；8-怠速执行器；9-节气门位置开关；10-水温传感器

1. 燃油供给系统

燃油供给系统的功用是向发动机提供各种工况下所需要的燃油量。它由汽油箱、电动汽油泵、汽油滤清器、燃油分配管、油压调节器、喷油器和油管等组成，如图3-8所示。

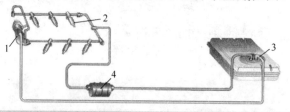

图3-8　电控燃油供给系统
1-油压调节器；2-喷油器；3-汽油泵；4-汽油滤清器

在电动汽油泵的作用下，汽油从油箱以大约350kPa的压力泵出，经汽油滤清器、总油管和分配油管后，送至喷油器。喷油器在ECU控制下，将燃油以雾状喷至各缸进气门前的进气道管内。总油管的末端装有油压调节器，用来调整油管中汽油的压力，使油压保持某一定值（250～300kPa），多余的汽油从油压调节器上的回油口经回油管返回汽油箱。也有一些发动机的油压调节器后面串联一个燃油脉动阻尼器，还有的发动机将油压调节器安装在汽油箱内。

2. 进气系统

LH型电控汽油喷射系统由空气滤清器、空气流量计、节气门体、进气总管、进气歧管和怠速控制阀组成（图3-9），其功用是测量和控制汽油燃烧时所需要的空气量，以控制发动机输出功率。

进气量由驾驶员通过加速踏板操纵节气门或通过电子节气门来控制。进入发动机的空气经空气滤清器过滤,由空气流量计计量后,通过节气门体进入进气总管和进气歧管,在进气道内与喷油器喷出的燃油混合后再进入汽缸。

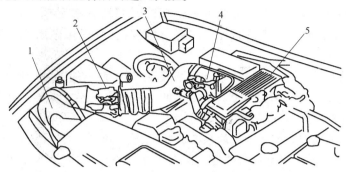

图3-9 空气供给系统
1-空气滤清器;2-空气流量计;3-进气连接管;4-节气门体;5-进气室

D型电控汽油喷射系统除了采用进气压力传感器间接测量进气量外,其他的部件与LH型的相同。

电子控制系统由各种传感器、发动机控制单元(ECU)和执行器三部分组成,如图3-10所示。其功用是根据发动机运转状况和车辆运行情况确定汽油最佳喷射量。

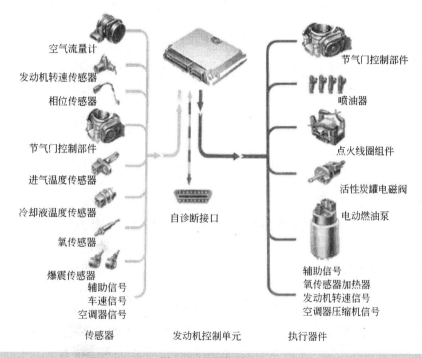

图3-10 电子控制系统

传感器是信号转换装置,安装在发动机的各个部位,其功用是检测发动机运行状态,将发动机各种工况下的性能参数转换成电信号输送给ECU。检测发动机工况的传感器有:水温传感器、进气温度传感器、发动机转速与曲轴位置传感器、节气门位置传感器、车速传感器、氧传感器、爆震传感器、空调离合器开关等。

ECU是发动机控制系统的核心部件。ECU在接收了各种传感器传来的信号后,经过计算确定满足发动机运转状态的喷油时间。ECU还可以对多种信息进行处理,实现EFI系统以外其他诸多方面的控制,如点火控制、怠速控制、废气再循环控制和自动变速器控制等。

执行器是控制系统的执行机构,其功用是接受ECU输出的各种控制指令,完成具体的控制动作,从而使发动机处于最佳状态,如喷油定时和脉宽控制、点火提前角控制、怠速控制、故障自诊断、故障备用程序启动、仪表显示等。

因此,电控汽油喷射系统是由燃油系统、进气系统和电子控制系统三部分有机联系的整体。如图3-11所示,要了解电控汽油喷射系统工作原理,必须了解3个子系统的结构和工作原理。

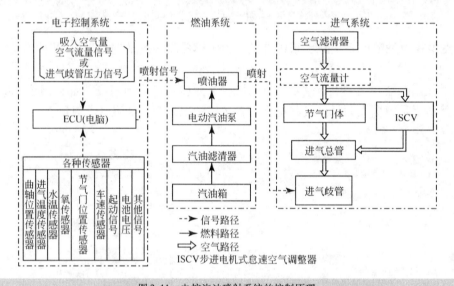

图3-11 电控汽油喷射系统的控制原理

二、燃油供给系统主要部件结构与工作原理

(一)电动汽油泵

电动汽油泵是一种由小型直流电动机驱动的油泵,它为汽油喷射提供所需的压力。

目前最常用的是涡轮式电动汽油泵,其结构如图3-12所示。涡轮的圆周开有小槽,在电动机的驱动下,涡轮周围小槽内的燃油高速旋转。由于离心力的作用,使燃油出口处的油压升高,同时在进口处产生一定的真空,从而使汽油在进油口被吸入并被泵向出油口。

有些车型的电动汽油泵安装在油箱外,但大部分轿车的电动汽油泵安装在油箱内。油箱内的油泵和电动机都浸在汽油中。在泵油过程中,汽油不断穿过电动机,油泵本身及电动机中的电枢、炭刷、轴承等部位都靠汽油来润滑和冷却。因此,要绝对禁止在无油的情况下运转电动汽油泵,也不要等油用尽后才去加油,以免烧坏电动汽油泵。

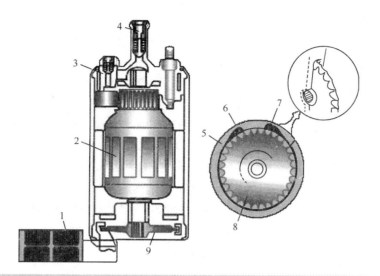

图3-12 涡轮式电动汽油泵
1-滤网;2-电动机;3-卸压阀;4-安全阀;5-壳体;6-出口;7-入口;8-叶轮;9-涡轮泵

(二)油压调节器

油压调节器的功用就是根据进气歧管真空度的变化来调节进入喷油器的燃油压力,使燃油压力与进气歧管压力之差保持不变,如图3-13所示,让喷油压力在不同的节气门开度下保持定值(250kPa)。这样,喷油器的喷油量便唯一地取决于喷油时间的长短,ECU就能通过控制喷油时间的长短来精确地控制喷油量。

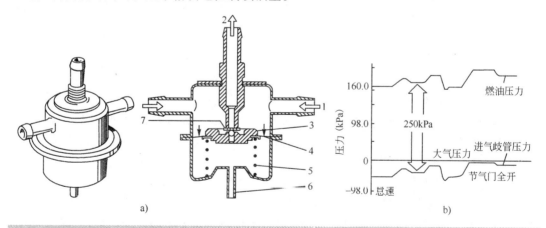

图3-13 油压调节器
a)油压调节器结构;b)油压调节器工作原理
1-进油口;2-回油口;3-阀座;4-膜片;5-弹簧;6-接进气真空管;7-平面

油压调节器壳体内腔被膜片4分成两个小室,下方为真空气室,真空接口通过一根软管和进气管相通。弹簧5紧压在膜片4上,使阀门关闭。当膜片4上方的燃油压力超过膜片4下方真空气室的压力时,就推动膜片4向下压缩弹簧5,打开阀门,使高压的燃油经回油口2流回油箱。

(三)喷油器

喷油器的功用是根据 ECU 提供的电信号(脉冲宽度)控制汽油喷射量。

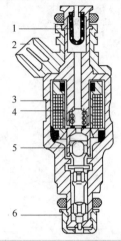

图 3-14 喷油器
1-滤网;2-电源插座;3-电磁线圈;
4-复位弹簧;5-衔铁;6-针阀

喷油器的结构如图 3-14 所示,它由滤网、电源插座、电磁线圈、复位弹簧、衔铁和针阀等组成。采用缸外喷射的喷油器安装在缸盖的进气道上,喷嘴朝向进气。

其工作原理是:ECU 的喷油控制信号将喷油器与电路接通后,电磁线圈 3 通电并产生磁场,吸引衔铁 5 向上移动,在衔铁 5 的带动下针阀 6 克服了弹簧 4 而打开喷嘴,一定压力的燃油以雾状喷入进气道。当 ECU 将电路切断时,电磁力消失,弹簧 4 使针阀 6 关闭,喷射停止。ECU 利用电脉冲的宽度来控制喷油器每次喷油的时间,从而控制喷油量。一般喷油器每次喷油的时间为 2~10ms。时间愈长,喷油量就愈大。

喷油器按电磁线圈的控制方式不同,可分为电压驱动式和电流驱动式两种。

电压驱动式喷油器是指 ECU 驱动喷油器喷油的电脉冲的电压是恒定的,这种喷油器又可分为高阻抗型和低阻抗型两种。低阻抗型喷油器是用 5~6V 的电压驱动,其电磁线圈的电阻较小;约 $0.6~3\Omega$,不能与 12V 电源直接连接,否则会烧坏电磁线圈;高阻抗型喷油器是用 12V 电压驱动,其电磁线圈电阻较大,为 $12~17\Omega$,可直接与 12V 电源连接。

电流驱动式喷油器的驱动电脉冲开始时是以较大的电流使电磁线圈产生较大的吸力,以打开针阀,然后再用较小的电流保持针阀的开启。这种喷油器一般为低阻抗型。

(四)冷起动喷油器

早期有些车型的汽油喷射系统,在发动机冷起动时,除了通过延长各缸喷油器的喷油时间来增加喷油量外,还借助节气门后的进气管或谐振腔上的冷起动喷油器,喷入一部分额外的燃油,以加浓混合气,提高发动机的冷起动性能。冷起动喷油器结构与喷油器基本相同。近年来生产的电控发动机已不采用这种冷起动的方法,取而代之的是采用 ECU 控制喷油器加浓的方法。

(五)燃油脉动阻尼器

有的汽油喷射系统装有燃油脉动阻尼器。其功用是减小油路中的压力波动,并抑制喷油器或压力调节器在开启与关闭过程中产生的压力脉动噪声。燃油脉动阻尼器一般安装在进油管或分配油管上,有的安装在电动汽油泵出口处或安装在回油管路上,以减小油压调节器产生的回油噪声。如图 3-15 所示,膜片 2 将脉动阻尼器隔成膜片室和燃油室,当燃油压力增高时,膜片弹簧被压缩,使燃油室容积增大,减缓了燃油压力的增加;反之,当燃油压力减低时,在弹簧力的作用下使燃油室容积减少,减缓了燃油压力的降低;如此反复,使燃油系统的油压脉动减低。

(六)汽油滤清器

汽油滤清器能除去汽油中的杂质和水分。汽油泵、喷油器等精密件,要求供给清洁的汽油,否则易出现故障。滤清方式有沉淀式和过滤式两种。

汽油滤清器由进油口、纸质滤芯和出油口组成,如图3-16所示。

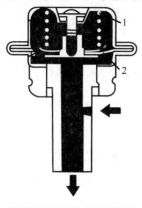

图3-15 脉动阻尼器
1-膜片弹簧;2-膜片

图3-16 汽油滤清器
1-进油口;2-出油口;3-滤芯

(七)汽油箱

汽油箱用于储存汽油,其储存的汽油能使汽车行驶200~600km。汽油箱一般用薄钢板制成。为防止油液因行车振荡而外溢,在油箱内部装有隔板。汽油表的传感器、电动汽油泵和部分的油管装在油箱内。油箱底部有油箱集滤器。为了便于排除油箱内的杂质,在底部装有放油螺栓。油箱上部用带阀门的油箱盖关闭着,加油口通常装有可取出的延伸管和滤网,以便加油时滤去杂质,轿车汽油箱一般位于轿车的尾部,如图3-17所示。

油箱盖带有进气阀(空气阀门),其目的是当油箱内产生一定的真空度的情况下,能与大气相通。

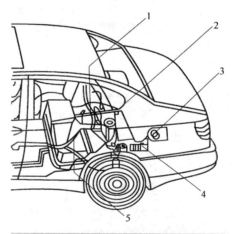

图3-17 汽油箱的位置
1-制动软管;2-油箱;3-油箱盖;
4-油箱进油管总成;5-放油螺栓

三、空气供给系统主要部件结构与工作原理

(一)进气检测装置

进气检测装置按检测方式分为空气流量计和进气压力传感器两种,其检测参数作为ECU控制喷油量的基本依据。

1.空气流量计

空气流量计的功用是直接检测进气量。空气流量计安装在空气滤清器和节气门之间,用来测量进入汽缸内空气量的多少,将进气量信号转换成电气信号输入电控单元,从而由电控单元计算出喷油量,控制喷油器向节气门室(进气管)喷入与进气量成最佳比例的燃油。

目前汽车上所用的空气流量计按其结构和工作原理分为翼片式空气流量计、卡门涡旋式空气流量计、热线式空气流量计和热膜式空气流量计等四种。

(1)翼片式空气流量计。图3-18所示是翼片式空气流量计的结构,图3-19所示是翼片式空气流量计的空气通道,图3-20所示是翼片式空气流量计的电位计部分结构。

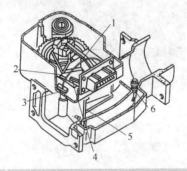

图3-18 翼片式空气流量计的结构
1-电位计;2-电动汽油泵触点(可动);3-进气温度传感器;4-电动汽油泵固定触点;5-测量板(翼片);6-急速调整螺钉

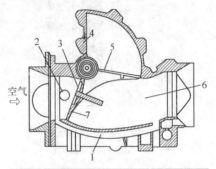

图3-19 翼片式空气流量计的空气通道
1-旁通气道;2-进气温度传感器;3-阀门;4-阻尼室;5-缓冲板;6-主空气通道;7-测量板(翼片)

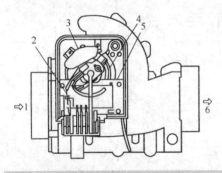

图3-20 翼片式空气流量计的电位计部分结构
1-空气进口;2-电动汽油泵接点;3-平衡块;4-复位弹簧;5-电位计部分;6-空气出口

翼片式空气流量计由测量板(翼片)、缓冲板、阻尼室、旁通气道、急速调整螺钉、复位弹簧等组成,此外内部还设有电动汽油泵开关及进气温度传感器等。

在有的翼片式空气流量计中,还有一电动汽油泵开关,其作用是当点火开关接通而发动机不转动时,控制电动汽油泵不工作。一旦空气流量计中有空气流过时,此开关闭合,电动汽油泵开始工作。这种有电动汽油泵开关的空气流量计的电插座一般为7脚。

翼片式空气流量计电位器是以电位变化检测空气量的装置,它与空气流量计测量板同轴安装,能把因测量板开度而产生的滑动电阻变化转换为电压信号,并送给电控单元,在测量板的回转轴上,装有一根螺旋复位弹簧,当吸入空气推开测量板的力与弹簧变形后的复位力相平衡时,测量板即停止转动。用电位计检测出测量板的转动角度。

(2)卡门旋涡式空气流量计。卡门旋涡式空气流量计进气道的正中间有一个锥形的涡流发生器。当空气流经涡流发生器时,在其后方的气流中会产生空气旋涡,这些旋涡移动的速度与空气流速成正比。

因此,通过测量单位时间内旋涡的数量就可计算出空气流速和流量。测量单位时间内旋涡数量的方法有两种。一种是在旋涡式空气流量计的后半部的两侧设置一对超声波发生器和接收器,如图3-21所示。在发动机运转时,超声波发生器5不断地向接收器8发出一定频率的超声波。当超声波通过进气气流到达接收器8时,由于受到气流中旋涡7的影响,使超声波频率的相位发生变化。接收器8测出这一相位的变化,ECU根据相位变化的频率计算出单位时间内产生的旋涡7的数量,从而计算出空气流速和流量;另一种方法是在流量计内设置一对发光二极管和光敏三极管,如图3-22所示。发光二极管8发出的光束被一个反射镜1反射到光敏三极管2上,使光敏三极管2导通。反射镜1安装在一个很薄的金属板簧3上,板簧3在进气气流旋涡5的压力作用下产生振动,其振动频率与单位时间内产生的旋涡5数量相同。由于反射镜1随板簧3一起振动,因此被反射的光束方向也以相同的频率变化,致使光敏三极管2也随光束的变化以同样的频率导通和截止。这一频率直接反映出单位时间内旋涡5产生的数量,ECU根据光敏三极管2导通和截止的频率即可计算出进气量。旋涡式空气流量计的响应速度在几种空气流量计中是最快的,它几乎能同步地反映出空气流速的变化;此外,它还有测量精度高、进气阻力小、无磨损等优点,但它的成本较高。

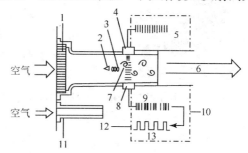

图3-21 超声波检测式卡门旋涡空气流量计
1-整流栅;2-旋涡发生器;3-旋涡稳定板;4-信号发生器(超声波发射头);5-超声波发生器;6-通往发动机;7-卡门旋涡;8-超声波接收器;9-与旋涡数对应的疏密声波;10-整形放大电路;11-旁通通路;12-通往计算机;13-整形成矩形波(脉冲)

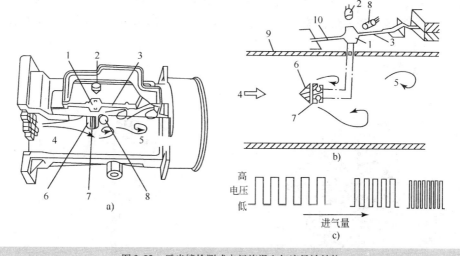

图3-22 反光镜检测式卡门旋涡空气流量计结构
a)结构图;b)结构简图;c)输出脉冲信号波形
1-反射镜;2-光敏三极管;3-板簧;4-空气流;5-卡门旋涡;6-旋涡发生器;7-压力导向孔;8-发光二极管;9-进气管路;10-支撑板

(3)热线式空气流量计。如图3-23所示,进气道的两端有金属防护网,取样管置于进气道中间,管内架有一根极细的铂线(直径约为0.07mm),铂线被电流加热至120℃左右,故称之为热线。在热线式空气流量计电路中,热线是惠斯登电桥电路的一部分,混合集成控制电路调节电桥的电流,使电桥保持平衡。当空气通过流量计时,进入取样管的气流流过热线周围,使其冷却,温度下降,电阻随之减小。热线电阻的减小使电桥失去平衡,此时混合集成控制电路会自动增加供给热线的电流,使热线恢复原来的温度和电阻值,直至电桥恢复平衡。混合集成控制电路所增加的电流大小取决于热线被冷却的程度,也就是取决于通过流量计的空气流速。由于电流的增加,电阻的电压降也增加,这就将电流的变化转换为电压的变化。当ECU接收电压信号后,会计算出通过流量计的空气量。

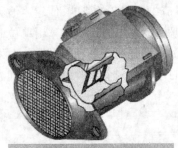

图3-23 热线式空气流量计

ECU还具有对热线的自清洁功能。在每次发动机停止运转后,ECU便会对热线进行通电,使热线温度达到1000℃左右,时间1~2s,以除去热线上的污物。

(4)热膜式空气流量计。热膜式空气流量计的结构和测量原理与热线式空气流量计基本相同。它采用热膜代替热线式空气流量计中的铂丝,如图3-24所示。热膜式空气流量计的特点和热线式空气流量计相同,而且可靠、耐用,不会因黏附污物而影响其测量精度。

2. 进气压力传感器

进气压力传感器的功用是通过检测进气歧管内的绝对压力,间接地测量进气量。进气压力传感器种类较多,下面以电子控制汽油喷射系统用得较多的半导体压敏电阻式压力传感器为例介绍其结构与工作原理。

如图3-25所示,该传感器的主要元件是一片很薄的硅片,外围较厚,中间最薄,硅片上下两面各有一层二氧化硅膜。在膜层中,沿硅片四边,有4个应变电阻。在硅片四角,各有一个金属块,通过导线和电阻相连。在硅片底面粘接了一块硼硅酸玻璃片,使硅膜片中部形成一个真空室以感应进气歧管压力,如图3-26a)所示。传感器通常用一根橡胶管和需要测量其中压力的部位相连。

图3-24 热膜式空气流量计

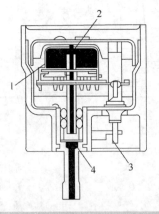

图3-25 半导体式进气歧管压力传感器
1-真空室;2-硅片;3-输出端子;4-过滤体

硅片中的4个电阻连接成惠斯登电桥形式,如图3-26所示,由稳定电源供电,电桥应在硅片无变形时调到平衡状态。当空气压力增加时,硅膜片弯曲,引起电阻值的变化,其中R_1和R_4的电阻增加,而R_2、R_3的电阻则等量减少。这使电桥失去平衡而在AB端形成电位差，从而输出正比于压力的电压信号，经混合集成电路放大后输出给 ECU。

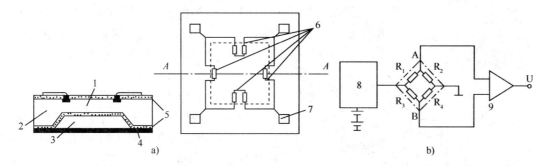

图 3-26 半导体式压力传感器硅膜片的结构及电路
a) 硅膜片的结构；b) 硅膜片的桥形电路
1—硅片；2—硅；3—真空管；4—硼硅酸玻璃片；5—二氧化硅膜；6—应变电阻；7—金属块；8—稳压电源；9—差动放大器

(二) 节气门体

节气门由驾驶员通过加速踏板直接操纵或间接控制，以改变发动机的进气量，从而控制发动机的运转。节气门体位于空气流量计之后的进气管上，它包括节气门、节气门位置传感器、怠速旁通气道 (见图 3-27)。有些车型还将怠速控制阀、怠速空气阀等安装在节气门体上。

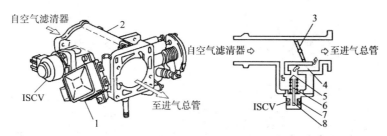

图 3-27 节气门体
1—节气门位置传感器；2—节气门体；3—节气门；4—旁通道；5—阀门；6—进给丝杠；7—定子；8—转子

如图 3-28 所示为德国大众车系 AJR 发动机上使用的节气门体结构图。它的特点是没有旁通道式的怠速空气阀，无怠速调整螺钉 (发动机怠速的调整是通过专用仪器对电控单元中的怠速数据进行基本设定的)。它对发动机怠速的控制，是利用怠速电机 3 及其传动机构直接控制节气门的开度来调节怠速空气进气量。节气门开度由驾驶员通过操纵加速踏板来控制，并由怠速节气门电位计 1 和节气门电位计 4 将其转换成电信号输入 ECU。

(三) 节气门位置传感器

为了使喷油量能满足不同工况的要求，电子控制汽油喷射系统在节气门体上装有节气门位置传感器。它将节气门的开度转换成电信号输送给 ECU，作为 ECU 判定发动机运转工况的依据。

节气门位置传感器有开关型、线性可变电阻型两种。

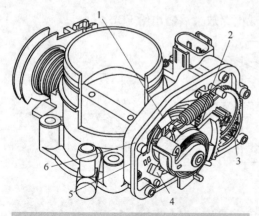

图 3-28　AJR 发动机节气门体
1-急速节气门电位计；2-应急弹簧；3-急速电机；
4-节气门电位计；5-节气门控制器；6-急速开关

1. 线性可变电阻型节气门位置传感器

线性可变电阻型节气门位置传感器的结构如图 3-29 所示，它是一种高灵敏度的电位器，由两个与节气门联动的可动电刷触点、电阻体、急速触点 IDL 等组成。

将点火开关置于"ON"，发动机 ECU 给传感器输入 5V 的参考电压。当节气门转动时，一个电刷触点 2 可在电阻体 1 上滑动，利用电阻值的变化，测得与节气门开度对应的线性输出电压。发动机 ECU 根据输入的电压值，可知节气门的开度，对喷油量进行控制，随着节气门开度的增大，节气门位置传感器输出电压也线性增大；另一电刷触点 3 在节气门关闭（急速）时与急速触点（IDL）接触，IDL 信号主要给发动机 ECU 提供急速信号，用于急急速断油控制和点火提前修正。

2. 开关型节气门位置传感器

开关型节气门位置传感器的结构如图 3-30 所示，它主要由可动触点和两个定触点（功率触点和急速触点）构成。可动触点可沿导向凸轮沟槽移动，导向凸轮由固定在节气门轴上的控制杆驱动。

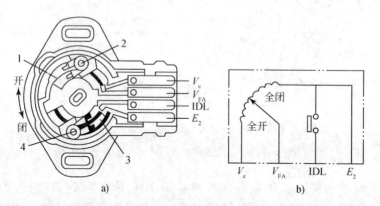

图 3-29　线性可变电阻型节气门位置传感器
a) 结构图；b) 电路图
1-电阻体；2-检测节气门开度用的电刷触点；3-检测节气门全闭用的电刷触点；4-急速触点 IDL

节气门全关闭时，可动触点 4 与急速触点 5 接触，检测节气门的全关闭状态，当节气门开度达到 50°以上时，可动触点 4 与功率触点 6 接触，检测节气门大开度状态；在中间开度时，可动触点与任一触点都不接触，无检测信号。

（四）电子控制节气门

电子控制节气门 ETCS-i（Electronic Throttle Control System-intelligent）的功用是利用 ECU 来精确地控制节气门开度。该系统由加速踏板位置传感器、ECU 和节气门体等组成。

图 3-31 为丰田雷克萨斯轿车 1UZ—FE 发动机和 S430 轿车 3UZ—FE 发动机上的电子控制节气门体。它由减速齿轮、节气门复位弹簧、节气门位置传感器、节气门和节气门控制电机等组成。ECU 控制流向节气门控制电机 5 的电流量的大小和方向,使控制电机 5 转动,并通过减速齿轮 1 打开、关闭或维持节气门 4,节气门 4 的实际开启角由节气门位置传感器 3 检测并反馈给发动机 ECU。

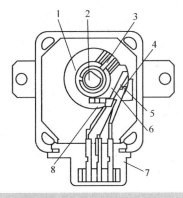

图 3-30 开关型节气门位置传感器
1-导向凸轮;2-节气门体轴;3-控制杆;
4-可动触点;5-怠速触点;6-功率触点;
7-连接装置;8-导向凸轮槽

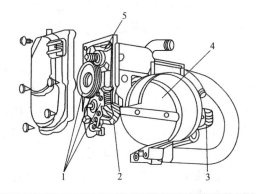

图 3-31 丰田雷克萨斯轿车电子控制节气门(ETCS-i)
1-减速齿轮;2-节气门复位弹簧;3-节气门位置传感器;
4-节气门;5-节气门控制电机

在发动机不工作时,节气门复位弹簧 2 使节气门 4 开启到一个固定位置(大约 7°)。在怠速时节气门 4 的开度反而要关闭到小于这个固定位置。

ETCS-i 能进行以下控制:

(1)怠速控制(ISC)。一些发动机是使用步进电机式怠速控制阀来实现怠速控制的,而 ETCS-i 是通过 ECU 和节气门控制电动机控制节气门开度来完成对怠速的控制。

(2)减少换挡冲击控制。在变速器换挡期间,ETCS-i 与电控变速器能实现同步控制,以减少换挡冲击。

(3)巡航控制。未采用该系统前,车速是由巡航控制执行器打开或关闭节气门来控制的。采用 ETCS-i 后,车速是通过 ECU 和节气门控制电动机控制节气门开度来完成对巡航的控制。除此之外,ETCS-i 还实现对雪地模式控制、牵引力控制(TRC)、车辆稳定控制(ESP)等。

(五)怠速空气阀

怠速空气阀的功用是实现发动机的冷车快怠速。在发动机冷起动的暖机过程中,怠速空气阀开启,使部分空气经怠速空气阀和旁通气道绕过节气门,直接进入节气门后的进气管内,保证冷车快怠速运转稳定。在发动机达到正常温度的过程中,这部分附加空气量随着怠速空气阀的逐渐关闭而不断减少,直至怠速空气阀完全关闭。

怠速空气阀有双金属片式和蜡式两种,目前大都采用蜡式怠速空气阀。

蜡式怠速空气阀由一个密封的蜡盒和锥阀组成,如图 3-32 所示。其工作原理类似发动机冷却系中的蜡式节温器,由发动机冷却液直接加热而起作用。冷却液经软管进入怠速空气阀内与空气隔绝的水道中,流经蜡盒 5 周围。发动机冷车时,水温低,蜡盒 5 内的蜡质凝固收缩。锥阀 3 在弹簧的作用下开启,打开旁通气道。发动机热车后,水温升高,蜡盒 5 内的蜡质受热熔化膨胀,使推杆 4 伸出,推动锥阀 3 关闭旁通气道。

(六)怠速控制阀

怠速控制阀通常安装在节气门体上。它在 ECU 的控制下利用改变绕过节气门的旁通气道的大小来增加或减少怠速进气量,使发动机保持最佳的怠速。

常见的怠速控制阀有步进电机式、电磁式和旋转滑阀式 3 种,现介绍步进电机式怠速控制阀。

步进电机式怠速控制阀由步进电机、螺旋机构、控制阀、阀座等组成(图 3-33)。螺旋机构中的螺母和步进电机的转子制成一体。螺杆与壳体之间为滑动花键连接,使螺杆不能作旋转运动,只能沿轴向作直线运动。当步进电机转动时,螺母带动螺杆作轴向移动。步进电机转子每转动一圈,就使螺杆移动一个螺距。螺杆上固定着阀芯,螺杆向前或向后移动时,带动阀芯关小或开大旁通空气通道,以改变进气量的大小。ECU 通过控制步进电机的转动方向和转角,就可控制螺杆的移动方向和移动距离,从而达到控制旁通气阀开度,调整怠速进气量的目的。

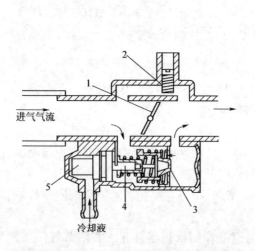
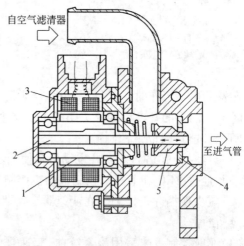

图 3-32 蜡式怠速空气阀
1-节气门;2-怠速调整螺钉;3-锥阀;4-推杆;5-蜡盒

图 3-33 步进电机式怠速控制阀
1-步进电机转子;2-螺杆;3-励磁线圈;4-阀座;5-阀芯

四、电子控制系统主要部件结构与工作原理

(一)传感器

1.水温传感器

水温传感器安装在发动机缸体或缸盖的水套上,用来检测发动机的温度。其信号输入 ECU,用来对基本喷油量和点火提前角进行修正。水温传感器内部是一个半导体热敏电阻(图 3-34),它具有负的温度电阻系数。水温越低,电阻越高;反之,水温越高,电阻

越低。

2. 进气温度传感器

进气温度传感器通常安装在空气滤清器之后的进气软管或空气流量计上,也有个别车型将进气温度传感器安装在进气管的动力腔上。不论安装在何处,其作用都是相同的,即测量进气的温度,并输送给 ECU 作为修正喷油量的参考依据。进气温度传感器内部也是一个具有负温度电阻系数的热敏电阻,外部用环氧树脂密封。它和 ECU 的连接方式与水温传感器相同,如图 3-35 所示。

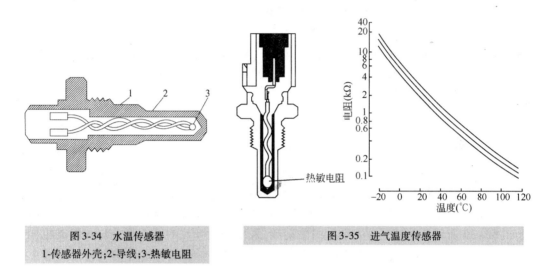

图 3-34　水温传感器
1-传感器外壳;2-导线;3-热敏电阻

图 3-35　进气温度传感器

3. 曲轴位置传感器

曲轴位置传感器的功用是提供发动机转速信号和曲轴位置(压缩行程上止点)信号,是控制点火时刻和喷油时刻的重要信号源。曲轴位置传感器主要有三种类型:电磁感应式、霍尔效应式和光电式。

(1)电磁感应式曲轴位置传感器。图 3-36 所示是一种安装在曲轴上的电磁感应式曲轴位置传感器。它主要由永久磁铁、感应线圈和信号齿盘等组成。永久磁铁的磁力线经信号齿盘 6、感应线圈 5、发动机壳体 3 组成封闭回路,曲轴带动信号齿盘 6 旋转,当齿轮靠近和离开感应线圈 5 时,空气隙不断发生变化,感应线圈 5 就会出现磁通量的变化,因而在感应线圈 5 中产生感应电压,工作原理如图 3-37 所示。信号齿盘 6 不停旋转,在感应线圈 5 中就不断产生交变电压信号,ECU 通过电压的变化频率(Ne 信号)计算出发动机的转速。另外,在信号齿盘上缺 2 个齿,用于识别曲轴位置(第一缸上止点位置)的信号(G 信号),作为喷油、点火正时的参考基准。

电磁感应式曲轴位置传感器也可以安装在曲轴皮带轮或飞轮齿圈附近,利用皮带轮上特制的凸块或飞轮轮齿产生脉冲信号,这种传感器具有结构简单,坚固耐用,能适应较高温度环境,能利用齿轮轮齿产生脉冲等优点,因而被广泛采用。其缺点是:输出电压的峰值随转速的大小而变化,在发动机起动时的低速状态下,感应电压很低,影响了控制精度。

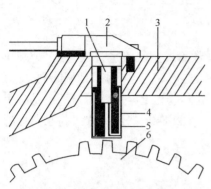 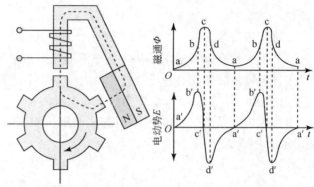

图3-36　电磁感应式曲轴位置传感器
1-永久磁铁；2-插头；3-发动机壳体；
4-铁芯；5-感应线圈；6-信号齿盘

图3-37　电磁感应式曲轴位置传感器工作原理

(2) 霍尔效应式曲轴位置传感器。它是利用霍尔效应原理，产生与曲轴转角相对应的电压脉冲信号进行工作的。如图3-38所示，当电流 I 通过放在磁场中的半导体基片（霍尔元件），且电流方向与磁场方向垂直时，在垂直于电流与磁场的霍尔元件的横向侧面上就会产生一个与电流和磁场强度成正比的霍尔电压。

美国通用汽车公司所采用的六缸发动机的霍尔效应式曲轴位置传感器的信号触发叶轮结构如图3-39所示。传感器被安装在曲轴前端，采用触发叶片的结构形式。在发动机曲轴皮带轮前端固定着内外两个带触发叶片的信号轮，与曲轴一起旋转。外信号轮1外缘上均匀分布着18个触发叶片和18个窗口，每个触发叶片和窗口的宽度均为10°所对应的弧长；内信号轮外缘上，设有3个触发叶片和3个窗口，3个触发叶片的宽度不同，分别为100°、90°和110°所对应的弧长；3个窗口的宽度也不同，分别为20°、30°、10°弧长。由于内触发叶轮安装位置的关系，内信号轮上宽度为100°所对应弧长的触发叶片前沿位于1、4缸上止点前75°，90°所对应弧长的触发叶片前沿位于6、3缸上止点前75°，110°所对应弧长的触发叶片前沿位于5、2缸上止点前75°。

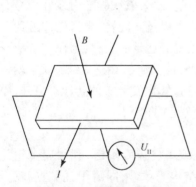 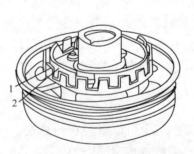 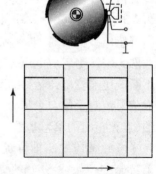

图3-38　霍尔效应工作原理
I-电流强度；B-磁场强度；U_H-霍尔电压

图3-39　霍尔效应式曲轴位置传感器结构与工作原理
1-外信号轮；2-内信号轮

在内、外信号轮侧面各设置一个霍尔信号发生器。霍尔信号发生器主要由永久磁铁、导磁板和霍尔集成电路组成。信号轮转动时,每当叶片进入永久磁铁与霍尔元件之间的空气隙时,磁场被触发叶片所旁路,霍尔元件不受磁场的作用,此时没有霍尔电压;当触发叶片转过空气隙、缺口对着永久磁铁和霍尔元件时,磁场作用到霍尔元件上,产生霍尔电压。霍尔元件间歇产生的霍尔电压信号,经霍尔集成电路放大整形后,送到ECU作为曲轴转角和曲轴位置信号,如图3-40所示。具体工作原理如下:

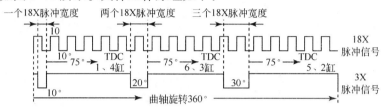

图3-40　霍尔效应式曲轴位置传感器输出信号

曲轴1°转角信号产生的工作原理:当外信号轮每旋转一周产生18个脉冲信号,一个脉冲周期对应20°曲轴转角,ECU对18X转角信号进行处理,即可求得曲轴1°转角信号。ECU可根据1°转角信号精确控制点火和喷油时刻。

曲轴位置信号产生的工作原理:内信号轮每旋转一周产生3个宽度不同的电压脉冲信号,即3X信号,3个脉冲信号的上升沿分别相对应1、4缸,3、6缸和2、5缸压缩行程上止点前75°,可用于ECU判别当前点火的汽缸和计算点火和喷油时刻的基准信号。

霍尔效应式曲轴位置传感器输出的信号是矩形脉冲(数字)信号,可直接输入ECU,而且它的信号电压的大小与发动机转速无关,在发动机起动的低速状态下仍可获得很高的检测精度。

(3)光电式曲轴位置传感器。光电式曲轴位置传感器主要由发光二极管和光敏三极管及信号盘和控制电路组成,如图3-41所示。发光二极管6和光敏三极管5及控制电路均安装在固定底板上,发光二极管6与光敏三极管5位置相对应,分别位于信号盘3的两侧。信号盘3固定在凸轮轴上,与凸轮轴一同转动。信号盘3的边缘分别刻有360条缝隙,每转过一条缝隙对应凸轮轴1°转角。在信号盘3的边缘还刻有表示1缸上止点位置的缝隙和60°(六缸机)或90°(四缸机)间隔的缝隙。当信号盘3挡住发光二极管的光线时,光敏三极管截止,控制电路输出低电压;当缝隙对准发光二极管6与光敏三极管5时,光线照射到光敏三极管5上,控制电路输出高电压,如图3-42所示。凸轮轴转一周,由360条缝隙所控制的电路将输出360个脉冲信号,每个脉冲信号对应于凸轮轴1°转角(曲轴2°转角),此信号作为向ECU输入的转速信号(Ne信号)。由缝隙较宽的1缸上止点位置标记和60°(或90°)间隔缝隙所控制的电路将向ECU输入1缸上止点位置信号和缸序判别信号(G信号)。

光电式曲轴位置传感器可装在分电器内,也可直接装于凸轮轴轴端,此时信号盘将固定在凸轮轴上。

光电式曲轴位置传感器输出的也是矩形脉冲信号,它也能检测转速很低的运动状态。其缺点是必须保持发光二极管和光敏三极管表面的清洁,否则就会影响传感器的工作。因此,必须进行周期性的维护保养。

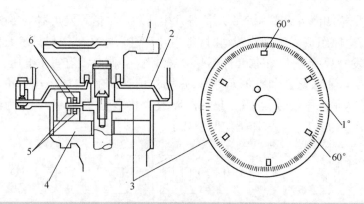

图 3-41　光电式曲轴位置传感器
1-分火头；2-防尘罩；3-信号盘；4-分电器底板；5-光敏三极管；6-发光二极管

4. 氧传感器

氧传感器的功用是用来检测排气中的氧气含量，并向 ECU 反馈相应的电压信号。

目前使用的氧传感器有氧化锆氧传感器和二氧化钛氧传感器两种，其中应用最多的是氧化锆氧传感器。

如图 3-43 所示，氧传感器装在发动机的排气管里，用来测量排气中氧的含量。它是按照大气与排气中氧浓度之差而产生电动势的一种电池。在陶瓷电解质的内、外两面分别涂有白金以形成电极。当它插入排气管中时，其外表面接触废气，内表面则通大气。在约 300℃ 以上的温度时，陶瓷电解质可变为氧离子的传导体。如图 3-44 所示，当混合气较稀，也就是过量空气系数 $\alpha>1$ 时，排气中含氧较多，陶瓷电解质的内外表面的氧浓度差小，只产生小的电压；而当混合气较浓，也就是过量空气系数 $\alpha<1$ 时，排气中氧含量较少，同时伴有大量的未完全燃烧物如 CO、HC 等，这些成分都可能在催化剂的作用下与氧发生反应，消耗排气中残余的氧，使陶瓷电解质外表面的氧浓度趋向于零，这样就使得电解质内外的氧浓度差突然增大，传感器输出电压也突然增大了，其数值趋向于 1V。

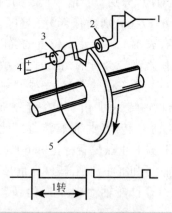

图 3-42　光电式曲轴位置传感器工作原理
1-输出信号；2-光敏三极管；3-发光二极管；4-电源；5-信号盘

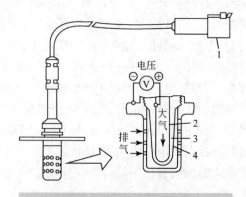

图 3-43　氧化锆式氧传感器
1-接线端子；2-大气侧铂电极；3-陶瓷体；4-排气侧铂电极

由于氧化铬氧传感器只有在400℃以上的温度时才能正常工作,为了保证传感器在发动机进气量少、排气温度低时也能工作,氧传感器中装有加热元件,加热元件受ECU的控制。

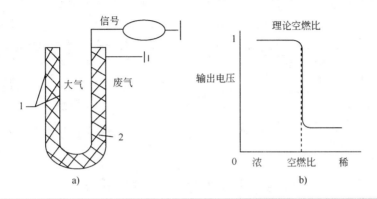

图3-44 氧传感器工作原理
a)结构;b)特性
1-铂金;2-陶瓷

氧传感器通常和三元催化反应器一同使用。三元催化反应器安装在排气管的中段,它能同时净化排气中CO、HC和NO_2三种主要的有害气体,但只有在混合气的空燃比处于接近理论空燃比的一个窄小范围内,三元催化反应器才能有效地起到净化作用。因此应用氧传感器进行反馈控制的目的也在于保证三元催化反应器的排气净化效果,以解决功率、油耗和排气污染之间的矛盾。

(二)ECU

ECU的主要作用是存储、计算、分析处理信息。ECU由输入回路、A/D转换器、微型计算机和输出回路四部分组成,如图3-45所示。各部分的功能如下:

(1)输入回路是把传感器传来的信号进行预处理。

(2)A/D转换器将模拟信号转换为数字信号后再输入微型计算机。

(3)微型计算机(简称微机)是汽油机电控系统的神经中枢。微机由中央处理器(CPU)、存储器和A/D转换器、输出接口(I/O)、总线组成。CPU是整个控制系统的核心。

存储器的主要功能是存储信息资料,分为两种:能读出、不能写入的存储器叫只读存储器(ROM),用来存放各种永久性的程序和永久性、半永久性的数据;能读出、写入的存储器叫随机存储器(RAM),用来存放微机工作过程中输入、输出数据,即起临时存放信息的作用;输入/输出接口(I/O)是CPU与输入装置(传感器)、输出装置(执行器)之间进行信息交流的控制电路;总线是一束传递信息的内部连线,中央处理器(CPU)、存储器和输入/输出接口(I/O)之间的信息交换通过总线进行,总线按传递信息的类别分为数据总线、地址总线与控制总线。把CPU、一定容量的存储器(ROM/RAM)和输入/输出接口(I/O)集成在一个芯片上,就是所谓单片机,目前在发动机电控系统中的微机基本上是单片机。如图3-46所示。

(4)输出回路将微机发出的数字信号转换成可以驱动执行器工作的控制信号。

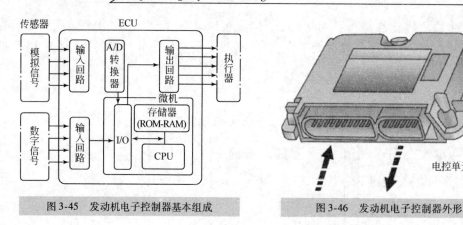

图 3-45　发动机电子控制器基本组成

图 3-46　发动机电子控制器外形

五、电子控制汽油直接喷射系统

汽油直接喷射就是指直接向汽缸内喷射汽油,它是实现稀薄燃烧的一种方法,如图 3-47 所示。

(一) 组成与工作原理

如图 3-48 所示,BOSCH 公司的汽油直接喷射系统 MED-7 的燃油供给系统由供油模块(包括低压油泵)、高压油泵、燃油分配器/油轨、汽油压力传感器、汽油压力控制阀和电磁高压涡流喷油器组成。汽油由低压油泵输往高压油泵 4。在高压油泵的作用下,汽油压力被提高到 12MPa 后再送往燃油分配器/油轨 6,最后通过电磁高压涡流喷油器 12 喷入汽缸。当汽油压力传感器 13 检测到燃油分配器/油轨 6 的压力超过汽油压力特性场中该工况下的设定值时,在 ECU 的控制下,装在燃油分配器/油轨上的汽油压力控制阀 5 打开,多余的汽油流回高压油泵 4,借此实现汽油压力的闭环控制。

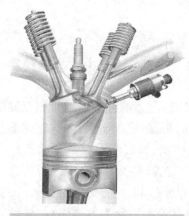

图 3-47　汽油直接喷射示意

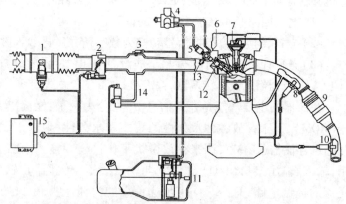

图 3-48　发动机燃油直喷的 MED-7 Motronic 系统
1-空气质量流量计;2-节气门(ETC);3-进气管压力传感器;4-高压油泵;5-压力控制阀;6-燃油分配器/油轨;7-点火线圈;8-氧传感器(LSU);9-三元催化转化器;10-氧传感器(LSF);11-包含燃油泵的燃油供给装置;12-喷油器;13-压力传感器;14-EGR 阀;15-ECU

(二)主要部件的结构与工作原理

1. 低压油泵

低压油泵是电动泵,并联一个机械式汽油压力调节器,出口压力为 0.35MPa。

2. 高压油泵

如图 3-49 所示,在发动机的作用下,凸轮轴 1 通过偏心座圈 2 推动滑块 3 和柱塞 4,使汽油压力从 0.35MPa 提高到 12MPa。三套柱塞组件在凸轮轴的径向上等间隔排列。柱塞数目越多,流量脉动越小。

3. 汽油蓄压器(共轨)

汽油蓄压器用铝制成管状,上有许多开口用于连接高压油泵、喷油器、汽油压力传感器和汽油压力控制阀。一方面,由于周期性的喷油和高压油泵流量的脉动,造成汽油蓄压器的压力脉动,所以汽油蓄压器必须有足够的柔度以阻尼这种压力脉动;另一方面,汽油蓄压器的压力必须按照发动机的要求足够迅速地得到调整,所以汽油蓄压器必须有足够的刚度。

4. 汽油压力传感器

汽油压力传感器用于检测汽油蓄压器中的压力。采用焊入式的不锈钢膜片作为传感元件,测量电阻以薄膜技术植入其中。调节电路、补偿电路和对比信号输出进行评价的电路均集成于传感器壳体中。

5. 汽油压力控制阀

汽油压力控制阀的功用是在发动机的整个运行范围内按照脉谱图调节系统压力,而不依赖于油泵提供多少油量和喷油器要喷多少油量。如图 3-50 所示,节流体 1 在阀座中的位置决定了从高压油通过汽油压力控制阀流回高压油泵的回流油的多少。节流体 1 左面受到系统高压油的作用力,右面受到流过电磁线圈 2 的电流施加在电磁衔铁 3 上的作用力。这两个作用力的平衡决定了节流体的位置,从而决定了流过汽油压力控制阀的汽油流量。所以,利用脉宽调制信号和燃油压力传感器可以精确地实现对汽油压力的闭环控制。

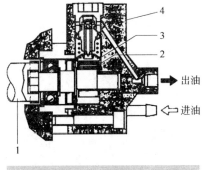

图 3-49 高压油泵
1-凸轮轴;2-偏心座圈;3-滑块;4-柱塞

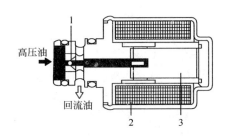

图 3-50 燃油压力控制阀
1-节流体;2-电磁线圈;3-电磁衔铁

6. 电磁高压涡流喷油器

GDI 喷油器与进气道喷射的喷油器相比有其特点。因为 GDI 喷油器要安装在缸盖里面,且一直伸展到汽缸,在现代四气门发动机中只有很小的空间可供喷油器使用,喷油器下段直径必须尽可能小,以便给缸盖冷却水套留有足够的空间,所以要将针阀做得更细长。尽管喷油器壳体很细,却不得影响最高达 12MPa 的燃油压力和大的油束角度。通常采用电磁驱动喷油器,电磁高压涡流喷油器的结构如图3-51所示。

喷油器喷口的形式对油束特性有明显的影响,如图3-52所示,自左至右分别为多孔型、锥型和涡流型喷口。多孔型喷油器的油束互相离散,较难均匀化,雾化特性不能令人满意;锥面型喷油器的雾化质量不比第一种好;涡流型喷油器的雾化质量优良,油束可以倾斜于喷油器的中心线,而且耐脏,适用于汽油直接喷射。

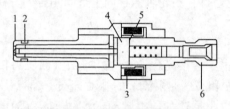

图3-51 电磁高压涡流喷油器
1-涡流装置;2-密封圈;3-线圈;
4-衔铁;5-止推面;6-燃油接头

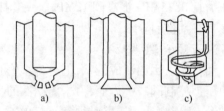

图3-52 喷油器的喷口形式
a)多孔型;b)锥型;c)涡流型

单元三 进排气系统的结构认知

单元要点

1. 进排气系统的总体认识；
2. 进排气系统的各组成结构认识。

相关知识

一、进排气系统的总体认识

进气系统的功用是尽可能多、尽可能均匀地向各缸供给可燃混合气或纯空气，由空气滤清器和进气歧管组成。排气系统的功用是尽可能多地把燃烧后的废气排出气缸。

二、空气滤清器

（一）作用

空气滤清器可清除进入发动机空气中的尘粒从而有效延长了燃烧室内运动件如活塞环、汽缸等件的寿命，并防止机油的污染，它还有消声效果。空气滤清器安装在化油器进口处。

（二）构造

纸质干式空气滤清器如图 3-53 所示，滤纸是用经树脂处理带微孔的纸质制成。过滤面积大，起消声作用，重量轻、成本低、使用方便。

按清除方式不同，分为惯性式、过滤式、油浴式和综合式。目前采用较普遍的是综合式及纸质干式滤清器。

综合式的优点是综合了惯性式、过滤式两种方式，使空气通过惯性，除去粗粒灰尘，然后再通过过滤除去细粒灰尘。滤清能力强，可将空气中 85% 的灰尘清除，而阻力增加不大，从而得到广泛的应用。

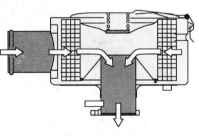

图 3-53 空气滤清器

三、进 气 歧 管

（一）作用

进气歧管将可燃混合气或新鲜空气分送到发动机的各个汽缸。

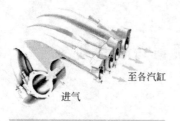

图3-54 电喷发动机进气歧管

(二)构造

进气歧管安装在发动机的汽缸盖上,如图3-54所示。它由化油器节气门体安装座、冷却液管、冷却液通汽缸盖管道和进气分管等组成。现代汽车进气管上还有冷却液管路接口、加热器和真空采集点。

四、排气歧管

(一)作用

排气歧管汇集各个汽缸的废气经排气总管和消声器排入大气。

(二)构造

排气歧管也安装在发动机的汽缸盖上,由歧管分管、歧管总成和排气管安装座组成,如图3-55所示。

图3-55 排气管总成

五、消声器

(一)作用

图3-56 消声器的结构
1-共振器;2-穿孔

废气中含有几乎与发动机所作有效功同等的能量,排气时的温度(673～1173K)和压力(196～490kPa)又较高,并具有极大的脉冲性质,如直接排入大气,必将造成强烈的噪声。因此,汽车发动机都必须安装排气消声器,以衰减排气噪声。其构造如图3-56所示。

(二)构造

现代轿车为了降低排气噪声大多采用二级消声器。消声器是将高压的气体流入一个体积较大的空间,降低压力,减轻噪声。

六、排气再循环(EGR)系统

如图3-57所示,排气再循环是指把发动机排出的部分废气回送到进气歧管,并与新鲜混合气一起再次进入汽缸。由于废气中含有大量的CO_2,而CO_2不能燃烧却吸收大量的热,使气缸中混合气的燃烧温度降低,从而减少了NO_x的生成量。排气再循环是净化排气中NO_x的主要方法。在新鲜的混合气中掺入废气之后,混合气的热值降低,致使发动机的有效功率下降。为了做到既能减少NO_x的排放、又能保持发动机的动力性，必须根据发动机运转的工况对再循环的废气量加以控制。NO_x的生成量随发动机负荷的增大而增多，因此，再循环的废气量也应随负荷而增加。在暖机期间或急速时，NO_x生成量不多，为了保持发动机运转的稳定性，不进行排气再循环。在全负荷或高转速下工作时，为了使发动机有足够的动力性，也不进行排气再循环。

图3-57　排气再循环系统

七、可变进气系统

如图3-58所示，为了充分利用进气波动效应和尽量缩小发动机在高、低速运转时进气速度的差别，从而达到改善发动机经济性及动力性特别是改善中、低速和中、小负荷时的经济性和动力性的目的，要求发动机在高转速、大负荷时装备粗短的进气歧管；而在中、低转速和中、小负荷时配用细长的进气歧管。可变进气歧管就是为适应这种要求而设计的。可变进气歧管在所有转速下都可以使发动机转矩平均提高5%。

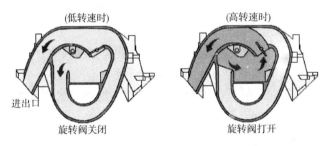

图3-58　可变进气系统

八、谐振进气系统

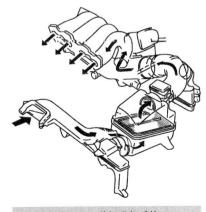

图3-59　谐振进气系统

如图3-59所示，由于进气过程具有间歇性和周期性，致使进气歧管内产生一定幅度的压力波。此压力波以当地声速在进气系统内传播和往复反射。如果利用一定长度和直径的进气歧管与一定容积的谐振室组成谐振进气系统，并使其固有频率与气门的进气周期调谐，那么在特定的转速下，就会在进气门关闭之前，在进气歧管内产生大幅度的压力波，使进气歧管的压力增高，从而增加进气量。这种效应称作进气波动效应。谐振进气系统的优点是没有运动件，工作可靠，成本低。但只能增加特定转速下的进气量和发动机转矩。

单元四 柴油机燃料供给系结构认知

单元要点

1. 柴油机燃料供给系的作用;
2. 柴油机燃料供给系的组成和工作原理;
3. 柴油机混合气的形成及燃烧过程;
4. 柴油机喷油器、输油泵、柱塞式喷油泵、转子式喷油泵的类型、结构及工作原理。

相关知识

一、传统柴油机燃料供给系的组成与工作原理

(一)柴油机燃料供给系的作用

柴油的特点是自燃温度低,柴油机利用空气经压缩升温的特点,将汽缸内的空气经高压缩比压缩后,产生远高于柴油燃点的温度使柴油自燃做功。

柴油机燃料供给系的作用是:依据发动机的工况,适时适量地向各缸提供清洁的高压雾状柴油,为柴油高速完全燃烧创造条件。

(二)柴油机燃料供给系的组成

柴油机燃料供给系由燃油供给、空气供给、混合气形成和废气排出等4个装置组成,如图3-60所示。

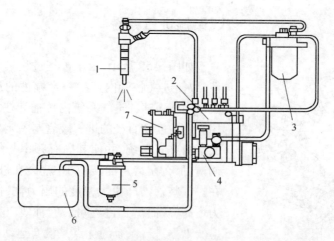

图3-60 柴油机燃料供给系
1-喷油器;2-喷油泵;3-柴油滤清器;4-输油泵;5-油水分离器;6-柴油箱;7-调速器

(1)燃油供给装置由柴油箱、柴油滤清器、输油泵、低压油管、喷油泵、高压油管、喷油器和油管等组成。

(2)空气供给装置由空气滤清器、进气管、汽缸盖内的进气道等组成。

(3)混合气形成装置包括汽缸盖上的预燃室和涡流室以及活塞顶上的涡流凹坑所组成的燃烧室。

(4)废气排出装置由汽缸盖内的排气道、排气管及排气消声器等组成。

(三)柴油机燃料供给系的工作原理

输油泵将柴油从油箱中吸出,经低压油管通过滤清器滤去杂质进入喷油泵。通过喷油泵增压,根据发动机的需要按时按量将高压柴油经高压油管输送到各喷油器,喷入燃烧室,喷油器回漏的少量柴油经喷油器回油管流回油箱,由于输油泵提供的燃油量必须多于喷油泵泵出的油量。多余的低压柴油经喷油器回油管流回油箱,如图3-60所示。

(四)柴油的特性

(1)柴油的燃点。柴油在其温度达到一定时,不需点火即会自行燃烧,此温度(300℃左右)即为柴油的燃点。

(2)柴油的凝点。是指柴油失去流动性的温度。柴油的牌号是按凝点来划分的。应按周边温度高于凝点10℃选用。0号柴油指该柴油于0℃时失去流动性。

(3)对柴油的要求。柴油机对柴油有下列要求:

①良好的燃烧性。

②良好的低温流动性。

③适宜的黏度和蒸发性。

④对机件无腐蚀性。

⑤不含机械杂质和水分。

二、柴油机混合气的形成与燃烧室

(一)柴油机可燃混合气的形成

柴油机燃烧室由汽缸盖和活塞顶共同构成。缸盖内的进气道与活塞顶上的涡流凹坑配合使吸入汽缸的空气产生高速涡流,将由喷油器喷出的雾状油束与空气迅速搅拌、混合,喷油器的安装位置及对应燃烧室的形状共同决定了所产生的可燃油混合气的质量,以保证柴油能在千分之几秒的时间内,高速完全燃烧。如图3-61所示。

(二)柴油机燃烧室的结构

柴油机的燃烧室按结构不同分为统一式和分隔式两种。

1. 统一式燃烧室

统一式燃烧室有以下两种。

(1)ω形燃烧室,如图3-62a)所示。

(2)球形燃烧室,如图3-62b)所示。

2. 分隔式燃烧室

分隔式燃烧室有以下两种。

(1)涡流室式燃烧室,如图3-63a)所示。
(2)预燃室式燃烧室,如图3-63b)所示。

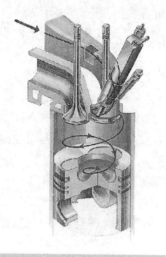

图3-61 螺旋进气道空气涡流运动

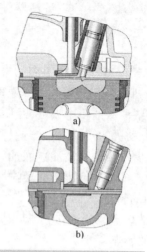

图3-62 统一式燃烧室
a)ω形燃烧室;b)球形燃烧室

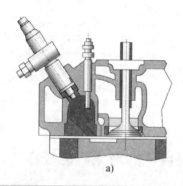

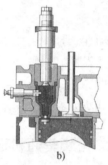

图3-63 分隔室式燃烧室
a)涡流室式燃烧室;b)预燃室式燃烧室

3. 四种燃烧室的对比

四种燃烧室的对比见表3-1。

四种燃烧室的对比　　　　　　　　　　　　　　　　　表3-1

燃烧室种类		配套喷油器和喷油压力	压缩比	特　点
统一式	ω形	4孔式喷油器,喷油压力高	较低	结构简单,易于起动,热效率高,工作较粗暴,喷油器喷孔易堵塞
	球形	2孔式喷油器,喷油压力高	较低	结构简单,热效率高,经济性好,工作柔和,但冷起动性差,喷油器喷孔易堵塞

续上表

燃烧室种类		配套喷油器和喷油压力	压缩比	特　点
分隔式	涡流室式	轴针式,喷油压力低	较高	汽缸内高速旋转的空气形成涡流,促进油气混合,工作柔和,热损失大,起动困难,经济性差
	预燃室式	轴针式,喷油压力低	较高	燃油喷在预燃室内,燃烧形成涡流,帮助后续喷入的燃油与空气迅速混合,工作柔和,冷起动性好,动力性略差

(三)可燃混合气的燃烧过程

1. 柴油机混合气的燃烧过程

柴油机混合气的燃烧过程分4个阶段,如图3-64所示。

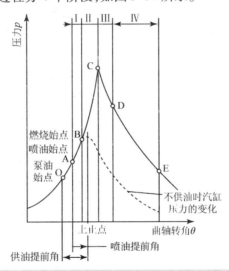

图 3-64　柴油机混合气燃烧过程

柴油机混合气燃烧过程的工作区间和工作特点见表3-2。

柴油机混合气燃烧过程　　　　　　　　表 3-2

燃烧阶段序号	阶段名称	工作区间	工作特点及要求	图3-64中线段
Ⅰ	滞燃期	从喷油到柴油开始自燃	为燃烧作准备,适当控制滞燃期,否则易工作粗暴	A~B
Ⅱ	速燃期	从开始着火到汽缸产生最大压力	速燃期燃烧应集中在上止点附近燃烧,产生的热要用于作功	B~C
Ⅲ	缓燃期	从最大压力至喷油结束	因废气增多等因素,燃烧速度减慢,缩短缓燃期好	C~D
Ⅳ	补燃期	喷油停止至燃烧结束	燃烧速度慢,热量被冷却水吸收,应减少补燃,及时停止燃烧	D~E

2. 影响柴油燃烧的因素

（1）汽缸内压缩终了的温度：一般由压缩比、汽缸的密封（活塞环、气门等的密封）保证。

（2）喷油质量：一般由喷油压力、喷油正时及喷雾质量保证。

（3）油气混合：一般由喷油压力、雾状油束方向及进气温度和活塞顶涡流凹坑保证。

三、输油泵、喷油器、喷油泵和调速器的结构与工作原理

输油泵、喷油器、喷油泵和调速器是柴油机燃料供给系中重要的组成部件，它们将柴油加压、按照发动机的做功顺序喷射到汽缸内和空气进行混合。

（一）喷油器

1. 喷油器的作用和要求

（1）作用。喷油器将来自喷油泵的高压柴油雾化成细小颗粒，喷入燃烧室中，如图3-65所示。

（2）要求。

①喷油器应具有一定的喷射压力、射程和合适的喷射锥角。

②雾状良好，无明显油线。

③断油迅速，不发生燃油滴漏现象。

2. 孔式喷油器的结构

喷油器由针阀偶件、壳体、调压件三部分组成，如图3-66所示。

图3-65 喷油器喷射

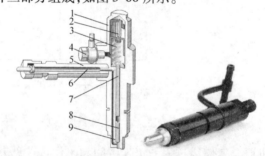

图3-66 孔式喷油器
1-喷油器体；2-调压螺钉；3-调压弹簧；4-回油管螺栓；
5-进油管接头；6-滤芯；7-顶杆；8-针阀；9-针阀体

针阀偶件由针阀和针阀体组成。为密封高压燃油，并保证针阀的高速运动，两者间要求有精确的配合间隙。针阀中部的锥面位于针阀体的环形高压油腔内，由于它承受油压，称为承压锥面。针阀下端的锥面与针阀体上相应的内锥面配合，起密封作用，称为密封锥面，如图3-67所示。调压弹簧通过推杆，将针阀的密封锥面压紧在针阀体的内锥面上，使喷孔在不喷油时可靠关闭。

调压件是控制和调节针阀开启压力的基础。由调压弹簧、调压螺钉、回油管及推杆组成。通过拧入或拧出调压螺钉可以改变调压弹簧的预紧力，从而调整喷油压力。

注意：针阀偶件是经过研磨配对的，拆装和维修过程中应特别注意，只能成对更换。

3. 孔式喷油器的工作原理

当喷油泵开始供油时,高压柴油从进油口沿喷油器体和针阀体内的油道进入针阀体下面的高压环形油腔内,高压柴油作用在承压锥面上,产生向上抬起针阀的作用力,该力克服调压弹簧的预紧力后,针阀向上升起,喷油孔打开,柴油喷入燃烧室,如图3-68所示。当喷油泵停止供油时,出油阀在弹簧作用下落座。由于出油阀减压环带的减压作用,高压油腔内油压骤然下降,在弹簧力的作用下,针阀迅速关闭喷孔,停止喷油。

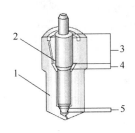

图3-67 针阀偶件
1-针阀体;2-针阀;3-导向部;
4-承压锥面;5-密封锥面

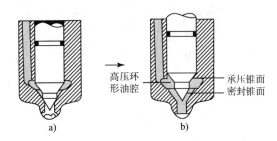

图3-68 孔式喷油器的工作原理
a)未喷射;b)喷射

孔式喷油器喷孔数目有1~8个,可喷出一个或几个锥角与燃烧室形状对应的油束。喷孔越多则孔径越小,柴油的雾化越好,分布越均匀。但孔径小易被积炭堵塞,同时需要更高的喷油压力。

4. 轴针式喷油器的工作原理

轴针式喷油器结构与工作原理与孔式喷油器基本相同,如图3-69所示。

与孔式喷油器不同,针阀最下端延伸出一个倒锥形或圆柱形的轴针,伸出喷孔外,使喷孔成为圆环状的狭缝。油束呈空心的锥状或柱状。轴针式喷油器一般只有一个喷孔(孔径为1~3 mm)。

(二)输油泵

1. 输油泵的作用与结构形式

(1)作用。输油泵向喷油泵输送一定压力和数量的燃油,输油量远高于全负荷时的最大供油量。

(2)结构形式。常见的输油泵有活塞式和叶片式两种。活塞式输油泵通常与柱塞式喷油泵配套,叶片式输油泵通常用在转子泵上,如图3-70所示。

2. 活塞式输油泵的结构

活塞式输油泵的结构如图3-71所示,主要由机械泵总成及手泵总成组成。

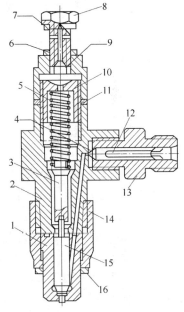

图3-69 轴针式喷油器
1-针阀体;2-喷油器体;3-顶杆;4、6、7、11、16-垫圈;5-调压弹簧;8-调压管接头螺栓;9-调压螺母;10-调压螺钉;12-滤芯;13-进油管接头;14-紧固螺钉;15-针阀

在输油泵壳体内装有活塞、推杆、滚轮、活塞复位弹簧,两边分别用大螺母和卡簧定位。进油阀和出油阀定位螺母分别拧紧在壳体上,进、出油阀与弹簧安装在壳体的阀座上。手油泵总成拧紧在进油阀定位螺母上。

活塞式输油泵

叶片式输油泵

图 3-70 输油泵的两种形式

3. 活塞式输油泵的工作原理

(1) 输油泵的压油和吸油过程。如图 3-72 所示,喷油泵凸轮轴转动时,轴上的偏心轮推动滚轮、滚轮架、顶杆和活塞向下运动。当偏心轮的凸起部转到上方、活塞被弹簧推动上移时,其下方容积增大,产生真空度,使进油止回阀开启,柴油便从空心螺栓的进油孔经油道被吸入活塞的下泵腔。与此同时,活塞上方的泵腔容积减小,油压增高,出油止回阀关闭,上泵腔中的柴油从出油管接头上的孔道经空心螺栓被压出,流往柴油滤清器。

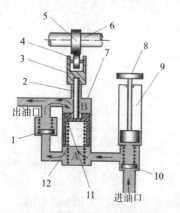

图 3-71 活塞式输油泵的结构
1-出油阀;2-推杆;3-挺杆;4-滚轮;5-偏心轮;
6-喷油泵凸轮轴;7-泵体;8-手柄;9-手油泵;
10-进油阀;11-活塞;12-活塞弹簧

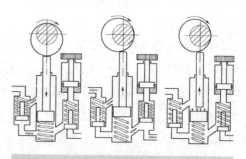

图 3-72 活塞式输油泵的工作原理

当活塞被偏心轮和顶杆推动下移时,下泵腔中的油压升高,进油止回阀关闭,出油止回阀开启。同时上泵腔中容积增大,产生真空度,于是柴油自下泵腔经出油止回阀流入上泵腔。如此重复,柴油便不断被送入柴油滤清器,最后被送入喷油泵。

(2) 输油泵的自动调节。当输油泵的供油量大于喷油泵的需要量,或柴油滤清器阻力过大时,油路和上泵腔油压升高。若此油压与弹簧弹力相平衡,则活塞便停在某一位置,不能回到上止点,即活塞的行程减小,从而减少了输油量,并限制油压的进一步升高,这样,就实现了输油量和供油压力的自动调节。

(3)输油泵的手动调节。当柴油机长时间停机后欲再起动时,应先将柴油滤清器和喷油泵的放气螺钉拧开,再将手油泵的手柄旋开,往复抽按手油泵的活塞。活塞上行时,将柴油经进油止回阀吸入手油泵泵腔;活塞下行时,进油止回阀关闭,柴油从手油泵泵腔经机械油泵下腔和出油止回阀流入并充满柴油滤清器和喷油泵低压腔,并将其中的空气驱除干净。之后拧紧放气螺钉,旋紧手油泵手柄,再行起动发动机。机械油泵的活塞与泵体、手油泵的活塞与泵体以及顶杆与配合孔等偶件,都是经过选配和研磨而达到高精度配合的,故无互换性。

(三)柱塞式喷油泵

1. 喷油泵的作用和要求

(1)作用:提高柴油压力,并依据发动机不同工况,按做功顺序将高压柴油定时定量地提供给相应汽缸的喷油器。

(2)要求:①各缸的供油次序应符合发动机做功顺序;②保持各缸供油量的均匀性;③各缸供油提前角差值符合技术要求;④在柴油机转速和负荷变化时,能及时改变供油量。

2. 柱塞式喷油泵的结构与工作原理

柱塞式喷油泵由分泵总成、油量调节机构、驱动装置和泵体等组成,如图3-73所示。

1) 分泵

分泵将柴油加压分配到每个汽缸,每缸各由一个分泵负责供油。例如四缸柴油机的喷油泵由4个分泵组成。同一喷油泵上的各个分泵的构造和尺寸完全相同,其数量和柴油机汽缸数一致。如图3-74所示,分泵由柱塞偶件、出油阀偶件、油量调节机构和驱动机构组成。

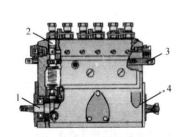

图3-73 柱塞式喷油泵
1-传动机构;2-分泵;
3-油量调节机构;4-泵体

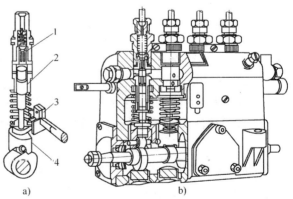

图3-74 分泵的构造
a)分泵结构;b)A型喷油泵结构
1-出油阀偶件;2-柱塞偶件;3-油量调节机构;4-驱动机构

(1)柱塞偶件的结构和工作原理。

①柱塞偶件的结构。柱塞和柱塞套是喷油泵中的精密偶件,如图3-75所示。柱塞圆柱表面开有螺旋线斜槽,并通过直槽或柱塞内油孔与柱塞顶面相通。柱塞套筒通过柱塞套定

位螺钉固定在喷油泵上体上。

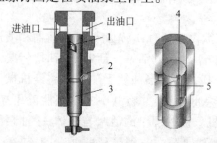

图3-75 柱塞副的结构
1—螺旋线；2—柱塞套；3—柱塞；4—直槽；5—斜槽

注意：偶件指两个零件通过精密加工，有很高的配合精度。如需换件需成对更换。

②柱塞偶件的工作原理。柱塞在柱塞套筒内有两种运动：其一，由凸轮驱动，在柱塞套内作往复直线运动，起吸油和压油的作用；其二，被油量调节机构操纵，在柱塞套内转动，起改变供油量的作用。工作原理如下，如图3-76所示。

a）进油。喷油泵凸轮凸起转过后，柱塞在复位弹簧作用下，下移到油孔下方，柱塞上方容腔增大，燃油由低压油腔经两油孔吸入，充满柱塞上腔。

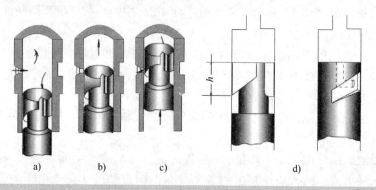

图3-76 柱塞偶件的工作过程
a）进油；b）泵油；c）回油；d）有效行程

b）进油口关闭。当柱塞自下止点上行时，直至柱塞上部的圆柱面将油孔全封闭，柱塞上部形成密封容腔。

c）泵油。柱塞继续上升，此时，油压升高，克服出油阀弹簧的预紧力，出油阀打开，高压燃油通过高压油管向喷油器供油。

d）回油。柱塞上移至表面斜槽与柱塞套筒的孔接通时，柱塞上腔燃油便通过柱塞内油孔或直槽，经斜槽流入低压出油腔，出油阀在复位弹簧作用下，柱塞继续上升至上止点，但并不泵油。

从柱塞头部封闭油孔开始压油到柱塞斜槽对准油孔开始回油，这一段行程 h 称为柱塞的有效行程。

柱塞上下运动的总行程受凸轮形状的限制是不变的，柱塞只有在其有效行程内才泵油，有效行程的改变靠改变柱塞斜槽与柱塞套油孔的相对位置来实现。有效行程长，供油量多；反之，供油量少。柱塞在运动时，若不能完全封闭油孔，有效行程为零，喷油泵不泵油。

（2）出油阀偶件的结构和工作原理。在柱塞上腔油压高于出油阀弹簧弹力时，出油阀打开。在柱塞回油时，出油阀在弹簧力的作用下迅速关闭。

出油阀装在柱塞套的上端，其结构如图3-77所示。出油阀圆锥面是阀的密封表面。阀的尾部同阀座内孔作滑动配合，为出油阀的运动导向。尾部切槽，制成十字形断面，留出油流通道。阀中部的圆柱面为减压环带。它的作用是：在柱塞供油停止后，迅速降低高压油管中的燃油压力，使喷油器停止喷油。

2）油量调节机构

（1）功用。根据柴油机负荷和转速的变化，通过转动柱塞，改变柱塞斜槽与柱塞套筒油孔的相对位置，达到改变供油量的目的，保证各缸供油量一致。

（2）油量调节机构的类型。

①齿杆式油量调节机构。齿杆式油量调节机构由齿杆、齿圈和传动套等组成。柱塞下部的条形块卡在传动套的切槽中。当齿杆在调速器的控制下移动时，带动传动套上的齿圈转动，使柱塞在柱塞套筒内转动，从而调节供油量。

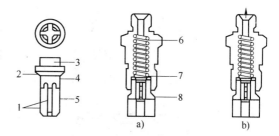

图 3-77 出油阀的结构
a）关闭；b）出油
1-十字槽；2-阀密封面；3-弹簧支架；4-减压环带；5-杆部；6-出油阀弹簧；7-出油阀；8-阀体

②拨叉式油量调节机构。拨叉式油量调节机构由柱塞调节臂、拨叉、拨叉轴和供油拉杆组成，如图 3-78 所示。调速器轴向移动供油拉杆时，拨叉带动柱塞调节臂转动柱塞，从而调节了供油量。

3）喷油泵传动机构

（1）作用。喷油泵传动机构的作用是推动柱塞往复运动，完成进油、压油、回油过程。

（2）组成。喷油泵传动机构由凸轮轴、滚轮传动部件、喷油泵正时齿轮等组成。

喷油泵凸轮轴的两端支撑在泵体上的圆锥滚子轴承中，其前端通过联轴器与喷油泵正时齿轮输出轴相连，其后端安装着调速器，如图 3-79 所示。

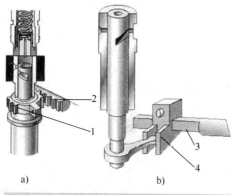

图 3-78 油量调节机构
a）齿圈齿条式油量调节机构；
b）拨叉拉杆式油量调节机构
1-齿圈；2-齿条；3-拉杆；4-拨叉

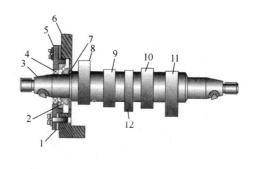

图 3-79 凸轮轴的构造
1-密封调整垫；2-锥形滚柱轴承；3-连接锥面；4-油封；5-前端盖；6-壳体；7-调整垫；8、9、10、11-凸轮；12-输油泵偏心轮

（3）滚轮传动部件。滚轮传动部件是将凸轮的推力传给柱塞的组件，如图 3-80 所示。它由滚轮架、滚轮轴、衬套、滚轮和垫块组成。传动机构工作过程如图 3-81 所示。

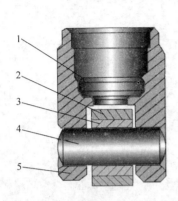
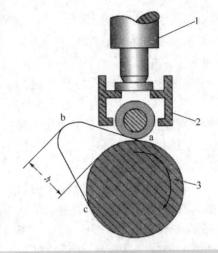

图 3-80 调整垫块式滚轮体
1-调整垫块;2-滚轮;3-滚轮衬套;
4-滚轮轴;5-滚轮架

图 3-81 柱塞的驱动
1-柱塞;2-滚轮体;3-凸轮;h-凸轮和柱塞的升程;
ab-凸轮的升弧(工作面);bc-凸轮的降弧

4) 泵体

喷油泵的泵体分上体和下体两部分。各分泵和高压油管接头装在上体上,油量调节机构和传动机构等都装在下体。上体有纵向油道与柱塞套周围的低压油腔相通,下体可储存润滑油,以保证传动机构的润滑。

(四) 调速器

1. 调速器的作用

(1) 当柴油机负荷改变时,调速器自动地改变供油量以维持稳定运转;

(2) 限制最高转速。加速踏板开度最大时,若负荷突减,转速将急剧升高。当转速超过最高转速时,调速器开始自动减油,甚至停止供油,从而使转速下降,有效防止飞车;

(3) 保证怠速平稳。

2. 调速器的结构

调速器由(钢球)离心块总成、推力盘、调速器弹簧、高转速调整螺钉、低转速调整螺钉、熄火拉杆和供油拉杆等组成,如图3-82所示。

3. 调速器的工作原理

如图 3-83 所示,调速器的工作过程如下:

(1) 发动机熄火时,供油拉杆在熄火拉杆的作用下处于停供位置,熄火后供油拉杆在调速器弹簧的作用下处于最大供油位置(最左边)。发动机运行时,供油拉杆在离心块的作用下向右移动。

(2) 当发动机工作时,调速器弹簧的弹力和飞球离心力的合力决定了供油拉杆的位置。调速器弹簧的弹力主要受加速踏板位置的影响,踏板越往下踩,弹簧弹力相应增大,供油向增油方向移动。反之则减油。而飞球的离心力由发动机的转速决定,若发动机转速上升,离心力增大,供油拉杆向减油方向移动。当加速踏板位置不变时,若发动机荷载增大,发动机转速下降,离心力减小,供油拉杆向增油方向移动,使发动机转速趋于稳定。

（3）高转速调整螺钉限制了供油拉杆加油的极限位置，从而限制了最高转速。低转速调整螺钉限制了供油拉杆减油的极限位置，保证了怠速时的稳定运转。

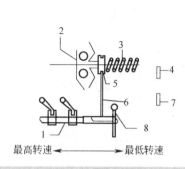

图3-82 调速器的结构
1-供油拉杆；2-钢球离心块总成；3-调速器弹簧；4-高转速调整螺钉；5-推力盘；6-加速踏板拉杆；7-低转速调整螺钉；8-熄火拉杆

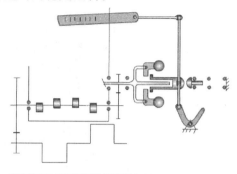

图3-83 离心式调速器工作原理

（五）喷油泵的驱动与供油简介

1. 喷油泵的驱动

喷油泵由柴油机曲轴正时齿轮驱动，如图3-84所示。喷油泵驱动齿轮要对记号安装。

2. 供油提前角调节装置

1）供油提前角

喷油泵的分泵提供高压油的时刻与该缸压缩上止点的曲轴夹角称为供油提前角。供油提前角为柴油进入汽缸后预热、进一步细化并与空气的良好混合提供必要的时间。供油提前角过大时，活塞未到达上止点时混合气即燃烧，这会引起柴油机工作粗暴、怠速不稳和起动困难；供油提前角过小时将使燃烧滞后，使燃烧不完全和功率下降，柴油机过热将导致动力性和经济性降低。

2）供油提前角自动调节器的构造和工作原理

喷油提前器实际上是喷油泵供油提前角自动调节装置。供油提前角对柴油机性能有很大的影响，供油提前角过大或过小均使柴油机的动力性和经济性恶化。为了保证柴油机有良好的使用性能，必须在最佳供油提前角下工作。当转速和供油量一定时，能获得最大功率和最小燃油消耗率的供油时刻，称为最佳供油提前角。最佳供油提前角随柴油机转速和负荷而变化，转速越高，负荷越大，

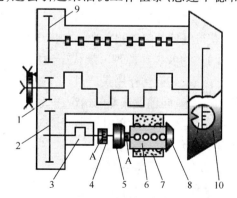

图3-84 喷油泵的驱动与供油正时
1-曲轴正时齿轮；2-喷油泵驱动齿轮；3-空气压缩机曲轴；4-联轴器；5-供油提前角自动调节器；6-喷油泵；7-托板；8-调速器；9-配气机构驱动齿轮；10-飞轮上的喷油正时标记；A-各处标记位置

最佳供油提前角也越大。

(1)构造。如图3-85所示,供油提前角自动调节器装于喷油泵凸轮轴的前端,用联轴器来驱动,由主动件、从动件和离心件三部分组成。它是一个密封体,内腔充满润滑油。

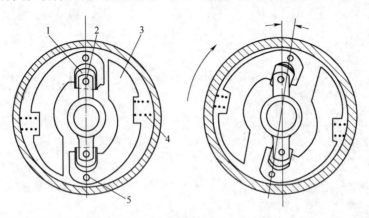

图3-85 供油提前角自动调节器的结构
1-导块;2-导块轴;3-飞块;4-弹簧;5-飞块轴

(2)工作原理。转速低时,飞块向内收拢,调节器不起作用。转速升高到一定程度时,飞块离心力增大,并以飞块销为支点,克服调节弹簧张力向外飞开,飞块的内圆弧面迫使驱动销压缩调节弹簧,驱动销逐渐向内侧靠近,飞块销和驱动销的距离缩短,由于驱动销是主动件,缩短距离的结果使飞块销带动从动盘按喷油泵凸轮轴的转动方向多转了一个角度,使供油提前,直至飞块的离心力与调节弹簧张力相平衡为止,主动件和从动件同步转动。喷油提前器的调节范围为0°~10°。

3)联轴器

(1)联轴器的作用。

①补偿喷油泵安装时凸轮轴和驱动轴的同轴度偏差;②用相对的角位移调节供油提前角,以获得最佳的喷油提前角。如图3-86所示。

(2)构造及工作原理。现代柴油机上使用挠性片式联轴器。它由主动连接叉和喷油泵凸轮轴组成,其挠性作用是通过两组圆形弹性钢片来实现的。每组靠其挠性可使驱动轴与凸轮轴在少量同轴度偏差的情况下无声传动。两组圆形弹性钢片有所不同,钢片的内孔与主动连接叉紧固连接,外孔是两个弧形主动连接叉,用两个连接螺钉和调节器连接,以便调节供油提前角的大小。

(六)分配式喷油泵的结构

1.概述

分配式喷油泵简称分配泵,是一种较为新颖的柴油机燃油喷射泵。与直列式柱塞喷油泵相比,分配泵仅用一对柱塞偶件就可以向2~6个汽缸供油。其结构简单,零件少,体积小,质量轻,特别适合于小型高速柴油机使用。因此,国外在中小型汽车,特别是轿车上得到了广泛的应用。

分配泵按其结构形式可分为转子式分配泵和单柱塞式分配泵。20世纪中叶英国CAV

公司开发了 DPA 型转子式分配泵,60 年代我国也曾仿制批量生产过,配国产丰收型拖拉机。由于这种转子式分配泵性能尚有一些缺陷,70 年代末即停止生产。70 年代中期,德国博世公司开发出了 VE 型单柱塞式分配泵,如图 3-87 所示。

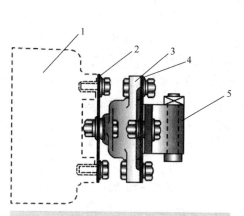

图 3-86　挠性片式联轴器
1-供油提前角自动调节器；2、4-弹簧钢片；3-连接叉；5-喷油泵凸轮轴

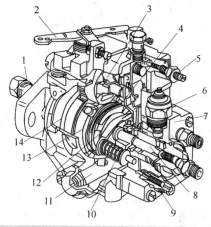

图 3-87　VE 型单柱塞式分配泵
1-传动轴；2-控制手柄；3-飞锤；4-调速杠杆；5-最大油量调节螺钉；6-电磁阀；7-分配头；8-柱塞；9-出油阀；10-柱塞弹簧；11-提前器；12-平面凸轮；13-滚轮座；14-输油泵

分配泵其结构简单,性能完善,体积小,质量轻,很快受到全世界柴油机制造厂商的青睐,获得了广泛推广,成为世界上生产批量最多的多缸喷油泵。随后,日本电装公司和杰克赛尔公司先后引进德国博世公司的专利技术生产 VE 型分配泵。与直列式柱塞喷油泵相比,VE 型分配泵具有许多优点:

(1)体积小,零件少,质量轻。

(2)供油均匀性好。VE 分配泵的供油均匀性完全由制造精度保证,有助于降低柴油机的噪声。

(3)高速适应性好。直列式柱塞喷油泵最高转速为 2000r/min,而 VE 型分配泵可达到 3000r/min。

(4)直列式喷油泵燃油与润滑油分开,密封性要求较高,一旦柴油泄漏稀释机油,会加速机件磨损,易引发故障。而 VE 型分配泵泵体内部充满柴油,具有自润滑作用,无需定期更换机油。

(5)VE 型分配泵的各种控制机构有相对的独立性。可按柴油机的不同需要,组合成相应的控制机构。

(6)VE 型分配泵采用电磁阀控制燃油的通断,在汽车上的操作灵活方便。

(7)VE 型分配泵具有防逆转功能,可以防止柴油机反转。

(8)VE 型分配泵在柴油机上的安装位置灵活,水平、垂直安装均可。

与直列泵相比,VE 型分配泵零件的加工精度要求较高,而且对材料材质和热处理的要求较严格,对柴油的清洁度的要求也较为苛刻。满足这些条件才能确保喷油泵的正常运转和应有的使用寿命。

2. 基本结构和工作原理

(1) 基本结构及功能。VE型分配泵喷油系统的油路如图3-88所示。

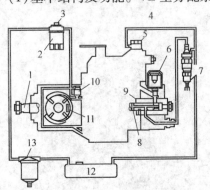

图3-88 VE型分配泵喷油系统
1-传动轴；2-油水分离器；3-手动泵；4-回油；5-溢流阀；6-电磁阀；7-喷油器；8-柱塞；9-分配套；10-调压阀；11-输油泵；12-油箱；13-滤清器

柴油机起动前,先用手动泵泵油,通过顶盖上的溢流阀排除柴油管路中的空气。柴油机运行时,由曲轴齿轮带动分配泵的传动轴。其前端的滑片式输油泵将柴油从油箱中抽出,经过柴油滤清器和油水分离器,滤掉柴油中的杂质和水分后进入输油泵,使柴油压力升高。然后进入分配泵泵体内,再经过电磁阀进入柱塞腔。当柱塞向上运动时,压缩柴油产生高压,经柱塞中的油道和出油孔,分配到泵体上相应汽缸的油道,再经过出油阀、高压油管和喷油器喷入对应的汽缸。泵体内多余的柴油从顶盖上的溢流阀返回油箱。柴油如此循环流动,既可带走油路中的气泡和零件摩擦产生的热量,又可润滑各个运动零件。与此同时,泵体内的柴油压力控制提前器,相应改变喷油提前角。

分配泵是系统中的核心部件,如图3-89所示,它主要由以下四部分组成:

①传动供油部分。驱动轴通过十字联轴器带动平面凸轮盘旋转,再带动柱塞旋转。柱塞弹簧和弹簧座将柱塞压在凸轮盘上,使柱塞在旋转的同时又作往复运动。这样,柱塞腔中的柴油既被压缩产生高压,又通过柱塞中的出油孔分配到泵体上相应汽缸的油道,经出油阀、高压油管和喷油器喷入对应的汽缸。

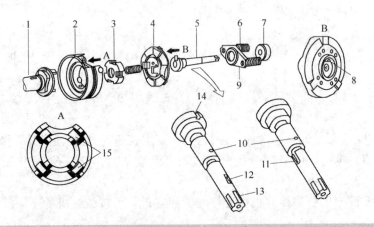

图3-89 驱动机构各零件的构造及传动关系
1-驱动轴；2-滚动机构；3-联轴器；4-平面凸轮盘；5-分配柱塞；6-柱塞弹簧；7-油量调节套筒；8-传动销钉；9-柱塞弹簧座；10-泄油孔；11-压力平衡槽；12-燃油分配槽；13-进油槽；14-导向槽；15-滚轮

②调速控制部分。传动轴上的齿轮带动飞锤座和飞锤旋转,飞锤的离心力推动调速套筒轴向移动。经调速机构拨动柱塞上的油量控制套筒随转速变化而左右移动,改变其右侧棱边与柱塞上径向卸载孔的相对位置,高速时如图3-90所示,油量调节套筒向减油方向运

动,从而达到随转速变化来控制供油量变化的目的。

③滚轮座及提前器。如图3-91所示,滚轮座上装有4个滚轮,通过圆柱销与提前器活塞连接。当泵体内柴油压力变化时,推动提前器活塞移动,带动圆柱销使滚轮座转动,改变滚轮与平面凸轮盘凸起的相对位置,从而达到改变供油提前角的目的。

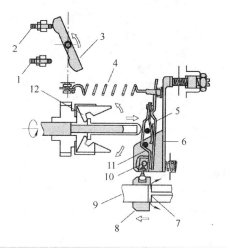

图3-90　最高转速时的调速器动作
1-怠速调节螺钉飞锤;2-高速调节螺钉;3-调速手柄;4-调速弹簧;5-张力杠杆;6-导杆;7-泄油孔;8-油量调节套筒;9-分配柱塞;10-支撑销轴(可动);11-起动杠杆;12-飞锤

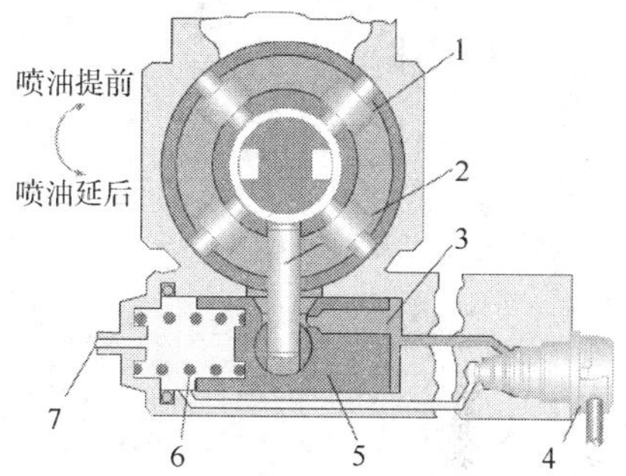

图3-91　调速器结构
1-压力滚轮;2-销;3-泵内油压;4-喷油始点控制阀;5-喷油定时活塞;6-弹簧;7-连叶片泵的抽气线

④输油泵及调压阀。如图3-92所示,滑片式输油泵旋转时,由于转子与泵壳偏心,滑片之间的容积变化而将柴油加压到0.6~0.8 MPa,进入泵体内腔,而调压阀则用来调节柴油压力。当柴油压力太高时,调压活塞打开回油口,柴油返回进油口,使压力下降。压力越高,弹簧压缩量越大,油孔开启截面积越大,回油量就越多,起到自动调节输油压力的作用。由于调压阀的作用,输油泵产生的油压随着油泵转速(即发动机转速)增加而成正比增加,从而使供油提前角随转速提高而线性加大,满足柴油机高速燃烧的要求。

(2)供油及分配的基本原理。VE型分配泵柱塞、分配套筒(即柱塞套)和平面凸轮盘的相对位置如图3-93所示。

首先介绍凸轮与柱塞上进、出油槽相互之间的相位。

对于四缸柴油机而言,分配泵的平面凸轮盘上有4段凸轮形线,相互间隔90°;滚轮座中装有4个滚轮,相互间隔也是90°。柱塞顶端有4条进油槽,圆周上有1条出油槽,相应的分配套筒上有1个进油孔和4个出油孔。油泵传动轴每转过90°,在凸轮和柱塞弹簧的配合作用下,拉推柱塞左右往复运动一次的同时也转动90°,柱塞就相应完成一次进油、压油和分配的供油过程。这样的供油过程重复4次,分别向4个汽缸喷油。在柴油机的一个工作循环中,分配泵传动轴旋转一周。

对于六缸柴油机而言,分配泵的平面凸轮盘上有6段凸轮形线,相互间隔60°;滚轮座中装有4个滚轮,但相互间隔分别为60°和120°。柱塞顶端有6条进油槽,而圆周上仍只有1条出油槽,相应的分配套筒上也有1个进油孔和6个出油孔。油泵传动轴每转过60°,柱塞就完成一次进油、压油和分配的供油过程。这样的供油过程重复6次,分配泵传动轴旋转一周。

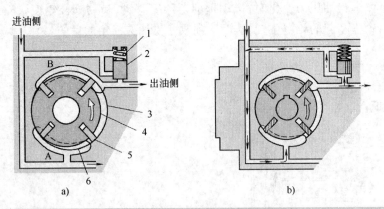

图3-92 滑片式输油泵及调压阀
a)压力正常;b)压力过高
1-调压阀弹簧;2-调压阀;3-偏心环;4-输油泵转子;5-滑片;6-驱动轴

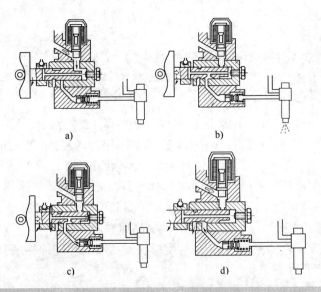

图3-93 VE型分配泵的工作过程
a)进油过程;b)泵油过程;c)停油过程;d)压力平衡过程

无论是四缸分配泵还是六缸分配泵,柱塞完成一次进油、压油和分配的供油过程是相同的,现详述如下:

①进油过程。当平面凸轮最高点与滚轮接触时,柱塞处于上止点。平面凸轮盘继续转动,滚轮沿平面凸轮下降段下滑,柱塞下行并同时旋转,其进油槽与分配套筒上的进油孔接通,此时柱塞上的出油槽已转过分配套筒上的出油孔而关闭,柴油经过电磁阀和分配套筒上的进油孔进入柱塞腔。当柱塞到达下止点进油过程结束时,平面凸轮已旋转到最低点与滚轮接触。

②压缩喷油过程。当平面凸轮盘继续旋转时,滚轮沿凸轮的上升段升起,柱塞上行压缩柴油,并同时旋转使其上的进油槽转过分配套筒上的进油孔而关闭。而出油槽与分配套筒上的出油孔接通,随着柱塞的继续上行,高压柴油经出油阀、高压油管和喷油器喷入汽缸。

③供油结束。当柱塞上升到一定程度,柱塞上的卸载孔露出控制套筒的控制平面时,柱塞腔内的高压柴油经柱塞的中心油道卸载,油压迅速下降,供油结束。

④均压过程。供油结束以后,柱塞已旋转到其均压槽与分配套筒上的出油孔相通的位置上,出油孔与出油阀之间的分配油道通过柱塞上的均压槽和环槽与泵体内腔接通,使各缸这一段分配油道之间的压力在喷射开始前保持一致,从而改善分配泵各缸之间的供油均匀性。

任 务 实 施

一、电控燃油喷射系统拆装

(一) 检修注意事项

(1) 在发动机运转或用起动机带动发动机运转时,都不要去触碰或拔下高压线。

(2) 拆装汽油喷射和点火系连接线以及蓄电池时,必须关断点火开关,否则可能损坏发动机 ECU。

(3) 采用的万用表其内阻不小于 $10k\Omega/V$,这是为了防止万用表的电压损坏电子元件。测试前,应按规定选好量程。

(4) 用起动机带动发动机运转(如进行汽缸压缩实验)时,应拔下点火线圈输出极插头和喷油器插头。试验结束后,用 V. A. G1552 查询故障。

(5) 保持零件的清洁。当汽油喷射系统拆开后,不要用压缩空气吹,也不要移动车辆。

(二) 电动汽油泵的拆装(以 AJR 发动机为例)

1. 汽油泵的拆卸

(1) 在点火开关切断的情况下,拔下蓄电池搭铁线。

(2) 拆下位于行李舱内地毯下的汽油箱密封凸缘的盖板。

(3) 从密封凸缘上拔下进油管、回油管和通气管,再拔下 3 个端子的导线接头。

(4) 用专用工具旋下大螺母,如图 3-94 所示。

(5) 从汽油箱开口处拉出密封凸缘和橡胶密封件。

(6) 拔下密封凸缘内的汽油表导线插头。

(7) 将专用工具插入到汽油箱内汽油泵壳体的 3 个拆装缺口内,旋松汽油泵,如图 3-95 所示。

(8) 从汽油箱中拉出汽油泵。

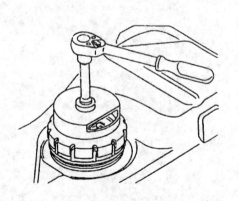
图 3-94 用专用工具旋下大螺母

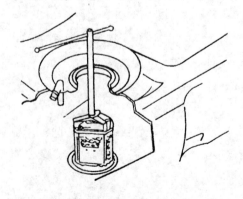
图 3-95 拆卸汽油泵

2.汽油泵的安装

汽油泵的安装可参照图 3-96 所示进行,具体的步骤和方法如下:

(1)将汽油泵同密封凸缘下引出的输油管和回油管以及汽油泵接头插入到汽油泵上,并保证软管接头连接紧固。

(2)将汽油泵插入到汽油箱内。

(3)用专用工具将汽油泵拧紧在汽油箱底部的固定位置上。

(4)在汽油箱开口上安装好密封圈,安装密封圈时用汽油将密封圈润湿。

(5)将密封凸缘连同浮子和汽油传感器插入到汽油箱开口并压到底。

(6)注意密封凸缘的安装位置,密封凸缘上的箭头必须对准汽油箱上的箭头,如图 3-97 所示。

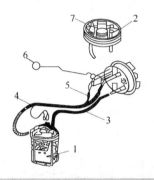

图 3-96　汽油泵及其他附件
1-汽油泵;2-密封凸缘;3-回油管;4-输油管;
5-导线;6-浮子;7-透气管(通向活性炭罐)

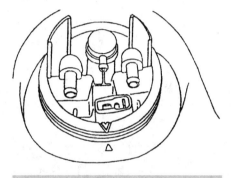

图 3-97　密封凸缘与汽油箱对正标记

(7)用专用工具拧紧大螺母。

(8)接上密封凸缘上部的输油管和回油管以及 3 个端子的导线插头。

(三)喷油器的拆装(以 AJR 发动机为例)

喷油器的拆卸和安装可参照图 3-98 所示进行,喷油器的电路如图 3-99 所示。

1.喷油器的拆卸

(1)拔下汽油分配管上喷油器的插头及怠速调节器的插头。

(2)卸下进气软管和节气门接管连接。

(3)拔下汽油分配管上的回油管。

(4)由于进油管内有汽油压力,为了防止汽油喷溅,要用抹布盖上进油管。

(5)拔下油压调节器的真空管。

(6)拧下怠速调节器连接体与进气歧管连接的内六角螺钉,将怠速调节器和连接体一同卸下。

(7)拧下汽油分配管上喷油器支架的固定螺钉。

(8)拧下汽油分配管内六角固定螺钉。

(9)将汽油分配管连同喷油器一起从汽缸体拔下。

(10)拆下喷油器与汽油分配管的连接卡簧。

(11) 从汽油分配管上将喷油器拔出。

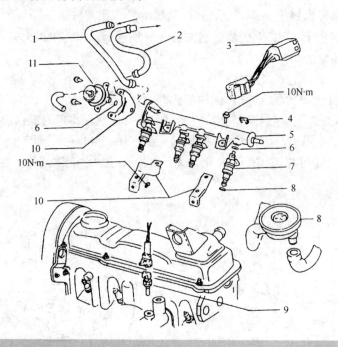

图 3-98 喷油器部分零件

1-供油软管；2-回油软管；3-喷油器电阻器；4-夹箍；5-喷油器总供油管；6-密封圈；7-喷油器；
8-曲轴箱强制通风阀（PCV 阀）；9-水温传感器；10-安装支架；11-油压调节器

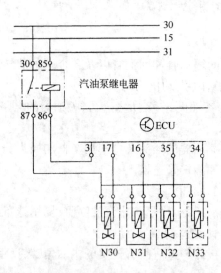

图 3-99 喷油器的连接电路

2. 喷油器的安装

（1）损坏的密封圈或密封垫，以及喷油器的 O 形圈应当更换。为了便于装配，请在喷油器的 O 形圈上涂上润滑油。

(2)将喷油器装入汽油分配管并装上卡簧。

(3)将喷油器插座支架安装在汽油分配管上。

(4)将喷油器小心装入汽缸体上的喷射口内,并将汽油分配管安装在进气管上,以10N·m的力矩将固定螺钉拧紧。

(5)将油压调节器上的真空管插好。

(6)装上进气软管和回油管,并将固定螺母拧紧。

(7)装上怠速调节器和连接体,并以10N·m的力矩将固定螺钉拧紧。

(8)接上喷油器的插头和怠速调节器的插头。

(四)进气歧管绝对压力传感器(MAP)的拆装(以赛欧发动机为例)

赛欧发动机进气歧管绝对压力传感器(MAP)装在发动机舱的控制板上。其作用是测量随着发动机负荷和速度变化时进气歧管上的压力变化,并将这一数据转化为电压信号,然后将这一信号送往发动机控制模块ECM。进气歧管绝对压力传感器(MAP)在某些情况下也可用于测量大气压力,从而使发动机控制模块(ECM)进行必要的修正,以补偿汽车处于不同的海拔高度而对空燃比造成的影响。发动机控制模块(ECM)利用MAP传感器信号来控制燃油的喷射量和点火时刻,MAP传感器的插头及功能如图3-100所示。

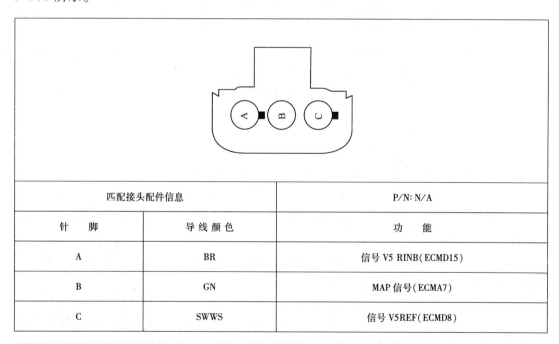

图3-100 MAP传感器插头及功能

匹配接头配件信息		P/N: N/A
针 脚	导线颜色	功 能
A	BR	信号V5 RINB(ECMD15)
B	GN	MAP信号(ECMA7)
C	SWWS	信号V5REF(ECMD8)

1. MAP传感器的拆卸

(1)如图3-101所示,将插头和真空软管从进气歧管绝对压力传感器上拆下。

(2)拧开MAP传感器紧固螺母。

(3)将MAP传感器从发动机控制板上拆下。

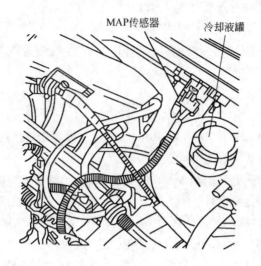

图 3-101 拆卸 MAP 传感器插头

2. MAP 传感器的安装

(1) 将 MAP 传感器装到焊接在发动机控制板上的双头螺栓上。

(2) 拧紧 MAP 传感器的紧固螺母。

(3) 连接 MAP 传感器线束插头。

二、进排气系统的拆装

1. 汽油滤清器的拆装

汽油滤清器的拆卸步骤如下:

(1) 松开车辆底部汽油滤清器托架紧固螺栓,取下汽油滤清器托架。

(2) 松开夹箍,拔下汽油滤清器的油管,使用一块抹布防止剩余的汽油滴落。

(3) 取下汽油滤清器。安装新的汽油滤清器时应注意汽油滤清器上箭头应该指向汽油的流向。

(4) 活性炭罐的拆卸和安装。活性炭罐的位置在右前轮罩下,如图 3-102 所示。拆卸及安装活性炭罐时要拆下右前轮罩的挡板。

2. 其他部件拆装注意事项

(1) 节气门机构如图 3-103 所示。节气门拉索是非常容易弯折的,因此在安装时必须非常的仔细。节气门拉索轻度的弯曲会导致在驾驶中断裂,因此节气门拉索一旦弯折就不能再安装。安装时要注意节气门拉索在各个支撑座和紧固点之间保持平直。通过变换支架上的卡板的位置来调整节气门拉索,使节气门杠杆能够达到节气门全开的位置。

(2) 排气系统部件如图 3-104 所示。在完成了排气系统的组装工作后,保证排气系统没有压力,与车身部件有足够的间隙。必要时松开卡箍,对消声器和排气管进行调整,以保证与上部车身有足够的间隙及保证悬挂件的负荷均匀。更换所有的自锁螺母。

学习任务3　汽车燃料供给系统结构与拆装

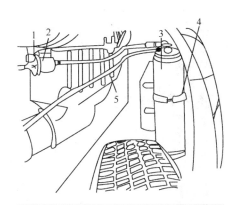

图 3-102　活性炭罐部件的安装
1-通向进气歧管；2-活性炭罐电磁阀；
3-活性炭罐；4-活性炭罐安装夹箍；
5-来自汽油箱通气软管

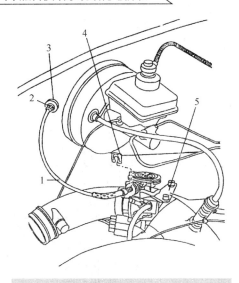

图 3-103　节气门机构布置
1-节气门拉索（注意安装方向）；2-节气门拉索护套张紧螺母；3-挡片；4-调整锁片；5-节气门拉索支架

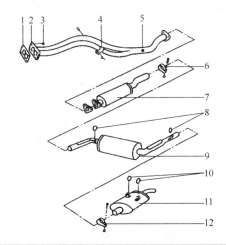

图 3-104　排气系统零件分解
1-衬垫；2-与排气歧管连接；3-螺母（拧紧力矩30N·m，拆卸后更换）；4-前排气管夹箍（拧紧力矩25±2.5N·m）；5-氧传感器；6-夹箍（拧紧力矩35±3.5N·m）；7-前消声器；8-中间消声器吊环；9-中间消声器；10-后消声器吊环；11-后消声器；12-夹箍（拧紧力矩35±3.5N·m）

三、柴油机燃料供给系统的拆装

（一）喷油器的拆装

1. 喷油器的拆卸

（1）用铜片包裹喷油器外部，针阀朝下夹在台虎钳上。

(2)旋松调压螺钉的紧固螺母。拧下调压螺钉,将喷油器体从台虎钳上取下。拧出调压弹簧、推杆等件,如图3-105所示。

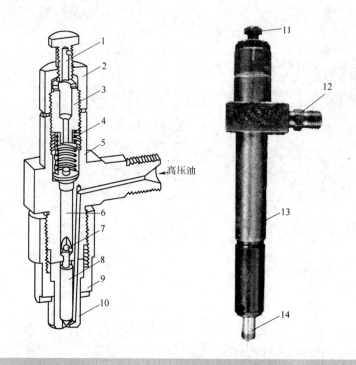

图3-105 喷油器结构和外形
1-回油管接头;2-螺母;3-调整螺钉;4-调压弹簧;5-喷油器体;6-顶杆;7-钢球;8-针阀;
9-紧固螺母;10-针阀体;11-回油管螺栓;12-进油管接头;13-喷油器体;14-针阀偶件

(3)将喷油器壳体针阀朝上夹在台虎钳上,拧下阀体紧固螺母,取下针阀偶件。若针阀卡在阀座中,拔出针阀,将针阀浸泡在煤油中,一段时间后,用卡钳垫铜片夹住针阀尾端,拉出针阀。

2. 喷油器的安装
(1)清洁所有零件并检查合格后进行组装(起密封作用的紫铜垫圈应换新件)。
(2)装喷油器。将喷油器壳体夹上台虎钳。先装针阀偶件,拧紧针阀紧固螺母至规定力矩。
(3)将喷油器体针阀向下夹上台虎钳,装入推杆、调压弹簧、调压螺钉。拧上调压螺钉紧固螺母。
(4)将喷油器装上发动机时,注意要保持安装孔内的清洁。喷由器下部的密封铜垫应换新件。

(二)喷油泵和调速器的拆卸

1. 喷油泵解体
喷油泵解体之前,应用汽油、煤油或柴油认真清洗外部,但不得用碱水清洗。
(1)注意事项。喷油泵的零部件均为精密件,解体时,应注意以下问题:

①尽量使用专用工具。

②零件拆下后,要按部位顺序放置。尤其是柱塞副和出油阀等零件,在解体和以后清洗时,更应该非常仔细,避免磕碰,且不允许互换。柱塞弹簧、出油阀弹簧、调整垫片也不许互换。

③对有装配位置要求的零件,如油压调整螺钉、位置调整螺钉齿杆、齿圈、控制套筒之间及泵体,先应查看装配记号,如没有记号,应先做记号标明原来的装配位置再解体,防止装配时装错位置。

(2)主要零部件的拆卸。

①出油阀偶件的拆卸:先拆出油阀压紧座,再用吊出油阀工具将出油阀偶件从泵体中取出,如图 3-106 所示。

②柱塞偶件的拆卸:用钩形硬钢丝钩住柱塞套进油孔,拉出柱塞套,然后取出柱塞,如图 3-107 所示。

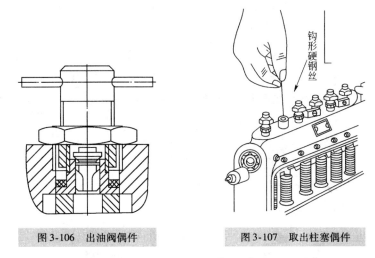

图 3-106　出油阀偶件　　　　图 3-107　取出柱塞偶件

③拆卸凸轮轴:转动凸轮轴,按顺序将挺柱体顶至上止点位置,然后用插片插入调整螺栓和调整螺母之间,使之卡住,使凸轮轴凸轮与滚轮脱离接触,拆下前端轴承盖,取出凸轮轴,如图 3-108 所示。

④挺柱体的拆卸:拆下泵体底部各碗形塞,用挺柱顶持器顶推出挺柱体,取出插片,如图 3-109 所示,然后取出挺柱体及弹簧下座、弹簧等。油量控制套和调节齿圈则可从泵体窗口取出。

2. 喷油泵的装配

(1)装凸轮轴。安装凸轮轴前,应首先确认发动机的工作顺序和喷油泵凸轮轴的旋转方向,以防装反。凸轮轴装好后,应能灵活转动,轴向间隙应符合技术条件的规定(轴向间隙为 0.05～0.10 mm)。否则,可通过增减两端的垫片进行调整(测量及调整方法参见曲轴轴向间隙的测量)。

(2)装挺柱体。挺柱体装入下泵体后,转动凸轮轴时,挺柱体应能灵活地上下运动,不得有运动阻力过大的部位。挺柱体上的调整螺钉不得外露过多,以免挤伤柱塞等零件。如图 3-110 所示。

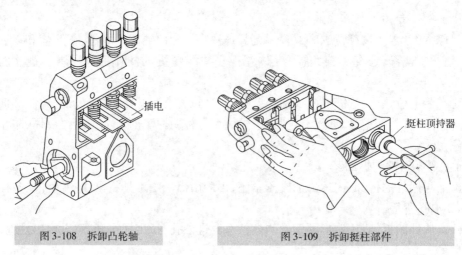

图 3-108 拆卸凸轮轴　　　　　图 3-109 拆卸挺柱部件

(3)装柱塞和出油阀偶件。安装柱塞和出油阀偶件时必须保证柱塞与柱塞套上的原有配对关系。

柱塞套装入泵体后,柱塞驱动凸缘上刻有标记的一边应朝向泵体窗口,不可装反,如图3-111 所示。将柱塞套上的定位螺钉孔对正,防止柱塞套筒歪斜,甚至将回油孔堵死。拧紧螺钉后,柱塞套应能上下移动 1~2 mm,并能微量转动,但不要使用过长的定位螺钉以免将柱塞套顶死。

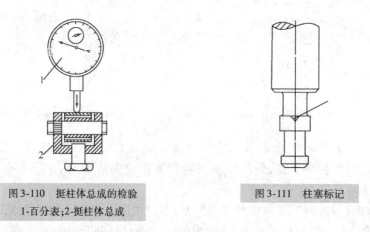

图 3-110 挺柱体总成的检验　　　　图 3-111 柱塞标记
1-百分表;2-挺柱体总成

柱塞装入套筒后,应将柱塞作上下滑动和顺逆转动,如有碰毛应用油石修磨。

出油阀偶件装入泵体时,要确保柱塞套与出油阀座接触面的清洁,以保证密封性。出油阀座需用规定力矩拧紧,一般为 35~40 N·m。同时检查柱塞在柱塞套内是否转动灵活。

(4)供油量的调节机构。供油齿杆装入泵体时,要注意安装位置。如齿杆上有刻线,应使刻线对正泵体端面。对于齿条上没有记号的零件,应按照拆开时所做的标记装配。然后保持齿杆位置不动,装入调节齿圈使之与齿杆啮合。调节齿圈开口的一面应朝外,并将调节齿圈与控制套筒的记号对正,然后拧紧锁紧螺钉。

注意:拆卸过的密封垫片应更新,不得重新使用,装复时密封面应涂上密封胶。

(三) VE 型转子分配式喷油泵的拆装

6BT 柴油发动机采用了德国博世 VE6/12F1300R77-1 型分配式喷油泵,也称轴向压缩式分配泵。主要由驱动机构、二级叶片式输油泵、高压泵头、供油提前角自动调节机构、调速器和 LDA 装置(增压补偿器)等组成。该泵拆装过程见表 3-3。

东风汽车公司生产的康明斯 6BT 柴油机 VE 型转子分配式喷油泵的拆装　　表 3-3

操作内容说明	图示
设备和工具:组合扳手,螺丝刀,尖嘴钳,扭力扳手,专用支撑板,专用拉具,专用扳手,内六角扳手,专用螺丝刀,专用拉具,专用芯棒,百分表,校正平板,游标卡尺,铣子,深度卡尺,正时器测量装置,涡轮增压器压力表,压气皮球,内部压力表,外部压力表,角度规,铁棒,实验台。整体拆装过程见右图	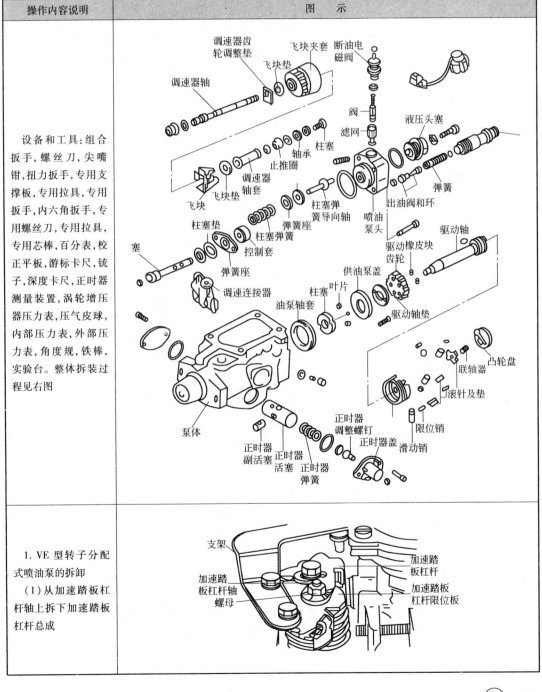
1. VE 型转子分配式喷油泵的拆卸 (1) 从加速踏板杠杆轴上拆下加速踏板杠杆总成	

续上表

操作内容说明	图示
（2）拆卸LDA装置上盖：拧下LDA装置上盖的固定螺钉，取下上盖	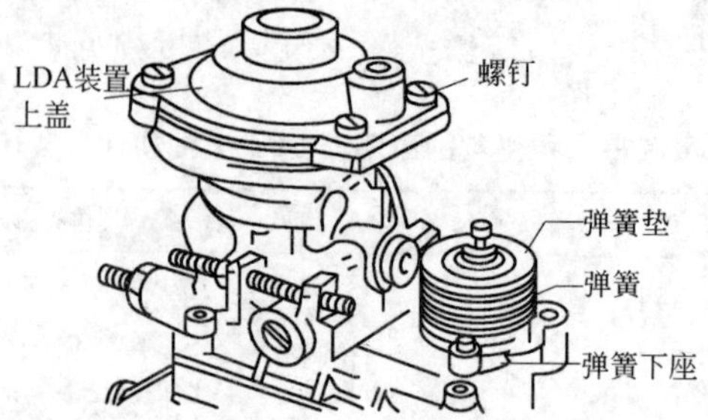 （图示：LDA装置上盖、螺钉、弹簧垫、弹簧、弹簧下座）
（3）拆卸调压阀：用专用扳手从泵体上旋下调压阀	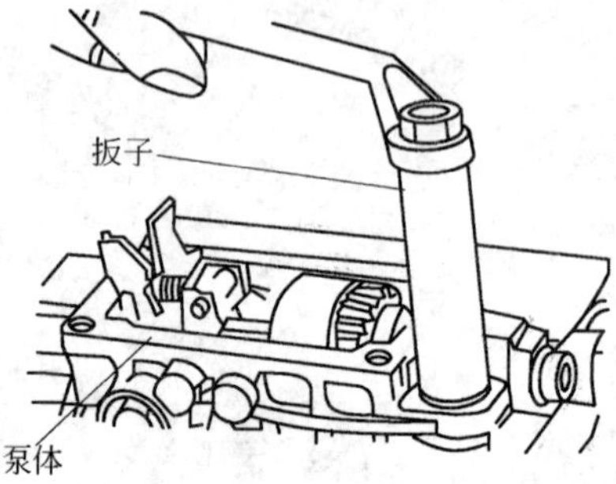 （图示：扳子、泵体）
（4）拆卸调速器总成：从泵体中取出调速器总成、止推垫片和调整垫片	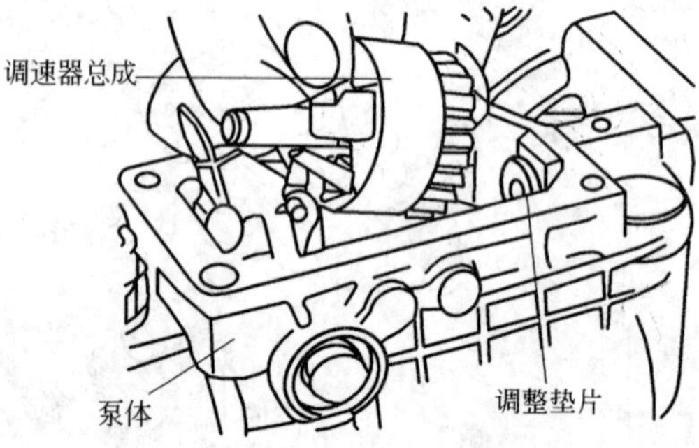 （图示：调速器总成、泵体、调整垫片）
（5）按住分配器柱塞，拆下喷油泵头。注意：将导向销和供油拉杆复位弹簧仍保留在喷油泵头上	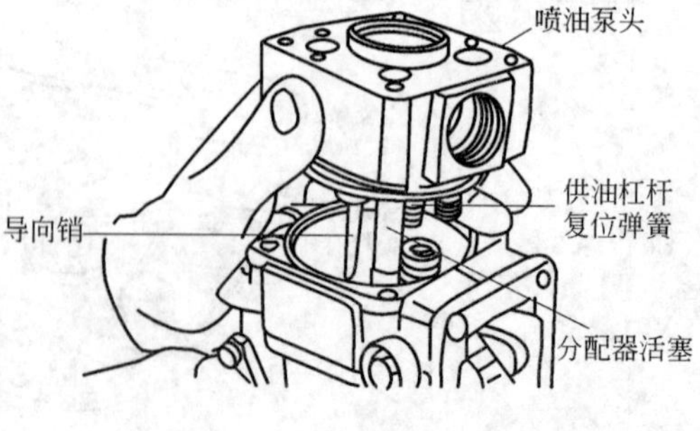 （图示：喷油泵头、供油杠杆复位弹簧、导向销、分配器活塞）

续上表

操作内容说明	图示
(6)拆卸供油杠杆：用专用扳手从泵体上松开供油拉杆的支撑螺钉，再取出供油拉杆 (7)拆卸凸轮盘：从泵体上用尖嘴钳取出凸轮盘和供油起点调整垫片。从泵体滚轮架中间用尖嘴钳取下十字形联轴器	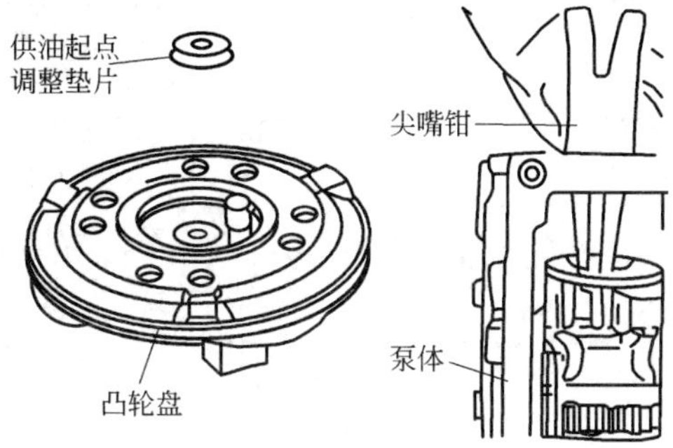 （图示：供油起点调整垫片、尖嘴钳、凸轮盘、泵体）
(8)拆卸滚轮架：在泵体的滚轮架上，取下喷油提前调节器传动销的锁销和弹性锁片。从泵体上取出滚轮架，注意不要改变滚轮在其上的位置	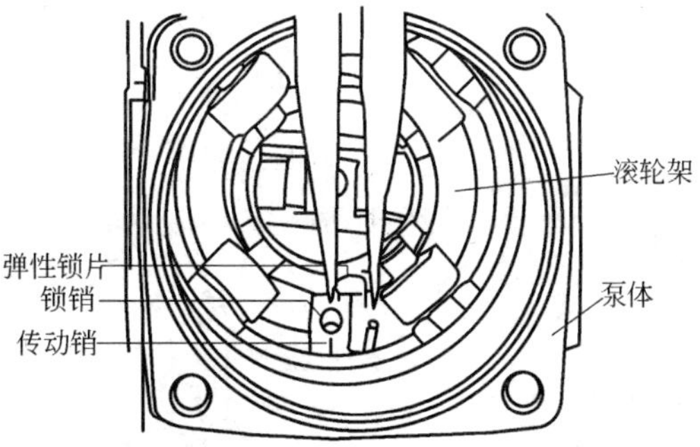 （图示：滚轮架、弹性锁片、锁销、传动销、泵体）
(9)拆卸喷油提前调节器：用专用螺丝刀松开固定螺钉，然后从泵体上拆下喷油提前调节器两边的端盖	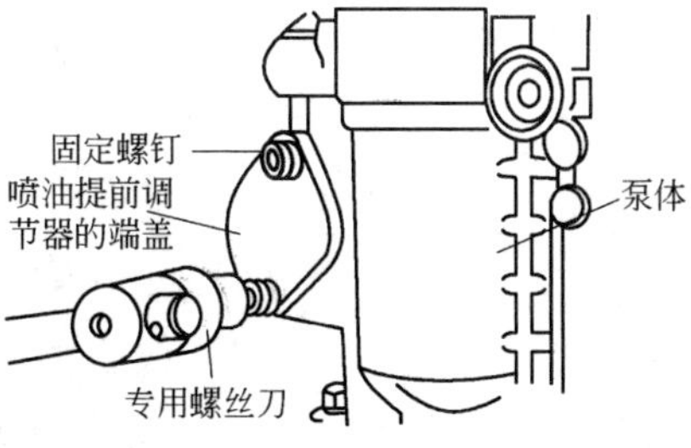 （图示：固定螺钉、喷油提前调节器的端盖、专用螺丝刀、泵体）
(10)用专用拉具固定在喷油泵轴上，用扳手旋动螺栓顶下花键套，取出喷油泵轴	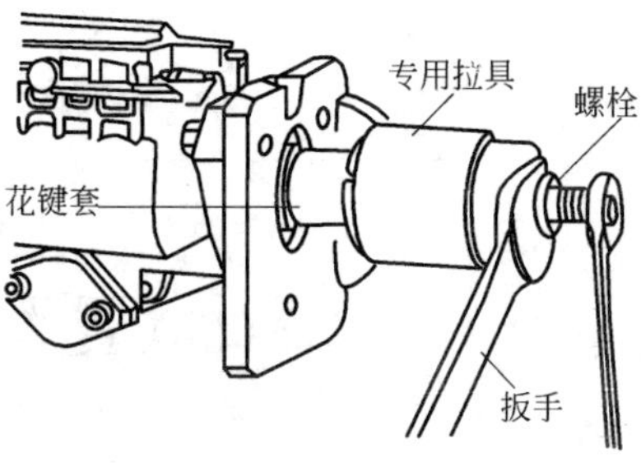 （图示：专用拉具、螺栓、花键套、扳手）

续上表

操作内容说明	图　示
（11）拆卸喷油泵：用螺丝刀从喷油泵头安装孔一端松开喷油泵端盖的固定螺钉，拆下喷油泵	
（12）分解喷油泵轴：从喷油泵轴上取下喷油泵垫片，再从喷油泵轴上拆下调速器驱动齿轮和弹性连接块	
2. VE 型转子分配式喷油泵的装配 （1）安装喷油泵轴：为了装配能顺利进行，先在喷油泵轴上装上弹性连接块、调速器驱动齿轮、垫片、端盖、喷油泵转子和偏心环，然后将它们一起装入泵体内	
（2）安装滚轮架：在滚轮架上装上传动销，先将喷油提前调节器的传动销退到滚轮架内，有孔的一面向内，将滚轮架从喷油泵头安装孔一端装入	
（3）安装自动喷油提前调节器：在喷油提前调节器柱塞中装上连接销，然后把它插入泵体的座孔中	

续上表

操作内容说明	图　　示
(4)将分配器柱塞装入泵体中,注意:使柱塞大头的缺口与凸轮盘上的传动销相啮合	分配器柱塞　泵体 分配器柱塞大头缺口　凸轮盘上的传动销
(5)安装调速器:将预先组装的调速器本体、垫片和滑套,连同调整垫片一起装入泵体内,然后拧上调速器轴	泵体　调速器轴
(6)安装 LDA 装置:暂时将喷油泵盖装到泵体上,拧上导向套,使导向套上端与喷油泵盖上表面之间的距离和拆卸前一样。安装时应使导向套上的孔朝下,且面向传动销孔	导向套 导向套孔 喷油泵盖 传感器安装口
(7)安装喷油泵轴花键套:装上键、花键套和垫圈,然后用扭力扳手和专用工具固定住喷油泵轴后拧紧固定螺母,拧紧力矩为59N·m	花键套 专用工具 扭力扳手

续上表

操作内容说明	图　　示
3.喷油泵的调试和安装 　试验条件:试验用喷油器的开启压力应为14.22~15.2MPa;转速表的精度为±40 r/min;在实验台上安装喷油泵,并在连接器的键槽部分上做记号;安装喷油管,外圆直径为6mm、内圆直径为2mm、长度为840mm、最小弯头半径为25mm;安装专用油管接头和溢流软管;拆卸正时器盖,再安装正时器测量装置进行调试	（安装记号；连接器；溢流软管螺钉；正时器测量装置）

四、学习工作页

汽车燃料供给系的结构与拆装的内容体现在工作页(见表3-4)中。

汽车燃料供给系的结构与拆装工作页　　　　　　　表3-4

汽车燃料供给系的结构与拆装	班级		日期	
	姓名		成绩	
实训目标: 1.认识发动机电子喷射汽油燃料供给系各零件位置和作用; 2.认识柴油机燃料供给系各零件位置和作用; 3.能根据规范熟练拆装部分汽车燃料供给系各零件。 实训设备: 电控发动机3台,装电喷发动机的整车1辆,柴油机1台。 实训步骤: 1.指认图3-112中发动机电子喷射汽油燃料供给系汽油泵各零件 　1-_____;2-_____;3-_____; 　4-_____;5-_____。			

续上表

图 3-112 汽油泵零部件

2. 燃油压力调节器的认知与拆装

(1) 发动机燃油压力调节器是什么形式的？其作用是什么？

_____

(2) 在整车上找出图 3-113 所示燃油系统各元器件的位置。

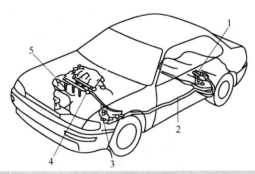

图 3-113 燃油系统

元件代号	名　　称	安 装 位 置
1		燃油箱内
2	燃油管	
3	滤清器	
4	燃油压力调节器	
5		发动机进气歧管处

续上表

3. 请查找有关资料,按照图 3-114 中冷却液温度传感器安装位置有关信息,完成填空。

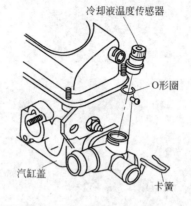

图 3-114　桑塔纳 2000GSi 轿车 AJR 发动机冷却液温度传感器安装位置

(1) 安装位置：＿＿＿＿＿＿＿＿＿＿＿＿＿＿＿＿＿＿＿＿＿＿＿＿＿＿＿＿＿＿＿＿＿＿
(2) 作用：＿＿＿＿＿＿＿＿＿＿＿＿＿＿＿＿＿＿＿＿＿＿＿＿＿＿＿＿＿＿＿＿＿＿＿＿＿
(3) 电阻值(20°)＿＿＿＿＿＿＿＿＿＿＿＿＿＿＿＿＿＿＿＿＿＿＿＿＿＿＿＿＿＿＿＿＿
随着温度升高,其电阻值＿＿＿＿＿＿＿＿＿＿＿＿＿＿＿＿＿＿＿＿＿＿＿＿＿＿＿＿＿＿。

4. 根据图 3-115 所示 AJR 发动机霍尔式凸轮轴位置传感器连接电路,查找相关资料,完成填空。

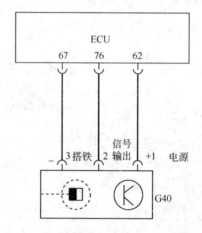

图 3-115　AJR 发动机霍尔式凸轮轴位置传感器连接电路

(1) 霍尔式凸轮轴位置传感器的作用：＿＿＿＿＿＿＿＿＿＿＿＿＿＿＿＿＿＿＿＿＿＿＿＿

(2) AJR 发动机霍尔式凸轮轴位置传感器安装位置：＿＿＿＿＿＿＿＿＿＿＿＿＿＿＿＿＿＿

(3) 判断图 3-116AJR 发动机霍尔式凸轮轴位置传感器连接器 A、B、C 三脚分别与电路图的对应关系。
A、＿＿＿＿＿＿＿＿　　B、＿＿＿＿＿＿＿＿　　C、＿＿＿＿＿＿＿＿

续上表

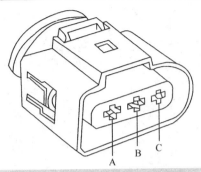

图 3-116　凸轮轴位置传感器导线连接器

5. 如图 3-117 所示,查阅赛欧发动机电路图,指认曲轴位置传感器和计算机的哪号接口连接,或和其他哪些接口连接,并填写下表。

传感器接口	计算机接口或其他接口
A	
B	
C	

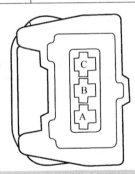

图 3-117　曲轴位置传感器连接器

认知图 3-118 中曲轴位置传感器的各脚,并填写下表。

针	导线颜色	功　能
A		
B		
C		

6. 柴油机喷油器的结构认知

(1) 喷油器的作用是 _____

(2) 它由 _____、_____、_____ 三部分组成。

(3) 如图 3-118 所示,请确定两类喷油器的类型

157

续上表

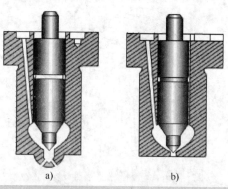

图3-118 喷油器的类型

a _____ ;b _____。

（4）观察如图3-119所示的发动机实物，指出燃油供给系统的组成和喷油器的安装位置。

图3-119 柴油发动机

7. 喷油泵的结构认知

（1）喷油泵的作用是 _____。

（2）它由 _____、_____、_____、_____ 组成

评 价 反 馈

1. 自我评价

(1)通过本学习任务的学习你认为自己是否已经掌握了汽车燃油供给系统相关知识

①发动机各种工况对可燃混合气浓度的要求是：

_____

②电控汽油喷射系统的总体结构由哪三大部分组成？各有什么功能？

_____

③进排气系统的组成有哪些？各有什么功能？

_____

④柴油机燃料供给系由哪些组成？各有什么功能？

_____

(2)通过本学习任务的学习你认为自己是否已经掌握了汽车燃油供给系统拆装技能？

_____
_____

(3)在汽车发动机燃料供给系统维修的拆装过程中用到了哪些设备和工具？你是否已经掌握了这些设备和工具的正确操作技能？

_____

(4)实训过程完成情况。
评价：_____

(5)仪容仪表是否符合职业规范？
评价：_____

(6)能否积极主动参与工作现场的清理、清洁和整顿工作？
评价：_____

(7)在完成本学习任务的过程中，你和同学之间的协调能力是否得到了提升？是否有过与其他同学探讨汽车燃料供给系统故障维修接待过程中的有关问题？讨论的最多的问题是什么？讨论的结果是什么？

_____

(8)通过本学习任务的学习，你认为还要学习汽车燃油供给系统哪些知识和技能才能胜任汽车维修服务岗位？

签名：_____　　　____年____月____日。

2. 小组评价（表3-5）

小组评价表　　　　　　　　　　　　　　　　表3-5

序号	评价项目	评价情况
1	学习过程是否主动并能深度投入	
2	在实训过程中的执行力是否突出	
3	是否能按照职业人的要求对待到课率	
4	学习态度是否符合要求	
5	是否合理规范地使用实训设备	
6	是否按照安全和规范的要求完成作业	
7	是否遵守实训场地的规章制度	
8	是否能主动地和他人在实训中合作	
9	是否能按要求对实训场地进行清理、清洁	
10	在团队活动中是否能做到相互尊重	

参与评价的同学签名：_____　　　____年____月____日

3. 教师评价

教师签名：_____　　　____年____月____日

学习任务4　汽车点火系结构与拆装

学习目标

1. 能够懂得普通电子点火系的结构与工作原理;
2. 能够懂得微机控制电子点火系的结构与工作原理;
3. 能够按照作业规范要求完成汽车点火系统的拆装作业。

任务描述

接待汽车发动机出现故障的客户:客户杨先生的轿车出现点火不良、加速无力的故障,到某汽车特约经销店,通过检查发现,汽车发动机点火系统工作不良,要求对其轿车点火系统进行故障检修。

学习引导

本学习任务沿着以下脉络学习:

单元一　普通电子点火系的结构认知

单元要点

1. 普通电子点火系的组成；
2. 普通电子点火系的分电器；
3. 点火控制器。

相关知识

一、普通电子点火系的组成

1. 普通电子点火系的优点

断电器触点的频繁开闭,会使白金触点烧蚀,影响发动机的工作并降低断电器的使用寿命。从 20 世纪 80 年代开始使用由三极管代替白金触点的无触点式分电器电子点火系,统称普通电子点火系。

2. 普通电子点火系的组成（以桑塔纳为例）

普通电子点火系由点火开关、点火线圈、点火器（模块）、分电器和火花塞等组成。如图 4-1 所示。

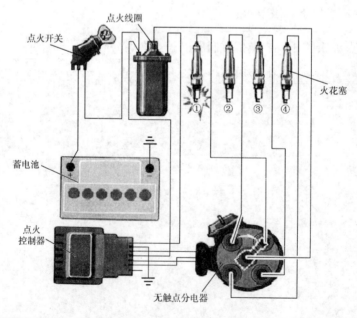

图 4-1　普通电子点火系统

该点火系与传统点火系的主要区别在于分电器的结构不同和增加了点火控制器。

3. 普通电子点火系的工作原理

如图4-2所示,发动机工作时,分电器轴带动霍尔信号发生器的触发叶轮旋转。

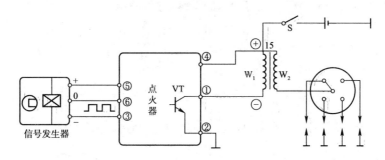

图4-2　电子点火系的工作原理

当触发叶轮的叶片进入空气隙时,信号发生器输出高电压信号 11～12V,使点火控制器集成电路中末级大功率三极管导通,点火系初级电路接通:电源"+"→点火线圈 W1→点火控制器(二极管)→搭铁。

当触发叶轮的叶片离开空气隙时,信号发生器输出 0.3～0.4 V 的低电压信号,使点火器大功率三极管截止.初级电路切断,次级电路产生高压。

二、普通电子点火系的结构与工作原理

(一)分电器

1. 无触点分电器的组成

无触点分电器由信号发生器、配电器、点火提前装置组成,如图4-3所示。

2. 信号发生器的作用、类型

信号发生器向点火控制器提供发动机活塞的上止点信号。信号发生器可分为霍尔式和电磁感应式两种。

3. 电磁感应式信号发生器

电磁感应式信号发生器结构如图4-4所示,其工作原理与霍尔式发动机转速传感器的原理是一样的,这里不再叙述。

4. 霍尔信号发生器

霍尔信号发生器由分电器轴带动的霍尔叶轮、永久磁铁、霍尔元件等组成,如图4-5所示。

霍尔信号发生器信号发生器的工作原理也与霍尔式发动机转速传感器的原理是一样的,这里不再叙述。

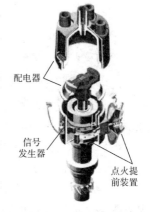

图4-3　无触点分电器

5. 配电器的作用与结构

1)配电器的作用

配电器将高压电按点火顺序分配至火花塞。

2)配电器的结构

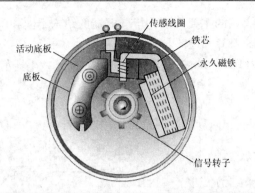

图 4-4 磁脉冲式点火信号发生器

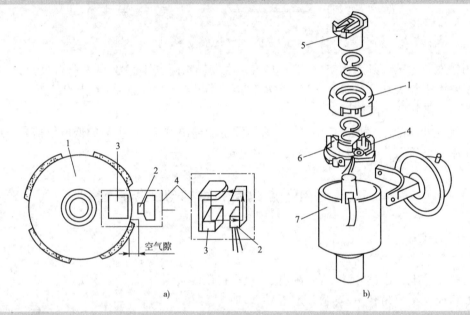

图 4-5 霍尔信号发生器

a)示意图；b)结构图

1-触发叶轮；2-霍尔集成块；3-带导板的永久磁铁；4-霍尔传感器；5-分火头；6-触发开关托盘；7-分电器壳体

配电器安装在信号发生器的上方，如图 4-6 所示。它由胶木制的分电器盖和分火头组成。分火头插装在信号转子的顶端，和信号转子一起旋转，其内有金属导电片。分电器盖的外部有高压线座孔，其内装有带弹簧的炭柱，压在分火头的导电片上。相等的旁电极通至盖上的金属套座孔，以便装插高压分火线。

6. 点火提前装置

实验证明，发动机的燃烧趋近于爆燃但未爆燃时，发动机可达到最大的功率。所以，要求点火系统能准确地控制点火提前角。点火提前角越大，发动机越容易爆燃。

当发动机转速提高时，爆燃趋势减小，可以增大点火提前角。当发动机负荷增大时，转速下降，爆燃趋势增大，应减小点火提前角。发动机温度越高，爆燃趋势越显著，此时应减小点火提前角。在普通电子点火系统中，转速和负荷可用于调节点火提前角。转速是利用离心块来调节点火提前角，负荷是利用真空膜片来调节点火提前角。由于普通电子点火系没有考虑温度对点火提前角的影响,所以不能准确地控制点火提前角。

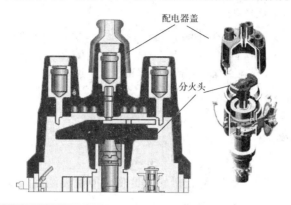

图 4-6　配电器的结构

（1）离心提前机构

①离心提前机构的结构。

离心提前机构的结构如图 4-7 所示,在分电器轴上固定着托板,两个离心块分别安装在托板的柱销上,其另一端被弹簧拉住,两个弹簧粗细不一,信号转子和拨板为一体安装在分电器的上端,而拨板的孔则插在离心块的销钉上。

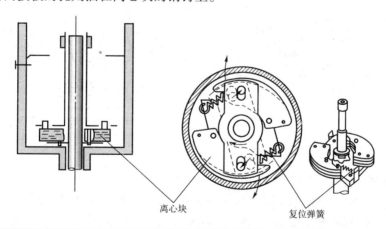

图 4-7　离心提前器

②离心提前机构的工作原理。

如图 4-8 所示,发动机转速增高时,在离心力的作用下,离心块克服弹簧拉力向外甩开,销钉推动拨板及信号转子沿原旋转方向相对于主动轴转过一个角度,使信号转子提前与信号发生器磁头相遇,点火提前角增大。转速降低时,弹簧将离心块拉回,使提前角自动减小。两离心块的弹簧由不同粗细的钢丝绕成,弹力不同。低速范围内,只有细弹簧起作用,点火提前角增大得较快;在高速范围内由于两根弹簧同时工作,点火提前角的增大比较平稳,使之更符合发动机的要求。

（2）真空提前装置

①真空提前装置的结构。

真空提前装置在分电器壳体外侧,真空腔壳内装有膜片,以拉杆带动信号发生器活动板转动,如图4-8所示。

②真空提前机构的工作原理。

如图4-8所示,当发动机负荷很小时,节气门开度小,小孔处的真空度较大,片向右拉杆拉动活动板带着信号发生器感应线圈和铁芯逆分电器轴旋转方向转动一定角度,使点火提前角增大;当发动机负荷加大即节气门开度增大时,小孔处真空度减小,膜片在弹簧作用下使点火提前角自动减小。

(二)点火控制器

1. 点火控制器的作用

(1)控制低压电路的接通与断开。

(2)控制低压电路电流的大小,防止因转速的变化而使流经点火线圈和点火控制器的电流过大而损坏电器。

(3)控制点火系闭合角(即低压电路通电时间的长短)的大小。

2. 点火控制器接口的接线

点火控制器外形如图4-9所示。

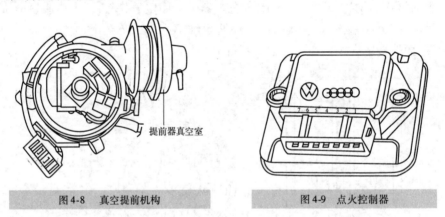

图4-8　真空提前机构　　　　　图4-9　点火控制器

点火控制器各接口的接线如下:

①号接口,进入点火线圈初级电路;②号接口,点火控制器接地线;③号接口,信号发生器接地线;④号接口,点火控制器电源线;⑤号接口,信号发生器电源线;⑥号接口,信号发生器信号线。

单元二 微机控制的电子点火系的结构认知

单元要点

1. 微机控制的电子点火系的特点与类型;
2. 双火花塞串联点火式点火系;
3. 无分电器单独点火式点火系。

相关知识

微机控制的电子点火系除了具有有分电器计算机控制点火系的优点外,大部分取消了分电器总成,其高压配电由原来的机械式改为电子式,使其还具有如下优点:在不增加电能消耗的情况下,进一步增大了点火能量,有利于采用稀混合气燃烧降低排放污染物含量和耗油量;避免了与分火头有关的一些机械故障,提高了工作可靠性;对无线电的干扰大幅度降低,几乎降至零水平;无需进行点火正时方面的调整,使用维护更加简便。

现代汽车微机控制的电子点火系大多采用无分电器点火系统,无分电器点火系统和电子分电器点火系统有三点不同:电子触发机构不在分电器上;高压电直接从线圈到达火花塞,不再通过分电器盖和转子;点火顺序是由计算机控制,而不是由分电器控制。目前,无分电器点火系统有两种形式:双火花塞串联点火式点火系(如别克发动机)和无分电器单独点火式点火系(如帕萨特发动机)。

一、双火花塞串联点火式点火系

1. 双火花塞串联点火式点火系的组成部分

双火花塞串联点火式点火系由点火控制器、点火线圈、火花塞、高压线等组成,如图4-10所示。

2. 双火花塞串联点火式点火系的定义

每两个汽缸使用一个线圈,这两个汽缸必须是伙伴缸,也就是说活塞在汽缸内运动必须是同上或同下的,如其中一个缸在压缩上止点时,另一个缸处于排气上止点。线圈串联两个火花塞同时点火,每个缸的每个工作循环点火两次,对于一个缸来讲在排气上止点点火是没用的,我们将这种点火方式称双火花塞串联点火式点火系。

3. 双火花塞串联点火式点火系的结构

在双火花塞串联点火式系统内次级线圈、火花塞是串联的。

当次级线圈感应出高压电,电流只能从一个方向流动:

从次级线圈的一端流出,通过一个火花塞的导线,通过一个火花塞,通过汽缸盖,通过第二个火花塞,通过第二个火花塞导线,从次级线圈的另一端进入。

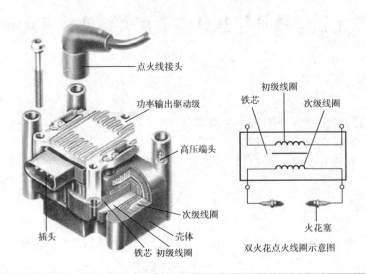

图4-10 双火花塞串联点火线圈组件

在消耗式点火系统内,一个火花塞跳火是从中心电极到接地的电极,而另一个火花塞是从接地的电极到中心的电极。造成发动机的一半火花塞是正向点火,而另一半是反向点火,如图4-11所示。

4. 双火花塞串联点火式点火系的工作原理

双火花塞串联点火式点火系的工作原理如图4-11所示。

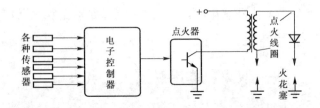

图4-11 微机控制双火花塞串联点火式点火系原理

1) 点火顺序的控制

在传统的点火系统和有分电器的电子点火系统上,使用分火头分配高压电,但无分电器点火系统由电脑控制以顺序。

在双火花塞串联点火式点火系统上,一个线圈连接的两个火花塞,是同时点火的。电脑无需判断哪一个缸在做功上止点,哪一个缸在进气上止点,所以只要曲轴位置传感器向计算机提供上止点信号即可。

2) 点火提前角的控制

计算机系统需要发动机转速(曲轴位置传感器)、负荷(MAF 或 MAP 传感器)和温度(冷却水温度传感器)信号来决定点火提前角的大小。爆震传感器提供爆震信号,修正点火提前角。

二、无分电器单独点火式点火系

1. 无分电器单独点火式点火系

无分电器单独点火式点火系统每个汽缸都有各自的线圈。它的线圈和线圈控制系统是双火花塞串联点火式点火系的两倍。如图4-12所示。

2. 无分电器单独点火式点火系的结构

无分电器单独点火式点火系由低压电源、点火开关、计算机控制单元(ECU)、点火控制器、点火线圈、火花塞、高压线和各种传感器等组成。有的无分电器单独点火式点火系还将点火线圈直接安装在火花塞上方,取消了高压线,如图4-13所示。

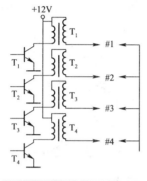

图4-12 单独点火方式

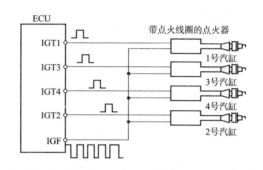

图4-13 无分电器单独点火式点火系示意图

3. 无分电器单独点火式点火系的工作原理

(1)点火顺序的控制。如图4-13所示,在无分电器单独点火式点火系统上,发动机每完成一个工作循环,计算机按照做功顺序将各点火线圈激活一次,向各缸火花塞提供一次高压电。此时计算机既需要知道哪个缸在上止点,还需要知道是什么上止点。

所以既需要曲轴位置传感器向计算机提供上止点信号,又需要凸轮轴位置传感器向计算机提供判断工作缸信号。

(2)点火提前角的控制与双火花塞串联点火式点火系是一样的。

任 务 实 施

一、普通电子点火系分电器的拆装——分电器在发动机上的安装

(1) 将飞轮 A 和正时带轮 B 调整到一缸的上止点位置,如图 4-14 所示。
(2) 用扳手转动发动机,将 V 形带轮调整到一缸的上止点位置,如图 4-15 所示。

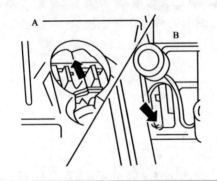

图 4-14 飞轮和正时带轮的标记

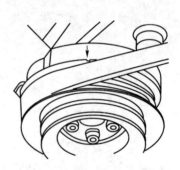

图 4-15 V 形带轮上的正时记号

(3) 将凸轮轴正时带轮上的标记与气门室盖上的箭头对齐,如图 4-16 所示。
(4) 装上点火分电器后,分火头的标记应与分电器壳体上标记对齐,如图 4-17 所示。

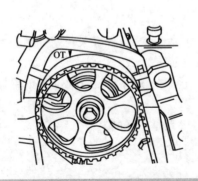

图 4-16 凸轮轴正时带轮上的正标记

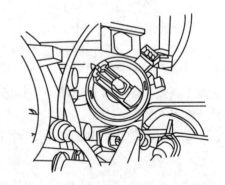

图 4-17 分火头与分电器壳体上标记对齐

(5) 安装点火分电器盖。点火分电器盖在安装前要清洗,检测有无泄漏电流造成的裂纹和痕迹,必要时更换。

二、无分电器点火系的拆装——直接点火模块(双点火线圈)的更换

拆卸程序(以赛欧轿车为例)如图 4-18 所示。

1. 将高压点火线和发动机线束插头从点火模块上断开。
2. 拧开紧固螺栓,拆下点火模块。

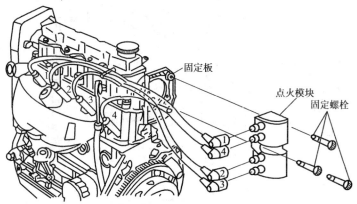

图 4-18　点火模块安装位置

安装程序如下:
1. 安装点火模块,拧紧螺栓,紧固点火线圈螺栓,紧固力矩为 $8.5 \pm 1.5 N \cdot m$。
2. 连接电线线束插头和点火电线注意点火的顺序。注意点火控制器的侧面有汽缸的。

三、学习工作页

完成汽车点火系实训任务,将实训的内容填写在工作页表4-1。

汽车点火系结构与拆装工作页　　表 4-1

汽车点火系结构与拆装	班级		日期	
	姓名		成绩	

实训目标
1. 在车上指认普通电子点火装置、微机控制的无触点点火装置、无分电器点火装置各零件。
2. 能熟练拆装无触点分电器、能熟练校对点火正时。

实训主要设备
1. 桑塔纳发动机三台、赛欧发动机一台。
2. 无触点分电器三个。

实训步骤
1. 指认无触点点火装置各零件:
(1) 点火系的作用是什么?
_____
_____

(2) 指认图 4-19 中普通电子点火装置的下列各零件。
1-_____　2-_____　3-_____
4-_____　5-_____　6-_____
7-_____　8-_____　9-_____

续上表

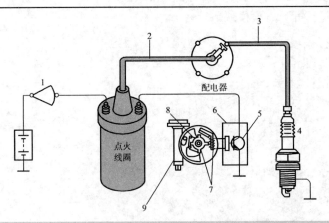

图 4-19　普通电子点火系统的组成

(3) 认知桑塔纳 2000 发动机无触点式分电器各零件并叙述其作用。
① _____
② _____
③ _____
④ _____
⑤ _____
⑥ _____

2. 指认无分电器点火装置各零件
(1) 按认赛欧发动机无分电器点火装置组成：
_____
(2) 现场察看实物，同时查赛欧维修手册，指认图 4-20 点火控制器各脚的含义并完成下列填空。

图 4-20　点火控制器针脚

3. 完成无触点点火装置校队点火正时的基本步骤并记录下来：
① _____
② _____
③ _____
④ _____
⑤ _____
⑥ _____
⑦ _____
⑧ _____

4. 指认无分电器单独点火式点火系中点火线圈、点火器和火花塞位置，如图 4-21 所示

续上表

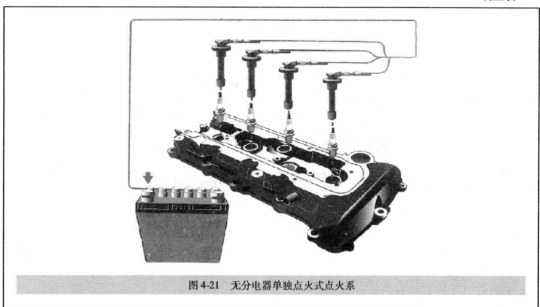

图4-21 无分电器单独点火式点火系

评 价 反 馈

1. 自我评价

(1)通过本学习任务的学习你认为自己是否已经掌握了点火系统相关知识?

①普通电子点火系统的组成与功能:
_____

②微机控制的电子点火系的组成与功能:
_____

(2)在点火系统拆装的过程中用到了哪些技能?你是否已经掌握了在工作中运用这些技能的正确方法?
_____

(3)实训过程完成情况。
评价:_____

(4)仪容仪表是否符合职业规范?
评价:_____

(5)能否积极主动参与工作现场的清理、清洁和整顿工作?
评价:_____

(6)在完成本学习任务的过程中,你和同学之间的协调能力是否得到了提升?是否有过与其他同学探讨点火系统故障维修接待过程中的有关问题?讨论的最多的问题是什么?讨论的结果是什么?
_____
_____

(7)通过本学习任务的学习,你认为还要学习汽车点火系统哪些知识和技能才能胜任汽车维修服务岗位?
_____

签名:_____　　____年____月____日

2. 小组评价(表4-2)

小组评价表　　表4-2

序号	评价项目	评价情况
1	学习过程是否主动并能深度投入	
2	在实训过程中的执行力是否突出	
3	是否能按照职业人的要求对待到课率	
4	学习态度是否符合要求	
5	是否合理规范地使用实训设备	
6	是否按照安全和规范的要求完成作业	

续上表

序号	评 价 项 目	评 价 情 况
7	是否遵守实训场地的规章制度	
8	是否能主动地和他人在实训中合作	
9	是否能按要求对实训场地进行清理、清洁	
10	在团队活动中是否能做到相互尊重	

参与评价的同学签名：_____　　_____年_____月_____日

3．教师评价

_____

_____

教师签名：_____　　_____年_____月_____日

学习任务5　汽车传动系结构与拆装

1. 能够懂得汽车传动系的作用和结构；
2. 能够懂得离合器的作用和结构；
3. 能够懂得万向传动装置的作用和结构；
4. 能够懂得主减速器和差速器的作用和结构；
5. 能按照正确的作业要求规范完成传动系各部件拆装作业。

一辆三菱帕杰罗底盘有异响、漏油现象，车主反映在踩、松离合器时感觉异常，尤其是松离合器时有些发抖。经拆检发现离合器拨叉、分离轴承、压盘及摩擦片均已严重磨损，于是更换离合器总成，试车合格后出厂。

本学习任务沿着以下脉络学习：

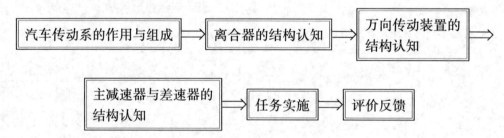

单元一　汽车传动系的作用与组成

单元要点

1. 传动系的作用；
2. 传动系的组成；
3. 常见的传动方式。

相关知识

一、传动系的作用

将发动机的动力准确、可靠地传至驱动轮。具体作用如下：

(1) 减速增矩：发动机输出的功率是转速与转矩的乘积。实验证明，发动机输出的高转速，其转矩远不足以驱动汽车行驶。所以汽车上要安装变速器、主减速器，通过降低速度使发动机输出的转矩增大。

(2) 适应操控要求：发动机的转速通常稳定在很小的范围内。汽车行驶中由于路况的变化，要求汽车在某一范围内能随之改变转速，使汽车速度可增、可减、可前、可后，并可在发动机运转时切断动力。

(3) 适应转向需要：为防止两驱动轮在转弯时因轮速不变而造成轮胎磨损加剧及转向不灵活，传动系在动力传至驱动轮时，采用了半轴与差速器，以使两侧驱动轮能以不同速度转动。两驱动轮因此能始终处于滚动状态。

(4) 适应路况：车辆行驶路面的凹凸不平使车架与车轮的相对位置不断变化。传动系要适应变速器与驱动桥间相对长度与角度的变化，可靠传递动力。

二、传动系的组成

目前汽车传动系主要有机械传动系和液力传动系两种类型。

(一) 机械传动系

机械传动系的动力传递路线：(飞轮)离合器→变速器→传动轴→主减速器→差速器→半轴→驱动轮，如图 5-1 所示。

(二) 液力传动系

液力传动系的组成：(飞轮)→液力变矩器→自动变速器→万向传动装置→主减速器→差速器→半轴→驱动轮，如图 5-2 所示。

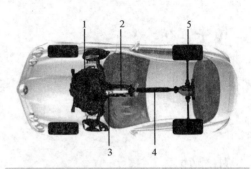

图 5-1 机械传动系的组成
1-发动机;2-离合器;3-变速器;4-主减速器与差速器;5-传动轴;6-等速万向节;7-前轮

图 5-2 液力传动系统的组成及布置
1-发动机;2-自动变速器;3-液力变矩器;4-万向传动装置;5-驱动桥

三、常见的汽车传动方式

(一)传动系的布置形式

1. 汽车驱动形式

汽车驱动形式通常用下式表达:

汽车车轮总数×驱动车轮数。例如:4×2 的意思为 4 轮汽车,有两轮驱动;4×4 表示该车为 4 轮汽车,且 4 轮均为驱动轮;重型货车还有 6×4、6×6 等驱动形式。

2. 驱动方式

驱动方式是指发动机及驱动轮在车上的布置方式,通常有如下几种:

(1)发动机前置、后轮驱动(FR 型),如图 5-3 所示。

(2)发动机前置、前轮驱动(FF 型),如图 5-4 所示。

(3)发动机中置后轮驱动(HR 型),是目前大多数运动型轿车和方程式赛车所采用的布置形式,如图 5-5 所示。

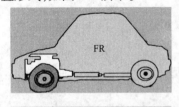 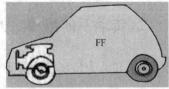 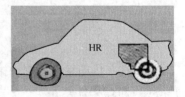

图 5-3 发动机前置、后轮驱动　　图 5-4 发动机前置、前轮驱动　　图 5-5 发动机中置后轮驱动

(4)发动机后置、后轮驱动(RR 型),如图 5-6 所示。

(5)越野汽车传动系布置形式为全轮驱动(4WD),如图 5-7 所示。

(二)各种汽车传动方式的比较

汽车传动方式及优缺点见表 5-1。

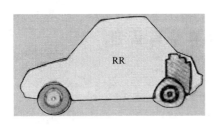
图5-6 发动机后置、后轮驱动

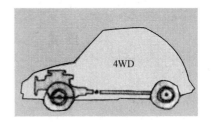
图5-7 全轮驱动

汽车传动方式的比较　　　　　　　　表5-1

序号	传动方式	优　点	缺　点	适用车型
1	发动机前置,后轮驱动(FR)	各轴载荷分配均匀,操控稳定性好	传动系部件多,质量大;传动轴贯穿全车	大型车辆,中、高级轿车
2	发动机前置,前轮驱动(FF)	降低车底板;有明显的不足转向、抗侧滑	上坡驱动力减小;前桥结构复杂	轿车
3	发动机后置,后轮驱动(RR)	结构紧凑	易出现过度转向	赛车、大客车
4	全轮驱动	全部车轮均提供动力,驱动力最大,通过性、动力性好	传动系效率低,油耗高	越野车

单元二 离合器的结构认知

单元要点

1. 离合器的功用和安装位置；
2. 离合器的结构。

相关知识

一、离合器的概述

(一)离合器的功用

离合器安装在发动机与变速器之间，用来分离或接合前、后两者之间的动力。其功用为：

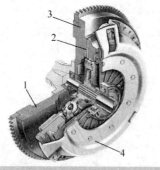

图 5-8 离合器的安装位置
1-压盘;2-从动盘;3-飞轮;4-离合器壳

(1)结合动力，使汽车能从静止状态平稳起步。

(2)汽车在各种工况中，离合器都能有效地将发动机的动力传至变速器。

(3)彻底断开发动机传至变速器的动力，以配合换挡及实现停车。

(4)当驱动轮阻力过大时，离合器通过打滑，实现传动系的过载保护。

(二)离合器的安装位置

离合器用螺钉安装在飞轮上。变速器一轴与离合器的从动机构连接。如图 5-8 所示。

二、离合器的结构认知

(一)离合器的工作原理

离合器的主动部分和从动部分借接触面间的摩擦作用，或是用液体作为传动介质(液力耦合器)，或是用磁力传动(电磁离合器)来传递转矩，使两者之间可以暂时分离，又可逐渐接合，在传动过程中又允许两部分相互转动。

目前在汽车上广泛采用的是用弹簧压紧的摩擦离合器。

发动机输出的转矩，通过飞轮及压盘与从动盘接触面的摩擦作用，传给从动盘。当驾驶员踩下离合器踏板时，通过机件的传递，使膜片弹簧大端带动压盘后移，此时从动部分与主动部分分离。

(二)离合器的构造

离合器由主动部分、从动部分、压紧机构和操纵机构四部分组成。

1. 离合器主动部分

主动部分由离合器壳、带有膜片弹簧的压盘、飞轮等组成。离合器壳固定于发动机飞轮上。离合器壳与压盘之间用传动片连接,只要飞轮转动,主动部分就与之同步转动。

飞轮通常用三种方式驱动离合器压盘:通过与离合器盖联动的传动片、卡在离合器开口的传动块及与飞轮直接连接的传动销。

2. 离合器从动部分

从动部分由从动盘和变速器输入轴组成。从动盘由两侧铆接的两块摩擦片、从动盘本体、波形弹簧片及扭转减振器等构成。输入轴的花键装在从动盘中心的花键孔内。当从动盘转动时,变速器输入轴就随之转动,如图5-9所示。

从动盘可分为不带扭转减振器和带扭转减振器两种类型。

目前轿车上采用的全部是如图5-10所示的带扭转减振器的从动盘,以避免传动系的共振,缓和换挡冲击,使汽车平稳起步。

为了使汽车能平稳起步,离合器应能柔和接合,这就需要从动盘在轴向具有一定弹性。为此,往往在从动盘本体圆周部分,沿径向和周向切槽。再将分割形成的扇形部分沿周向翘曲成波浪

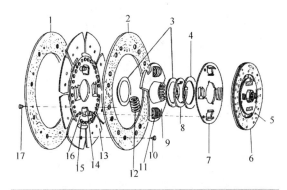

图5-9 桑塔纳2000型轿车从动盘结构

1、2-摩擦衬片;3-摩擦垫圈;4-碟形垫圈;5-扭转减振器;6-装合后的从动盘;7-减振盘;8-摩擦板;9-盘毂;10-摩擦衬片铆钉;11-减振弹簧;12-减振弹簧(此弹簧刚度较大);13-波形弹簧片;14-止动销;15-波形片;16-从动盘本体;17-摩擦衬片铆钉

形,两侧的两片摩擦片分别与其对应的凸起部分相铆接,这样,从动盘被压缩时,压紧力随翘曲的扇形部分被压平而逐渐增大,从而达到接合柔和的效果。

离合器接合时,发动机输出的转矩经飞轮和压盘传给了从动盘两侧的摩擦片,带动从动盘本体和与从动盘本体铆接在一起的减振器盘转动。从动盘本体和减振器盘又通过6个减振器弹簧把转矩传给了从动盘毂。因为有弹簧的作用,所以传动系受到的转动冲击可以在此得到缓和。传动系中的扭转振动会使从动盘毂相对于从动盘本体和减振器盘来回转动,夹在它们之间的阻尼片靠摩擦消耗扭转振动的能量,将扭转振动衰减下来。

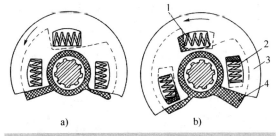

图5-10 扭转减振器工作原理
a)不工作时;b)工作时
1-大刚度减振弹簧;2-小刚度减振弹簧;3-从动盘本体;4-摩擦阻尼元件

3. 离合器压紧机构

装在压盘上的压紧弹簧构成了压紧机构。当离合器结合时,其主动部分的飞

轮和压盘在弹簧弹力的作用下夹紧从动盘,通过摩擦力带动从动盘运转,使发动机的动力传至变速器。压紧机构由离合器弹簧和压盘组成。

(1)膜片弹簧。膜片弹簧制造时,通常与压盘共同制成组件。既起压紧弹簧的作用,又起操控分离的作用,如图5-11所示。具有工作时压力均匀、操纵轻便等优点。

(2)螺旋弹簧。采用若干个螺旋弹簧作为压紧弹簧,并将这些弹簧沿压盘圆周分布的离合器称为螺旋弹簧离合器,如图5-12所示。这种类型的离合器一般用于越野车和重型载货汽车。

  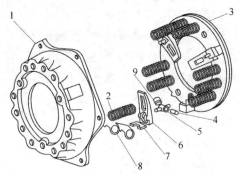

图5-11 膜片弹簧压紧机构
1、3-平头铆钉;2-传动片;4-支撑环;5-膜片弹簧;6-支撑铆钉;7-离合器压盘;8-离合器盖

图5-12 螺旋弹簧离合器结构
1-盖;2-压力弹簧;3-压盘;4-销;5-调节螺栓;6-分离杠杆;7-摆动支片;8-分离杠杆弹簧;9-分离杠杆支撑柱

4. 离合器操纵机构

离合器操纵机构是驾驶员根据行驶需要,操作离合器踏板使离合器分离或柔和接合的一套机构。按照操纵能源分类,离合器操纵机构有人力式和助力式两种。

(1)人力式离合器操纵机构。人力式离合器操纵机构由离合器踏板、分离杠杆、分离叉、分离套筒、分离轴承等组成,如图5-13所示。膜片弹簧式离合器中,膜片弹簧起着分离杠杆的作用,因此没有分离杠杆。

①离合器分离轴承、分离杠杆和分离套筒。分离轴承可在变速器壳前部的空心轴上滑动。为了分离离合器,当踩下离合器踏板时,分离叉拨动分离轴承使之在空心轴上向前移动,压向分离杠杆或膜片弹簧。它克服弹簧弹力,使压盘后移,从动盘与飞轮分离。

②离合器踏板和拉索。离合器踏板和拉索控制离合器分离轴承、分离杠杆和分离套筒。

(2)助力式离合器操纵机构。在助力式离合器控制装置中,为了减轻驾驶员的操纵力,安装了液压操纵机构主缸和工作缸,如图5-14所示。

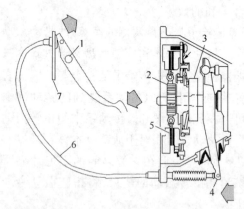

图5-13 机械拉索式操纵机构
1-踏板臂;2-花键毂;3-分离轴承;4-分离叉;5-离合器从动盘;6-挠性拉索;7-前围板

（3）离合器控制主缸和工作缸。离合器控制主缸的结构如图 5-15 所示，由壳体、活塞、皮碗、进出油孔、复位弹簧等组成。离合器的工作缸由壳体、活塞、皮碗、锥形弹簧等组成，如图 5-16 所示。

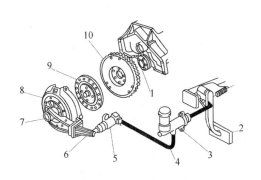

图 5-14　液压式操纵机构
1-导向轴承；2-踏板；3-离合器主缸；4-液压管路；5-离合器工作缸；6-分离叉；7-分离轴承；8-压盘和盖总成；9-摩擦盘；10-飞轮

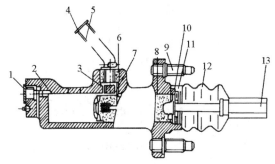

图 5-15　离合器主缸
1、4-保护塞；2-壳体；3-补偿孔；5-管接头；6-皮碗；7-进油孔；8-阀芯；9-固定螺栓；10-卡簧；11-挡圈；12-防尘罩；13-推杆

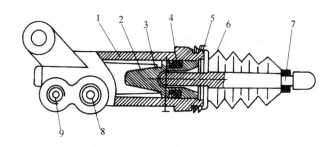

图 5-16　离合器工作缸
1-壳体；2-活塞；3-管接头；4-皮碗；5-挡圈；6-保护套；7-推杆；8-进油孔；9-放气孔

三、离合器的种类

汽车离合器有摩擦式离合器、液力耦合器、电磁离合器等几种。摩擦式离合器又分为湿式和干式两种。

（1）摩擦式离合器。离合器的主动部分和从动部分借接触面间的摩擦作用，使两者之间可以暂时分离，又可逐渐接合，在传动过程中又允许两部分相互转动。如图 5-17 所示。

（2）液力耦合器。靠工作液（油液）传递转矩，外壳与泵轮连为一体，是主动件；涡轮与泵轮相对是从动件。当泵轮转速较低时，涡轮不能被带动，主动件与从动件之间处于分离状态；随着泵轮转速的提高，涡轮被带动，主动件与从动件之间处于接合状态。如图 5-18 所示。

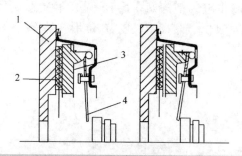
图5-17 摩擦式离合器
1-飞轮;2-从动盘;3-压盘;4-膜片弹簧

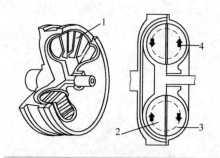
图5-18 液力耦合器结构
1-叶轮;2-输出轮;3-油;4-油的流向

(3)电磁离合器。靠线圈的通断电来控制离合器的接合与分离。如在主动与从动件之间放置磁粉,则可以加强两者之间的接合力,这样的离合器称为磁粉式电磁离合器。如图5-19所示。

目前,与手动变速器相配合的绝大多数离合器为干式摩擦式离合器,按其从动盘的数目,又分为单盘式、双盘式和多盘式等几种。湿式摩擦式离合器一般为多盘式的,浸在油中以便于散热。

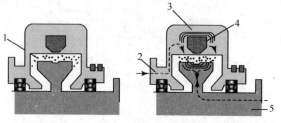
图5-19 电磁离合器工作原理
1-粉末;2-输入侧;3-磁通;4-励磁线圈;5-输出侧

采用若干个螺旋弹簧作为压紧弹簧,并将这些弹簧沿压盘圆周分布的离合器称为周布弹簧离合器。采用膜片弹簧作为压紧弹簧的离合器称为膜片弹簧离合器。

四、离合器的工作过程

1. 膜片弹簧离合器的工作过程

离合器盖—压盘总成在没有固定到发动机飞轮上之前离合器盖与飞轮端面之间有距离,此时膜片弹簧变形最小,处于自由状态,如图5-20a)所示。

当离合器盖上的安装螺栓被紧固后,从动盘和压盘迫使膜片弹簧以右侧支撑环为支点发生弹性变形,这样,膜片弹簧的外缘对压盘和从动盘就产生了压紧力,此时离合器处于接合状态,如图5-20b)所示。

分离时,分离轴承推动膜片弹簧内端前移,膜片弹簧便以左侧支撑环为支点进一步变形,其外缘便通过分离拉钩将压盘向后拉动,使离合器分离,如图5-20c)所示。

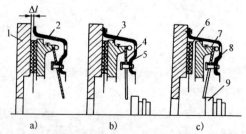
图5-20 膜片弹簧式离合器工作原理
a)安装前位置;b)安装后位置(接合);c)分离位置
1-飞轮;2-离合器盖;3-压盘;4-膜片弹簧;5、8-支撑圈;6-从动盘;7-分离拉钩;9-分离轴承

2. 离合器的自由间隙和离合器踏板的自由行程

（1）自由间隙。在离合器接合时，分离轴承前端与分离杠杆内端之间有一定的轴向间隙，这一间隙称为离合器的自由间隙。其作用是防止从动盘摩擦衬片在正常磨损过程中变薄后，压盘不能有效压紧摩擦片而造成离合器打滑，传递转矩下降。

（2）离合器踏板的自由行程。当踩下离合器踏板时，先要消除离合器间隙，之后才开始分离。从踩下踏板至离合器开始分离的踏板行程叫自由行程。自由间隙越大，踏板的自由行程也越大；反之，越小。其大小可以调整。

3. 液压式操纵机构的工作过程

如图 5-21 所示，踩下离合器踏板时，活塞和皮碗的运动产生液压压力，将此压力从主缸通过油管传入随动油缸，随动油缸的运动传递到离合器分离叉，使离合器分离。

松开离合器踏板时，皮碗和活塞被主缸活塞复位弹簧推回到接合位置，外弹簧使随动缸和推杆活塞返回到接合位置，液体压力通过液压管返回到主缸。当离合器在接合位置时，系统中没有液压压力。

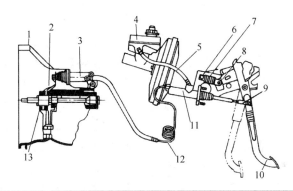

图 5-21 离合器液压操纵系统

1-变速器壳体；2-分离板；3-工作缸；4-储液罐；5-进油软管；6-踏板助力器销轴；7-助力弹簧；8-销轴；9-推杆；10-离合器踏板；11-离合器主缸；12-油管总成；13-分离轴承

单元三　万向传动装置的结构认知

单元要点

1. 传动轴和万向节的功用、类型；
2. 传动轴和万向节的构造及工作原理。

相关知识

一、万向传动装置的作用

汽车在行驶过程中，由于悬架受路面冲击而产生振动，使变速器的输出轴与驱动轮之间的相对位置会经常发生变化。因而变速器的主动输出轴与驱动轮之间不能通过刚性件传动，而必须采用万向传动装置，如图5-22所示，通过万向节、传动轴等来实现变速器的输出轴与驱动轮之间动力的可靠传递。万向传动装置的作用是在相对位置经常发生变化的两根转轴之间传递动力。

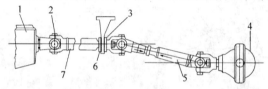

图5-22　万向传动装置
1-变速器；2-万向节；3-中间支撑；4-驱动桥；5、7-传动轴；6-球轴承

二、万向节的结构和工作原理

万向节按速度特性可分为不等速万向节（常用的为十字轴式）、等速万向节（如球笼式万向节）两种。

（一）十字轴刚性万向节（不等速万向节）

1. 结构

十字轴刚性万向节是不等速万向节，即主动轴等速旋转时，从动轴则不等速旋转。

一个十字轴、两个万向节叉和4个滚针轴承组成了十字轴刚性万向节，如图5-23所示。它允许相邻两轴的最大交角为14°~20°。

它由万向节叉、十字轴、套筒、滚针、油封、轴承盖、润滑脂嘴和安全阀等组成。

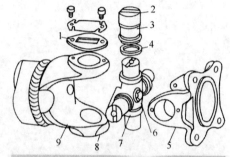

图5-23　十字轴刚性万向节结构
1-轴承盖；2-套筒；3-滚针；4-油封；5、9-万向节叉；6-安全阀；7-十字轴；8-油嘴

2. 速度特性

从动叉轴的角速度变化以180°为周期,且变化程度随轴间夹角α的增大而增大,但两轴的平均角速度是相等的。即主动叉轴转动一圈,从动叉轴也转动一圈,如图5-24所示。

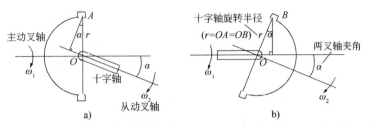

图5-24 十字轴刚性万向节速度特性

所谓"传动的不等速性"是指在主动叉轴等角速转动一圈中,从动叉轴转速时快时慢的现象。

3. 十字轴刚性万向节的组合应用

汽车上通常采用两个(或两个以上)十字轴刚性万向节的组合,利用第二个万向节的不等速效应来抵消第一个万向节的不等速效应,从而实现输入轴与输出轴的等角速传动。

采用两个十字轴刚性万向节时,为实现等角速传动,其排列方式有平行排列和等腰三角形排列两种形式,如图5-25所示。但要达到这一目的,还必须满足两个条件:

(1)传动轴上第一个万向节的主动节叉与第二个万向节的从动节叉在同一个平面内。

(2)第一个万向节两轴之间的夹角 α_1 与第二个万向节两轴之间的夹角 α_2 相等。

第一个条件可以通过正确装配传动轴与万向节予以保证;而第二个条件只有在驱动桥采用独立悬架时才能实现。若驱动桥采用非独立悬架,由于驱动桥随悬架一起振动,不可能在任何时候都保证 $\alpha_1 = \alpha_2$。因此,只能做到尽量减小传动的不等速性。

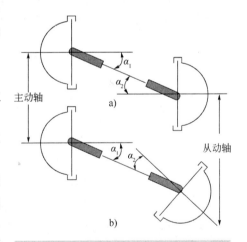

图5-25 双万向节等速传动布置
a)平行排列;b)等腰三角形排列

同理,采用两个以上的十字轴刚性万向节时,通过一定组合,也可近似实现等角速传动。

(二)球笼式万向节(等速万向节)

现代小轿车的传动形式为前轮前驱,通常采用外万向节(也叫RF型万向节)、内万向节(也叫VL型万向节)进行动力传动,如图5-26所示。

内万向节连接位于变速器内的主减速器或差速器,用螺栓与差速器传动轴凸缘相连接,传递主减速器和差速器输出的转矩,并通过传动轴传给外万向节。外万向节连接前轮轮毂,驱动汽车行驶。

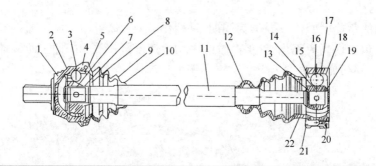

图 5-26 等速万向传动装置传动轴总成

1-RF 节外星轮；2、19-锁环；3、16-钢球；4、10、22-夹箍；5-RF 节球笼；6-RF 节内星轮；7-中间挡圈；8、13-碟形座圈；9、12-橡胶护套；11-花键轴；14-VL 节内星轮；15-VL 节球笼；17-VL 节外星轮；18-密封垫片；20-塑料护罩；21-VL 节护盖

1. 外万向节

外万向节即 RF 型万向节，是轴向不可伸缩的万向节，为球笼式等速万向节。它主要由球形壳（外滚道）、球笼、钢球、星形套（内滚道）等组成，如图 5-27 所示。球形壳（外滚道）端部为花键轴，此花键轴与前悬架上前轮毂的花键孔配合。星形套（内滚道）与主动轴用花键固接在一起，星形套外表面有 6 条弧形凹槽滚道，球形壳的内表面有相应的 6 条凹槽，6 个钢球分别装在各条凹槽中，由球笼使其保持在同一平面内。

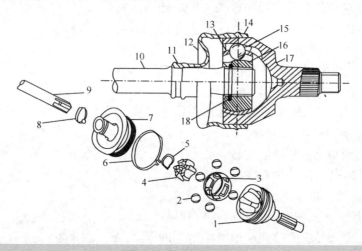

图 5-27 外万向节的结构

1、17-球形壳（外滚道）；2、15-钢球；3、13-保持架（球笼）；4、16-星形套（内滚道）；5、18-卡环；6、8、11、14-钢带箍；7、12-外罩；9、10-主动轴

动力由主动轴（传动轴）传至星形套（内滚道），经 6 个钢球、球形壳（外滚道）输出，当主动轴（传动轴）和球形壳（外滚道）之间夹角 α 发生变化时，传力钢球中心始终位于两轴交角的平分面上，并且到两轴线的距离相等，从而保证主动轴（传动轴）和球形壳（外滚道）以相等的角速度旋转，如图 5-28 所示。

其特点是摆动角度大，能适应独立悬架前轮的跳动，最大摆角可达 47°。

2. 内万向节

内万向节即 VL 型万向节，其结构与原理和外万向节相似，如图 5-29 所示。它用螺栓与差速器传动轴凸缘相连接，是轴向伸缩型等速万向节，其允许伸缩量为 ±16mm，可补偿前轮跳动时轴向长度的变化。由于 VL 型等速万向节是通过钢球传递转矩的，所以在星形套（内滚道）轴向移动时为滚动摩擦，阻力较小。

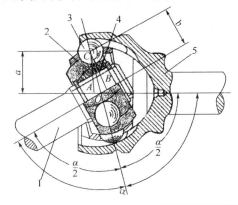 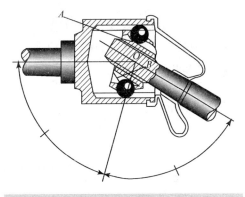

图 5-28 外万向节的工作原理
1-主动轴；2-保持架（球笼）；3-钢球；4-星形套（内滚道）；5-球形壳（外滚道）

图 5-29 伸缩型球笼式万向节
O-万向节中心；A-保持架（球笼）；B-保持架内球面中心

单元四 主减速器与差速器的结构认知

单元要点

1. 主减速器的作用、结构和工作原理；
2. 差速器的作用、结构和工作原理；
3. 半轴的结构。

相关知识

一、主减速器的作用、结构和工作原理

（一）主减速器的作用

位于驱动桥内的主减速器的主要作用是将变速器输出的动力进一步降低转速、增大转矩，传至差速器再传递给驱动轮，以获得足够的汽车牵引力和适当的车速。对于纵向布置的发动机，在减速的同时还改变旋转方向并将动力传递给差速器。

（二）主减速器的分类

按参加减速传动的齿轮副数目可分为单级主减速器、双级主减速器。如图 5-30 所示。

按减速齿轮副结构形式可分为圆柱齿轮、圆锥齿轮、准双曲面齿轮等形式。如图 5-31 所示。

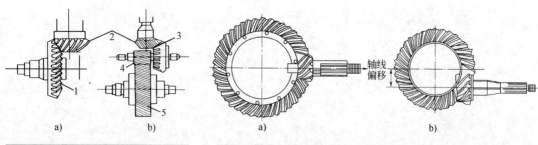

图 5-30 主减速器
a) 单级; b) 双级
1-从动齿轮; 2、4-主动齿轮; 3、5-从动齿轮

图 5-31 圆锥齿轮和准双曲面齿轮
a) 曲线齿锥齿轮传动; b) 准双曲面锥齿轮传动

在发动机横向布置汽车的驱动桥上，主减速器往往采用简单的斜齿圆柱齿轮；在发动机纵向布置汽车的驱动桥上，主减速器往往采用圆锥齿轮和准双曲面齿轮等形式。

（三）主减速器的结构和工作原理

主减速器是在传动系中起降低转速、增大转矩作用的主要部件，当发动机纵置时还具

有改变转矩旋转方向的作用。它是依靠齿数少的齿轮带齿数多的齿轮来实现减速的,采用圆锥齿轮传动则可以改变转矩旋转方向。将主减速器布置在动力向驱动轮分流之前的位置,有利于减小其前面的传动部件(如离合器、变速器、传动轴),切诺基等发动机纵置的汽车上,都采用了准双曲面锥齿轮式单级主减速器。

应注意的是,准双曲面齿轮在工作时,齿面间有较大的相对滑动,且齿面间压力很大,齿面油膜易被破坏。为减少摩擦,提高效率,必须采用含防刮伤添加剂的双曲面齿轮油,绝不允许用普通齿轮油代替,否则将使齿面迅速擦伤和磨损,大大降低使用寿命。

(四)常用主减速器的类型和结构

汽车上主要使用两种类型的主减速器:在前置横置发动机上,采用的是行星齿轮式主减速器;纵置发动机上,采用的是锥齿轮主减速器。

1. 桑塔纳轿车主减速器的结构

桑塔纳轿车主减速器由一对双曲面锥齿轮组成,如图 5-32 所示。主动锥齿轮与变速器输出轴制为一体,用双列圆锥滚子轴承和圆柱滚子轴承支撑在变速器壳体内。环状的从动锥齿轮靠凸缘定位,并用螺钉与差速器壳连接。差速器壳由一对圆锥滚子轴承支撑在变速器壳体上。

动力由变速器的输出轴→主减速器的主动锥齿轮→主减速器的从动锥齿轮。

2. 别克轿车主减速器的结构

在横置式发动机的汽车上,主减速器只需要改变传动比,无需改变动力传递的方向,故采用结构比较紧凑的行星齿轮式主减速器,如图 5-33 所示。

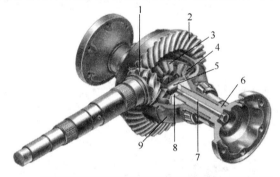

图 5-32 桑塔纳轿车主减速器和差速器
1-主减速器主动锥齿轮;2-主减速器从动锥齿轮;3-半轴齿轮;4-行星齿轮;5-行星齿轮轴;6-半轴及凸缘;7-半轴螺栓;8-防转螺母;9-差速器壳

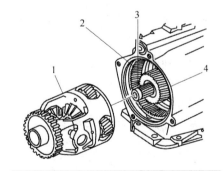

图 5-33 行星齿轮式主减速器
1-行星架(与差速器为一体);2-齿圈;3-输出轴;4-太阳轮(主动)

主减速器由太阳轮、行星架和齿圈组成。工作时,加工在壳体上的齿圈是固定件,太阳轮是输入件,行星架是输出件,起减速作用。

二、差速器的作用、结构和工作原理

如果汽车驱动桥的两驱动车轮用一根整轴连接,两车轮只能以相同的转速旋转。当汽车转弯时,由于外侧车轮比内侧车轮运行距离长,此时,两轮都会出现边滚动、边滑移的情况。同样,汽车在不平路面上直线行驶时,两侧车轮通过的实际距离不相等,也会造成滑转和滑移现象。为了避免因此而造成的轮胎超常磨损,汽车左右两侧的驱动车轮分装在两根半轴上,并在两半轴之间装上差速器。

(一)差速器的功用和分类

差速器的功用是:在向两半轴传递动力的同时,允许两半轴以不同的转速旋转,从而使两轮在不等距行驶时都能处于纯滚动状态。

当汽车转弯行驶时,外侧车轮比内侧车轮所走过的路程长,图5-34所示;汽车在不平路面上直线行驶时,两侧车轮走过的曲线长短也不相等;即使路面非常平直,但由于轮胎制造尺寸误差,磨损程度不同,承受的载荷不同或充气压力不等,各个轮胎的滚动半径实际上不可能相等。若两侧车轮都固定在同一刚性转轴上,两轮角速度相等,则车轮必然出现边滚动边滑动的现象。

差速器按其工作特性可分为普通齿轮式差速器和防滑差速器两大类。目前汽车大多采用普通齿轮式差速器。

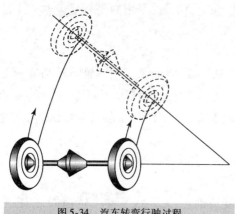

图5-34 汽车转弯行驶过程

(二)普通齿轮式差速器的构造

普通齿轮式差速器有锥齿轮式和圆柱齿轮式两种,由于锥齿轮式差速器结构简单、紧凑,工作平稳,目前应用最为广泛。它由4个行星锥齿轮、十字形行星锥齿轮轴、两个半轴锥齿轮、差速器左外壳和右外壳以及行星锥齿轮球面垫圈和半轴锥齿轮推力垫片组成,如图5-35所示。

十字轴的4个轴颈嵌在两半差速器壳端面半圆槽所形成的孔中,4个行星齿轮分别松套在4个轴颈上。两个半轴齿轮分别与4个行星齿轮啮合,以其轴颈支撑在差速器壳中,并以花键孔与半轴连接,如图5-36所示。

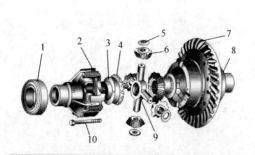

图5-35 差速器构造零件的分解
1-轴承;2-左外壳;3-垫片;4-半轴齿轮;5-垫圈;6-行星齿轮;7-从动齿轮;8-右外壳;9-十字轴;10-螺栓

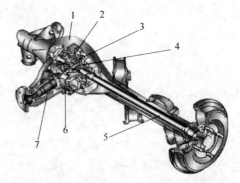

图5-36 后轮驱动驱动桥的主要部件
1-后桥壳;2-差速器壳;3-差速器行星齿轮;4-差速器半轴齿轮;5-半轴;6-主减速器从动齿轮齿圈;7-主减速器主动小齿轮

行星齿轮背面和差速器壳相应位置的内表面均制成球面,以保证行星齿轮良好的对中性,使其与两个半轴齿轮能正确啮合。行星齿轮和半轴齿轮的背面与差速器壳之间装有行星锥齿轮球面垫片和半轴锥齿轮推力垫片,用以减轻摩擦面间的摩擦和磨损,提高差速器的使用寿命。十字轴的4个装配孔是左、右两半差速器壳装合后加工成形,装配时不应周向错位。

差速器的润滑靠主减速器壳内的齿轮油来保证。差速器壳上开有供润滑油进出的窗孔。

工作时,传至差速器壳的动力依次经十字轴、行星齿轮和半轴齿轮传给半轴,再由半轴传给驱动车轮。

在中型以下的载货汽车或轿车上,因传递的转矩较小,故可用两个行星齿轮,相应的行星齿轮轴为一根直轴。上海桑塔纳轿车差速器即采用这种结构,如图5-37所示。

差速器壳为一整体框架结构。行星齿轮轴装入差速器壳后用止动销定位。半轴齿轮背面制成球面,其背面的推力垫片与行星齿轮背面的推力垫片制成一个整体,称为复合式推力垫片。螺纹套用来紧固半轴齿轮。

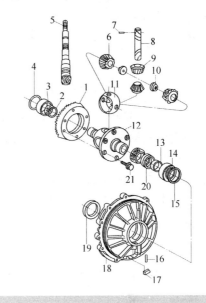

图5-37 上海桑塔纳轿车差速器
1-主传动齿轮;2-差速器轴承;3-轴承的外环;4、15-主传动齿轮的调整垫片;5-变速器输出轴;6-半轴齿轮;7-夹紧销;8-行星齿轮轴;9-行星齿轮;10-螺纹管;11-球形垫片;12-差速器罩壳;13-锁紧套筒;14-差速器轴承;16-磁铁固定销;17-磁铁;18-主传动器盖;19-密封圈;20-车速表驱动齿轮;21-主传动齿轮螺栓

(三)行星锥齿轮差速器的运动原理

如图5-38所示,差速器壳与行星齿轮轴连成一体,并由主减速器从动齿轮6带动一起转动,是差速器的主动件,跟随的半轴齿轮1和2为从动件,设其转速分别为 n_1 和 n_2。A、B两点分别为行星齿轮与半轴齿轮1和2的啮合点。C点为行星齿轮的中心。A、B、C点到差速器旋转轴线的距离相等。

1. 汽车直线行驶

汽车直线行驶时,两侧车轮所受的行驶阻力相等,两侧驱动轮没有滑转和滑移趋势。即两侧车轮转速相等,通过半轴及半轴齿轮反作用于行星齿轮两啮合点A、B的力也相等。

此时行星齿轮相当于等臂杠杆的保持平衡,行星齿轮不自转,而只能随行星齿轮轴及差速器壳一起公转。所以,两半轴无转速差,差速器不起差速作用,即

$$n_1 = n_2 = n_0$$
$$n_1 + n_2 = 2n_0$$

2. 汽车转弯

汽车转弯时,两侧车轮所受的行驶阻力不再相等,两侧车轮有滑转和滑移趋势,通过半轴及半轴齿轮反作用于行星齿轮两啮合点的力也不相等。这样,行星齿轮的平衡被破坏,行星齿

轮除了随差速器壳一起公转外,还要绕行星齿轮轴自转。设其自转速度为 n,则半轴齿轮1的转速加快,而半轴齿轮2的转速减慢。因 $AC=CB$,所以半轴齿轮1转速的增加值等于半轴齿轮2转速的减小值。设半轴齿轮转速的增减值为 Δn,则两半轴的转速分别为

$$n_1 = n_2 + \Delta n$$
$$n_2 = n_0 - \Delta n$$

这就是差速器的差速作用,即由式 $n_1 + n_2 = 2n_0$,还可得知:

(1)当任何一侧半轴齿轮的转速为零时,另一侧半轴齿轮的转速为差速器壳转速的两倍。

(2)当差速器壳转速为零时,若一侧半轴齿轮受其他外来力矩而转动,则另一侧半轴齿轮即可以相同的转速反向转动。

图5-39所示为行星锥齿轮差速器的转矩分配示意图。设主减速器传至差速器壳的转矩为 M_4,经行星齿轮轴和行星齿轮传给两半轴齿轮,两半轴齿轮的转矩分别为 M_1 和 M_2。

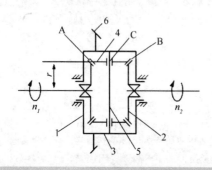

图5-38 普通对称式锥齿轮差速器
1、2-半轴齿轮;3-差速器壳;4-行星齿轮;5-行星齿轮轴;6-主减速器从动齿轮

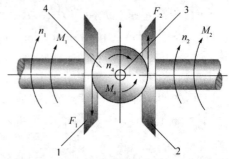

图5-39 差速器转矩分配
1、2-半轴齿轮;3-行星齿轮轴;4-行星齿轮

当行星齿轮不自转时,即 $n_0=0$,$M_T=0$(M_T 为行星齿轮自转时,其内孔和背面所受的摩擦力矩),行星齿轮相当于一个等臂杠杆,均衡拨动两半轴齿轮转动。所以,差速器将转矩 M_4 平均分配给两半轴齿轮,即 $M_1 = M_2 = M_4/2$。

当行星齿轮按图5-39中 n_4 方向自转时($n_1 > n_2$),行星齿轮所受摩擦力矩 M_T 与其自转方向相反,从而使行星齿轮分别对半轴齿轮1和2附加作用了大小相等而方向相反的两个圆周力 F_1 和 F_2,F_1 使传到转得快的半轴齿轮的转矩 M_1 减小,而 F_2 却使传到转得慢的半轴齿轮2的转矩 M_2 增加。且 M_1 的减小值等于 M_2 的增加值,等于 $M_T/2$。所以,当两侧驱动轮存在转速差时($n_l > n_2$),则:

$$M_1 = (M_4 - M_T)/2$$
$$M_2 = (M_4 + M_T)/2$$

即转得慢的车轮分配到的转矩大于转得快的车轮分配到的转矩,差值为差速器的内部摩擦力矩 M_T,由于 M_T 很小,可忽略不计,则 $M_1 = M_2 = M_4/2$。可见,无论差速器差速与否,行星锥齿轮差速器都具有转矩等量分配的特性。

(四)半轴的结构

1. 半轴的功用及构造

半轴的功用是将差速器传来的动力传给驱动轮。

半轴的结构因驱动桥结构形式的不同而异。整体式驱动桥中的半轴为一刚性轴。而转向驱动桥和断开式驱动桥中的半轴则分段，并用万向节连接。半轴内端制有外花键与半轴齿轮连接。半轴外端结构形式，有的直接在轴端锻造出凸缘盘；也有的制成花键，与单独制成的凸缘盘滑动配合；还有的制成锥形，并通过键和螺母与轮毂固定连接。

根据支撑形式和受力特点的不同，半轴可分为全浮式半轴和半浮式半轴两种形式。浮指半轴除了传递转矩之外，是否承受车轮来自地面的反作用力。不承受反作用力的为全浮式，部分承受则称为半浮式。

2. 全浮式半轴的支撑

全浮式半轴支撑广泛应用于各型载货汽车上。解放1092型汽车半轴即采用这种支撑形式，其结构如图5-40所示。

半轴外端锻造有半轴凸缘，用螺栓紧固在轮毂上，轮毂用两个圆锥滚子轴承支撑在半轴套管上，半轴套管与空心梁压配成一体，组成驱动桥壳。这种支撑形式，半轴与桥壳没有直接联系。半轴内端用花键与半轴齿轮套合，并通过差速器壳支撑在主减速器壳的座孔中。

其受力特点是在汽车行驶过程中，半轴只传递转矩，不承受其他任何反力。而地面对驱动桥所形成的弯矩和作用在主减速器从动齿轮上的力及其形成的弯矩，则分别由桥壳和差速器壳直接承受，所以称为全浮式半轴支撑。

全浮式支撑半轴拆卸时，只需拆掉半轴凸缘和轮毂的连接螺栓，就可以从半轴套管中抽出半轴。由于全浮式支撑半轴传力能力大、拆卸方便，被广泛应用于载货汽车。

3. 半浮式半轴支撑

半浮式半轴支撑的结构如图5-41所示，内端通过花键与半轴齿轮啮合，外端通过轴承支撑于桥壳内，车轮轮毂通过螺栓或键与半轴连接。半浮式半轴除传递转矩外，其外端还承受路面作用于车轮的各向作用力及力矩。半浮式支撑半轴具有结构简单、质量小，适用于小直径车轮等特点，多用于轿车和微型汽车，但拆装不方便。

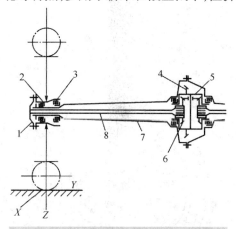

图5-40 全浮式半轴支撑
1-半轴凸缘；2-轮毂；3-轴承；4-从动锥齿轮；
5-差速器壳；6-半轴齿轮；7-桥壳；8-半轴

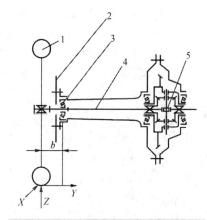

图5-41 半浮式半轴支撑
1-车轮；2-轴承盖；3-轴承；4-半轴；5-止推垫块

任 务 实 施

一、离合器的拆装

1. 离合器的拆卸

(1)首先拆下变速器。

(2)用专用工具 10—201,将飞轮固定,然后逐渐将离合器压盘的固定螺栓对角拧松,取下离合器盖及压盘总成,并取下离合器从动盘。如图 5-42 所示。

(3)离合器踏板装置零部件的分解。如图 5-43 所示。

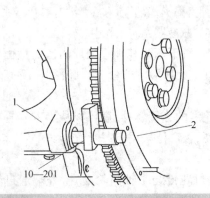

图 5-42 离合器压盘固定螺栓的拆卸
1-发动机;2-飞轮

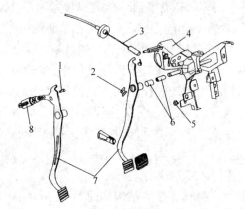

图 5-43 离合器踏板装置零部件的分解
1-连接销;2-保险装置;3-离合器拉索;4-踏板支架;
5-限位块;6-轴承衬套;7-离合器踏板;8-助力弹簧

(4)膜片式离合器零部件的分解。如图 5-44 所示。

(5)离合器压盘和从动盘的分解。如图 5-45 所示。

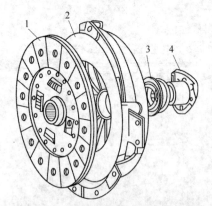

图 5-44 膜片式离合器零部件的分解
1-离合器从动盘;2-膜片弹簧与压盘;3-分离轴承;
4-分离套筒

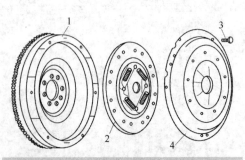

图 5-45 离合器压盘和从动盘的分解
1-飞轮;2-从动盘(弹簧保持架朝向压盘);3-六角螺栓或圆柱头螺栓(拧紧力矩25N·m);4-压盘

2. 离合器的安装

（1）用专用工具10-201,将飞轮固定。

（2）用专用工具10-213,将离合器从动盘定位于飞轮和压盘中心。

（3）装上紧固螺栓,并用25N·m的力矩对角逐渐旋紧。如图5-46所示。

3. 维修注意事项

（1）衬垫：应更换纸质密封垫圈,更换O形环。

（2）调整垫片：用千分尺多点检测调整垫片,可以精确地测出所需垫片的厚度。检查调整垫片边缘是否有损坏,只能装入完好的调整垫片。

（3）挡圈、锁圈：调整挡圈及锁圈,不能拉开过度,必须将其完全放在槽内。

（4）螺栓、螺母：固定盖和罩壳的螺栓和螺母应交叉拧紧和拧松（特别是易损件）,并且应按规定的拧紧力矩拧紧螺栓和螺母。

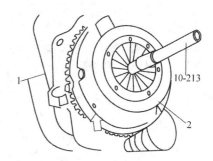

图5-46 离合器从动盘的定位
1-发动机；2-离合器

（5）轴承：将有标志的一面的滚针轴承（壁后较大）朝向安装工具,在轴与轴承之间涂一层润滑油。所有的轴承和接触表面均使用白色ET-N r. AOSl26 000 05 润滑脂润滑。

（6）在进行离合器踏板修理工作时,应将蓄电池搭铁线拆下。

二、传动轴的拆装

传动轴的拆装见表5-2。

传动轴的拆装　　　　　　　　　　　表5-2

拆装内容	图示说明
1. 从车上拆卸传动轴总成 （1）在车轮着地时,旋下传动轴与轮毂间的紧固螺母。 （2）旋下传动轴凸缘上的紧固螺栓	

续上表

拆装内容	图示说明
(3)将传动轴与凸缘分开。 (4)从车轮轴承壳内拉出传动轴，或者利用压力装置 V. A G 1389 拉出传动轴	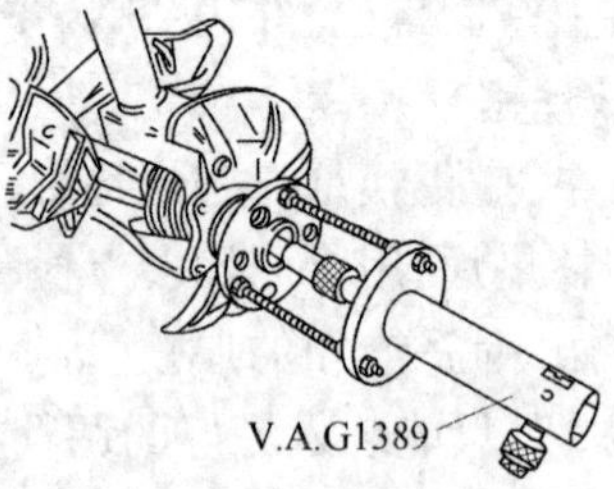 V.A.G1389
2.万向节的拆卸 (1)用钢锯将万向节防尘罩上的夹箍锯开，拆下防尘罩	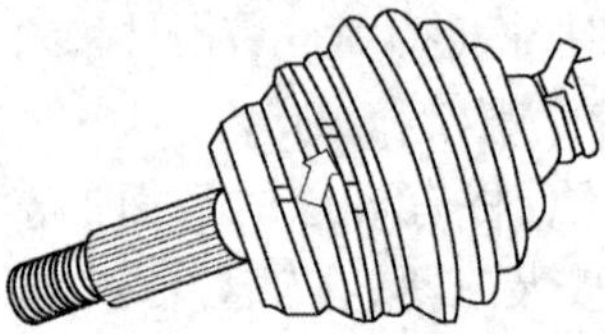
(2)用轻金属锤从传动轴上敲下外万向节	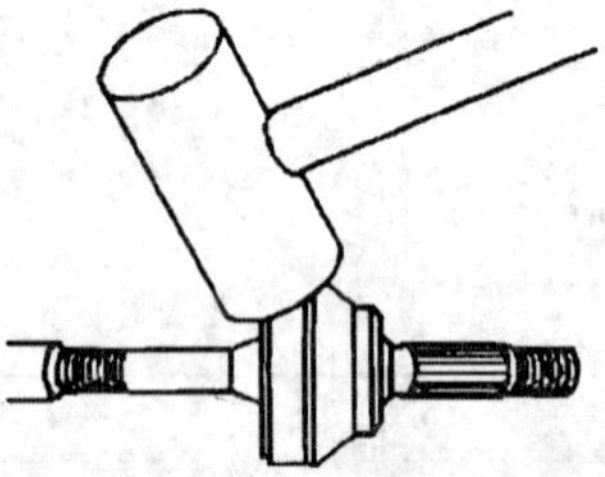
(3)压出内万向节	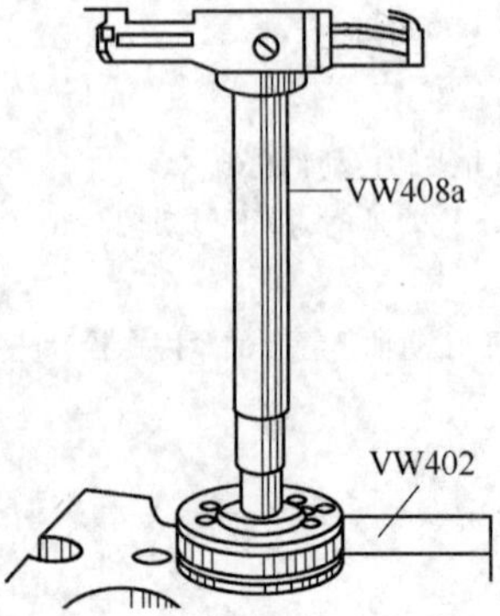 VW408a VW402

续上表

拆装内容	图示说明
3. 外万向节的分解（RF万向节） （1）旋转内星轮与球笼，依次取出钢球	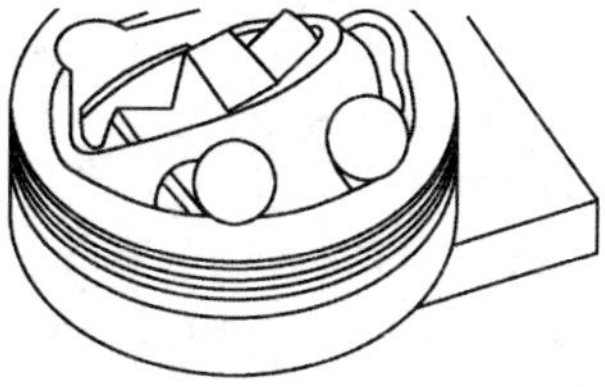
（2）转动钢球笼直到两个方孔与外星轮对直，连同外星轮一起拆下球笼	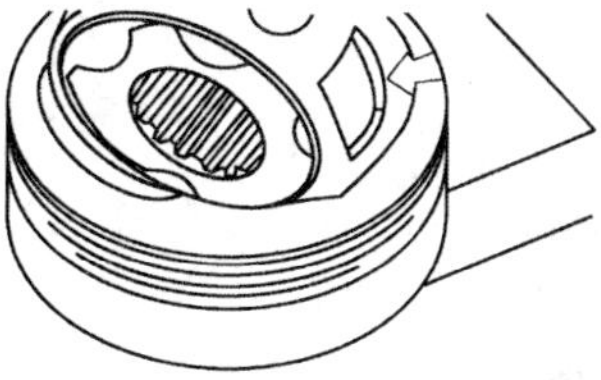
（3）把内星轮上扇形齿旋入球笼的方孔，然后从球笼中取下内星轮	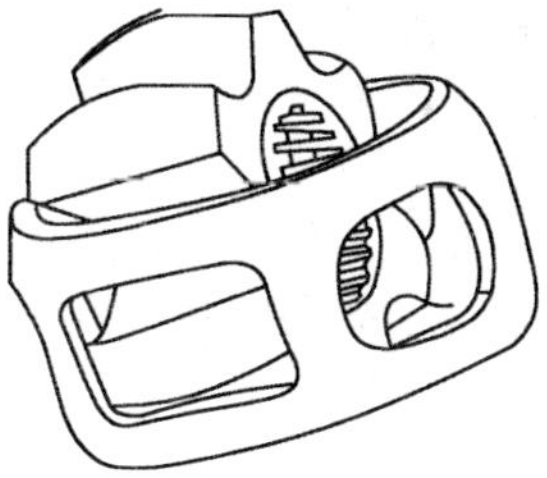
4. 内万向节的分解 （1）转动内星轮与球笼，按图中箭头所示方向压出球笼里的钢球。 注意：内星轮与壳体是经选配安装的，不能互换	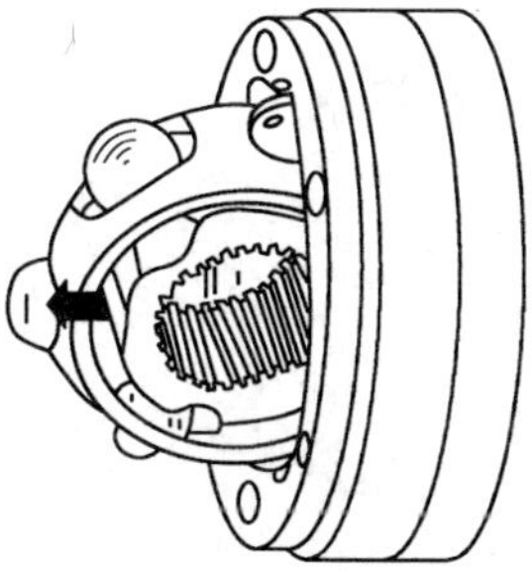
（2）从球槽上面取出球笼里的内星轮	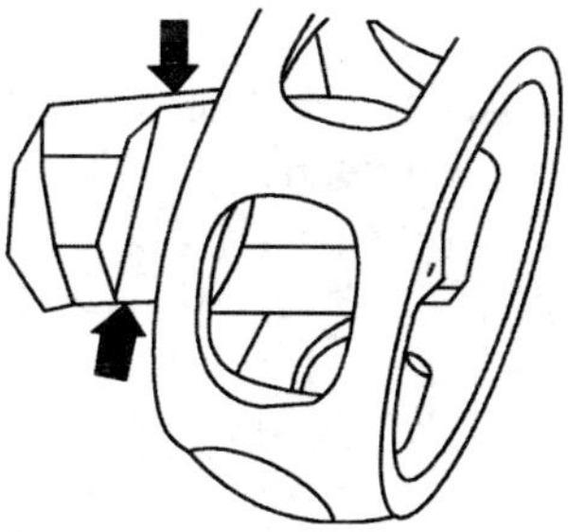

续上表

拆装内容	图示说明
5.等速万向传动装置的装配 （1）内万向节装配 ①对准凹槽将内星轮嵌入球笼。 ②将钢球压入球笼，并注入润滑脂90g	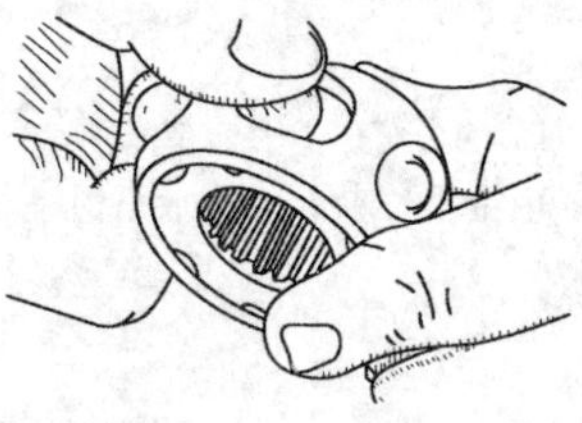
③将带钢球与球笼的外星轮垂直装入壳体 注意：旋转之后，使外星轮上的宽间隔 a 对准内星轮上的窄间隔 b，转动球笼以便嵌入到位，内星轮内径（花键齿）上的倒角必须对准外星轮的大直径端	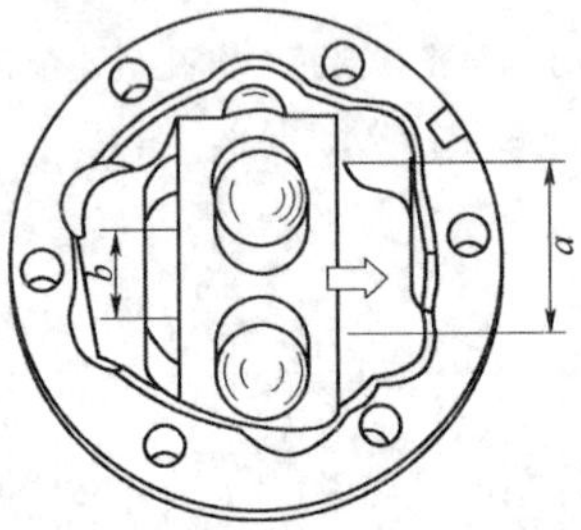
④扭转内星轮，这样内星轮就能转出球笼，使钢球与外星轮中的球槽相配合	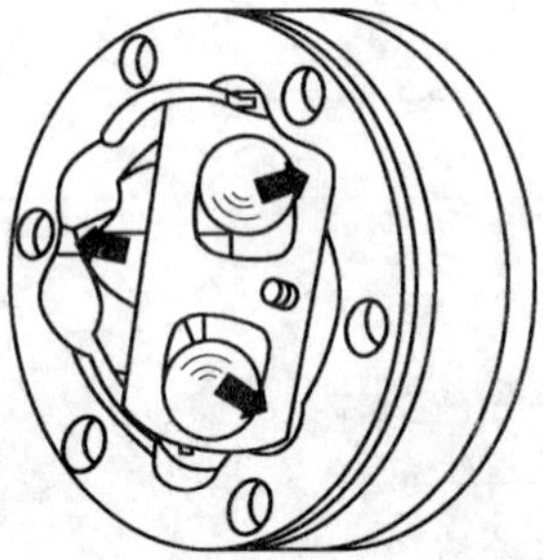
⑤用力挤压球笼，如图中箭头所示，使装有钢球的内星轮完全转入外星轮内。 ⑥用手将内星轮在轴向范围内来回推动，如果灵活，表示装配正确	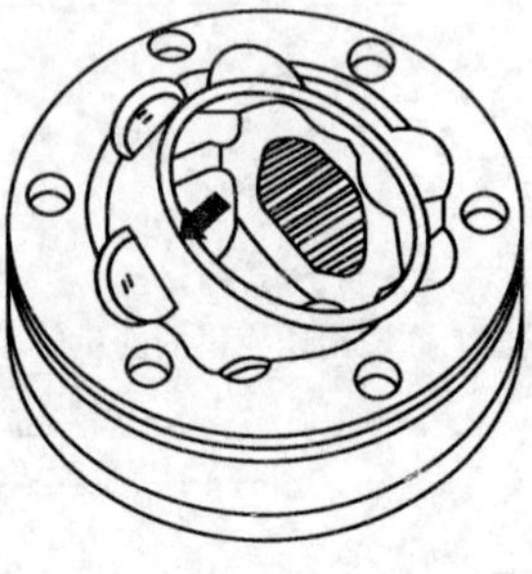

续上表

拆 装 内 容	图 示 说 明
（2）外万向节装配： ①用汽油清洗各部件。 ②用 G6 润滑脂总量的一半（45g）注入万向节内。 ③将球笼连同内星轮一起装入外星轮中。 ④在对角交替地压入钢球时，必须保持内星轮在球笼以及外星轮内的原先位置。 ⑤将弹簧锁圈装入内星轮。 ⑥将剩余的润滑脂压入万向节。 ⑦用手将内星轮在轴向范围内来回推动，检查安装是否正确	弹簧锁圈　中间挡圈　碟形座圈
（3）万向传动装置的装配： ①在传动轴上安装防尘罩。 ②正确安装碟形座圈。 ③把内万向节压入传动轴，使碟形座圈贴合，内星轮内径（花键齿）上的倒角必须面向传动轴轴肩。 ④安装弹簧锁圈。 ⑤装上外万向节	VW522　40—204　VW4021　VW401
⑥在万向节上安装防尘罩时，防尘罩经常会受到挤压，因而在防尘罩内部会产生一定程度的真空，从而在车辆行驶中会产生一个内吸的折痕。因此在安装防尘罩小口径之后，要稍微充点气，使压力平衡，不产生皱裙	
⑦用夹箍夹紧防尘罩	

续上表

拆装内容	图示说明
(4) 传动轴总成装车： ①擦净传动轴和花键上的油污，涂上钙基润滑脂。 ②在外万向节（RF节）的花键上涂一圈5mm的防护剂，然后装上传动轴花键套。涂防护剂的传动轴安装后应停车60min，然后才可使用汽车。 ③将球头销重新装配在原位置，并拧紧螺母。在安装球头销时不能损坏波纹管护套。 ④必要时，检查前轮外倾角。 ⑤车轮着地后，拧紧轮毂固定螺母	

三、主减速器和差速器的拆装

1. 桑塔纳轿车主减速器和差速器的拆卸（见图5-47）

(1) 将变速器上的轴承支座和后盖拆下，取出车速里程表传感器，如图5-48所示。

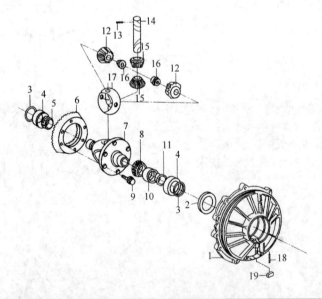

图5-47 桑塔纳轿车主减速器和差速器的零件分解
1-主减速器盖；2-密封圈；3-从动锥齿轮调整垫片；4-轴承外座圈；5-差速器轴承；6-从动锥齿轮；7-差速器壳；8-差速器轴承；9-螺栓；10-车速表主动齿轮；11-锁紧套筒；12-半轴齿轮；13-夹紧销；14-行星齿轮轴；15-行星齿轮；16-螺纹管；17-复合式推力垫片；18-磁铁固定销；19-磁铁

(2)锁住传动轴后拆下紧固螺栓,取出传动轴,如图5-49所示。

(3)取下车速里程表的主动齿轮导向器和齿轮10。

(4)从主减速器盖1上拆下车速表的从动齿轮及其轴套。

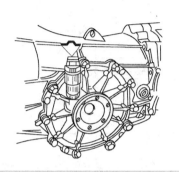

图5-48 取下车速里程表传感器

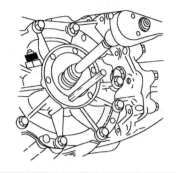

图5-49 拆卸固定螺栓

(5)拆下主减速器盖1的紧固螺栓,从变速器壳体上取下差速器总成,如图5-50所示。

(6)在从动齿轮6和差速器罩上做标记,在台虎钳口上垫上软金属将差速器壳7固定在上面,拆下从动锥齿轮的紧固螺栓9(注意:从动锥齿轮上的紧固螺栓是自动锁紧的,一经拆卸就必须更换),然后用冲子从差速器壳上敲下从动锥齿轮,如图5-51所示。

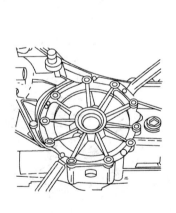

图5-50 拆卸主减速器总成

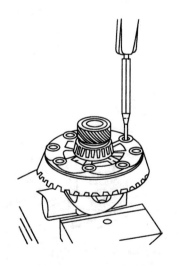

图5-51 拆卸从动锥齿轮

(7)用专用拉器拉出与从动齿轮6相对一边的差速器轴承5的内圈,然后用同样的方法拉出从动齿轮6背面的轴承8的内圈,同时取下车速表主动齿轮10和锁紧套筒11,如图5-52所示。

(8)拆下变速器侧面的密封圈2。

(9)从主减速器盖内取出油封;然后拆下差速器轴承的外圈4和调整垫片3,如图5-53所示。

（10）从变速器壳体上拆下另一边的差速器轴承的外圈4和调整垫片3。

图5-52 拉出轴承

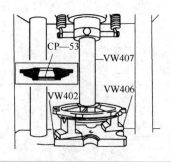

图5-53 压出差速器圆锥滚子轴承外圈

（11）拆下行星齿轮轴的夹紧销,敲击行星齿轮轴并拆下,如图5-54所示,即可从差速器壳内取出行星齿轮和半轴齿轮。

2. 桑塔纳轿车主减速器和差速器的装配

（1）将复合式止推片17涂上润滑油装入差速器壳7内。在半轴齿轮12上装入螺纹管16,然后再将半轴齿轮连同螺纹管一同装入差速器壳7内,如图5-55所示。

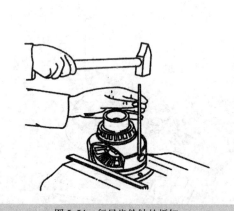

图5-54 行星齿轮轴的拆卸

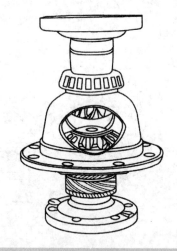

图5-55 将半轴齿轮连同螺纹管装入差速器

（2）将两个行星齿轮15错开180°,放在适当的位置上,接着转动半轴齿轮12使行星齿轮15进入差速器壳7内,并注意使行星齿轮15、止推片17和差速器罩壳对正,如图5-56所示。

（3）用芯棒和锤子装入行星齿轮轴14后,如图5-57所示,再在行星齿轮轴上装上夹紧销13。并检查行星齿轮15和半轴齿轮12间的啮合间隙,应在0.05~0.20mm之间,或者用塞尺检查半轴齿轮12与差速器壳7之间的间隙,该值应在0.10~0.20mm之间。

(4)将从动锥齿轮6加热到120℃后,以两个螺纹销作导向,将从动齿轮6迅速的装到差速器壳7上,如图5-58所示,然后在螺栓孔中涂上齿轮油并装上紧固螺栓9。以对角方式分2~3次逐渐将螺栓9拧紧到70N·m的规定力矩。安装完毕后应检查从动锥齿轮的翘曲摆差值应不超过0.05mm。

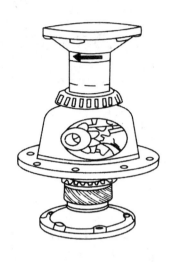
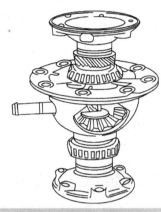

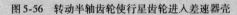

图5-56 转动半轴齿轮使行星齿轮进入差速器壳   图5-57 装入行星齿轮轴

(5)将与从动锥齿轮6相对一边的差速器轴承5的内圈加热至120℃后,装在差速器壳7的轴颈上,并用专用压器把轴承压到位,如图5-59所示。

(6)再压入车速里程表的主动齿轮10,如图5-60所示,使 $X \approx 1.8$ mm,然后旋紧锁紧套筒11。

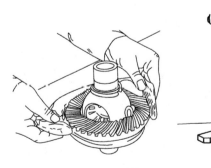
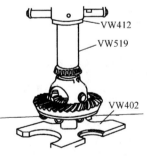
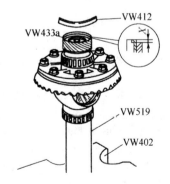

图5-58 安装从动锥齿轮   图5-59 压入轴承   图5-60 压入车速里程表的主动齿轮

(7)用同样的方法将从动齿轮6背面的差速器轴承安装到位。

(8)用专用工具将差速器外圈4分别压入变速器壳内和主减速器盖上,如图5-61和图5-62所示。

(9)将差速器总成和主减速器盖一起装入变速器壳内,并用螺栓紧固。

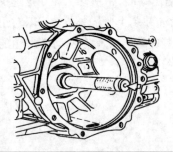
图 5-61 将差速器轴承外圈压入变速器壳内

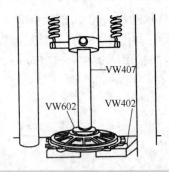
图 5-62 将差速器轴承外圈压入主减速器盖

四、学习工作页

完成汽车传动系实训任务,填写工作页表 5-3。

汽车传动系结构与拆装工作页　　　　　　　　表 5-3

汽车传动系结构与拆装	班级		日期	
	姓名		成绩	

实训目标:
1. 能指认汽车传动系的总体结构;
2. 懂得离合器的总体构造、主减速器和差速器的结构;
3. 指认万向传动装置各零件的名称;
4. 熟练规范地拆装离合器、万向传动装置、主减速器和差速器。

实训设备:
桑塔纳离合器、万向传动装置、主减速器和差速器各 3 个。

实训步骤:
一、传动系的结构认知
1. 汽车底盘由_____、_____、_____、_____组成。
2. 汽车传动系的动力传递由发动机→_____→_____→_____→_____→_____
_____。
3. 桑塔纳轿车当发动机的转速在 3000r/min 时观察车速表,此时汽车在最高挡位的车速是_____,传动比是_____。

二、离合器的结构认知
1. 离合器主要由_____、_____、_____、_____四大部分组成。
2. 结合实物,如图 5-63 所示,认知离合器主动部分和压紧装置。

_____

_____

3. 如图 5-64 所示,指认离合器从动部分实物名称。

_____

续上表

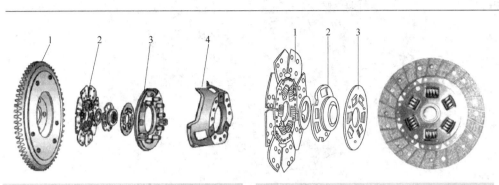

图 5-63 离合器构造　　　图 5-64 离合器从动盘

4. 离合器操纵机构是指 _____
5. 如图 5-65 所示,离合器安装时使用的专用工具的主要作用是
_____

三、传动装置
1. 写出图 5-66 所示万向传动装置各零件的名称。

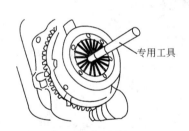

图 5-65 离合器的安装

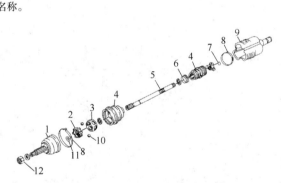

图 5-66 万向传动装置

1-_____;2-_____;
3-_____;4-_____;
5-_____;6-_____;
7-_____;8-_____;
9-_____;10-_____;
11-_____;12-_____;

2. 图 5-67a)、b)哪种传动装置布置形式是正确的? _____
四、减速器和差速器结构与拆装
1. 指认减速器和差速器零部件,如图 5-68 所示,写出驱动桥总成所标序号各零件的名称。

续上表

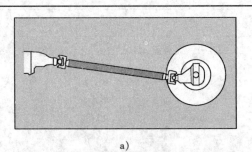

a)

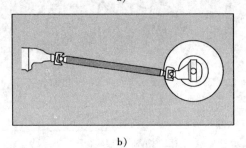

b)

图5-67 传动装置布置形式

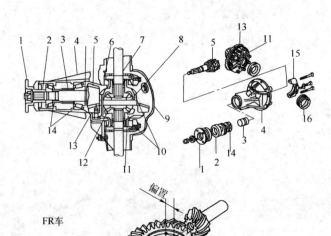

图5-68 驱动桥总成

1-_____;2-_____;3-_____;4-_____;5-_____;6-_____;
7-_____;8-_____;9-_____;10-_____;11-_____;12-_____;
13-_____;14-_____;15-_____;16-_____。

2. 观察差速器的工作,利用差速器实物,观察在下列条件下差速器的行星齿轮和半轴齿轮的旋转情况,完成下表的填空。

续上表

条　件	行 星 齿 轮	右侧半轴齿轮	左侧半轴齿轮
左右侧车轮同步转动	□有自转	□与差速器壳转速相同	□与差速器壳转速相同
右侧车轮(驱动轴)固定	□有自转	□不转动	□与差速器壳转速相同
左侧齿轮(驱动轴)固定	□有自转	□与差速器壳转速相同	□不转动

3. 主减速器有哪些调整项目？"大进从，小出从；顶进主，根出主"这句口诀是用来调整什么项目的？其表述的调整方法是什么？

_____

_____

_____

评 价 反 馈

1. 自我评价

(1)通过本学习任务的学习你认为自己是否已经掌握了传动系相关知识：
①离合器的作用是_____
②主减速器的作用是_____
③差速器的作用是_____
④万向节的作用是_____
⑤半轴的作用是_____

(2)在汽车传动系拆装的过程中用到了哪些技能？你是否已经掌握了在工作中运用这些技能的正确方法？_____
_____

(3)实训过程完成情况。
评价：_____

(4)仪容仪表是否符合职业规范？
评价：_____

(5)能否积极主动参与工作现场的清理、清洁和整顿工作？
评价：_____
_____

(6)在完成本学习任务的过程中,你和同学之间的协调能力是否得到了提升？是否有过与其他同学探讨传动系统故障维修接待过程中的有关问题？讨论的最多的问题是什么？讨论的结果是什么？_____
_____

(7)通过本学习任务的学习,你认为还要学习汽车传动系哪些知识和技能才能胜任汽车维修服务岗位？_____
_____

      签名：_____ ____年____月____日

2. 小组评价(表5-4)

小组评价表　　　　　　　　　　表5-4

序号	评价项目	评价情况
1	学习过程是否主动并能深度投入	
2	在实训过程中的执行力是否突出	
3	是否能按照职业人的要求对待到课率	

续上表

序号	评价项目	评价情况
4	学习态度是否符合要求	
5	是否合理规范地使用实训设备	
6	是否按照安全和规范的要求完成作业	
7	是否遵守实训场地的规章制度	
8	是否能主动地和他人在实训中合作	
9	是否能按要求对实训场地进行清理、清洁	
10	在团队活动中是否能做到相互尊重	

　　　　　　参与评价的同学签名：_____　　____年____月____日

3. 教师评价

_____

_____

　　　　　　教师签名：_____　　____年____月____日

学习任务6　汽车变速器结构与拆装

1. 能够懂得汽车手动变速器的结构和作用；
2. 能够懂得自动变速器液力变矩器的结构和作用；
3. 能够懂得自动变速器变速装置的结构和作用；
4. 能够懂得自动变速器液压控制装置的结构和作用；
5. 能够懂得双离合变速器结构特点和工作原理；
6. 能按照正确的作业要求规范完成手动和自动变速器各部件拆装作业。

 任务描述

接待汽车变速器出现故障客户：客户何小姐的轿车行驶中出现自动跳挡的故障，到某汽车特约经销店，要求对其轿车变速器进行故障检修。

学习引导

本学习任务沿着以下脉络学习：

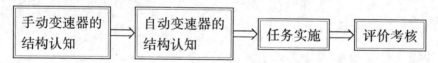

单元一　手动变速器的结构认知

单元要点

1. 手动变速器的结构和工作原理；
2. 变速器的齿轮传动组；
3. 桑塔纳手动变速器。

相关知识

一、手动变速器的结构和工作原理

1. 变速器的功用

1）改变传动比

发动机曲轴的转速与变速器输出轴转速的比值叫变速器的传动比。

通过改变传动比，可以满足不同行驶条件对牵引力的需求，还能使发动机在满足行驶速度要求时有较好的经济型。

2）实现倒车行驶

汽车发动机曲轴只能向一个方向旋转，在变速器中设置倒挡，可满足汽车倒退行驶的需要。

3）中断动力传递

在发动机起动、怠速运转、汽车换挡或需要停车进行动力输出时，都需要利用变速器的空挡，中断向驱动轮的动力传递。

2. 手动变速器的总体结构

普通齿轮式变速器由齿轮传动机构、操纵机构和壳体组成。齿轮传动机构主要是通过不同齿数的齿轮副组成不同的动力传递路线（组成不同传动比的挡位）。操纵机构用以操纵齿轮机构以改变传动比。

1）齿轮传动机构

齿轮传动机构安装在变速器壳体内，有二轴式和三轴式两类。二轴式由输入轴、输出轴、倒挡轴及各轴上的齿轮、轴承及同步器等组成。三轴式增加了中间轴。通过移动同步器中接合套或滑动齿套，实现挡位变换。通常讲变速器的档位数是指前进挡的个数。

2）操纵机构

操纵机构一般安装在变速器盖上，由变速杆、换挡轴、拨叉轴和拨叉等组成。移动变速杆，拨叉便可带动接合套或滑动齿套前后移动，实现换挡。为了保证变速器正常工作，操纵机构中设置了自锁、互锁及倒挡锁等锁止装置。

3）壳体

变速器壳体是齿轮传动机构和操纵机构的安装基体。

3. 齿轮变速器的变速原理

一对啮合传动的齿轮，如图 6-1 所示，假设小齿轮 A 为主动齿轮，齿数 $Z_a = 10$，大齿轮 B 为从动齿轮，齿数 $Z_b = 20$。显然，在相同时间内，小齿轮转过一圈，大齿轮只转半圈，大齿轮转速为小齿轮转速的一半，这是减速运动。相反，假设以大齿轮 B 为主动件，小齿轮 A 为从动件，则在相同时间内，大齿轮转过一圈，小齿轮则转两圈，其转速上升一倍，这是增速运动，这就是齿轮传动的变速原理。

齿轮传动的特点是在传动过程中，两个啮合齿轮所转过的齿数相等。一对直径不同、齿数不等的齿轮啮合传动时，可以实现变速变矩。汽车变速器正是根据这一原理，利用若干对直径不同、齿数不等的齿轮副啮合传动来实现变速变矩。同时，改变传动过程中的齿轮个数可以改变旋转方向，汽车的倒挡就是通过改变传动齿轮的个数实现的。

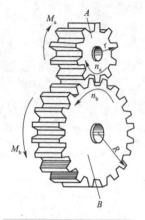

图 6-1　齿轮传动变速原理

4. 齿轮变速器的传动比

变速器处在某一挡位时，输入轴与输出轴的转速比称为变速器在该挡的传动比。

对于三轴变速器，其传动比的计算可以用以下算式进行，

传动比 i ＝输入轴转速/输出轴转速
　　　　＝（中间轴常啮合齿轮齿数/第一轴常啮合齿轮齿数）×
　　　　　（第二轴某挡齿轮齿数/中间轴该挡齿轮齿数）

二、变速器的齿轮传动组

1. 变速器的齿轮传动组的主要零件概述

变速器的齿轮传动组由一系列的轴、齿轮、轴承、接合套、同步器等组成。

轴和齿轮的连接方式主要为花键连接（齿轮随轴转，齿轮可以沿轴向滑动）、键连接或固定在轴上（齿轮随轴转，不可滑动）和齿轮通过轴承空套在轴上（齿轮不随轴转）三种。变速器上常用的齿轮有斜齿轮（常啮合）和直齿轮（非常啮合）两种。变速器齿轮传动组常使用圆柱滚针轴承支撑齿轮，用圆锥滚子轴承支撑轴。

接合套在轴上的齿轮可通过接合套和花键毂与轴同步旋转。齿轮一端加工有齿圈，花键毂与轴固定在一起，接合套空套在花键毂上。在空挡位置时，接合套的内齿仅与花键毂接合，齿圈（齿轮）不通过接合套带动花键毂；在挂入挡位时，接合套的内齿不仅与花键毂接合，而且与齿圈接合，动力通过齿圈带动接合套，接合套再带动花键毂传到轴上。

2. 同步器的结构与工作原理

变速器的换挡操作，尤其是从高挡换低挡时，很容易产生轮齿或花键齿间的冲击。现代

变速器中常设置同步器以简化操作,并避免换挡冲击。

同步器的作用是利用摩擦力使接合套与待啮合的齿圈迅速同步运转,缩短换挡时间,减少换挡冲击。目前汽车上常用的同步器为惯性式同步器,可分锁环式惯性同步器和锁销式惯性同步器两种。

1) 锁环式惯性同步器

轿车和轻、中型货车的变速器广泛采用锁环式惯性同步器。

(1) 锁环式惯性同步器的结构。锁环式惯性同步器的结构如图 6-2 所示,由同步器花键毂、接合套、滑块、滑块卡簧、同步齿环(锁环)等零件组成。

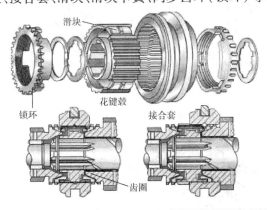

图 6-2 锁环式惯性同步器

其中,花键毂以内花键与变速器轴连接。接合套套在花键毂的外花键上,在挂挡时接合套可沿花键移动。3 个滑块位于花键毂上相应的 3 条槽中,平时在滑块卡簧的作用下,滑块中央的凸出部位嵌入接合套相应的槽内。同步齿环位于花键毂与变速齿轮之间,其内锥面上加工有螺纹槽以提高摩擦力。滑块两端位于前后同步齿环的缺口内,只有滑块端头位于同步齿环缺口的中央时,接合套才能与同步齿环上的锁止齿啮合,继续移动挂上新的挡位。

(2) 锁环式惯性同步器工作过程。

a. 空挡位置:如图 6-3a) 所示。

b. 同步过程:当变速杆开始移动时,拨叉推动接合套、滑块、锁环移动,变速齿轮带动锁环相对于接合套转过一个角度,使滑块端头位于锁环缺口一侧,锁环阻止接合套继续移动。同步前,在惯性力作用下,锁环与接合套齿始终抵触,有效防止同步前强行啮合。当推动变速杆力使锁环与齿轮锥面压紧,在两者间强有力的摩擦力作用下,迅速达到同步旋转。如图 6-3b) 所示。

c. 同步啮合:同步后,惯性力消失,锁环退转一个角度,使滑块端头位于锁环缺口中央,接合套与锁环齿啮合,然后,再与变速齿轮啮合,顺利挂上新的挡位,如图 6-3c) 所示。

2) 锁销式惯性同步器

(1) 锁销式惯性同步器的结构。在中型及大型载货汽车的变速器中,通常采用锁销式惯性同步器。图 6-4 所示为东风 EQ1092 型汽车变速器内的二、三挡同步器,它由同步器齿圈、接合齿套、两个摩擦锥盘、两个摩擦锥环、3 个定位销及钢球及 3 个锁销等零件组成。

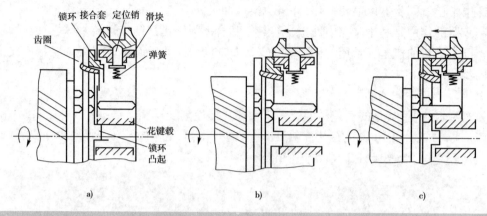

图6-3 同步过程

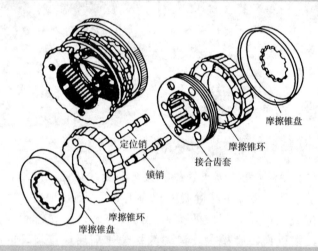

图6-4 锁销式惯性同步器

（2）锁销式惯性同步器的工作原理。同步器工作原理如图6-5所示，换挡时，在锥环和锥盘两锥面间摩擦力的作用下，使将要啮合的两齿轮的转速迅速达到同步。同步前，在惯性力的作用下，接合套与锁销倒角始终抵触，防止未同步即强行啮合而损坏齿轮。

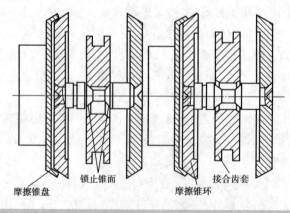

图6-5 锁销式惯性同步器的工作原理

三、桑塔纳手动变速器

1. 桑塔纳手动变速器的结构

桑塔纳五挡手动变速器的齿轮传动机构为二轴式。它由输入轴、输出轴、倒挡轴及各轴上的齿轮、轴承及同步器等组成,如图6-6所示。其结构简图如图6-7所示。

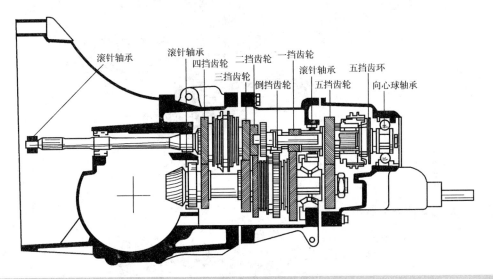

图6-6　桑塔纳2000型乘用车5挡手动机械变速器的结构图

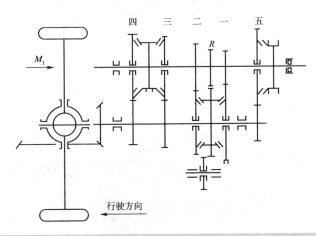

图6-7　桑塔纳5挡变速器结构简图

通过移动同步器中接合套或滑动齿套,实现挡位变换。发动机的动力由输入轴通过变速齿轮直接传至输出轴输出到传动轴或驱动桥。由于各挡齿轮相应齿数变化,改变了传动比。

桑塔纳手动五挡变速器中的5个前进挡全部采用锁环式惯性同步器操纵换挡。一、二挡同步器安装在变速器输出轴上,三、四挡同步器和五挡同步器安装在输入轴上;输入轴上的一、二挡齿轮和倒挡齿轮与输入轴制成一体,其他均为带内衬套式齿轮;输出轴上的三、四挡齿轮与输出轴制成一体,五挡齿轮通过花键连接安装在输出轴上,如图6-8所示。

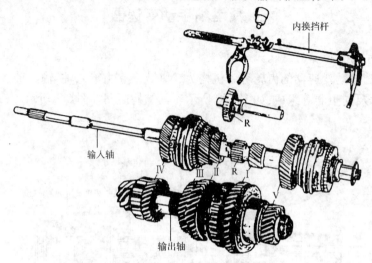

图6-8　桑塔纳2000型乘用车5挡手动变速器输入轴和输出轴总成

2. 桑塔纳手动变速器的工作原理

(1) 空挡:如图6-9所示。

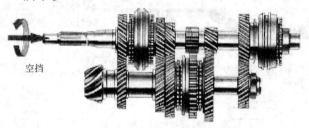

图6-9　空挡变速器齿轮位置

当变速器挂入空挡时,此时变速器内部传递路线中断,输出轴无动力输出。

(2) 一挡:如图6-10所示。

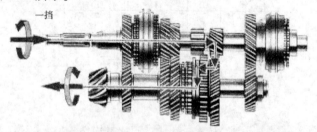

图6-10　一挡传递路线

当变速器挂入一挡时,一、二挡同步器左移,将一、二挡同步器锁定到一挡从动齿轮上。此时输入轴上的一挡主动齿轮顺时针转动,驱动一挡从动齿轮和一、二挡同步器及输出轴逆时针转动,汽车以一挡向前行驶。

(3) 二挡:如图6-11所示。

当变速器挂入二挡时,一、二挡同步器右移与一挡从动齿轮分离,而与二挡从动齿轮接合。此时输入轴上的二挡主动齿轮顺时针转动,驱动二挡从动齿轮和一、二挡同步器及输出轴逆时针转动,汽车以二挡向前行驶。

图 6-11 二挡动力传递路线

(4)三挡:如图 6-12 所示。

图 6-12 三挡动力传递路线

当变速器挂入三挡时,一、二挡同步器与二挡从动齿轮分离,而三、四挡同步器左移锁定到输入轴的三挡主动齿轮上。此时输入轴上的三、四挡同步器顺时针转动,驱动三挡主动齿轮顺时针转动,三挡主动齿轮驱动三挡从动齿轮及输出轴逆时针转动,汽车以三挡向前行驶。

(5)四挡:如图 6-13 所示。

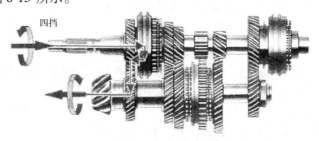

图 6-13 四挡动力传递路线

当变速器挂入四挡时,三、四挡同步器与三挡主动齿轮分离,而与四挡主动齿轮接合。此时输入轴上的二、四挡同步器顺时针转动,驱动四挡主动齿轮顺时针转动,四挡主动齿轮驱动四挡从动齿轮及输出轴逆时针转动,汽车以四挡向前行驶。

(6)五挡:如图 6-14 所示。

五挡又称超速挡,小型汽车的最高挡传动比多数都小于 1,即输出轴的转速高于输入轴的转速。当变速器挂入五挡时,三、四挡同步器与四挡主动齿轮分离,而将五挡同步器左移接合五挡主动齿轮齿环。此时输入轴上的五挡同步器顺时针转动,驱动五挡主动齿轮顺时针转动,五挡主动齿轮驱动五挡从动齿轮及输出轴逆时针转动,汽车以超速挡向前行驶。

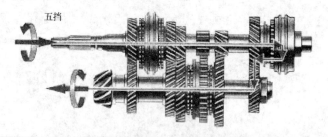

图 6-14　五挡动力传递路线

（7）倒挡：如图 6-15 所示。

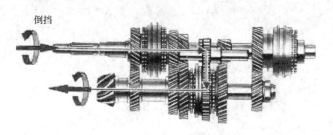

图 6-15　倒挡动力传递路线

一、二挡同步器接合套带有沿其外缘加工的直齿，作为倒挡从动齿轮。当挂入倒挡时，倒挡惰轮与倒挡主动齿轮和倒挡从动齿轮同时啮合。此时输入轴上的倒挡主动齿轮顺时针转动，驱动倒挡惰轮逆时针转动，倒挡惰轮驱动倒挡从动齿轮及输出轴顺时针转动，汽车以倒挡向后倒车行驶。此传动过程比其他挡位多了一级外啮合，改变旋转方向，从而实现了汽车倒车。

四、手动变速器操纵机构的结构和工作原理

1. 功用

变速器操纵机构的功用是按照驾驶员的指令能准确可靠地使变速器挂入所需要的任一挡位工作，并可随时使变速器退到空挡。

2. 要求

要使操纵机构可靠地工作，应满足下列要求：

1）挂挡后，应保证接合套与接合齿圈的全部套合；或滑动齿轮换挡时，全齿长进入啮合。在振动等条件的影响下，操纵机构应保证变速器不能自行挂挡或自行脱挡。为此在操纵机构中设有自锁装置。

2）为了防止同时挂上两个挡位而使变速器卡死或损坏，在操纵机构中设有互锁装置。

3）为了防止在汽车前进时误挂倒挡，导致零件损坏，在操纵机构中设有倒挡锁装置。

3. 手动变速器操纵机构的结构

变速器操纵机构有直接操纵式和间接操纵式两种。

直接操纵式变速器操纵机构一般由变速杆、拨块、拨叉、拨叉轴，以及安全装置组成，多集装于变速器上盖或侧盖内，结构简单、操作方便。如图 6-16 所示。

间接操纵式操纵机构主要由远距离外操纵机构和内换挡机构两部分组成。桑塔纳五挡变速器采用的就是这种操纵机构,如图 6-17 所示。

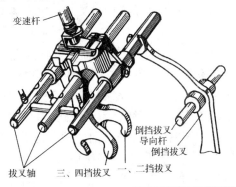

图 6-16　直接拨动式换挡操纵机构

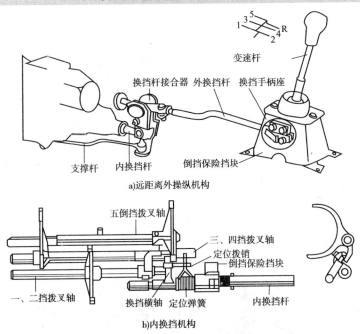

图 6-17　桑塔纳 2000 变速器操纵机构

1) 外操纵机构

外操纵机构主要由变速杆、外换挡杆、换挡杆接合器、内换挡杆、支撑杆等组成,如图 6-17a) 所示。变速杆通过一系列中间连接杆件操纵变速器的内操纵机构,以进行选挡、换挡。变速杆可以直接左右、前后摆动。各连接杆应具有足够的刚度,且各连接点处间隙小,否则将会影响换挡时的手感。

2) 内换挡机构

内换挡机构主要由内换挡杆,定位弹簧,换挡横轴,定位拨销,一、二挡拨叉轴,三、四挡拨叉轴,五、倒挡拨叉轴及倒挡保险挡块等组成,如图 6-17b) 所示。

在外操纵机构作用下,可使内换挡杆转动或轴向移动。当内换挡杆转动时,可使换挡横轴做轴向移动,选择不同挡位的拨叉轴,实现选挡动作;当内换挡杆轴向移动时,给换挡横轴以回转力矩,从而推动所选挡位的拨叉轴做轴向移动,拨叉轴上的拨叉推动同步器接合套进行换挡。换挡横轴上有换挡拨爪,用于推动换挡拨叉轴做轴向移动,进行选挡、换挡。

4. 定位锁止装置

(1)自锁装置:自锁装置的功用是对各挡拨叉轴进行轴向定位锁止,以防止其自动产生轴向移动而造成自动挂挡或自动脱挡,并保证各挡传动齿轮以全齿长啮合。

自锁装置如图6-18a)所示,它一般由自锁钢球及自锁弹簧组成。

自锁装置是在变速器盖的前端凸起部钻有3个深孔,在孔中装入自锁钢球及自锁弹簧,其位置正处于拨叉轴的正上方,每根拨叉轴对着钢球的表面、沿轴向设有3个凹槽,槽的深度小于钢球的半径。中间的凹槽是空挡位置,相邻凹槽之间的距离正好等于滑动齿轮(或接合套)由空挡移至相应工作挡位并保证齿轮处于全齿长啮合或是完全退出啮合的距离。

凹槽对正钢球时,钢球便在自锁弹簧的压力作用下嵌入该凹槽内,拨叉轴的轴向位置便被固定,其拨叉及相应的接合套或滑动齿轮便被固定在空挡位置或某一工作挡位置,从而保证变速器不能自动挂挡或自动脱挡。

当需要换挡时,驾驶员通过变速杆对拨叉轴施加一定的轴向力,克服弹簧的压力而将自锁钢球从拨叉轴凹槽中挤出并推回孔中,拨叉轴便可滑过钢球进行轴向移动,并带动拨叉及相应的接合套或滑动齿轮进行轴向移动。当拨叉轴移至其另一凹槽与钢球相对正时,钢球又被压入凹槽(此动作传到手柄上,使驾驶员具有操作手感),此时拨叉所带动的接合套或滑动齿轮便被拨入空挡或被拨入另一工作挡位。

(2)互锁装置:互锁装置的作用是阻止两个或多个拨叉轴同时移动,即当拨动一根拨叉轴轴向移动时,其他拨叉轴都被锁止,以防止同时挂入两个挡位,互锁装置如图6-18b)所示。

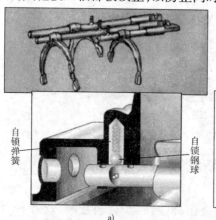
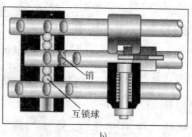

图6-18 变速器的自锁与互锁

互锁装置是由互锁钢球和互锁销组成的。每根拨叉轴朝向互锁钢球的侧表面上均制有一个深度相等的凹槽,任一个拨叉轴处于空挡位置时,其侧面凹槽都正好对准互锁钢球。两个互锁钢球直径之和正好等于相邻两拨叉轴圆柱表面之间的距离加上一个凹槽的深度。中间拨叉轴上两个侧面凹槽之间有孔相通,孔中有一根可以横向移动的互锁销,销的长度等于拨叉轴的直径减去一个凹槽的深度。

当变速器处于空挡位置时,所有拨叉轴的侧面凹槽以及钢球、互锁销都在同一直线上。在移动中间拨叉轴2时[图6-19a)],其两侧的内钢球从其侧面凹槽中被挤出,而两外钢球分别嵌入拨叉轴1和拨叉轴3的侧面凹槽中,从而将拨叉轴1和拨叉轴3锁止在其空挡位置。此时若要移动拨叉轴3,必须先将拨叉轴2退回到空挡位置。移动拨叉轴3时,钢球便从拨叉轴3的凹槽中被挤出,同时通过互锁销和另一侧两个钢球将拨叉轴1和拨叉轴2均被锁止在空挡位置上[图6-19b)]。拨叉轴1的工作情况与上述相同,如图6-19c)所示。

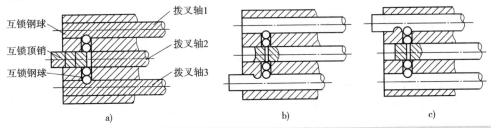

图6-19　钢球式互锁装置锁止原理

由上述互锁装置的工作情况可知,当驾驶员用变速杆推动某一拨叉轴移动时,互锁装置自动锁止其他所有拨叉轴。

(3)倒挡锁:倒挡锁的作用是使驾驶员必须对变速杆施加较大的力,才能挂入倒挡,起到提醒作用,防止误挂倒挡。

多数汽车变速器采用结构简单的弹簧锁销式倒挡锁,如图6-20所示为五挡变速器中常用的倒挡锁装置。

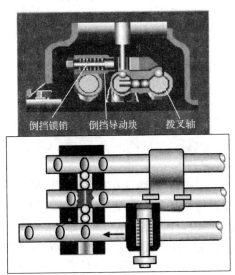

图6-20　倒挡锁装置

弹簧锁销式倒挡锁由一倒挡拨块中的倒挡锁销和弹簧组成。锁销杆部装有弹簧,杆部右端的螺母可调整弹簧的预压力和锁销的长度。驾驶员在换倒挡(或一挡)时,须用较大的力向一侧摆动变速杆,推动倒挡锁销压缩弹簧后,变速杆下端才能进入倒挡拨块实现换挡。同时,只要换入倒挡,其拨叉轴就接通装在变速器壳上的倒挡开关,倒车灯亮,报警器响(有的汽车仪表盘上有倒挡指示灯),有效地防止误挂倒挡。

单元二　自动变速器的结构认知

单元要点

1. 自动变速器的作用和结构；
2. 变矩器的结构和工作原理；
3. 行星齿轮组的结构和工作原理；
4. 自动变速器的油路控制装置；
5. 双离合器的结构和工作原理。

相关知识

一、自动变速器的作用和结构

1. 自动变速器的作用

自动变速器能使车辆获得更好的牵引特性；能根据发动机的负荷与车速的关系自动实现快速无冲击的换挡，减少驾驶员的换挡次数；避免发动机自行熄火；对发动机起过载保护作用，从而延长整车的使用寿命；在停车和空挡时断开发动机的动力；倒挡时实现倒车。

2. 自动变速器的分类

目前自动变速器主要有两种形式：前轮驱动和后轮驱动自动变速器。它们的区别主要在于前轮驱动自动变速器装有主减速器和差速器。

3. 自动变速器的结构

自动变速器由三部分组成。

(1) 变矩器：将发动机的动力通过变矩器传给行星齿轮组。

(2) 行星齿轮组：将变矩器传来的动力改变传动比。

(3) 液压控制系统：控制行星齿轮组的运行。

自动变速器内加注的自动变速液不仅起着润滑与冷却的作用，而且它还是进行无冲击变速、传递动力的工作液。

二、变矩器的结构和工作原理

1. 变矩器的作用

变矩器是传动系中的重要总成(在发动机和变速器之间)。它用螺栓固定在发动机的飞轮上，随发动机运转。

变矩器的主要功用是:

(1) 将发动机的动力平稳地传递到变速器。
(2) 增加发动机的输出转矩。
(3) 驱动变速器的油泵运行。
(4) 在变速器处于最高挡位时,可通过离合器将发动机和变速器直接连接。
(5) 在发动机转速较低的情况下,使汽车处于停止的状态。

2. 变矩器的基本结构

1) 普通变矩器组成

变矩器主要由三个基本零件组成,如图 6-21 所示。

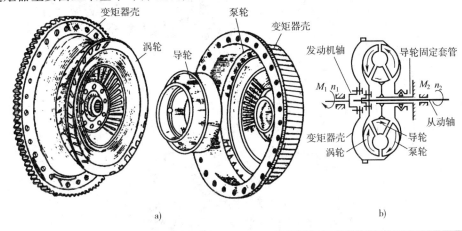

图 6-21 液力变矩器结构示意图

(1) 泵轮。泵轮直接安装在变矩器的外壳,和发动机的曲轴连接。发动机工作时,泵轮将中心的油液在离心力的作用下甩向涡轮叶片。

(2) 涡轮。涡轮通过花键和变速器的输入轴连接。液压力从泵轮传递到涡轮叶片,然后流入导轮。液压力冲击涡轮的叶片,使涡轮和变速器的输入轴一起旋转。

(3) 导轮。导轮安装在泵轮和涡轮之间的导轮支架上。导轮上装有单向离合器,使导轮只能和泵轮同向旋转(和发动机同向),若油液试图使其与泵轮逆向运转,导轮即被锁住固定不动。导轮将来自涡轮叶片的液流导向,使其流向泵轮时的方向与泵轮的旋转方向一致,增大泵轮转矩。

2) 变矩器的其他构件

变矩器的构件除了泵轮、涡轮和导轮外,还有下列构件组成,如图 6-22 所示。

(1) 单向离合器。单向离合器安装在导轮的叶片和支架之间。它的作用是当涡轮低速运转时锁住导轮;当涡轮高速旋转时,导轮旋转。

(2) 变矩器轮毂。变矩器轮毂的作用是支撑变矩器的后端(发动机的后端轴承支撑变矩器的前端)。轮毂的外侧表面向变速器前端提供密封和轴衬。

(3) 输出轴或涡轮轴。

3. 变矩器的工作原理

当发动机怠速或低速时,油被从泵轮的外圈流向涡轮的外圈,从涡轮的内圈流出。由于转速较慢,流出涡轮的油液逆向流向导轮,打在导轮叶片的正面,单向离合器锁住,导轮不旋转,油液改变方向顺向流向泵轮内圈,如图6-23a)所示。

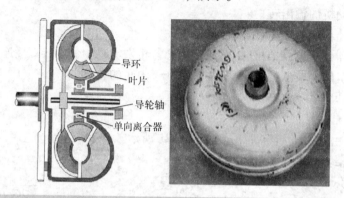

图6-22 变矩器的其他零件

当发动机高速运行时,油液从泵轮的外圈流向涡轮的外圈,从涡轮的内圈流出,由于转速较快,流出涡轮的油液在离心力的作用下顺向流向导轮,打在导轮叶片的反面,单向离合器分离,导轮旋转,油液顺向流向泵轮内圈,如图6-23c)所示。

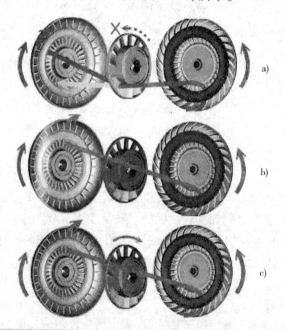

图6-23 变矩器的工作原理

锁止离合器装在发动机和涡轮之间,其作用是当汽车达到一定高速时,直接将发动机的动力传给涡轮,有利于提高燃油的经济性。

4. 带锁止离合器的变矩器

1) 带锁止离合器的变矩器的结构

带锁止离合器的变矩器由泵轮、涡轮、导轮、锁止离合器等组成。锁止离合器由变矩器壳、压力盘、摩擦片等零件组成,如图6-24所示。摩擦片用胶水粘在压力盘上,压力盘通过花键连接在涡轮输出轴。

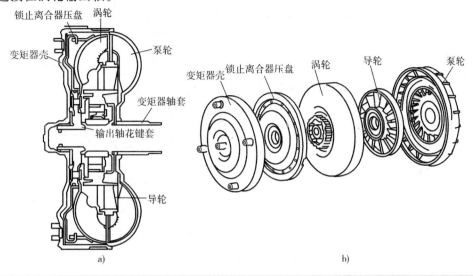

图 6-24 带锁止离合器的综合式液力变矩器

2）锁止离合器的工作原理

目前，自动变速器的锁止离合器采用的是由计算机控制的液压控制系统。

计算机在接收到车速传感器（大于 60km/h）、节气门位置传感器（节气门开度不大时）、制动释放开关传感器（没有踩制动）、冷却水温度传感器（发动机水温正常）、真空传感器（发动机在中小工况）的上述信号时，控制锁止离合器的电磁阀导通。当电磁阀导通时，电磁阀控制油液流向压力盘与涡轮之间，使外壳与锁止离合器压力盘上的摩擦片接合，动力直接通过压力盘传给涡轮轴，如图 6-25a）所示。当计算机没有接收到上述信号时，电磁阀没有被导通，油液流向压力盘与外壳之间，使外壳与压力盘分离，如图 6-25b）所示。

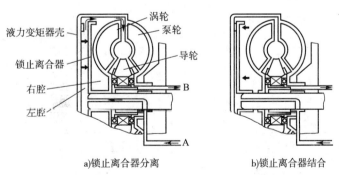

a）锁止离合器分离　　　　b）锁止离合器结合

图 6-25 带锁止离合器的液力变矩器工作示意图

三、行星齿轮组的结构和工作原理

1. 行星齿轮的结构

所有的行星轮系基本结构都是相同，由太阳轮、行星架和齿圈三部分组成。中间的齿轮称为太阳轮,就像太阳系中的太阳,围绕着太阳轮旋转的是行星轮,行星齿轮同时与太阳轮与齿圈啮合并固定在行星架上,行星齿轮可以被看作行星齿轮架总成的一部分。如图6-26所示。

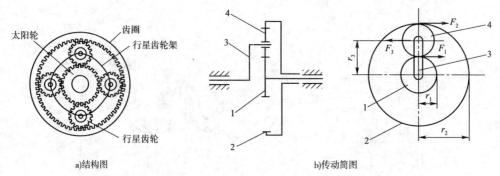

a)结构图 b)传动简图

图6-26 单排行星齿轮机构结构图
1-太阳轮;2-齿圈;3-行星齿轮架;4-行星齿轮

2. 行星齿轮传动工作原理

行星齿轮机构传递动力时,分别有一个作为动力输入件,一个作为动力输出件,还有一个作为固定件。通过改变行星架、齿圈及太阳轮为不同的输入件、输出件与固定件,可以使传动比发生很大的改变。其变化规律见表6-1。

行星齿轮传动工作原理　　　　　　　　　　表6-1

序号	行星架	太阳轮	齿圈	传动特性
1	输出	输入	固定	减速(见图6-27a)
2	输出	固定	输入	减速(见图6-27b)提示:行星架固定为减速挡
3	输入	固定	输出	超速(见图6-28a)
4	输入	输出	固定	超速(见图6-28b)
5	固定	输入	输出	倒挡(见图6-29)
6				直接挡,三元件中两件为输入件,一元件为输入件
7				无动力输入行星齿轮组或无固定件

为了减轻磨损,在行星齿轮轴和行星齿轮之间装有滚针轴承。为了吸收齿轮的侧向力,在齿轮和行星架之间安装了铜或钢的止推垫片。

3. 行星齿轮机构的控制件

行星齿轮机构的控制件,决定了3个元件工作时是作为输入件、输出件还是固定件。控制件主要有离合器、制动器和单向离合器。

1)离合器

(1)离合器的作用是将轴与行星齿轮机构的基本元件连接,或将行星齿轮机构的某两个基本元件连为一体。

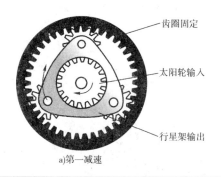
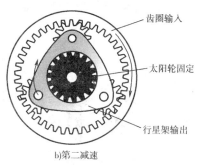

a) 第一减速　　　　　　　　　b) 第二减速

图 6-27　减速挡传动比

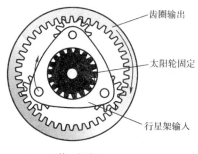
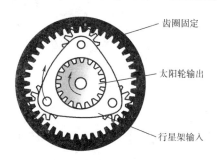

a) 第一超速　　　　　　　　　b) 第二超速

图 6-28　超速传动比

（2）离合器的结构。离合器通常由离合器鼓、离合器活塞、复位弹簧、一组钢片、一组摩擦片、离合器毂及若干个密封圈组成，如图 6-30 所示。

（3）离合器的工作原理，如图 6-31 所示。

离合器鼓与离合器毂各自与自动变速器的输入轴或行星齿轮机构中的某个基本元件连接。钢片的外花键齿与离合器鼓的内花键齿圈啮合，摩擦片的内花键齿与离合器毂的外花键啮合，两者均可做轴向移动。摩擦片表面使用了摩擦系数较大的材料，当来自液压控制阀的油液推动活塞克服弹簧弹力，将钢片与摩擦片压紧在一起时，离合器鼓与离合器毂联动，并使两者连接的机件同步转动。当液压控制系统的压力撤除时，活塞在弹簧弹力的作用下复位。钢片与摩擦片脱开，离合器分离，所传递的动力切断。

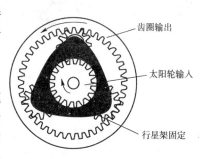

图 6-29　倒挡传动比

2）带式制动器

（1）带式制动器的作用。将行星齿轮机构中加以固定，使之停转。

（2）带式制动器的结构，如图 6-32 所示。带式制动器由制动鼓、制动带、液压缸及活塞等组成。

（3）带式制动器的工作原理。制动鼓随行星齿轮机构某个基本元件一起转动。制动带一端支撑在变速器壳体的支架或制动带调整螺钉上；另一端与液压缸活塞推杆连接。当油液进入液压缸内推动活塞克服弹簧弹力移动时，推杆拉紧制动带。制动带与制动鼓之间的摩擦力使制动鼓及其随动件停转。油液回泄时,活塞在弹簧弹力的作用下拉回推杆,制动带放松,制动鼓回到自由状态。

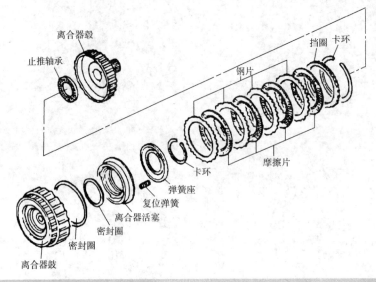

图 6-30　离合器的结构

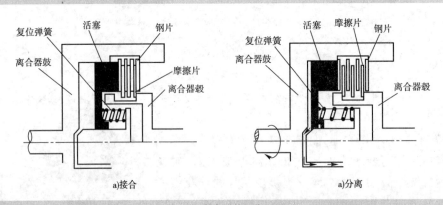

图 6-31　离合器的工作原理

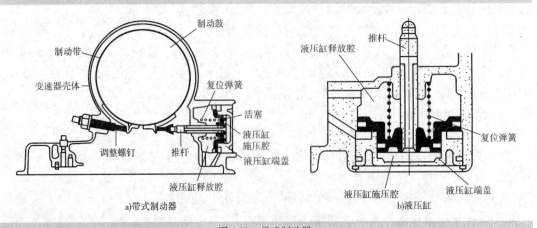

图 6-32　带式制动器

3）单向离合器

（1）单向离合器的作用。它和离合器、制动器的作用基本相同,用于固定或连接几个行星齿轮中的太阳轮、行星架和齿圈。

（2）单向离合器的结构。它由内环、外环、滚子等组成,如图6-33a) 所示。

（3）单向离合器的工作原理,如图6-33b) 所示。滚子是特殊形状的模块。模块的一条对角线 A 的长度略大于内、外环之间的距离 B，而另一条对角线 C 的长度略小于 B。当内环固定、外环相对内环朝顺时针方向旋转时,模块在摩擦力的作用下立起。因自锁作用模块被卡死在内、外环之间,使内环和外环无法相对滑转,此时单向离合器处于锁止状态,内、外环同步运转；当外环相对内环朝逆时针方向旋转时,模块在摩擦力的作用下倾斜,脱离自锁状态。内、外环可以相对滑转,此时单向离合器处于自由状态。当外环固定、内环相对于外环滑转时,情况正好相反。若内、外环都没有固定,则前述的自由状态变为分离状态,锁止状态变为连接状态。

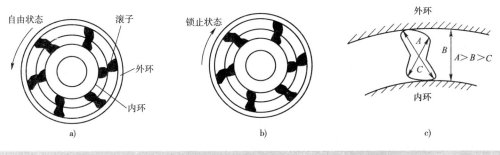

图6-33　单向离合器的结构

4）自动变速器齿轮传动组的基本形式

现代汽车自动变速器齿轮传动组常采用的基本形式主要有辛普森式行星齿轮机构和拉维娜行星齿轮机构。其传动比变化规律如上所述。

辛普森式行星齿轮机构自动变速器通常分为 3 速辛普森式和 4 速辛普森式两类。3 速变速器为前进挡提供了 3 种不同的传动比（D、2 、1) 如图 6-34 所示。4 速变速器提供了 4 种前进挡的传动比（OD、D、2 、1),如图 6-35 所示。所谓的自动变速是指当变速杆在前进挡较高挡位上时,自动变速器会根据车速和车行阻力的不同在其所在的挡位及以下的挡位内自行选择传动比。例如,当变速杆在 D 挡时,自动变速器会自行使用一挡起步,随车速升高至某个相应值时,变速器会自行升入二挡,直至 D 挡；同样在 D 挡行驶时,控制机构会因行驶阻力的变大而自行降挡。

拉维娜式行星齿轮机构由一个单排单级行星齿轮机构和一个单排双级行星齿轮机构组成。该自动变速器有两个太阳轮,两排行星齿轮共用一个齿圈,一个行星架。拉维娜行星齿轮机构如图6-36所示。它的最大特点是在一个行星架上安装了互相啮合的两套行星齿轮：长行星轮和短行星轮。短行星轮内与小太阳轮接触,外与长行星轮啮合,但与齿圈没有啮合关系；长行星轮除了与短行星轮接触以外,在另一端的内侧还与大太阳轮啮合,外侧与输出元件齿圈啮合。行星齿轮机构的大、小太阳轮都可以作为动力的输入元件。行星齿轮传动系统提供齿轮减速、超速、直接驱动和倒挡的组合。

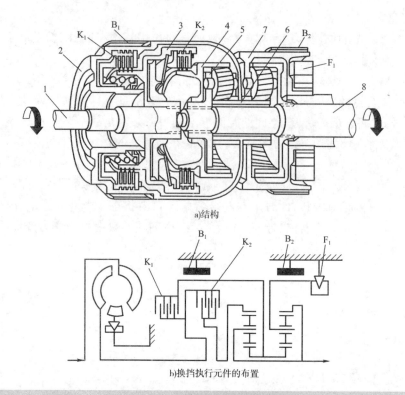

图 6-34 辛普森式三挡行星齿轮变速器

1-输入轴;2-倒挡及高速挡离合器毂;3-前进离合器及高倒挡离合器毂;4-前进离合器毂和前齿圈;5-前行星齿轮架;6-前后太阳轮组件;7-后行星齿轮和低挡及倒挡制动器毂;8-输出轴;K_1-倒挡及高挡离合器;K_2-前进制动器;B_1-2挡制动器;B_2-低挡及倒挡制动器;F_1-低挡单向超越离合器

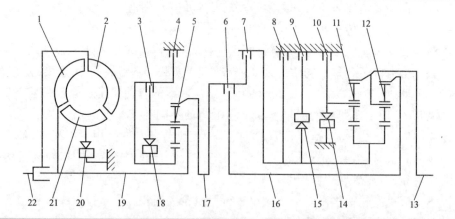

图 6-35 A43DL 辛普森式四挡行星齿轮变速器传动原理图

1-涡轮;2-泵轮;3-超速离合器 K_0;4-超速制动器 B_0;5-超速行星排;6-前进离合器 K_1;7-高、倒挡离合器 K_2;8-2挡强制动器 B_1;9-2挡制动器 B_2;10-低、倒挡制动器 B_3;11-前行星排;12-后行星排;13-输出轴;14-单向离合器 F_2;15-单向离合器 F_1;16-中间轴;17-前后排输入轴;18-单向离合器 F_0;19-主动轴;20-导轮单向离合器;21-导轮;22-发动机曲轴

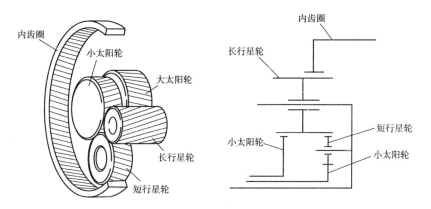

图 6-36　拉维娜式行星齿轮机构结构图

5) 自动变速器挡位分析 (以大众 01N 自动变速器为例)

大众 01N 型自动变速器实物结构如图 6-37 所示，传动结构如图 6-38 所示，挡位传动简图如图 6-39 所示。

图 6-37　大众 01N 型自动变速器实物结构图

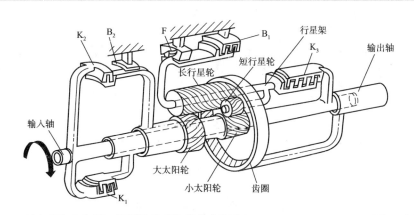

图 6-38　传动结构图

在图 6-39 中，当液力变矩器中没有锁止离合器时，K_3 离合器直接与液力变矩器泵轮通过花键连接，K_3 离合器兼起锁止离合器的作用。液力变矩器中安装锁止离合器的变速器，K_3 与变矩器涡轮连接，将涡轮动力传给行星架。下面首先认识各个换挡执行元件：

233

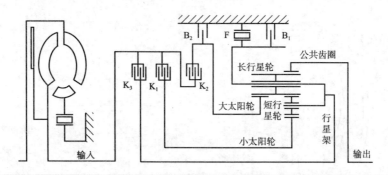

图 6-39　挡位传动简图

K_1—1 挡/3 挡离合器，K_1 接合可以将输入轴动力传入小太阳轮，结构如图 6-40 所示。

图 6-40　1 挡/3 挡离合器

K_2—倒、高挡离合器，K_2 接合可以将动力传入大太阳轮，结构如图 6-41 所示。

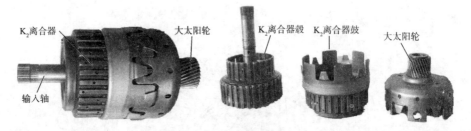

图 6-41　倒挡/高挡离合器

K_3—高挡离合器，将动力传入行星架。（没有锁止离合器的 K_3 输入轴与泵轮连接），结构如图 6-42 所示。

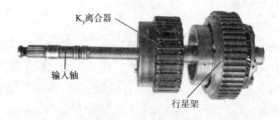

图 6-42　高挡离合器

B_1—低、倒挡制动器，B_1 接合可以固定行星架。

B_2—2 挡/4 挡制动器，B_2 接合可以固定大太阳轮。

F—1 挡单向离合器，阻止行星架逆时针转动。

大众 01N 型自动变速器换挡执行元件工作情况见表 6-2 所示。

01N 型自动变速器换挡执行元件工作情况　　表 6-2

换挡手柄位置	挡位	K_1	K_2	K_3	B_1	B_2	F
D	D_1	●					●
	D_2	●				●	
	D_3	●	●	●			
	D_4			●		●	
3	1	●					●
	2	●				●	
	3	●	●	●			
2	1	●					●
	2	●				●	
1	1	●			●		
R	倒挡		●		●		

●—表示换挡执行元件处于接合状态。

各挡位动力传动路线分析：

D_1 挡：K_1、F 工作。

如图 6-43 所示，当离合器 K_1 接合时，将输入轴的动力传到小太阳轮，小太阳轮顺时针转动，由于齿圈与输出轴连接，汽车起步时阻力大，使行星架有逆时针转动的趋势，单向离合器 F 阻止行星架逆时针转动，因此，行星架被固定。小太阳轮顺时针转动，与之相啮合的短行星轮逆时针转动，使长行星轮顺时针转动，齿圈与长行星轮是内啮合，因此，齿圈也作顺时针转动。根据单排双级行星齿轮的运动规律，此时，齿圈是做减速运动，完成 1 挡的动力传递。

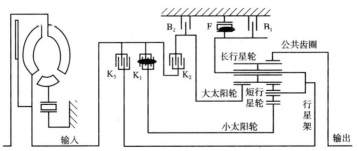

图 6-43　D_1 挡传动路线

动力传递路线：

涡轮轴→离合器 K_1→小太阳齿轮→短行星齿轮（自转）→长行星齿轮（自转）→齿圈。

D_2 挡：K_1、B_2 工作。

如图 6-44 所示，2 挡是在 D_1 挡的基础上，增加 B_2 制动器，将大太阳轮固定，使齿圈加速转动。在 D_1 挡时，大太阳轮作逆时针空转。D_2 挡时，由于大太阳轮固定，使长行星轮开始绕着大太阳轮作公转，从而，行星架顺时针转动，使单向离合器 F 自动脱开传力，行星架的顺时针转动加速了齿圈的顺时针转动，使汽车进入 D_2 挡行驶。

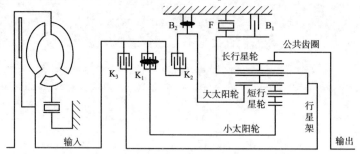

图 6-44　D_2 挡传动路线

动力传递路线：涡轮轴→离合器 K_1→小太阳齿轮→短行星齿轮（自转且公转）→长行星齿轮（自转且公转）→齿圈。

D_3 挡：K_1、K_2（或 K_3）工作。

如图 6-45 所示，K_1 将动力传到小太阳轮，由于齿圈接输出轴阻力大，使行星架有逆时针转动的趋势；K_2 将动力传到大太阳轮，使行星架有顺时针转动的趋势，因此，行星架不能转动，即行星轮、太阳轮、齿圈都没有相对运动，只能作为一个整体一同旋转，动力如何输入即如何输出，实现同向等速传动——直接挡，传动比等于 1。如图 6-45 所示。

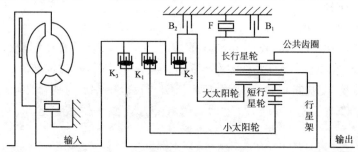

图 6-45　D_3 挡传动路线

变速器处于机械 3 挡时，离合器 K_3 接合，直接驱动行星齿轮架，手动阀控制离合器 K_1、K_2 接合，行星齿轮组被锁定，动力直接通过离合器 K_3 进行传递。

动力传动路线：输入轴→离合器 K_1、离合器 K_2、离合器 K_3→行星齿轮机构一起转动→齿圈。

D_4 挡：K_3、B_2 工作。

如图 6-46 所示，K_3 将动力传到行星架，B_2 将大太阳轮固定，齿圈输出，实现同向增速传动，即超速挡。超速挡是根据单排单级行星齿轮的运动规律实现的。

动力传动路线：输入轴→离合器 K_3→行星架→长行星齿轮（大太阳轮固定）→齿圈。

L 挡：K_1、B_1 工作。

L挡与D_1挡动力传动路线完全一样,只是用B_1制动器将行星架双向固定,使得L挡时有发动机制动作用。

R挡:K_2、B_1工作。

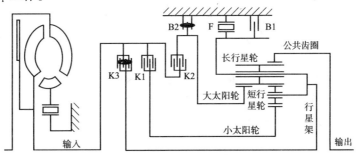

图6-46 D_4挡传动路线

如图6-47所示,倒挡时,阀体手动阀供给离合器K_2和制动器B_1压力,离合器K_2驱动大太阳轮顺时针转动,制动器B_1制动行星齿轮架,动力传递到齿圈,逆时针输出,遵循单排单级行星齿轮运动规律。传动路线:输入轴→离合器K_2→大太阳齿轮→长行星齿轮→齿圈。

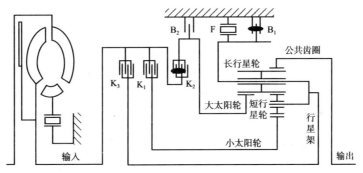

图6-47 R位倒挡传动路线

拉维娜式齿轮变速机构分析挡位的一般规律:1挡是小太阳轮输入,行星架固定;2挡是小太阳轮输入,大太阳轮固定;3挡是小太阳轮、大太阳轮和行星架同时输入,无固定件;4挡是行星架输入,大太阳轮固定;倒挡是大太阳轮输入,行星架固定。或只看大太阳轮的运动状态,可总结为:1挡时大太阳轮逆时针转动;2挡/4挡时大太阳轮固定不动,3挡时大太阳轮顺时针转动。因此通过检测大太阳轮的运动状态,可以检测到自动变速器的换挡时刻,速度传感器G38就是利用这一原理来检测挡位信号的。

四、自动变速器的油路控制装置

(一)自动变速器的油路控制的作用

控制自动变速器行星齿轮组的换挡。

(二)自动变速器的油路控制的组成(认知大众01N型自动变速器的油路控制系统)

自动变速器的油路控制由油泵和各控制阀组成。

1. 油泵

1）油泵的作用

变速器的油泵是液压系统的心脏，为变速器提供一定压力的流动油液。油泵在工作时，向变矩器注油（持续将冷油加入，并且将热油排出），油液同时润滑了变速器各部件。油泵还向各离合器、制动带和齿轮的液压控制件的工作提供压力油。

2）油泵的类型

自动变速器的油泵分为两类：定排量泵和可变排量泵。定排量泵的泵油量与发动机转速成正比，通常有齿轮泵与转子泵；可变排量泵主要是叶片泵。其泵油量随工作时变速器对油压的要求而变化，有节能优势，被广泛使用。

3）齿轮泵

（1）齿轮泵的结构，如图6-48所示。齿轮泵由泵壳、主动齿轮、从动齿圈和月牙块组成。

（2）齿轮泵的工作原理，如图6-48所示。

发动机和变矩器的轮载驱动主功齿轮，并且带动从动齿圈旋转。当齿轮转至进油口时，与齿圈脱离啮合，两者间的容积增大，形成低压区，油液吸入泵腔。之后齿轮齿圈被月牙块隔开，齿轮转动时，齿轮及齿固的轮齿与月牙块之间的油液随之驱至油泵的出油腔，从出油口涌出。

4）叶片泵

（1）叶片泵的结构，如图6-49所示。

叶片泵由转子、叶片导向环、滑环、叶片及主弹簧等组成。

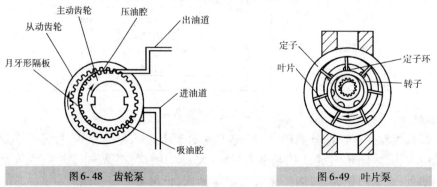

图6-48 齿轮泵　　　　　图6-49 叶片泵

（2）叶片泵的工作原理。

泵的转子由变矩器的轮载或外壳驱动，转子带动叶片转动，叶片可在导向环环槽内作径向移动。工作时，在离心力的作用下叶片外端与滑环内侧面保持接触，主油道反馈油压和主弹簧的弹力共同决定了滑环在泵体内的位置，从而决定了油泵的供油量。当主油道油压过高时，反馈油压克服主弹簧弹力，滑环向减油（逆时针）方向推动，当滑环移至与转子同心时，排量达到最小。主油道压力下降，主弹簧将滑环向增油（顺时针）方向推动，转子与滑环偏心距最大时，排量最大。

2. 主要控制阀作用与工作原理：

（1）主调压阀：如图6-50所示，主油压调节阀是把油泵油压，调节成随车速和节气门位置变化而变化的系统油压。图中2口是来自油泵出口的油压，在滑阀的上端4口，作用着来自手动阀的主油路油压,力图使滑阀向下移动,使进油口减小,主油压降低。8 口的油压也来自主油道,图中 A 处油压向下的作用面积大于向上的面积,使滑阀向下移动。在滑阀的下端,作用于弹簧的弹力和来自增压阀的油压,力图使滑阀向上移动,使进油口增大。当车速或节气门开度变化时,由电脑根据传感器的信号,来控制电磁阀 N93 的电脉冲大小,改变增压阀的位置,从而改变 3 口作用于主调压阀下端的油压的大小,从而调节主油路油压。多余的油从 1 或 6 口流回油底壳或油泵泄油口。图中的节流口 a 是控制液力变矩器油压的。当滑阀在油压作用下左移时,使节流口开大,变矩器油压也增大;当滑阀向右移动时,使节流口减小,变矩器油压降低。总之,主油压是靠电子控制调节的,电磁阀 N93 调整出不同的油压值,使滑阀改变节流口的大小通过节流作用控制主油压的大小。节流口泄出的油,通过油泵,流回油底壳。

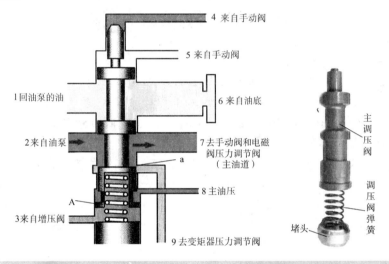

图 6-50 主调压阀

(2)变矩器压力控制阀:如图 6-51 所示,变矩器压力控制阀下端作用着弹簧弹力将阀向上推,该阀上端作用着经节流口 a 节流调压后的油压,该油压下推阀,限制节流口 a 的开度,当上下两力平衡时,便有一个稳定的节流口与之对应,也就有一个稳定的油压,输出给电磁阀 N91。

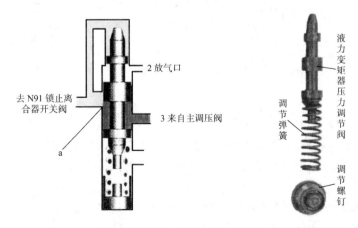

图 6-51 变矩器压力控制阀

(3)手动阀:手动阀的结构原理和实物图如图6-52所示。

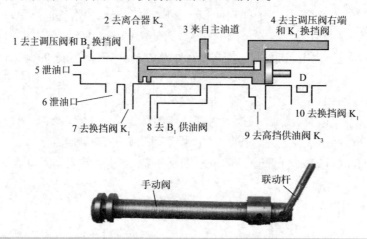

图6-52 手动阀工作原理与实物

(4)N88 K_1 换挡阀:如图6-53所示,当电脑控制N88电磁阀泄掉下端油压,在弹簧力作用下,阀处在下端,此时3油道与8油道相通,4油道待命,2油道与泄油口相通,6油道与7油道相通。当电磁阀工作,因不泄油使阀下端油压增大,将阀推到最上端,此时泄油口1与油道7相通,泄掉制动器 B_1 的油压,油道2与3相通,将主油压送至 K_1 供油泄油转换阀左端,油道4与8相通,把手动阀油压通过8油道送入 K_1 供油泄油转换阀。

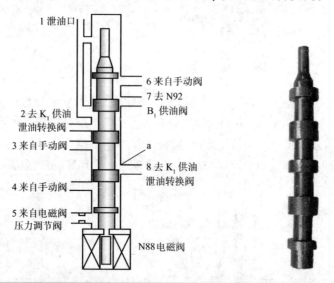

图6-53 K_1 换挡阀

(5)K_1 供油泄油转换阀:如图6-54所示,K_1 供油泄油转换阀是把来自 K_1 换挡阀的油压调节后送入 K_1 协调阀再次调压后送入离合器 K_1。滑阀上端作用着换挡阀 K_1 来的油压,以及来自换挡阀 K_3 的油压作用在B腔内以上两油压向下推滑阀,滑阀的下端作用着弹簧力向上推滑阀,两者抗衡决定了滑阀的位置,即决定节流口开度,即决定了送入 K_1 协调阀的油压的大小。

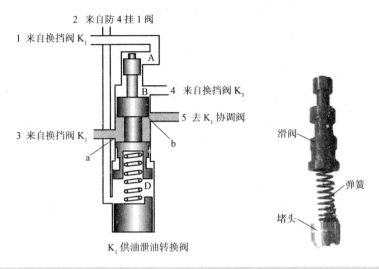

图 6-54 K_1 供油泄油转换阀

(6) K_1 协调阀：如图 6-55 所示，K_1 协调阀下端作用着弹簧的弹力，使滑阀向上移动，阀上端作用着经 N00 电磁阀调压后的油压，使滑阀向下移动，两者的抗衡决定滑阀的位置，即决定节流口的开度通过节流，把 K_1 供油泄油转换阀来的油压，调节成去离合器的油压，可见此油压决定电脑控制 N92 电磁阀的占空比，在换挡初始时，电脑使 N92 的控制油压升高瞬间关小节流口，使去离合器油压降低，以减小换挡冲击。

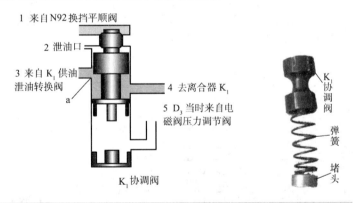

图 6-55 K_1 协调阀

(7) N89 B_2 制动器控制阀：如图 6-56 所示，当电脑使电磁阀泄掉 C 腔油压时，滑阀在弹簧力的作用下下移，关闭节流口 a，切断对 1 油道的供油。当电脑控制电磁阀停止泄油时，则在 4 油道油压作用下，滑阀上移，逐渐打开节流口，将油压送入 B_2 供油泄油转换阀，使制动器 B_2 工作，节流口 a 的逐渐开大，使作用在制动器 B_2 的油压柔和，减小换挡冲击。

(8) B_2 供油泄油转换阀：如图 6-57 所示，阀上端的弹簧力使阀向下移动，阀下端作用着来自换挡阀 B_2 的油压，当下部无油压时，弹簧将阀推到最下端，使 2、4 油道与泄油口相通，当 6 油道有油压将阀推到上端时，将 6 油道的油压送入 2 油道，以供制动器 B_2 工作。

(9) B_2 协调阀：如图 6-58 所示，阀下端作用弹簧力，向上推阀，使节流口开大，提高供给 B_2 的油压，阀上端作用着 N92 换挡平顺电磁阀送来的油压，使阀下移，使节流口 a 减小，降

低去 B_2 的油压,电脑控制电磁阀 N92,可以调节作用在 B_2 上的油压,减小换挡冲击。

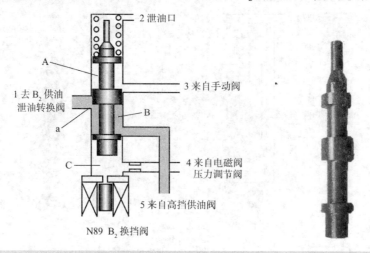

图 6-56　B_2 制动器控制阀

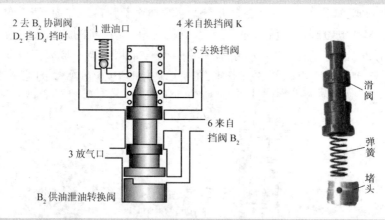

图 6-57　B_2 供油泄油转换阀

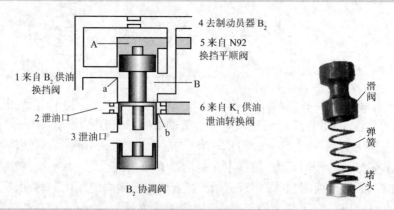

图 6-58　B2 协调阀

（10）N90 K_3 离合器控制阀：如图 6-59 所示,当电脑控制 N90 电磁阀泄油时,使阀下端无油压作用,弹簧将阀推至最下端,此时,油道 4 与油道 7 相通,将高挡供油阀来的油压送入

K_3 协调阀,6 油道与 2 油道相通,将 B_2 供油泄油转换阀送来的油压,通过 2 油道送入防 4 挂 1 阀,防止直接挂入 1 挡。当电磁阀 N90 不泄油时,油压推阀到最上端,使 7 油道与 3 油道相通,将 K_3 协调阀油压泄掉,1 油道与 2 油道相通,泄掉 2 油道油压,以便可以挂 1 挡。

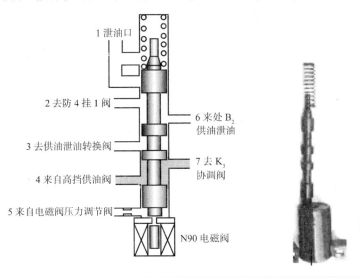

图 6-59　K_3 控制阀

(11)K_3 协调阀:如图 6-60 所示,K_3 协调阀是一个调压阀,工作原理与 K_1 协调阀相通。

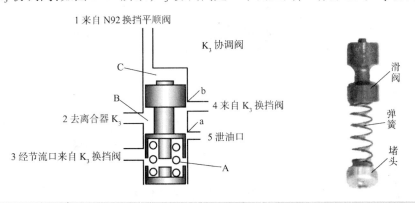

图 6-60　K_3 协调阀

(12)N92 换挡平顺控制阀:如图 6-61 所示,阀上端作用着弹簧弹力,力图关小节流口 a 与 b,减小输出油压,阀下端作用着 N92 电磁阀控制的油压,油压增加上推阀,力图开大两节流口,以增大输出油压,只要控制电磁阀通电占空比,便可以控制各协调阀和制动器 B_1 的油压,使换挡平顺。

(13)N91 锁止离合器控制阀:如图 6-62 所示,由电脑控制 N91 电磁阀决定锁止离合器是否锁止,当电脑控制电磁阀泄油,使从电磁阀压力调节阀来的油压经节流后全部泄掉,阀处于下端将节流口 a 打开,节流口 b 关闭,使 2 油道的油压通过 5 油道送入液力变矩器前部使液力变矩器锁止离合器解锁。若电脑控制电磁阀不泄油,则在 4 油道来的油压的作用下滑阀上移,关闭节流口 a 打开节流口 b,变矩器油压从变矩器后部进入,锁止离合器锁止。

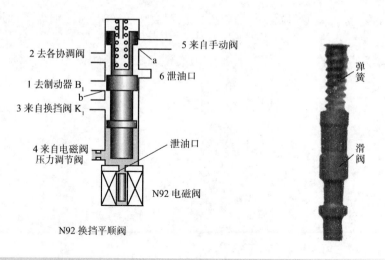

图 6-61　换挡平顺控制阀

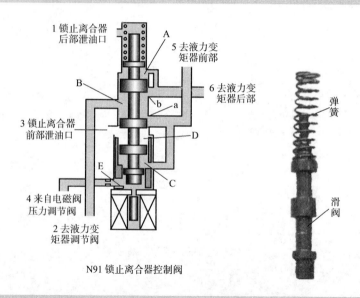

图 6-62　锁止离合器控制阀

（14）高挡供油阀：如图 6-63 所示，滑阀上端作用着弹簧力，下推阀，力图开大节流口 a，阀下端作用着由 K_1 换挡阀过来的油压，向上推阀，两力抗衡决定节流口 a 的开度，调整去 K_3 与 B_2 的油压。

（15）电磁阀压力调节阀：如图 6-64 所示，电磁阀压力调节阀的结构原理和实物特点。

（16）防止 4 挡挂入 1 挡阀：如图 6-65 所示，当 3 油道无油时，阀在最上端，4 油道与 1 油道相通变速器处于 1 挡。当 3 油道油压，作用在阀上端时，将阀压下，关闭 4 油道与 1 油道的通路，变速器不能进入 1 挡。

（17）单向节流阀：如图 6-66 所示，限流单向阀主要控制去 K_2 离合器油液流速的作用，当从手动阀过来油压时，单向阀把去 K_2 离合器的油道堵死，油从旁通油道流过，当泄油时单向阀不起作用，使其加快泄油。

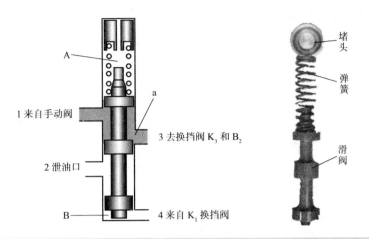

图6-63 高挡供油阀

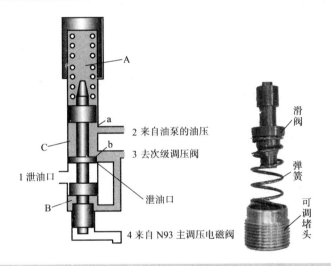

图6-64 电磁阀压力控制阀

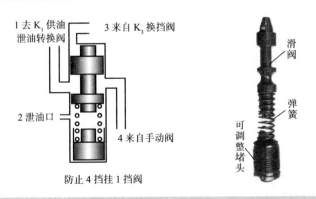

图6-65 防止4挡挂1挡阀

(三) 自动变速器油路控制系统的工作过程

自动变速器各挡的油路循环是靠自动变速器内通用的各种阀体来完成的,由于各型自动变速器的结构不尽相同,因此使用的阀体的种类及数量也不相同。本节分别以具有代表性的带大众01N型自动变速器电液压式油路工作原理为例,对自动变速器油路进行全面分析。

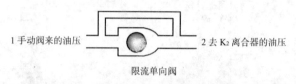

图6-66 单向节流阀

如图6-67所示,当挡位操作手柄位于P或N位时,起动发动机,通过液力变矩器泵轮轴驱动油泵建立油压。主油压调节阀调节主油路油压,同时经过变矩器压力调节阀调节变矩器油压,向液力变矩器供油。同时,电脑根据挡位开关、车速传感器、节气门位置传感器等检测到发动机怠速运转时,控制三个换挡电磁阀(N88、N89、N90)的状态为:"101"。1代表高电位(通电);0代表低电位(断电)。三个电磁阀均为常开式开关阀,即断电时泄油口是打开的,通电时才有电磁阀油压作用于滑阀上。电脑是控制电磁阀线圈的负极是否接地来控制电磁阀的工作状态的。在P或N位,电脑对N88和N90发出接地信号后,两电磁阀泄油口关闭,N88电磁阀油压作用于K_1换挡阀一端,N90电磁阀油压作用于K_3换挡阀一端,而N89电磁阀没有被接通,泄油口是打开的,其所控制的B_2换挡阀处没有电磁阀油压。由于手动阀将进油口关闭,因此,K_1、K_3、B_2换挡阀处不能形成系统压力,变速器所有执行元件都没有进入工作状态,不能实现动力输出。在P位时,由P位锁止机构将变速器输出轴锁止,车辆不能移动。

主油道内的主油压,经过电磁压力调节阀调节后,变为电磁阀油压,送到7个电磁阀处,分别由电磁阀控制。

(1)P挡或N挡的油路走向如图6-67(文后彩图)所示。

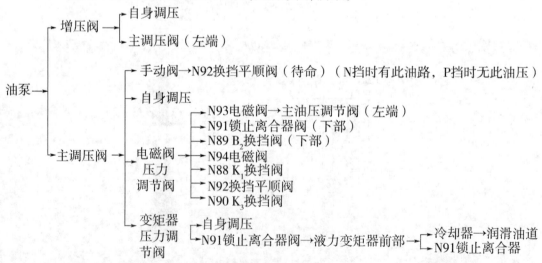

(2)D_1挡油路走向:如图6-68(文后彩图)所示,当选挡杆入D位,电脑根据节气门位置信号、车速信号等检测到汽车要进入1挡行驶时,电脑控制三个电磁阀的状态是:"001"即

N88、N89、N90电磁阀的通电情况分别是：断、断、通。油路走向如下：

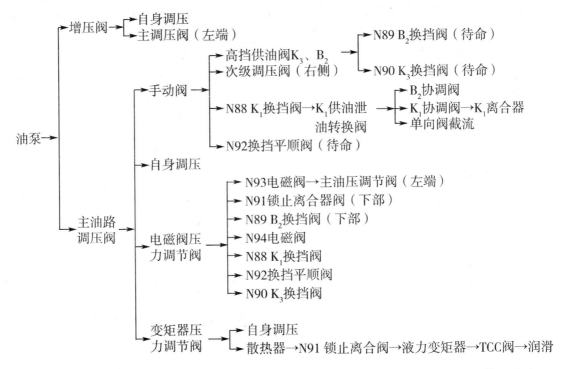

1挡时的油路主要是接通K_1离合器，根据前面的挡位分析，K_1工作将动力传入小太阳轮。单向离合器使行星架固定，完成1挡。

(3) D位2挡油路走向如图6-69(文后彩图)所示。

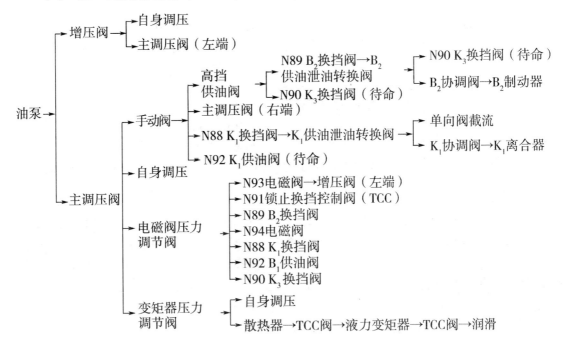

在 1 挡工作的基础上,随着车速的加快,进入 2 挡车速范围时,电脑控制三个换挡电磁阀 N88、N89、N90 分别是断、通、通。由于 N89 电磁阀的通电,接通了制动器 B_2 的油路。增加制动器 B_2 将大太阳轮固定,由 1 挡的 K_1、F 工作变为 2 挡的 K_1、B_2 工作。根据挡位分析原理,可知大太阳轮被固定,加速了齿圈的运动。与 D 位 1 挡油路图对比,1 挡时 N89 B_2 换挡阀处于待命状态,2 挡时由于 N89 电磁阀通电接通了通往 B_2 制动器的油路,其他油路与 1 挡时相同。特别注意:N88 电磁阀断电时,泄油孔打开,阀下端没有电磁阀油压,此时接通 K_1 离合器油路。N89 电磁阀断电时,泄油孔打开,阀下端没有电磁阀油压,其所控制的 B_2 制动器不工作,是断油状态。N90 电磁阀通电时,阀下端有电磁阀油压,其所控制的 K_3 离合器是没有油压,是不工作的。

(4) D 位 3 挡油路走向如图 6-70(文后彩图)所示。

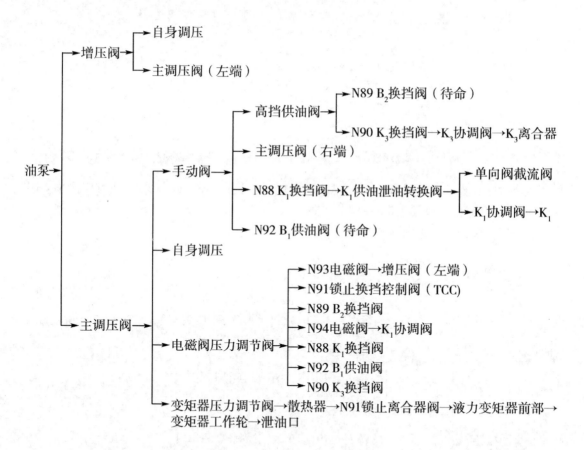

在 2 挡的基础上,随着车速的加快,当汽车进入 3 挡行驶范围时,电脑控制电磁阀 N88、N89、N90 全部断电,N88 控制的 K_1 换挡阀,将主油压通过 K_1 供油泄油转换阀、K_1 协调阀,送到 K_1 离合器。N89 断电,使其控制的 B_2 制动器断油,B_2 处于泄油状态。N90 电磁阀断电,将主油压送到 K_3 协调阀,调压后送入 K_3 离合器。因此,K_1、K_3 工作汽车进入 D 位 3 挡行驶。

(5) D 位 4 挡油路走向如图 6-71(文后彩图)所示。

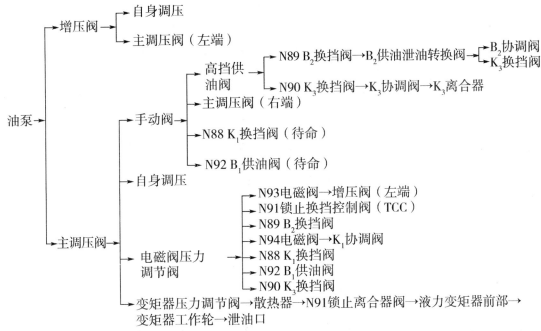

当汽车在 D 位 3 挡行驶时,随着车速的加快,当电脑检测倒车速传感器信号进入 4 挡范围时,控制三个换挡电磁阀 N88、N89、N90 的状态分别是通电、通电、断电。N88 通电,使离合器 K_1 泄油,不工作;N89 通电,使制动器 B_2 进入工作状态;N90 断电 K_3 离合器进入工作状态。此时,B_2、K_3 工作,汽车进入超速挡行驶。

(6) R 位倒挡油路走向如图 6-72(文后彩图)所示。

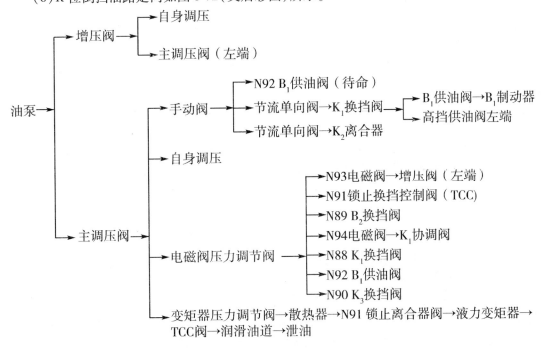

倒挡时,手动阀接通倒挡油路,B_1、K_2 工作,实现倒车挡。

五、自动变速器的电路控制
（以大众01N型自动变速器的电路分析）

01N型自动变速器电控系统电路如图6-73所示，图中编号为30是常有电状态的火线，即在停车或发动机熄火时均能向部分用电设备供电。另一路是在点火开关处于1挡或2挡时，向外电路供电主要向小功率的用电设备供电，线路图上的编号为15。J217—自动变速器电控单元；J220—发动机电控单元；N110—操纵手柄锁止电磁阀；N88、N89、N90、N91、N92、N93、N94—电磁阀；G93—油温传感器；F—制动灯开关；G68—车速传感器；G38—自动变速器转速传感器；G28—发动机转速传感器；G69—节气门位置传感器；F8—强制低速挡开关；T—自诊断插头；M9、M10—制动灯；FU14—熔断器。

01N型自动变速器的控制模块TCM通过电控单元J217监控，车速传感器（G68）、多功能开关（F125）、节气门位置传感器（G69）、发动机转速传感器（G28）、换挡锁止电磁阀、数据传输接线器、线路控制开关、制动灯开关（F）、低速挡开关（F8）、起动机保持继电器、制动开关、强制降挡开关、ATF油温传感器（G93）及自动变速器挡位显示等信号，来准确地确定自动变速器的换挡时间与换挡品质。当上述某一系统发生故障时，TCM将执行紧急运行模式（ERM）。此时变速器所有其他电控功能将无法起作用，变速器只能处于液力3挡接合状态，不过R挡、1挡依然可以使用。另外，当自动变速器处于紧急运行模式时不能检查油位。

1.节气门位置传感器（G69）

如图6-74所示，节气门位置传感器位于节气门体内部，它是一个滑动电阻，其动片随节气门轴一起运动，根据节气门位置不同，向发动机电控单元（J220）输出一个电压信号，发动机控制单元再将此信号传递给自动变速器电控单元（J217），自动变速器控制单元不仅通过此信号得知节气门开度，还可以得知节气门开度的变化速度，即踩下加速踏板的加速度，该信号的作用一是确定换挡曲线，二是进行油压控制。

如果节气门信号中断，油压将按照节气门全开的程度调节，同时控制单元不再执行换挡程序。

2.自动变速器转速传感器（G38）

自动变速器转速传感器是电磁式传感器，用以感应变速器内大太阳轮的转速，位置如图6-75所示，自动变速器转速传感器信号的作用有两个：一是识别换挡时刻，在换挡过程中推迟点火提前角，降低发动机转矩，以减小换挡冲击；二是在换挡过程中控制相关离合器的油压，其作用也是使换挡平顺。如果自动变速器控制单元没有收到变速器转速传感器的信号，控制单元进入应急运行状态。

3.车速传感器（G68）

车速传感器有电磁式和簧簧式两种，它感应变速器内主动齿轮（即齿圈，行星齿轮机构的输出轴端）的转速，位置如图6-76所示，车速传感器的作用有两个：一是与节气门位置传感器一起确定换挡时刻；二是感知液力变矩器锁止离合器的滑差。对于装有自动定速巡航装置的车辆，它还用于速度调节。

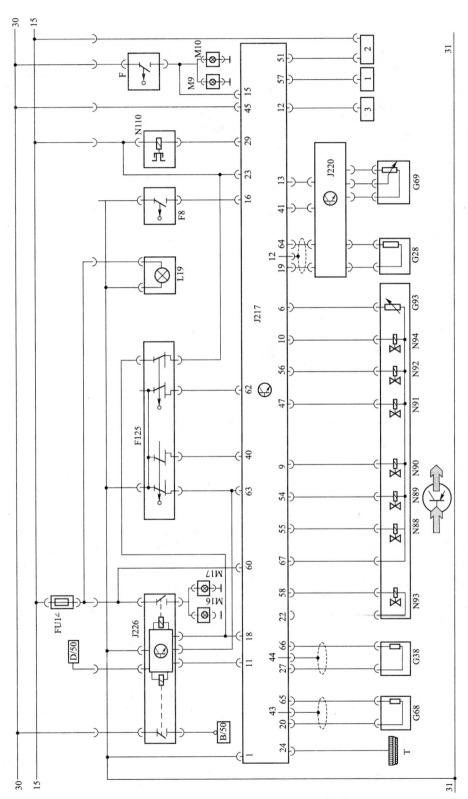

图6-73 01N型自动变速器电路图

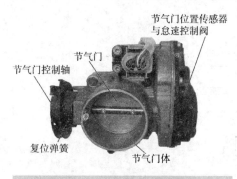

图 6-74 节气门位置传感器

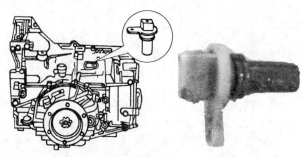

图 6-75 转速传感器安装位置及实物

如果车速信号中断,控制单元使用发动机转速信号代替车速信号进行换挡,但液力变矩器失去锁止功能。

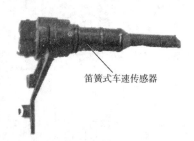

图 6-76 车速传感器安装位置及实物

4. 发动机转速传感器(G28)

发动机转速传感器(G28)将发动机转速信号先传递给发动机电控单元(J220)再由 J220 传给自动变速器电控单元(J217)。自动变速器电控单元(J217)将发动机转速信号和车速信号进行比较,根据转速差识别出锁止离合器的打滑状态,如果滑动过大,即转速差过大,自动变速器电控单元(J217)将增大锁止离合器压力,使滑动相对减小。

5. 自动变速器油温传感器(G93)

自动变速器油温传感器用于感应自动变速器内的油液温度,如图 6-77 所示,它是一个负温度系数电阻,随着温度的升高,其电阻值降低。其作用是检测自动变速器的工作温度。

如果自动变速器油液温度过高,自动变速器电控单元(J217)控制锁止离合器接合,如果油温还降不下来,自动变速器电控单元(J217)控制变速器降一个挡位。自动变速器油温传感器(G93)短路后,V.A.G1551(大众车系电脑故障诊断仪的一种)检查显示温度过高,自动变速器无法升入高挡;如果断

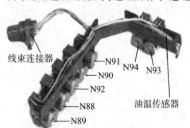

图 6-77 油温传感器及电磁阀

路,则显示温度低,换挡迟缓。

6. 制动开关(F)

制动开关安装在制动踏板臂上,当自动变速器电控单元(J217)收到制动信号后,控制操纵手柄锁止电磁铁(N110)接通,操纵手柄解除锁止,方可从 P 挡移出,挂入其他挡位。制动

信号还用于液力变矩器锁止离合器的释放,对于装有自动定速巡航装置的车辆,该信号用于解除定速巡航。信号中断后,操纵手柄不能移出,故障存储器中无故障记录。

7. 强制低速挡开关(F8)

强制低速挡开关也称强制降挡开关,与节气门拉线为一体,固定在发动机舱横隔板上,位置如图 6-78 如示,当加速踏板 2 踩到一定角度时,触动此开关 1,自动变速器电控单元收到此信号后,自动变速器会降低一个挡位,以增大输出转矩。当此开关被压下时,切断空调工作几秒钟,具体数据与自动变速器电控单元控制程序有关。

如果强制低速挡开关 F8 信号中断,当加速踏板达到节气门开度 95% 时,启动此功能,用 V.A.G1551 查询故障记忆,会显示强制低速挡开关 F8"不可靠信号"。

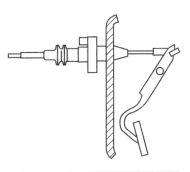

图 6-78 强制低速挡开关

8. 多功能开关(F125)

多功能开关(F125)位于自动变速器壳体内,多功能开关由操纵手柄拉线控制,如图 6-79 所示。其作用是感知操纵手柄的位置,并将状态信号送给自动变速器电控单元(J217)和起动倒车断电器(J226)。起动倒车断电器的作用有两个:一是在操纵手柄位于 R 挡时,接通倒车灯,二是操纵手柄位于 P 或 N 以外的挡位时,控制起动机不工作。对于装有自动定速巡航装置的车辆,它还用于速度调节。

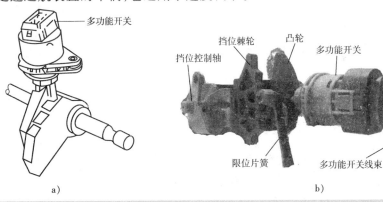

图 6-79 多功能开关

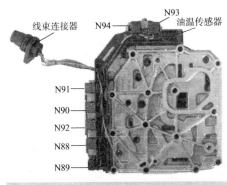

图 6-80 阀体与电磁阀

如果多功能开关信号中断,自动变速器控制单元认为操纵手柄处于 D 位置,当用 V.A.G1551 查询故障记忆时,会显示"多功能开关 F125——开关状态不稳定"。

9. 电磁阀(N88~N94)

如图 6-80 所示,在变速器的执行元件中有 7 个电磁阀,它们受 TCM 控制,将来自油泵的油压直接分配给相应的换挡元件。其中有 2 个电磁阀在换挡期间起作用(N92 和 N94),以保证换挡的平顺性;1 个电磁阀调节主油压(N93);4 个电磁阀分别控制离合器和制动器,各电磁阀的作用、类型、工作条件见表6-3。

各电磁阀的作用、类型、作用条件　　　　　　表6-3

电磁阀	作　用	类　型	作用条件	电阻值
N88	控制离合器 K_1	开关阀	常开式	55~65 欧姆
N89	控制制动器 B_2	开关阀	常开式	55~65 欧姆
N90	控制离合器 K_3	开关阀	常开式	55~65 欧姆
N91	控制锁止离合器	渐进阀	供电	4.5~6.5 欧姆
N92	控制换挡平顺	开关阀	供电	55~65 欧姆
N93	控制主油压	渐进阀	供电	4.5~6.5 欧姆
N94	控制换挡平顺	开关阀	供电	55~65 欧姆

如果电磁阀接线中断,控制单元进入后备程序。

另外,在01N型自动变速器中,电磁阀不控制 K_2 和 B_1。七个电磁阀中,N88、N90是断电时起作用,当变速器电控单元J217进入应急状态后,给各电磁阀全部断电,此时N88、N90作用,即 K_1 和 K_3 工作,变速器D位是3挡,手动柄位于R时,是倒挡。手动阀用来控制 B_1、K_2,使得倒挡无须电控单元控制。

10. 换挡手柄锁止电磁阀(N110)

如图6-81所示,换挡手柄锁止电磁阀位于换挡手柄上,与点火系统连接,起锁止换挡手柄的作用,踩下制动踏板时换挡手柄的锁止解除,换挡手柄可以移动。

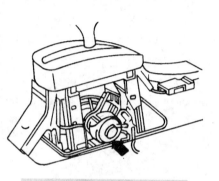

图6-81　换挡手柄锁止电磁阀

六、双离合变速器

双离合变速器简称DCT,英文全称为Dual Clutch Transmission,因为其有两组离合器,所以又称"双离合变速器"。双离合变速器起源来自赛车运动,它最早的实际应用是在20世纪80年代初的保时捷 Porsche 962C 和 1985 年的奥迪 Audi sport quattro S1 RC 赛车上,但是因为耐久性等问题经过了十余年的改进后,才真正被普通量产车所应用。目前常见的双离合有大众的DSG、福特的Powershift、三菱的SST以及保时捷的PDK等。时至今日DSG这项技术已经有20余年的历史,在技术方面已经非常成熟了,本节重点介绍大众DSG变速器。

1. DSG变速器的结构特点

DSG变速器主要包括由两组离合器片集合而成的双离合器装置,由实心轴和套在外面的空心轴的双齿轮轴机构以及分别控制奇数挡和偶数挡的两组齿轮组成,如图6-82所示。

这两个自动控制的离合器,由电子控制,液压推动。在某一挡位时,离合器1接合,一组齿轮啮合输出动力;在接近换挡时,下一组的齿轮已被预选,而与之相连的离合器2仍处于分离状态;在换入下一挡位时,处于工作状态的离合器1分离,将使用中的齿轮脱离动力,同时离合器2接合已被预选的齿轮,进入下一挡。在整个换挡期间,两组离合轮流工作,确保至少有一组齿轮在输出动力,故动力传输没有出现间断的状况。

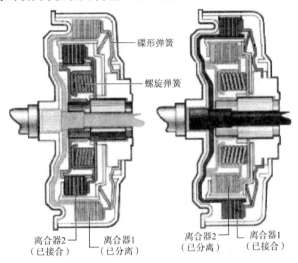

图6-82 双离合器

DSG变速器的齿轮传动路线被分为两条:两根同轴心的传动轴,一条是实心的内传动轴,而另一条则是空心的外传动轴。内传动轴连接1、3、5挡,而外传动轴则连接2、4、6挡及倒挡,如图6-83所示,倒挡齿轮通过中间轴齿轮和内传动轴的齿轮啮合。两个离合器各自负责一条传动轴的啮合动作:若当前挡位为1、3、5挡中某一挡时,离合器1是接合的,离合器2是分离的,动力由离合器1传递;相反,若当前挡位为2、4、6挡或倒挡时,则离合器2是接合的,而离合器1则是分离的,动力由离合器2传递,其传动示意图如图6-84所示。这套变速器长度很短,相当于传统6挡变速器长度的一半,适用于发动机前置前轮驱动的车型。

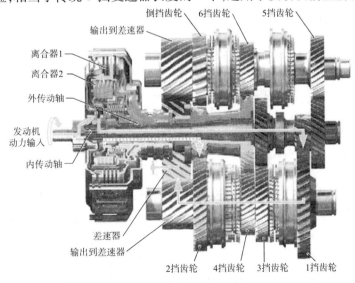

图6-83 大众DSG变速器

2. DSG变速器工作原理

(1)如图6-84所示,各挡位传动路线:

倒挡传输路线:发动机-K_1离合器-输入轴1-1/R挡主动齿轮-倒挡轴-倒挡从动齿轮-输出轴2-输出齿轮-差速器-驱动车轮。

1挡传输路线:发动机-K_1离合器-输入轴1-1挡主动齿轮-1挡从动齿轮-输出轴1-输出齿轮-差速器-驱动车轮。

2挡传输路线:发动机-K_2离合器-输入轴2-2挡主动齿轮-2挡从动齿轮-输出轴1-输出齿轮-差速器-驱动车轮。

3挡传输路线:发动机-K_1离合器-输入轴1-3挡主动齿轮-3挡从动齿轮-输出轴1-输出齿轮-差速器-驱动车轮。

4挡传输路线:发动机-K_2离合器-输入轴2-4挡主动齿轮-4挡从动齿轮-输出轴1-输出齿轮-差速器-驱动车轮。

5挡传输路线:发动机-K_1离合器-输入轴1-5挡主动齿轮-5挡从动齿轮-输出轴2-输出齿轮-差速器-驱动车轮。

6挡传输路线:发动机-K_2离合器-输入轴2-6挡主动齿轮-6挡从动齿轮-输出轴2-输出齿轮-差速器-驱动车轮。

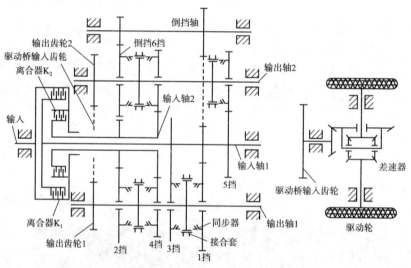

图6-84 大众DSG变速器传动路线图

(2)DSG变速器工作特点:

DSG变速器的工作过程与行星齿轮变速器不同,在1挡起步时,离合器K_1接合,动力通过内传动轴到1挡齿轮,再输出到差速器齿轮。此时,2挡的齿轮也进入啮合状态,但是,因与其相连的离合器K_2仍处于分离状态,等待换挡命令,故这条路线上还无动力传递,只是预先选好挡位,为接下来的升挡作准备。

DSG变速器在降挡时,同样有2个挡位的齿轮是啮合的,假设4挡正在传递动力,则3挡作为预选挡位而接合,DSG变速器的升降挡由变速器控制模块进行判断的:踩加速踏板时,变速器控制模块判定为升挡,做好升挡准备;踩制动踏板时,变速器控制模块判定为降挡过程,做好降挡准备。

一般升挡总是逐渐进行的,而降挡过程则不同,经常会越级降挡。DSG变速器在手动控制模式下也可以进行越级降挡,在越级降挡时,如果起始挡位和最终挡位属于同一个离合器控制,则会通过另一离合器控制的挡位转换一下,如果起始挡位和最终挡位不属于同一个离合器控制,则可直接越级降至所选挡位。例如,从 6 挡降到 3 挡时,6 挡齿轮在外传动轴上,由离合器 K_2 控制动力的通断,而 3 挡齿轮在内传动轴上,由离合器 K_1 控制。此时,连续按三下降挡按钮,变速器就会从 6 挡直接降到 3 挡。但是,如果要使变速器从当前的 6 挡直接降到 2 挡,因 6 挡和 2 挡齿轮都在外传动轴上,此时则变速器会先降到 5 挡(内传动轴上),然后再从 5 挡降到 2 挡。切换到手动模式时,驾驶员可以利用变速器操纵杆或转向盘上的换挡拨片进行换挡。换挡中,离合器的操作完全交由变速器控制模块控制,驾驶员无需分神,减轻了驾驶员的劳动强度。因为采用了双离合器,换挡时就没有了动力传递中断现象,加速性能表现比手动变速器更好。如果要想得到更舒适的享受,可将变速器操纵杆放入 D 挡,即可当作传统的自动变速器使用,轻松自在。而自动挡的模式除了一般的 D 挡以外,还提供了一个运动模式供驾驶员选择,感受更好的加速性。

目前 DSG 变速器在国产沃尔沃 S40、大众高尔夫 GTI、迈腾 3.2、尚酷等车型上广泛应用。

任 务 实 施

一、手动变速器的拆装

拆装步骤及规范以桑塔纳手动变速器为例,见表6-4。

桑塔纳手动变速器的拆装　　　　　　　　　　表6-4

拆装项目和内容	图示说明
1. 变速器壳体的拆卸 (1)拧出放油螺塞,放出变速器内的齿轮油。 (2)拆下变速器后盖,取下调整垫片和密封垫圈,从后盖中取出内换挡杆和复位弹簧,用冲头冲出内换挡杆的衬套,并用专用工具 VW 681 拉出后油封,最后用专用工具 VW 412、VW 222A 压出后衬套	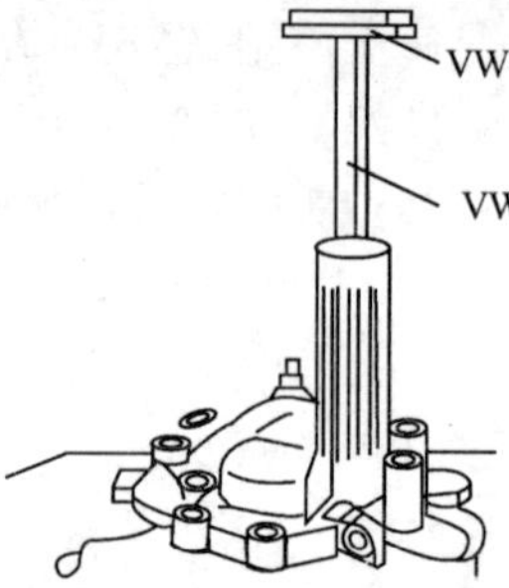 VW412 VW222A
分解后的各零件如图所示	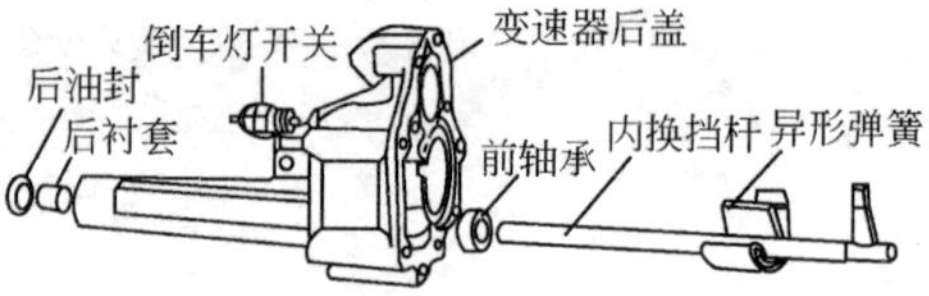 倒车灯开关　变速器后盖 后油封 后衬套　　前轴承　内换挡杆　异形弹簧
(3)从变速器后壳体向后(如图中箭头 1 所示)朝向第 3 挡方向慢慢拉动 3、4 挡变速叉轴,直至露出小互锁销,并将其取出(如图中箭头 2 所示)。然后将变速叉轴重新推入空挡位置。取出小互锁销时,变速叉轴不得拉出过长,以防同步器滑块脱落,致使 3、4 挡变速叉轴不能回到空挡位置。过多时,应先松开输出轴后端螺母,再将 3、4 挡变速叉轴推回空挡位置	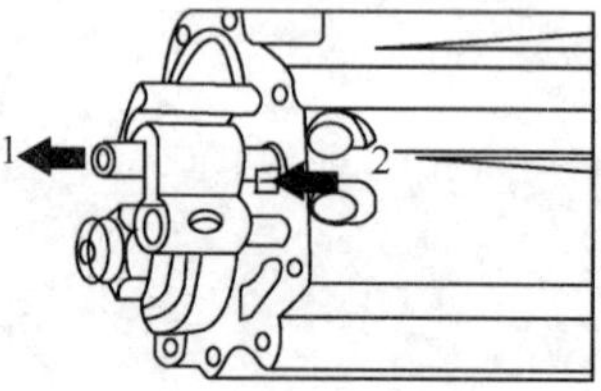 1　2
(4)使 1、2 挡及倒挡变速叉轴后移,同时挂入 1 挡和倒挡,使变速器输出轴不能转动,用套筒扳手拧下输出轴后轴承紧固螺母。 (5)用专用工具 30-A2112 顶住输入轴前端(压具支撑桥的芯棒应位于输入轴中心,支撑桥的支脚应尽可能在同一直线上,见图),然后拆下输入轴后端的挡圈和止推垫片,用向心球轴承拉具拉出输入轴后轴承。 (6)拆除变速器前、后壳体的连接螺栓,使变速器前、后壳体分离	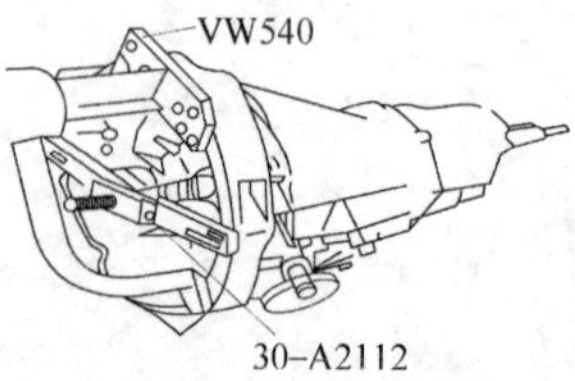 VW540 30-A2112

续上表

拆装项目和内容	图 示 说 明
2.输入轴与输出轴的拆卸与分解 （1）输入轴与输出轴的拆卸 ①拆卸变速器。 ②拆下变速器后盖。 ③拆下轴承支座。 ④拆下输入轴、输出轴	 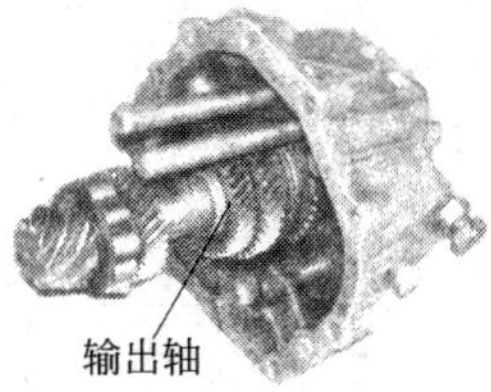 输入轴 输出轴
（2）输入轴的分解。用小冲头冲出3、4挡变速叉上的弹性销,向回拉动2、4挡变速叉轴,取下变速叉,取出输入轴总成。 ①拆下4挡齿轮的有齿锁圈。 ②取下4挡齿轮、同步环和滚针轴承。 ③拆下同步器锁圈	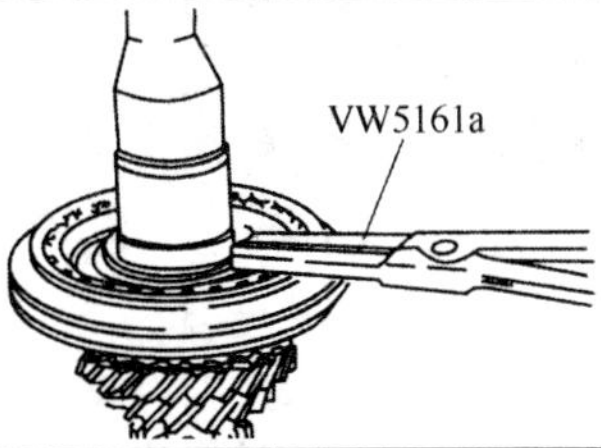 VW5161a
④取下3挡和4挡同步器、3挡同步环和齿轮	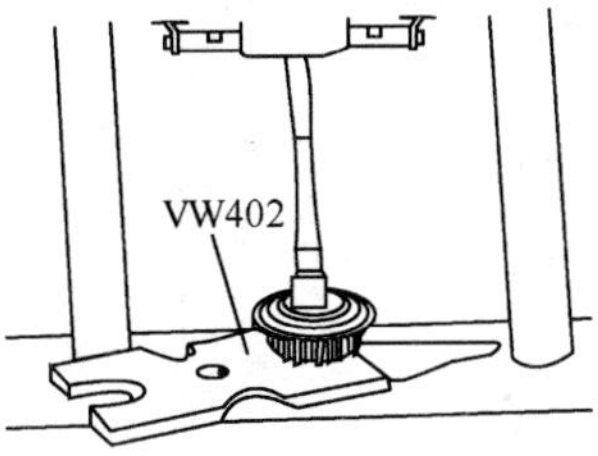 VW402
⑤取下3挡齿轮滚针轴承。 ⑥取下输入轴的中间轴承内圈	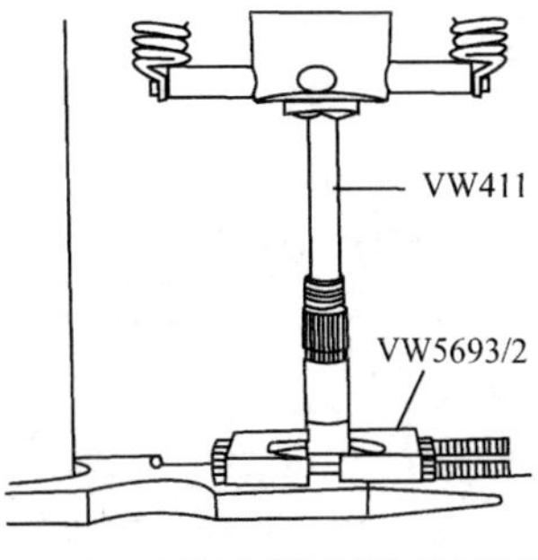 VW411 VW5693/2
分解后的输入轴总成如图所示	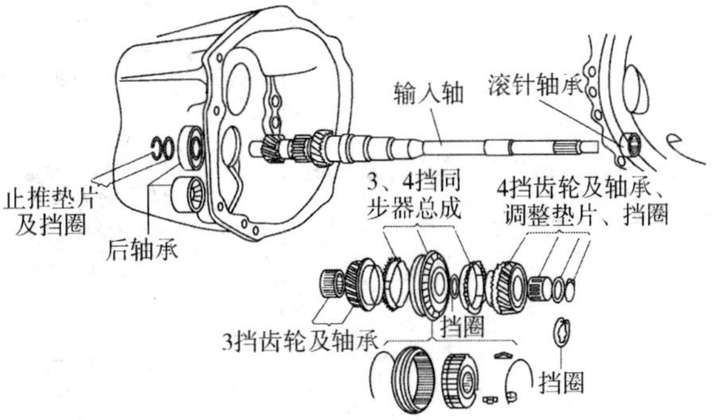 输入轴　滚针轴承 止推垫片及挡圈　3、4挡同步器总成　4挡齿轮及轴承、调整垫片、挡圈 后轴承 3挡齿轮及轴承　挡圈　挡圈

续上表

拆装项目和内容	图示说明
（3）拆卸倒挡齿轮。从前向后压出倒挡齿轮轴，取下倒挡齿轮，拆下倒挡传动臂。 （4）输出轴的分解。用小冲头冲出1、2挡拨块的弹性销，取下拨块，用专用工具VW411自后向前压出（或拉出）输出轴总成。 ①拆下输出轴内后轴承和1挡齿轮	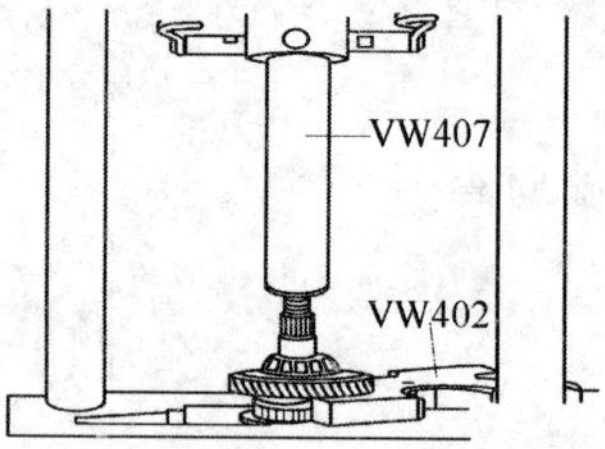 （VW407、VW402 图示）
②取下滚针轴承和1挡同步环。 ③取下滚针轴承的内圈、同步器和2挡齿轮	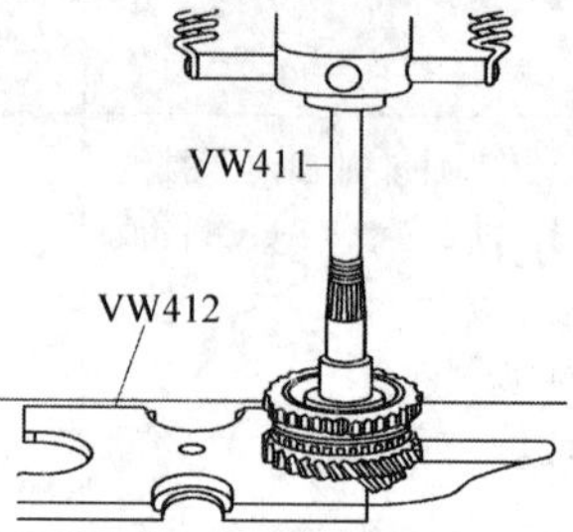 （VW411、VW412 图示）
④取下2挡齿轮的滚针轴承。 ⑤拆下3挡齿轮的锁圈，再拆下3挡齿轮	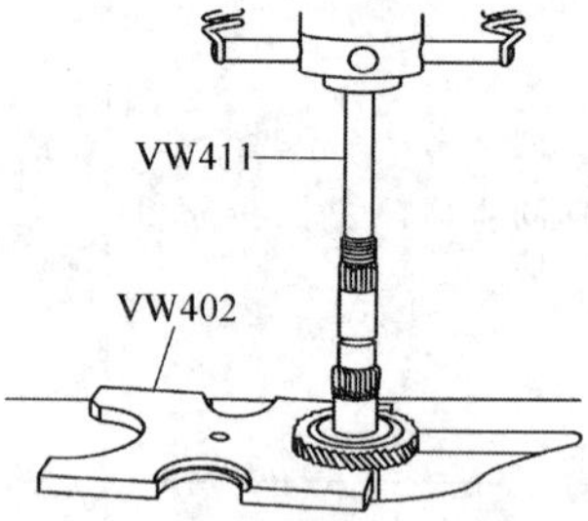 （VW411、VW402 图示）
⑥拆下4挡齿轮的锁圈，接着拆下4挡齿轮	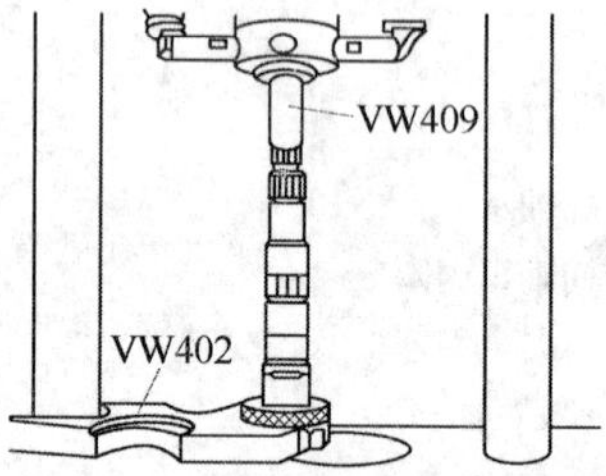 （VW409、VW402 图示）
⑦拆下输出轴的前轴承，分解后的输出轴总成如图所示	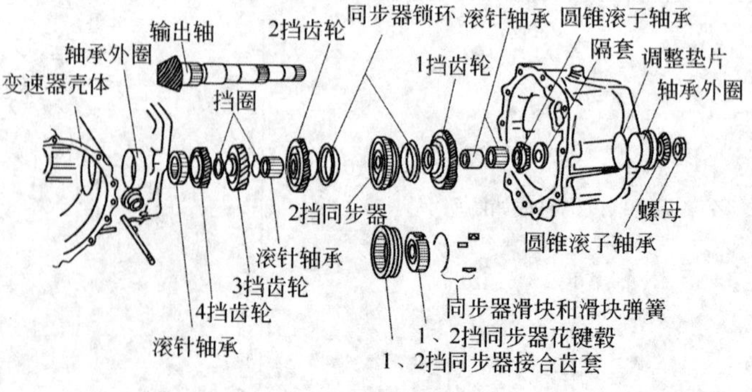 轴承外圈、变速器壳体、输出轴、2挡齿轮、同步器锁环、滚针轴承、圆锥滚子轴承、1挡齿轮、隔套、调整垫片、轴承外圈、螺母、挡圈、2挡同步器、滚针轴承、3挡齿轮、4挡齿轮、滚针轴承、圆锥滚子轴承、同步器滑块和滑块弹簧、1、2挡同步器花键毂、1、2挡同步器接合齿套

续上表

拆装项目和内容	图示说明
3. 输入轴、输出轴的安装 (1) 输入轴的装配： ① 装上中间轴承的挡圈。 ② 将预先润滑过的 3 挡齿轮滚针轴承装上，将油槽朝向 2 挡齿轮。 ③ 组装 3 挡和 4 挡同步器。 ④ 安装 3 挡齿轮及 3 挡和 4 挡同步器。 ⑤ 装上锁圈。 ⑥ 装上同步器、滚针轴承和 4 挡齿轮，再装上有齿的锁圈。 ⑦ 用 2 kN 的力将 3 挡齿轮、同步器和 4 挡齿轮紧紧压在有齿的锁圈上，将总成固定好	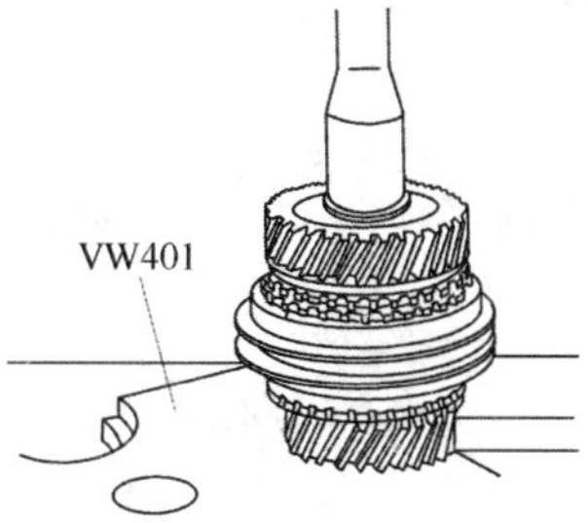 VW401
(2) 输出轴的安装： ① 将前轴承装在输出轴上。 ② 装上 4 挡齿轮，如图所示，注意齿轮有凸缘的一边应朝向轴承	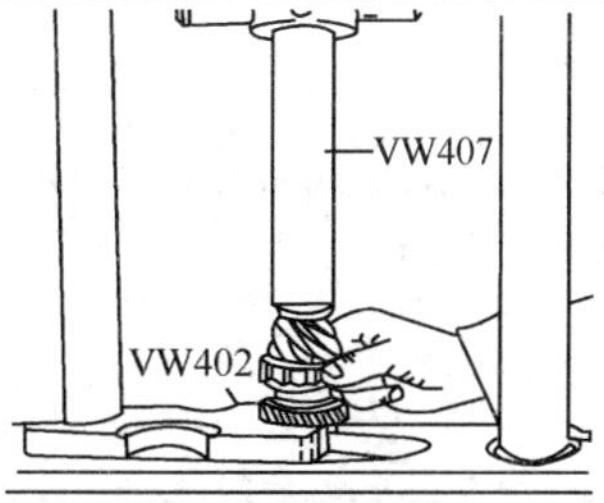 VW407 VW402
③ 利用可供使用的锁圈中的一个将 4 挡齿轮固定好，先从较厚的锁圈开始，锁圈厚度有 2.35mm、2.38mm、2.41mm、2.44mm、2.47mm 等几种。 ④ 安装 3 挡齿轮，如图所示，凸缘应朝向 4 挡齿轮	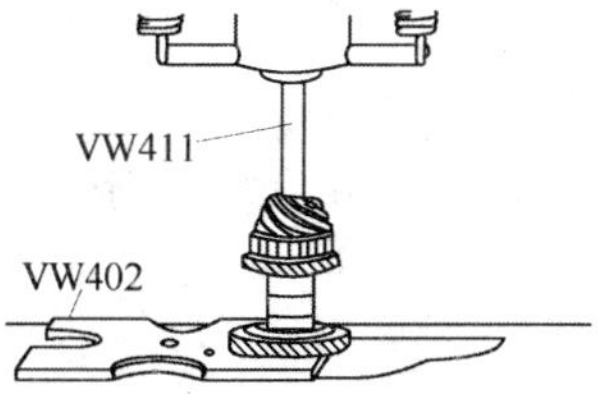 VW411 VW402
⑤ 安装滚针轴承、齿轮和 2 挡同步环。 ⑥ 组装 1 挡和 2 挡同步器，注意花键毂的细槽应朝向接合套拨叉槽的对面一侧	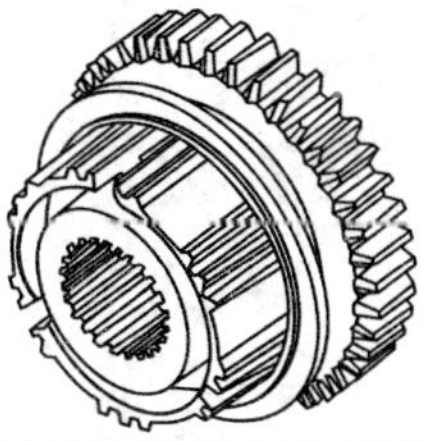
同步器的壳体有 3 个凹口，如图所示	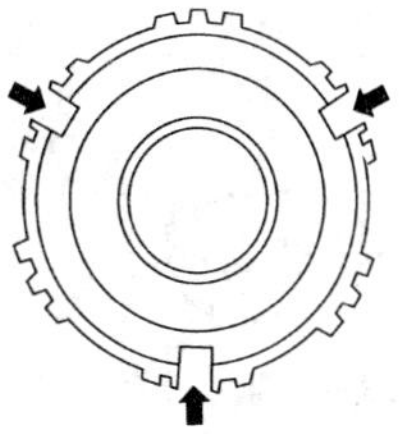

261

续上表

拆装项目和内容	图示说明
接合套上有 3 个凹陷的内齿,如图所示	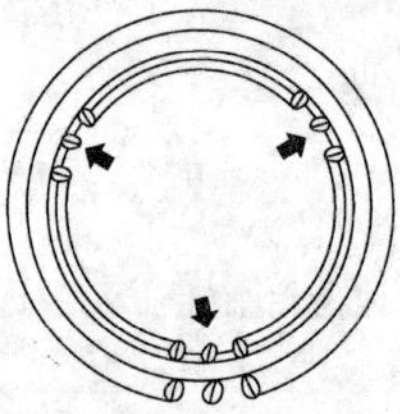
安装时,3 个凹口和 3 个凹陷的内齿应吻合,这样可以安装滑块、锁环。然后安装止动弹簧,弯曲的一端应嵌入锁环扣的一个槽内,如图中的箭头所指	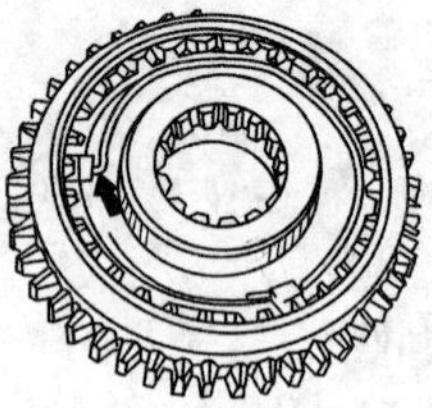
⑦装上 1 挡和 2 挡同步器,如图所示,同步器花键毂上的槽应朝向 1 挡齿轮	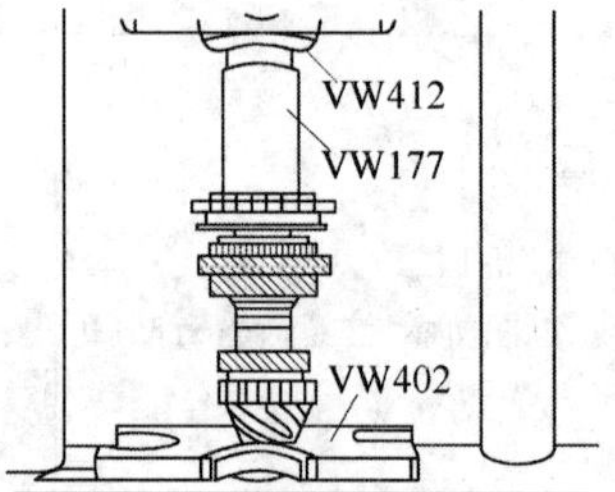 VW412 VW177 VW402
⑧装上 1 挡齿轮的滚针轴承内圈。 ⑨装上 1 挡齿轮一侧的同步环,再装上 1 挡齿轮。 ⑩装上 1 挡齿轮的滚针轴承	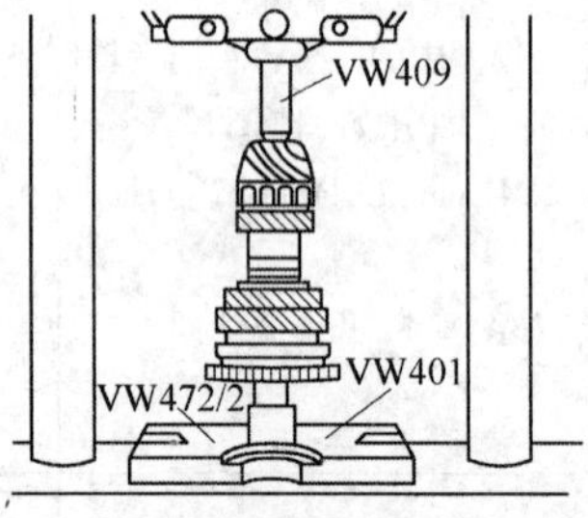 VW409 VW472/2 VW401
⑪装上内后轴承	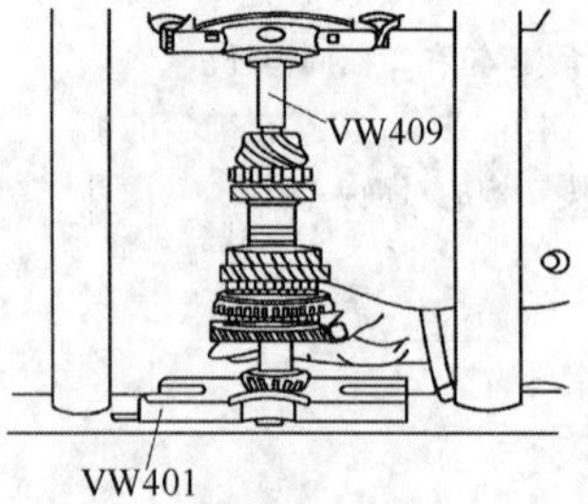 VW409 VW401
⑫将输入轴和输出轴装在轴承支座上。 ⑬将轴承支座装在变速器壳体上。 ⑭将变速器后盖装在变速器轴承支座上	

二、自动变速器的分解与装配（大众01N型自动变速器为例）

大众01N型自动变速器拆装步骤如表6-5所示。

自动变速器拆装步骤　　　　　　　表6-5

拆装步骤	图示说明
1.拆下自动变速器密封塞和ATF溢流管，排除ATF（观察ATF油的颜色、检查杂质、闻气味，可以为故障排除提供线索）	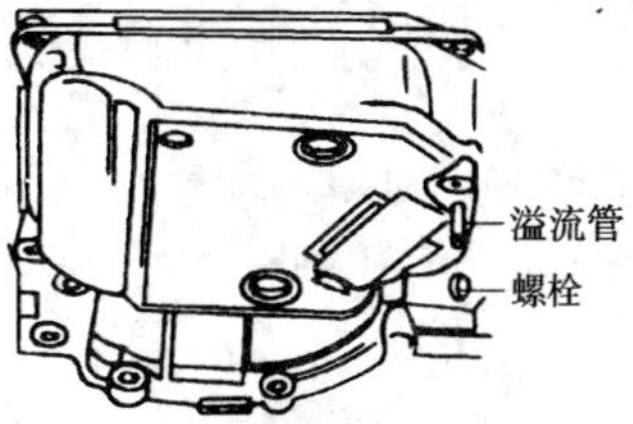 溢流管　螺栓
2.拆下液力变矩器（在拆下液力变矩器前，要测量变矩器的安装位置，确保变矩器泵轮轴上的两个齿能插入油泵齿轮内）	
3.将变速器固定在支架上（专用固定变速器的支架，为变速器拆装带来方便，也有可调的固定支架，适用于各种型号的变速器）	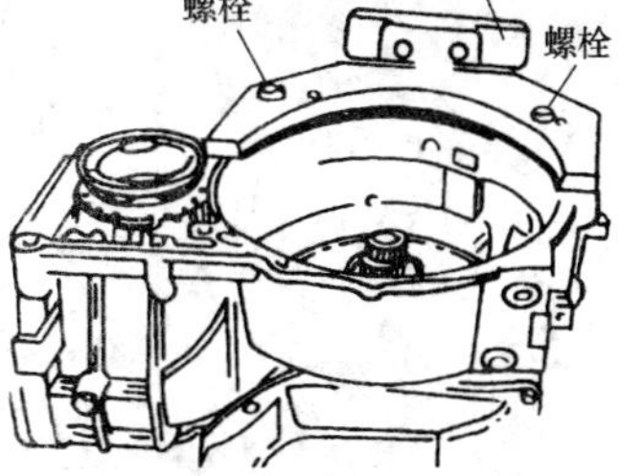 螺栓　变速器固定支架　螺栓
4.拆下变速器壳体上带密封圈的后端盖。此盖是压入变速器后端孔上的，拆下后，要更换新盖	
5.拆下油底壳，然后再拆下自动变速器油滤网。观察油底壳内的杂质，分析变速器的磨损情况	

续上表

拆装步骤	图示说明
6. 拆下阀体上的传输线,松开线束连接器与壳体上的固定螺钉,使线束与阀体保持连接	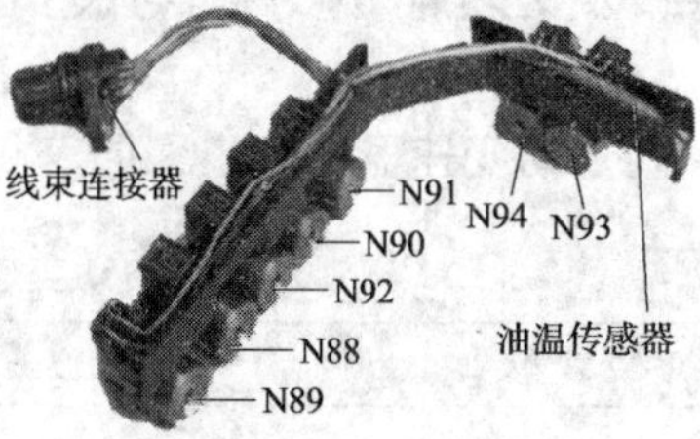 (线束连接器、N91、N90、N92、N88、N89、N94、N93、油温传感器)
7. 拆卸阀体:手动换挡阀仍然保留在阀体中(手动阀极易滑落,安装时要确保滑阀与阀孔清洁,并加入 ATF 润滑)	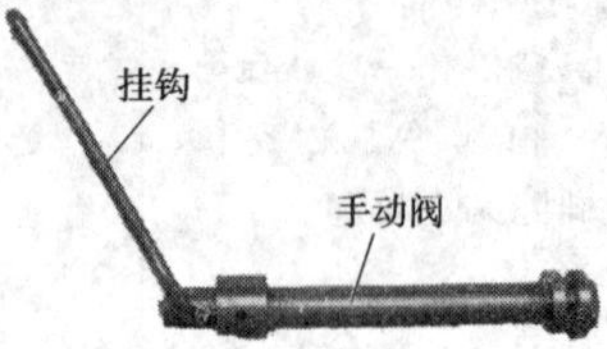 (挂钩、手动阀)
8. 取出 B_1 导油管(拆单向离合器时必须取出导油管的密封圈,否则会损坏密封圈,此管位于阀体下,壳体上的油道孔内)	 B_1制动器导油管
9. 拆下油泵螺栓,油泵由间距不等的 7 个螺栓固定在壳体上,安装时,先将油泵与壳体的进出油孔对正,螺孔位置就可以对上了	
10. 将合适的螺栓拧入油泵螺纹孔内,7个螺栓孔中,只有对角的两个孔有螺纹,注意观察。拉出油泵。为拆油泵专设了两个螺纹孔,其他孔内在油泵上无螺纹	
11. 将带有隔离管、B_2 制动片、弹簧和弹簧盖的和离合器一起拉出。注意推力滚针轴承和垫片的位置,不可错乱	

续上表

拆装步骤	图示说明
12. 将旋具插入大太阳轮的孔内，将其固定，以便从变速器后端松开 K_3 离合器传动毂小输入轴螺栓	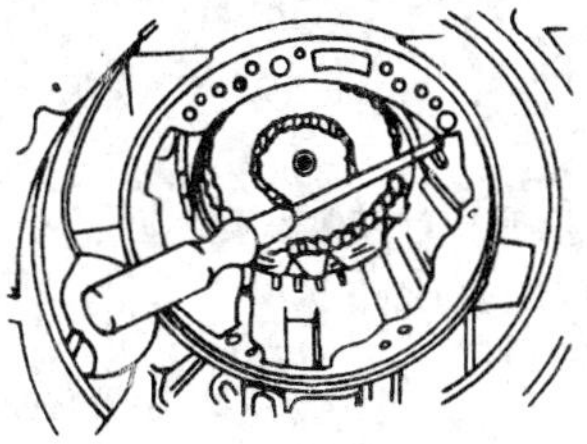
13. 拆下 K_3 传动毂小轴后端上的螺栓和调整垫圈，和推力滚针轴承	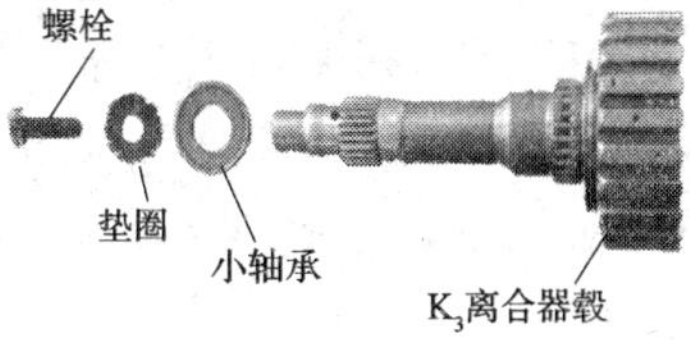
14. 拔下小输入轴，注意滚针轴承，推力滚针轴承等小零件的位置	
15. 拔出大太阳轮和小太阳轮输入轴	
16. 拆卸单向离合器前，应先拆下变速器转速传感器（G38）	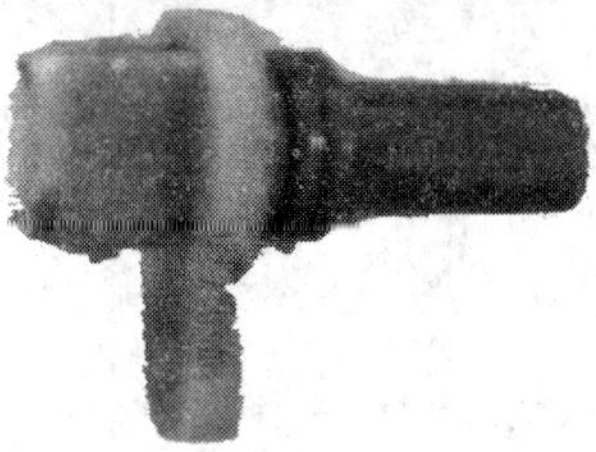
17. 拆下传动套弹性挡圈（卡环），注意其开口的安装位置，要对上单向离合器的定位销，否则卡环不能入位到壳体卡环槽内	

续上表

拆装步骤	图示说明
18. 取出导流块,取下卡簧,用钳子从变速器壳体上拔下单向离合器上的定位楔	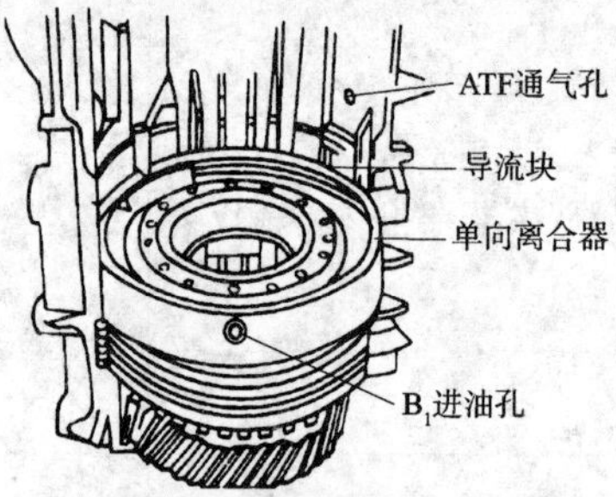 ATF通气孔、导流块、单向离合器、B_1进油孔
19. 取出行星架内的小太阳轮、垫圈、推力滚针轴承	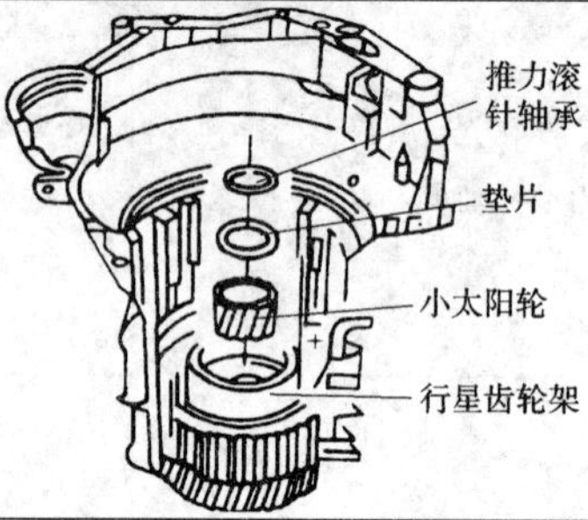 推力滚针轴承、垫片、小太阳轮、行星齿轮架
20. 取出行星架与单向离合器,注意单向离合器与行星架之间的碟形缓冲片,缓冲片的方向不得装反,凸面向单向离合器,凹面向行星轮方向,否则,影响倒车挡与手动1挡的工作	
21. 拆下倒挡制动器 B_1 的摩擦片,注意压盘与调整垫片的位置	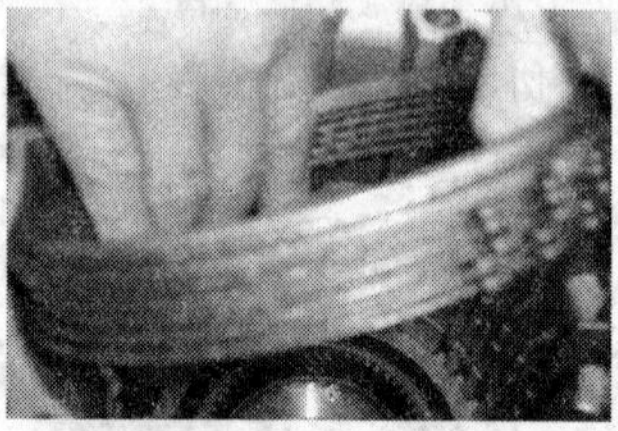
22. 取出推力轴承和垫圈,拆下后轴承,取出齿圈	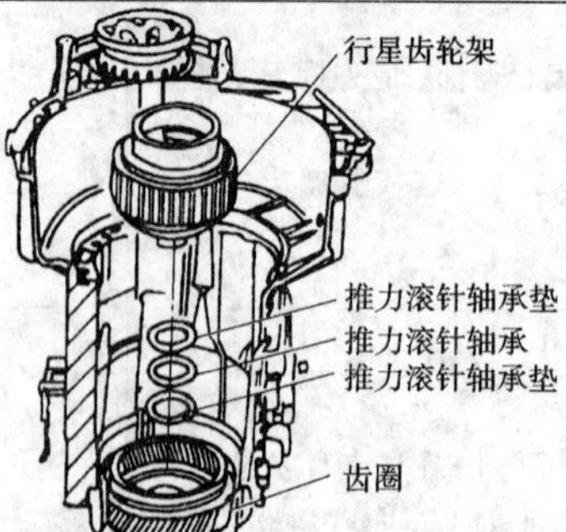 行星齿轮架、推力滚针轴承垫、推力滚针轴承、推力滚针轴承垫、齿圈
23. 01N自动变速器的组装与分解的顺序相反	略

三、学习工作页

完成变速器的拆装实训任务,填写学习工作页表6-6。

汽车变速器的结构认知与拆装工作页　　　　　表6-6

汽车变速器的结构与拆装	班级		日期	
	姓名		成绩	

实训目标:
1. 了解桑塔纳手动变速器的结构;
2. 掌握桑塔纳手动变速器的拆装步骤;
3. 了解变矩器的基本结构;
4. 了解自动变速器的基本结构;
5. 熟练拆装自动变速器。

实训设备:
桑塔纳变速器三台,大众01N自动变速器三台。_____

一、变速器的拆卸
1. 通过学习、查阅相关资料或网络信息完成下列问题。
(1) 变速器的作用是:
□变速变矩　□使汽车倒驶　□使汽车差速　□中断动力　□改变动力传递方向
(2) 变速器由_____组成。
(3) 根据下面图示变速器的结构,选择正确的答案:
图6-85a)所示变速器为:
①□手动变速器　□手动变速驱动桥
②□两轴式变速器　□三轴式变速器
③□适用于FF型车辆　□适用于FR型车辆
图6-85b)所示变速器为:
①□手动变速器　□手动变速驱动桥
②□两轴式变速器　□三轴式变速器

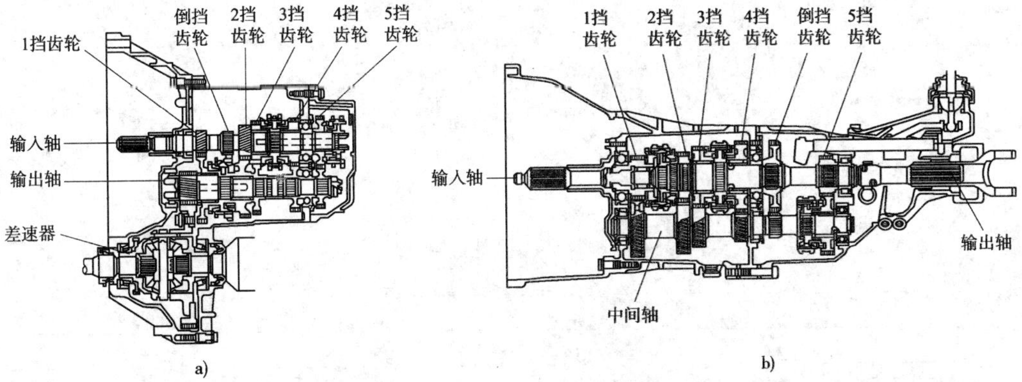

图6-85　变速器

(4) 观察你所分解的变速器,完成下列问题。
① 它是_____轴式、_____挡变速器,用于_____(A.前置前驱;B.前置后驱)的车上。
② 观察当输入轴旋转一圈时输出轴旋转几圈,写出各挡传动比。

挡 位	传 动 比	挡 位	传 动 比
第1挡		第4挡	
第2挡		第5挡	
第3挡		倒挡	

③ 观察图6-86同步器结构,理解其工作原理,写出下列零件序号的名称。

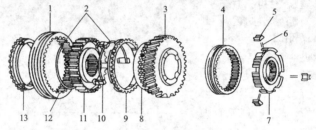

图6-86 同步器

1-_____ 2-_____ 3-_____ 4-_____ 5-_____
6-_____ 7-_____ 8-_____ 9-_____ 10-_____
11-_____ 12-_____ 13-_____

注意:同步器的花键毂和接合套安装时有方向要求,有些同步器的滑块安装也有方向要求,拆卸时应做好记号。

(5) 操纵机构分解与结构认识

变速器的操纵机构(图6-87)是由换挡拨叉机构和定位锁止装置两部分组成。在分解变速器时,观察变速器的操纵机构的组成结构。

观察你所分解的变速器,写出下列零件序号的名称。

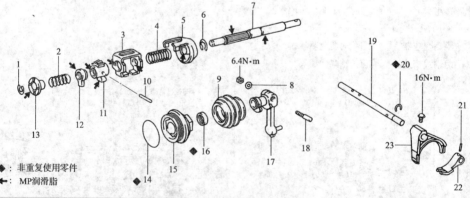

图6-87 变速器操纵机构

1-_____ 2-_____ 3-_____ 4-_____ 5-_____
6-_____ 7-_____ 8-_____ 9-_____ 10-_____
11-_____ 12-_____ 13-_____ 14-_____ 15-_____
16-_____ 17-_____ 18-_____ 19-_____ 20-_____
21-_____ 22-_____ 23-_____

二、自动变速器拆装

1. 指认变矩器下列各零件的名称,如图 6-88 所示。

1-_____ 2-_____ 3-_____ 4-_____
5-_____ 6-_____ 7-_____ 8-_____

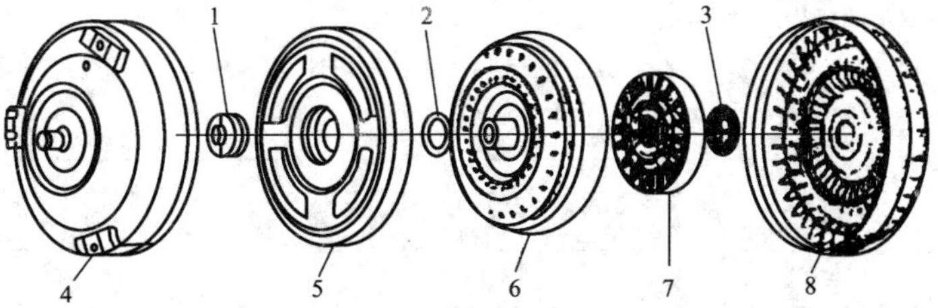

图 6-88 变矩器

2. 根据实物叙述变矩器的油液流向。
（1）发动机低速旋转时 _____
（2）发动机高速旋转时 _____

3. 变矩器上为什么要加装锁止离合器?
_____

4. 使用液力变矩器的剖视零件图认识下述零件结构及其装配关系。

零　　件	装配关系（与之相连的零件）
泵轮	
涡轮	
导轮	

5. 锁止离合器的作用是当车速升到一定值后,能:
□把泵轮和单向离合器锁为一体一起转动　　□把泵轮和涡轮锁为一体一起转动
□把涡轮和导轮锁为一体一起转动　　□把泵轮和导轮锁为一体一起转动

6. 在输出轴处于增矩状态下,液力变矩器中导轮所处状态是:
□与涡轮同速　　□与泵轮同速　　□自由　　□锁止

7. 使用行星齿轮机构的拆解零件,检查太阳齿轮、齿圈及行星齿轮的工作情况。按照下图中的几种工作状态观察行星齿轮机构,记录下得到这几种状态时所需作为输入、输出和固定元件的名称。

单排行星齿轮状态	每个齿轮的状态		
	减速	输入元件为: 输出元件为: 固定元件为:	
	加速	输入元件为: 输出元件为: 固定元件为:	
	直接挡	输入元件为: 输出元件为: 固定元件为:	
	倒挡	输入元件为: 输出元件为: 固定元件为:	

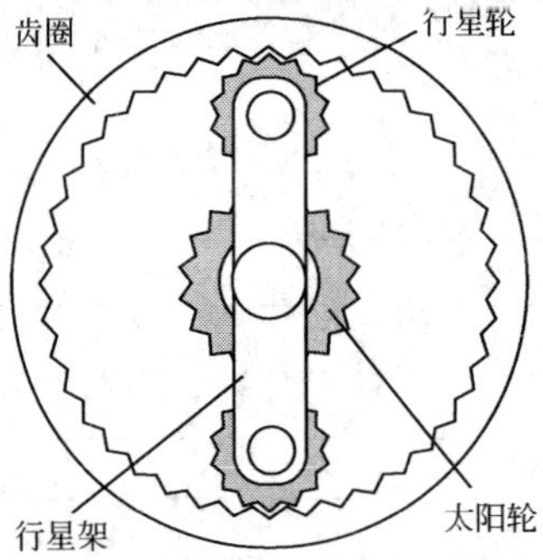

续上表

8. 根据拆卸的自动变速器回答下列问题。
(1) 该自动变速器主要由哪几部分组成?
(2) 该变速驱动桥或变速器的类型为:□普通辛普森式行星齿轮机构　□拉维纳尔赫式行星齿轮机构
(3) 该变速器行星齿轮机构的组成特点是什么?

9. 根据所拆卸的自动变速器,观察各执行元件的结构,熟悉它们的作用和所工作的挡位,并填写其工作表(在其工作的挡位;注:所拆变速器中没有的换挡执行元件可划掉)。

变速杆位置	挡位	K_1	K_2	K_3	K_4	B_1	B_2	B_3	F_1	F_2
P	驻车									
R	倒挡									
N	空挡									
D	D_1									
	D_2									
	D_3									
	D_4									
2	2_2									
	2_1									
L	L_1									

10. 根据所拆卸的拉维娜式自动变速器,观察图 6-89 各挡工作情况,写出各挡的传动路线。

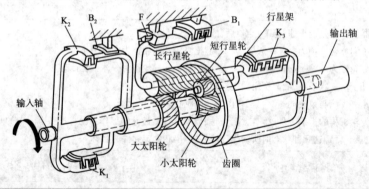

图 6-89　拉维娜式自动变速器

(1) D_1 挡:_____
(2) D_2 挡:_____
(3) D_3 挡:_____
(4) D_4 挡:_____
(5) R 位:_____
(6) 请说明 2 挡和 D_2 挡以及 L 挡和 D_1 挡的区别。

评 价 反 馈

1. 自我评价

(1)通过本学习任务的学习你认为自己是否已经掌握了汽车变速器相关知识?

①手动变速器的作用和基本组成:
_____

②自动变速器的作用和基本组成:
_____

③是否能够根据汽车变速器拆装工序?
_____

(2)在变速器拆装的过程中用到了哪些技能?你是否已经掌握了在工作中运用这些技能的正确方法? _____

(3)实训过程完成情况。

评价: _____

(4)仪容仪表是否符合职业规范?

评价: _____

(5)能否积极主动参与工作现场的清理、清洁和整顿工作?

评价: _____

(6)在完成本学习任务的过程中,你和同学之间的协调能力是否得到了提升?是否有过与其他同学探讨车辆制动系统故障维修接待过程中的有关问题?讨论的最多的问题是什么?讨论的结果是什么?
_____

(7)通过本学习任务的学习,你认为还要学习汽车变速器哪些知识和技能才能胜任汽车维修服务岗位?

签名:_____ ____年____月____日

2. 小组评价(表6-7)

小组评价表　　　　表6-7

序号	评价项目	评价情况
1	学习过程是否主动并能深度投入	
2	在实训过程中的执行力是否突出	
3	是否能按照职业人的要求对待到课率	
4	学习态度是否符合要求	
5	是否合理规范地使用实训设备	
6	是否按照安全和规范的要求完成作业	
7	是否遵守实训场地的规章制度	

续上表

序号	评价项目	评价情况
8	是否能主动地和他人在实训中合作	
9	是否能按要求对实训场地进行清理、清洁	
10	在团队活动中是否能做到相互尊重	

参与评价的同学签名：_____　　____年____月____日

3. 教师评价

_____

_____

教师签名：_____　　____年____月____日

学习任务 7　汽车转向和行驶系结构与拆装

 学习目标

1. 能够懂得汽车转向系的作用、类型、结构与工作原理；
2. 能够懂得汽车行驶系的作用、类型、结构与工作原理；
3. 根据规范的作业要求完成转向器拆装作业；
4. 根据规范的作业要求完成悬架拆装作业；
5. 根据规范的作业要求完成车轮拆装作业。

 任务描述

一辆日产风度 A32 轿车出现行驶跑偏、方向摆头故障。诊断分析认为，故障是因减振器挠性支撑、下臂胶套和球头的老化及磨损而导致的前轮定位参数失准引起，通过维修上述部位，故障排除。

学习引导

本学习任务沿着以下脉络学习：

汽车转向系的结构认知 ⇒ 汽车行驶系的结构认知 ⇒ 任务实施 ⇒ 评价反馈

单元一　汽车转向系的结构认知

单元要点

1. 转向系的功用与原理；
2. 机械转向系组成和工作原理；
3. 动力转向系组成和工作原理。

相关知识

一、转向系的功用与原理

(一)转向系的功用

将驾驶员对车辆行驶方向的要求，通过操纵转向轮(一般是前轮)的偏转角度以控制行车方向的机构称为转向系。汽车转向系是保证汽车安全行驶的重要装置，对其有如下要求：

(1)操纵舒适轻巧，转向灵敏可靠。
(2)转向时，两转向轮应沿一对同心圆的圆周行驶，以保证转向的稳定与适度。
(3)行车时，转向轮有自动回正作用，以保证车辆能稳定直行。
(4)驾驶员通过转向盘了解路面状况，保持"路感"，同时又不会因路面凹凸不平造成转向盘打手。

(二)转向系的类型

常见汽车转向系可按转向能源的不同，分为机械转向系和动力转向系两大类。

(三)汽车转向原理

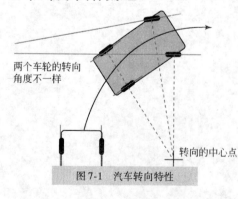

图7-1　汽车转向特性

1. 转向特性

驾驶员将转向盘偏转一定角度，并保持车辆以一稳定车速转向，此时汽车的状态称为转向特性。由图7-1可知，汽车在转向状态下，内外车轮的转向角度不一样。如果汽车转弯半径越来越大，称为不足转向；若转弯半径越变越小，称为过度转向；当转弯半径不变时，则叫中性转向。实验表明，汽车具有适度的不足转向时，可获得良好的操纵稳定性。

使汽车转向时,4个车轮能行驶在同心圆的圆周上的装置称为阿克曼机构。该机构由左、右梯形臂与横拉杆构成,有效保证了各车轮在转向时的偏转角能符合汽车的转向特性。

2. 转向系的角传动比

转向盘转动一定角度后,与转向节相应转动的角度之比称为转向系的角传动比。转向系的角传动比直接影响着转向的操控性和灵敏度。传动比大,反应灵敏,但转向沉重;传动比小,则转向轻便。

机械转向系难以同时满足转向省力和转向灵敏的要求。因此大多数汽车采用了动力转向系和电动助力转向系。

二、机械转向系

(一)机械转向系的组成

机械转向系由转向盘、安全转向轴、转向节臂、转向横拉杆、转向减振器及机械转向器等组成,如图7-2所示。

(二)机械转向系的工作原理

驾驶员对转向盘施加的转向力矩通过转向轴输入转向器,机械转向系由转向器和转向传动机构组成。经转向器放大后的力矩和减速后的运动传到转向横拉杆,再传给固定于转向节上的转向节臂,使转向节和它所支撑的转向轮偏转,从而改变了汽车的行驶方向。

(三)机械转向器

转向器的作用是将转向盘的转动变为转向横拉杆的横向运动。为了操纵轻便,将驾驶员作用在转向盘上的力矩放大,传给转向传动机构。按其中传动副的结构分为球面蜗杆滚轮式、蜗杆曲柄锁销式、循环球式和齿轮齿条式四种形式。现代汽车主要采用循环球式和齿轮齿条式。

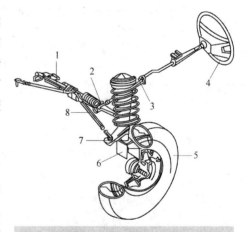

图7-2 汽车机械转向系
1-转向减振器;2-机械转向器;3-安全转向轴;
4-转向盘;5-转向轮;6-转向节;7-转向节臂;
8-转向横拉杆

1. 齿轮齿条式

(1)结构。齿轮齿条式转向器如图7-3所示,作为传动副主动件的转向齿轮轴通过轴承安装在转向器壳体中,其上端通过花键与万向节叉和转向轴连接。与转向齿轮啮合的转向齿条水平布置,两端通过球头座与转向横拉杆相连。齿条被弹簧压靠在齿轮上,弹簧弹力可通过其弹簧座(压块)上的调整螺塞调节。

(2)工作原理。当转动转向盘时,转向器齿轮随之转动,与之啮合的齿条沿轴向移动,使左右横拉杆带动转向节左右转动,转向车轮偏转,从而实现汽车转向。

2. 循环球式转向器

(1)结构。循环球式转向器如图7-4所示。循环球式转向器一般有两级传动副,第一级是螺杆螺母传动副,第二级是齿条齿扇传动副。螺杆和螺母之轴承预紧度间有钢球。为保证钢球循环流动,钢球有密闭的通道。螺母的外圈是齿条,齿条和齿扇啮合。

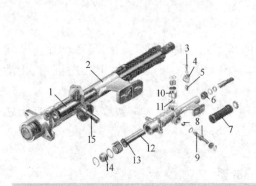

图7-3 齿轮齿条式转向器
1、12-转向齿条;2-转向器壳;3-调整螺钉;4-盖板;5-调整螺钉座;6-衬套;7-防尘护罩;8-轴承;9、15-转向齿轮;10-压块;11-压块衬片;13-挡块;14-挡盖

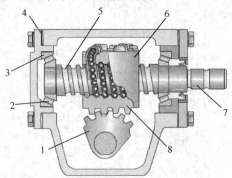

图7-4 循环球式转向器的结构
1-齿扇;2-钢球;3-轴承;4-轴承预紧度调整垫片;5-螺杆;6-螺母;7-转向轴;8-齿条

(2)工作原理。转向螺杆转动时,通过钢球带动螺母旋转,并使与螺母制成一体的齿条左右移动,带动齿扇旋转。齿扇中心轴带动与其连接的转向摇臂摆动,并通过转向直拉杆、转向横拉杆等一系列铰接杆件最终操控转向节臂,使前轮偏转。

三、动力转向系

(一)动力转向系的作用与类型

动力转向系的作用是利用液压助力,使驾驶员能轻便地操纵转向盘,减轻疲劳强度,保证安全行车。由于液压装置工作平稳、灵敏度好,结构简单、紧凑,因而得到广泛的应用。

(二)动力转向系的组成

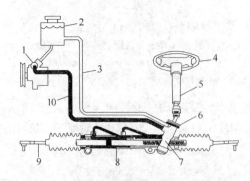

图7-5 动力转向系的组成
1-油泵;2-储油室;3-回油管;4-转向盘;5-转向柱;6-转向阀;7-转向器总成;8-齿条;9-转向横拉杆;10-出油管

转向盘、转向器总成、储油室、油泵等机件用油管连接,构成动力转向系,如图7-5所示。

(三)动力转向器的类型、结构和工作原理

理想的动力转向特性为在车辆低速行驶(发动机低转速)时,转向轻便;在车辆高速行驶(发动机也是高转速)时,要求有一定的转向阻力(动力转向器不起作用)。

动力转向器由机械转向装置和方向控制阀组成,目前动力转向器的分类主要按照机械转向装置分为循环球式和齿轮齿条式两种。

(1)动力转向器的结构。如图7-6所示为桑塔纳2000GSi型轿车所采用的液压动力转向系统,主要由液压泵、控制阀、溢流阀、限压阀、储油

罐、转向器(齿轮齿条式)、工作缸和软管等组成,其中转向器与助力装置为整体式,即工作缸、分配阀和齿轮齿条装配在一起。在齿条与小齿轮啮合位置的背面装有由弹簧压紧的压力块,通过调节螺栓来改变弹簧的预紧力,可消除齿轮齿条的啮合间隙。

(2)工作原理。工作时,液压泵(叶片泵)在发动机传动带驱动下从储油罐中吸进液压油,并将具有压力的液压油输送到动力转向器的控制阀处。分配阀根据转向盘输出转向力的大小和方向控制液压油的流向,使适当的液压油进入工作缸,在油压的助力下,推动转向器齿条,工作缸另一边的液压油在转向器活塞和油压作用下,通过分配阀,流回储油罐。转向器中活塞两边的压力差,使转向盘转动轻便。

当转向盘停在某一位置不再继续转动时,阀芯与阀套相对位移减小,左右动力腔油压差减小。但仍有一定的助力作用,此时的助力力矩与车轮的回正力矩相平衡,使车轮维持在某一转向位置上。

(3)液压泵。目前液压泵多采用的是双作用式叶片泵,由泵油机构和流量控制阀总成组成,如图7-7所示。驱动总成由发动机驱动将动力油输入转向阀总成。

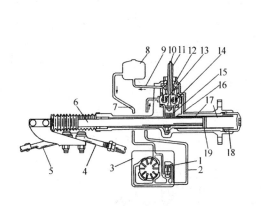 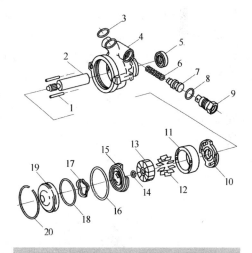

图7-6 桑塔纳2000GSi型轿车液压动力转向系统
1-限压阀和溢流阀;2-高压油管;3-液压泵;4-左转向横拉杆;5-右转向横拉杆;6-齿轮齿条;7-进油管;8-储油罐;9-回油管;10-转向齿轮;11-扭力杆;12-分配阀;13-右阀芯;14-左阀芯;15-活塞右腔进油管;16-活塞左腔进油管;17-压力腔;18-动力缸;19-活塞

图7-7 油泵总成
1-液压泵环定位销(2);2-驱动轴;3、8、16、18-O形密封圈;4-泵壳;5-驱动轴密封件;6-流量控制弹簧;7-流量控制阀;9-O形圈组合管接头;10-止推板;11-液压泵环;12-叶片;13-转子;14-轴定位环;15-压力板;17-压力板弹簧;19-端盖;20-定位环

叶片式动力转向液压泵驱动总成的核心部件是转子、叶片和泵环。泵环装在壳体内,其内孔为椭圆形。转子装在泵环内孔中,转子的外圈开有滑槽,每道滑槽内插着一片叶片。叶片可沿滑槽来回滑动。当转子旋转时,叶片在离心力的作用下紧贴泵环内孔壁,如图7-8所示。转子、泵环和任何相邻的叶片间形成的空间是一个单一的泵腔,随着转子的旋转,每一泵腔的容积不断变化。在泵腔容积增大处加工有进油孔,在泵腔容积减小处加工有排油口。

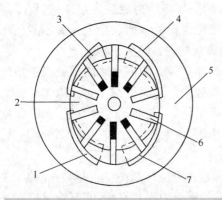

图7-8 叶片进油和排油的工作原理
1、4-进油口;2-转子;3、7-排油口;5-泵环;6-叶片

当泵腔增大时,产生真空吸力,从进油口吸入液压油;当泵腔容积减小时,压力增加,使油液从排油口排出。液压泵的进油口与储油罐相连,接收来自储液罐的低压油液;排油口与转向机转阀相连,向转向机提供动力源。

桑塔纳2000GSi型轿车叶片泵的额定流量为6L/min,额定工作压力为1×10^6kPa。为了保证汽车在高速行驶时有较强的路感,叶片泵的流量随着发动机转速的提高呈下降趋势。为了防止液压系统的工作压力超过系统允许的最大工作压力,在叶片泵内装有一个限压阀,当工作压力超过限压阀的额定值时,压力油通过限压阀卸荷返回到吸油口。

(4)转阀式控制阀。转阀式控制阀是动力转向器的核心部件,直接安置在动力转向器总成里,是保证在发动机低转速时有足够压力与数量的油液进入转向器(油泵要有一定的流量);在发动机高速运转时,或当转向盘转到左极限或右极限位置时,防止过量油液进入转向器产生过高压力,以致损坏整个液压系统。

转阀式控制阀主要由阀体、阀芯和扭杆等组成,如图7-9所示。扭杆的一端同阀体一起连接在转向螺杆上,另一端通过定位销与阀芯相连。阀体和阀芯上开有相对应的油道。

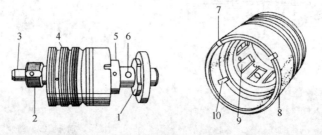

图7-9 转阀式控制阀
1-扇形凸缘;2-枢轴;3-扭杆;4、8-阀体;5-阀芯;6-定位销;7-缺口;9-油槽;10-定位槽

动力缸前腔和后腔分别与阀体上相对应的两条油道相连,阀上还有回油道。转向控制阀控制压力油方向时,是通过控制阀中的阀芯与阀体围绕轴线相对转动来实现的。

如图7-10a)所示,在直线行驶时,转向盘处于中间位置,阀芯和阀套之间也处于中间位置,所有控制口接通,液压油毫无阻碍地流经分配阀返回到储油罐。转向盘转动时,转向轴带动阀芯相对于阀套运动,由于阀的控制边口位置的变化,液压油将进入转向器的油缸内,推动活塞运动而产生推力。

如图7-10b)所示,当向右转动转向盘时,转向力矩使得转向齿轮轴(弹性扭力杆)扭转,这就使得右阀芯下移,使得进油通道开大;左阀芯上移,关闭进油通道,此时左、右阀芯分别打开和关闭各自的回油通道。工作缸左边的液压油推动转向器活塞向右运动,起到助力作用。转向器活塞移动距离的大小,则取决于施加在转向盘上转向力矩的大小。同时,转向器工作缸右边的液压油在转向器活塞的作用下,通过打开的回油环槽返回到储油罐中。

如图7-10c)所示,当向左转动转向盘时,情况与向右转动转向盘时相反。

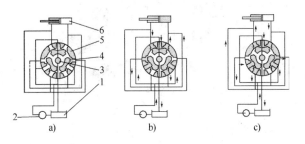

图 7-10 转阀工作原理
a)直线行驶时转阀处于中间位置;b)右转弯时;c)左转弯时
1—储油罐;2—油泵;3—扭杆;4—阀芯;5—阀套;6—转向器

四、转向传动机构

(一)转向传动机构的作用

转向传动机构的作用是将转向装置输出的转向力传递给转向轮,使其发生偏转,实现汽车转向。同时,还承受、衰减因路面不平而引起的冲击振动,以稳定汽车行驶方向,避免转向盘振动。

(二)转向传动机构的类型

转向传动机构按照悬架的类型可分为与非独立悬架相配用的转向传动机构和与独立悬架相配用的转向传动机构两类。

1. 与非独立悬架相配用的转向传动机构

如图7-11所示,与非独立悬架配用的转向传动机构主要包括转向摇臂、转向直拉杆、转向节臂和转向梯形。当前桥仅为转向桥时,由转向横拉杆和左、右梯形臂组成的转向梯形通常布置在前桥之后。以车辆右转为例,向右转动转向器时,转向摇臂向后摆动,拉动转向直拉杆后移,带动左转向节,使左前轮向右偏转,同时通过左梯形臂、横拉杆、右梯形臂,使右前轮向右偏转,实现右转向。

2. 与独立悬架相配用的转向传动机构

如图7-12所示,当转向轮采用独立悬架时,每个转向轮都需要相对于车架作独立运动,因而转向桥必须是断开式的。与此相对应,转向传动机构中的转向梯形也必须是断开式的。向右转动转向器,齿轮齿条转向器将旋转力转变成向右移动的力,向右推动横拉杆,使车轮向右偏转,向右转向。

(三)上海桑塔纳轿车转向传动机构

上海桑塔纳轿车转向传动机构如图7-13所示,主要由左右转向横拉杆、转向减振器和前桥转向臂组成。由于采用了齿轮齿条式转向器,转向传动机构中省略了直拉杆等部件,转向传动机构尤为简单。

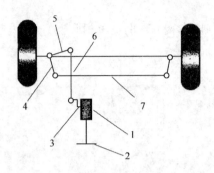
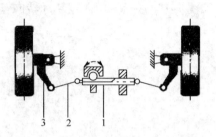

图7-11 与非独立悬架相配用的转向传动机构
1-转向器;2-转向盘;3-转向摇臂;4-转向梯形臂;
5-转向节臂;6-转向直拉杆;7-转向横拉杆

图7-12 与独立悬架相配用的转向传动机构
1-转向器;2-转向横拉杆;3-转向梯形臂

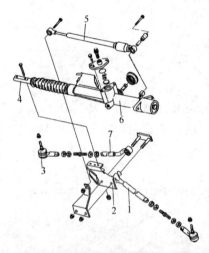

图7-13 上海桑塔纳轿车转向传动机构
1-左横拉杆;2-横拉杆支架;3-球接头;
4-转向齿条;5-转向减振器;6-转向器壳;
7-右横拉杆

1. 转向横拉杆

转向横拉杆分成左、右两根,其内端为与杆身一体的不可调的圆孔接头,孔内压装有橡胶——金属缓冲环,与转向齿条支架用螺栓连接。横拉杆外端为带球头的可调式接头,球头销与转向臂相连。通过调节横拉杆长度可调整前轮前束值。球头销的球碗由弹簧顶紧球头,以消除间隙,如图7-14所示。球头销连接可以有效防止横拉杆与车轮的运动干涉,保证在任何条件下都能顺利传递转向力。

2. 转向减振器

随着车速的提高,现代汽车的转向轮有时会产生摆振(转向轮绕主销轴线往复摆动,甚至引起整车车身的振动),这不仅影响汽车的稳定性,而且还影响汽车的舒适性,加剧前轮轮胎的磨损。在转向传动机构中设置转向减振器是克服转向轮摆振的有效措施。转向减振器是一个液压阻尼装置,如图7-15所示,通过活塞杆和活塞在缸筒内的往复运动,驱使油液在活塞的节流阀上下流动而产生阻尼,以吸收由于道路崎岖而引起的反作用力。其减振器缸筒一端固定在转向器壳体上,活塞一端则与转向横拉杆支架连接,利用减振器内液体流动的阻尼力来吸收道路不平而引起的冲击和振动。

3. 前桥转向臂

前桥转向臂直接焊接在前桥柱式悬架的支柱上,转向臂与横拉杆之间采用球头销连接。

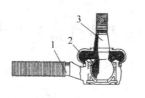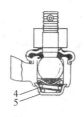

图7-14 球头销
1-杆接头;2-球头碗;3-球头销;4-弹簧;5-底盖

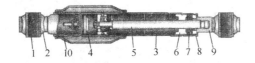

图7-15 转向减振器
1-连接环衬套;2-连接环橡胶套;3-油缸;4-压缩阀总成;5-活塞及活塞杆总成;6-导向座;7-油封;8-挡圈;9-轴套及连接环总成;10-橡胶储液缸

单元二 汽车行驶系的结构认知

单元要点

1. 汽车行驶系的作用和基本类型；
2. 汽车行驶系的结构和工作原理。

相关知识

一、行驶系的组成

(一)汽车行驶系的功用

汽车行驶系的功用是接受传动系传来的转矩,通过驱动轮与路面的作用产生牵引力,使汽车正常行驶,并承受汽车总重量和地面反力,缓和不平路面对车身造成的冲击,减少汽车行驶中的振动,缓和冲击,保持行驶的平顺性。它与转向系配合,保证汽车的操纵稳定性。

(二)汽车行驶系的结构组成

汽车行驶系一般由车架、车桥、车轮和悬架四部分组成,如图7-16所示。

汽车行驶系的结构如图7-17所示。车架是全车的骨架,汽车所有的机件及车体均安装在车架上。车桥通过弹性的前、后悬架与车架连接。车轮支撑着车桥(从动桥和驱动桥),由于车架与路面之间是弹性的悬架和轮胎,所以大大减缓了因不平路面所产生的冲击和振动。

图7-16 汽车行驶系
1-车架;2-车轮;3-悬架

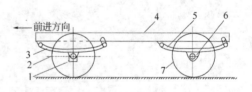

图7-17 汽车行驶系的结构
1-转向桥;2-转向轮;3-前悬架;4-车架;5-后悬架;6-驱动桥;7-驱动轮

二、车架

(一)车架的功用

车架的功用是支撑并安装汽车的机件及车身,承受来自车内外的各种载荷。

(二)车架的分类

1. 无梁式车架

无梁式车架主要应用在轿车和小型载客车上。无梁式车架用金属制成坚固的车身,发动机、悬架等机件直接安装在车身上,车身承受所有的载荷,也称为承载式车身。

(1)轿车的车架,如图7-18所示。

(2)小型客车的车架,如图7-19所示。

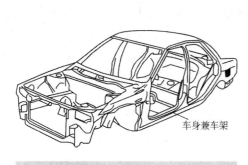

图7-18 轿车的车架

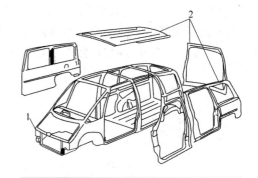

图7-19 小型客车的车架
1-主车架;2-门窗框架

2. 边梁式车架

边梁式车架如图7-20所示,主要应用在载货汽车或大型客车上。边梁式车架由两根贯通前后的纵梁和若干根横梁组成,用铆接或焊接将纵梁与横梁连接成坚固的刚性构架。

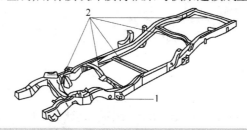

图7-20 边梁式车架
1-纵梁;2-横梁

三、悬 架

(一)悬架的功用、组成

悬架是车架(或承载式车身)与车桥(或车轮)之间的弹性连接装置。

它由弹性元件、导向装置、减振器和横向稳定杆组成,如图7-21所示。悬架结构形式和性能参数的选择合理与否,直接对汽车行驶的平顺性、操纵稳定性和舒适性有很大的影响。

(二)汽车悬架的分类

汽车悬架可分为两大类:非独立悬架和独立悬架。

1. 非独立悬架

如图7-22a)所示。其特点是两侧车轮安装于一整体式车桥上,当一侧车轮因道路不平受冲击力时,会直接影响到另一侧车轮。目前,这种悬架广泛应用于载货汽车和大型客车。非独立悬架由于非簧载质量比较大,高速行驶时悬架受到冲击载荷比较大,平顺性较差。

2. 独立悬架

如图 7-22b)所示。其特点是两侧车轮分别独立地与车架(或车身)弹性连接,当一侧车轮因道路不平受冲击时,其运动不直接影响另一侧车轮,保证了车身的平衡,同时有效延长了轮胎的寿命。独立悬架所采用的车桥是断开式的,使发动机可放低安装,有利于降低汽车重心,并使结构紧凑。独立悬架允许前轮有大的跳动空间,有利于转向,便于选择的弹簧元件使平顺性得到改善。同时,独立悬架非簧载质量小,可提高汽车车轮附着性。

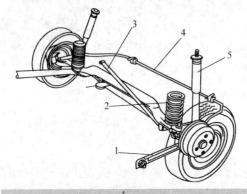

图 7-21 汽车悬架的组成
1-纵向推力杆(导向装置);2-弹性元件;3-横向推力杆(导向装置);4-横向稳定杆;5-减振器(扭力杆)

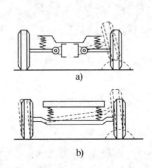

图 7-22 汽车悬架
a)独立悬架;b)非独立悬架

(三)常见悬架的结构

1. 钢板弹簧式非独立悬架

它由钢板弹簧、减振器及相关的连接装置组成,其结构如图 7-23 所示。

2. 螺旋弹簧式非独立悬架

它由螺旋弹簧、减振器及相关的连接装置组成,其结构如图 7-24 所示。

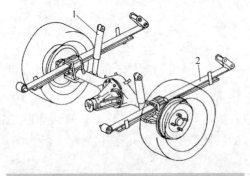

图 7-23 钢板弹簧式非独立悬架
1-减振器;2-钢板弹簧

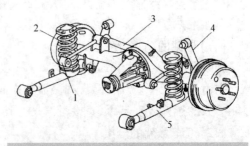

图 7-24 螺旋弹簧式非独立悬架
1-上控制臂;2-螺旋弹簧;3-横支杆;4-减振器;
5-下控制臂

3. 麦弗逊式悬架

麦弗逊式悬架主要由减振器、螺旋弹簧、立柱、下摆臂等组成,如图7-25所示。

4. 双叉式悬架

双叉式悬架主要由减振器、螺旋弹簧、上摆臂、下摆臂等组成,如图7-26所示。

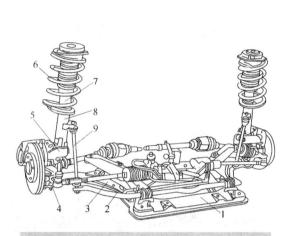

图7-25 麦弗逊式悬架
1-前托架;2-横向稳定杆;3-下摆臂;4-球头销;5-转向节;6-螺旋弹簧;7-减振器;8-立柱;9-连接杆

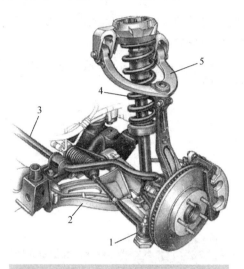

图7-26 双叉式悬架
1-转向节;2-下摆臂;3-稳定杆;4-螺旋弹簧;5-上摆臂

各类悬架相关内容见表7-1。

常见悬架简表　　　　　　　　　　　　　　　　表7-1

悬架类型	适用车型	结构特征	优、缺点
钢板弹簧式非独立悬架	大型载货汽车和客车的前、后悬架	若干根长短不一的钢板用螺栓连接在一起。两端的吊耳和导向装置中间用U形螺栓与车桥连接	优点:它既是弹性元件,又是导向元件,结构简单,承载力大 缺点:质量大、拆装不便、缓冲差
螺旋弹簧式非独立悬架	轿车和小型客车的后悬架	一端通过减振器与车身连接,另一端与车桥连接,弹簧安装在车身与车桥的弹簧座上	优点:结构简单,缓冲效果好 缺点:结构较复杂,拆装不便
麦弗逊式悬架	轿车和小型客车的前悬架	上端用螺栓安装在车身上,下端通过下摆臂与车桥连接	优点:结构简单、重量轻,占用空间小 缺点:减振器容易损坏
双叉式悬架	高档轿车和小型客车的前悬架	上端通过上摆臂与车身连接,下端通过下摆臂与车桥连接	优点:减振器不易损坏,寿命长,缓冲性能好 缺点:结构复杂,成本高

(四)悬架的结构与工作原理

1. 弹性元件

弹性元件即指弹簧(常见的有钢板弹簧、螺旋弹簧),用以缓冲并传递垂直力。

(1)钢板弹簧。钢板弹簧又叫叶片弹簧,它是由若干个不等长的合金弹簧片叠加在一起组合成一根近似等强度的梁,如图 7-27 所示。钢板弹簧本身还兼起导向机构的作用,可不必单设导向装置,使结构简化。

(2)螺旋弹簧。由弹簧钢棒卷制成螺旋状的弹簧,如图 7-28 所示,它只能承受垂直载荷,所以必须有导向机构。

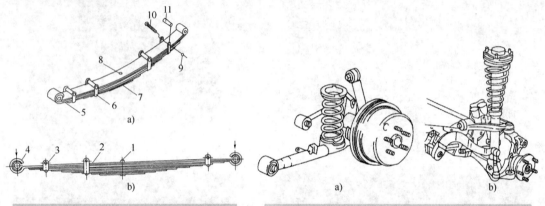

图 7-27　钢板弹簧
a)对称式钢板弹簧;b)非对称式钢板弹簧
1、8—中心螺栓;2、7—钢板弹簧;3、6—弹簧夹;4、5—卷耳;9—螺母;10—螺栓;11—套管

图 7-28　螺旋弹簧
a)等螺距螺旋弹簧;b)不等螺距螺旋弹簧

2. 减振器

(1)减振器的作用是衰减车辆的振动,改善汽车的平顺性,如图 7-29 所示。

(2)减振器的结构。减振器有 3 个同心钢筒,如图 7-30 所示。外面的钢筒是防尘罩,其上部的吊环与车架(或车身)相连。吊环下装有活塞杆及油封活塞。中间是储油缸筒,内装一定量的油液(不装满),其下端的吊环与车桥相连。最内的是工作缸筒,其内装满油液。与防尘罩上端吊环制成一体的活塞杆上固定着活塞,活塞上装有伸张阀和流通阀,在工作缸筒下端的支座上装有压缩阀和补偿阀。

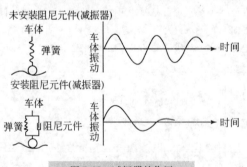

图 7-29　减振器的作用

(3)减振器的工作原理。

①压缩行程,如图 7-31a)所示。在压缩行程时,汽车车轮移近车身,减振器受压缩,此时减振器内活塞向下移动。活塞下腔室的容积减少,油压升高,油液流经流通阀流到活塞上面的腔室(上腔)。由于上腔被活塞杆占去了一部分空间,因而上腔增加的容积小于下腔减小的容积,一部分油液于是就推开压缩阀,流回储油缸。这些阀上的小孔对油液的节流形成了悬架受压缩时的阻尼力。

②伸张行程,如图7-31b)所示。当车轮与车身间的距离拉大时,减振器受拉伸,减振器的活塞上移。活塞上腔油压升高,流通阀关闭,上腔内的油液推开伸张阀流入下腔。由于活塞杆的存在,自上腔流来的油液不足以充满下腔增加的容积,致使下腔产生真空度,这时储油缸中的油液推开补偿阀流进下腔进行补充。这些阀的节流作用使悬架在伸张时受到阻尼。活塞移动过程中,减振器油被通过小孔所产生的流动阻力,有效缓冲了汽车的振动。

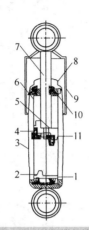

图 7-30 减振器的结构
1-补偿阀;2-压缩阀;3-储油缸筒;4-伸张阀;5-活塞;6-工作缸筒;7-活塞杆;8-油封;9-防尘罩;10-导向座;11-流通阀

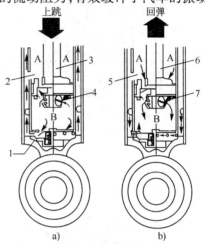

图 7-31 双向作用筒式减振器工作原理
a)压缩行程;b)伸张行程
1-压缩阀阀片;2、5-油腔;3、6-活塞杆;4、7-伸张阀

3.导向装置

(1)导向装置的作用。导向装置连接车轮、车身,使车桥相对于车架(车身)只能作上、下运动,保护了弹性元件,并保证行驶的稳定性。

(2)导向装置的类型。导向装置有立柱、上下摆臂、弹簧座等,前面已经介绍,不再重复。

四、车 轮

(一)车轮的作用

车轮是汽车行驶中的重要部件,其功用主要是:支撑整车,缓和由于路面不平引起的冲击力;接受和传递制动力和驱动力;轮胎具有抵抗侧滑和自动回正的能力;使汽车正常转向,保持汽车直线行驶。

(二)车轮的结构

车轮主要由轮毂、轮辐、轮辋和轮胎等组成,如图 7-32 所示。轮辋及轮辐(小型客车上两者为统一部件)是安装轮胎的骨架,它还是通过轮毂将轮胎与车轴连接起来的旋转部件。轮辋及轮辐通过螺纹连接件装在轮毂上。

(三)轮胎的结构与常用标志

1.轮胎的结构

轮胎是汽车与道路之间力的支撑件和传递件。它的性能直接影响着汽车行驶的安全性、操纵稳定性、动力性、经济性及舒适性等。

轮胎的性能与其结构、材料、气压、花纹等因素有关。

汽车上常用的轮胎是充气轮胎,它分为有内胎和无内胎两种。有内胎的充气轮胎的结构包括外胎、内胎和垫带,如图7-33所示。

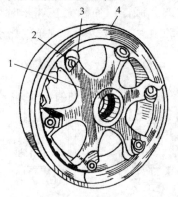

图7-32 车轮的组成
1-轮辐与轮毂;2-螺栓;3-衬块;4-轮辋

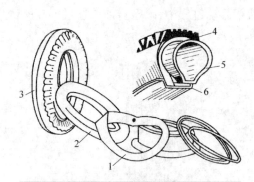

图7-33 充气轮胎的组成
1、6-垫带;2、5-内胎;3、4-外胎

(1)轮胎表面的橡胶层。与地面接触的部分叫胎冠。轮胎胎冠用耐磨橡胶制成,它直接与路面接触,承受全部载荷,减少冲击载荷,保护帘布层免受损伤。为使轮胎与地面具有良好的附着性能,防止纵向和横向滑移,在胎面上制有各种花纹。胎冠的花纹决定了轮胎的使用性能。不同的花纹适应不同的路面、不同的汽车。

轮胎花纹分类及特性见表7-2。

轮胎花纹分类及特性　　　　　　　　　表7-2

类型	条形花纹	横向花纹	混合花纹	越野花纹
胎面花纹				
形状	花纹延四周展开连接在一起(纵纹)	横向切割的花纹(横纹)	横纹和纵纹相结合的花纹	由独立的块组成的花纹
特征	1.有较好的操纵稳定性 2.滚动阻力较低 3.噪声低 4.排水性好 5.防侧滑,转向稳定性优异	1.有利于获得高的驱动力和制动力 2.强大的牵引力 3.具有优异的耐刺垫伤性	1.纵纹提供转向稳定性并有助于防止侧滑 2.横纹改善了驱动力、制动力及牵引力	1.有利于获得高的驱动力和制动力 2.在雪地和泥泞路面上具有良好的转向稳定性

胎冠两侧是胎肩,胎肩以下叫胎侧。轮胎的磨损极限标志就打在胎肩和胎侧的连接处。其外缘与轮辋接触的部位叫胎圈。胎圈部位的橡胶内铸有钢丝束带,以使轮胎充气后可以紧贴轮辋。

(2)胎体帘布层,如图 7-34 所示。

由纤维帘线和钢丝帘线用橡胶模压制成。能承受负荷和气压。子午线轮胎的帘线是径向排列,斜交轮胎的帘线相邻两层交叉成一角度排列。

(3)带束层或缓冲层。胎冠与帘布层间的过渡层,子午线轮胎称带束层;斜交轮胎称缓冲层。

汽车行驶时,子午线轮胎变形小、失圆度小,因此有减轻磨损、减小行车阻力、明显节油、减振、附着性能好等优势。在汽车市场上的占有率达 90% 以上。但子午线轮胎对胎压要求较精确,使用中要定期检查。

(4)内胎。通过气门芯向内胎充气后使轮胎成为有良好缓冲性能,并能承受一定负荷的弹性体。有的充气胎没有内胎,因此叫无内胎充气轮胎。无内胎轮胎成为绝大多数轿车的首选。它具有行驶时温度低,适于高速行驶,寿命长、结构简单等优点。轮胎被刺穿时,由于其内壁有一层有自封性能的橡胶气密层,气压不会迅速下降。由于无内胎轮胎是依靠其轮圈上的橡胶密封层在气压作用下紧贴轮辐保持密封,如图 7-35 所示,为了防止轮圈受损,无内胎轮胎铝合金轮辋拆卸时必须使用轮胎拆装机。无内胎轮胎的气压应符合标准,这是延长使用寿命的关键。因此,要经常查气、补气。

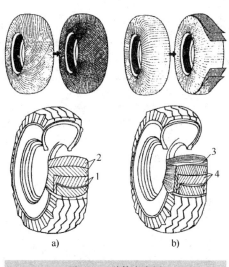

图 7-34 胎体帘布层
a)普通斜交轮胎;b)子午线轮胎
1-缓冲层;2、3-帘布层;4-带束层

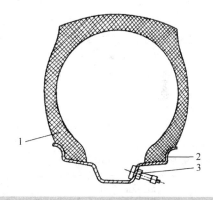

图 7-35 无内胎轮胎
1-橡胶密封层;2-胎圈橡胶密封层;3-气门嘴

有内胎和无内胎充气轮胎的结构区别如图 7-36 所示。

2. 轮胎的常用标志

轮胎的常用标志见表 7-3,轮胎的规格表示方法如图 7-37 所示。

以上海桑塔纳 2000GSi 轿车轮胎的规格 195/60 R 14 85 H 为例进行说明。

(1)195 表示轮胎宽度 195mm,货车子午线轮胎的宽度一般用英寸(inch)为单位。

(2)60 表示扁平比为 60%,扁平比为轮胎高度 H 与宽度 B 之比,有 60、65、70、75、80 五个级别。

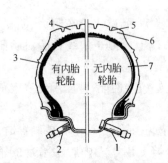

图7-36 有内胎、无内胎轮胎结构比较
1-轮辋打气阀;2-打气阀;3-内胎;4、5-外胎面;
6-胎面;7-密封层

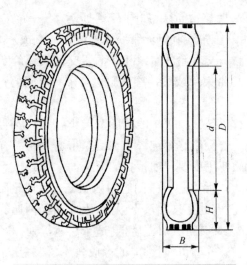

图7-37 轮胎规格表示方法
D-轮胎外径;d-轮胎内径或轮辋直径;B-轮胎宽度;H-轮胎高度

轮胎的常用标志　　　　　　　　　　　　　　　表7-3

项目	标志	说明
厂名、轮胎名、商标	以大号美术字母标于轮胎两侧	如 MICHELIN 为米其林公司,厂名与轮胎名称并不一定一致
规格	以符号、数字表示轮胎主要尺寸、结构、性能,主要包括:轮胎宽度、高宽比(扁平率)、轮辋外径	如规格为 185/70SR14 的轮胎,胎宽为 185 mm,胎高为 $185 \times 70\% = 126$mm,最高限速 S(180km/h),子午线轮胎 R,轮辋直径 14 英寸
鉴定情况	DOT(美国交通部认定标准) ECE(简标 E,欧共体认定标准) CCC(中国质量认定)	
结构	无内胎 tubeless TL 有内胎 tube-tyre TT 钢丝束带 STEEL BELTED 子午线轮胎 RADIAL R 四季轮胎 MS、M + S	无标志,为有内胎 拆卸无内胎轮胎时,必须使用专用的轮胎拆装机 MS 轮胎可用于冰雪路面行驶
最大载荷	MAXLOAD	指单胎承受的最大载重 单位为:LBS、kg
最大充气压力	INFLATION PRESSURE	单位为:kPa Psi 磅/英寸^2
耐磨性	TREADWEAR	100 为标准,如 160 表示耐磨性为标准胎的 1.6 倍
牵引力	TRACTION	A(最佳)、B(中等)、C(一般)

续上表

项　目	标　　志	说　　明
耐热性	TEMPERATURE	反映轮胎散热性 A(最佳)、B(中等)、C(一般)
层级	PR	反映轮胎强度和负载能力,同一轴不得选用不同层级的轮胎。PR4 相当于 4 层帘布的强度
速度级别	字母	如:T 最大限速为 190 km/h,H 最大限速为 210 km/h,V 最大限速为 240 km/h
磨损标记	在轮胎两侧肩上模铸的、等距离的、不少于 4 个的标记。一般是"△",米其林是小轮胎人的符号;倍耐力是"TWI"	磨损至标记顶端,牵引力及制动效能已受到影响,轮胎应更换
定向标记	胎侧标有 SIDE FACING、OUTWARDS(INWARDS)文字的一侧朝外(内)安装。胎侧所标箭头与车前行驶方向一致	错装会使轮胎的附着力及排水防滑性能大打折扣
平衡标记	胎侧标有"△"、"一"、"口"等符号及 W、D 等字母,表示轮胎最轻部位	有内胎轮胎,气门嘴对准符号安装

(3)R 表示子午线轮胎,即"Radial"的第一个字母。

(4)14 表示轮胎内径 14 英寸(inch)。

(5)85 表示荷重等级,即最大载荷质量。荷重等级为 85 的轮胎的最大载荷质量为 515kg。

任务实施

一、转向器拆装

1. 桑塔纳 2000GSi 动力转向器的分解（图 7-38）

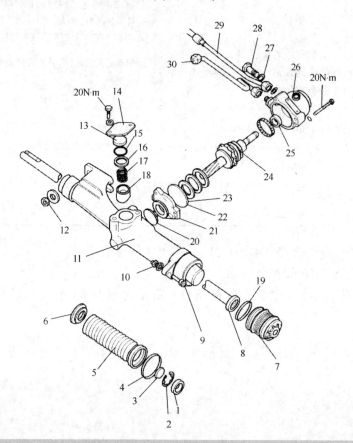

图 7-38 动力转向器的分解

1-齿条密封罩；2-挡圈；3-更换齿形环；4-软管夹箍；5-防尘罩；6-固定环（推至齿条挡块）；7-密封罩（50N·m）；8-齿条；9-圆柱内六角螺栓；10-自锁螺母（拧紧力矩20N·m）；11-转向器外壳；12-自锁螺母（拧紧力矩35N·m）；13-密封压环（厚面朝上）；14-压盖；15、22、23-圆绳环；16-补偿垫片；17-压簧；18-压块；19-绳环（4.4mm×2.5mm）；20-圆绳环（42mm×2mm）；21-中间盖；24-转向齿轮；25-密封圈；26-阀门罩壳；27-密封圈（更换）；28-管接头螺栓（拧紧力矩30N·m）；29-回油管；30-油管（拧紧力矩40N·m）

2. 动力转向器的拆卸

桑塔纳 2000GSi 动力转向器拆卸步骤见表 7-4。

桑塔纳 2000GSi 动力转向器拆卸步骤

表 7-4

拆卸步骤	图示说明
(1) 支撑起车辆，排放动力转向油（ATF 润滑油） (2) 拆下固定横拉杆的螺母	
(3) 拆卸左前轮罩处的转向器固定螺栓	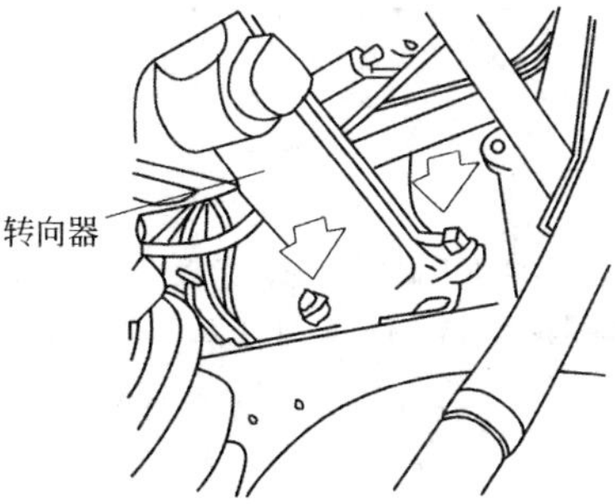
(4) 松开在转向分配阀外壳上的进油油管	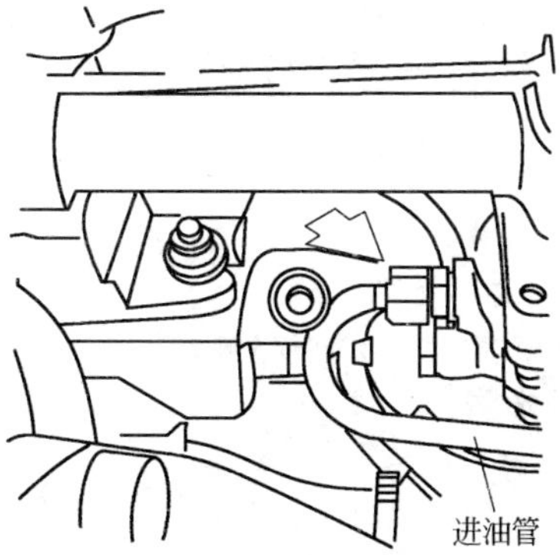
(5) 拆卸后横板上固定转向器的左边自锁螺母	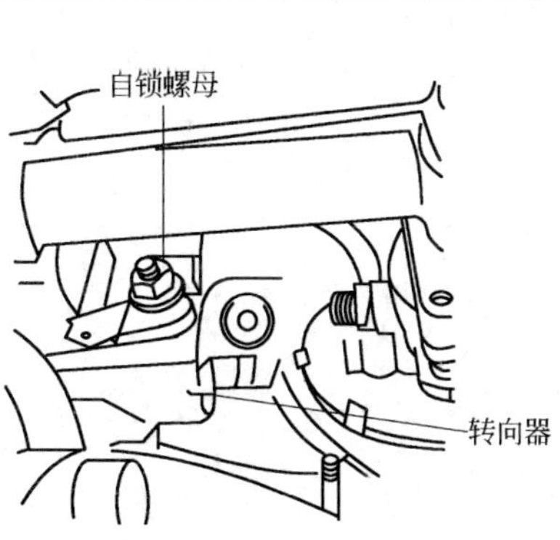

续上表

拆卸步骤	图示说明
(6)把车辆放下,拆卸紧固齿条与转向横拉杆的螺栓	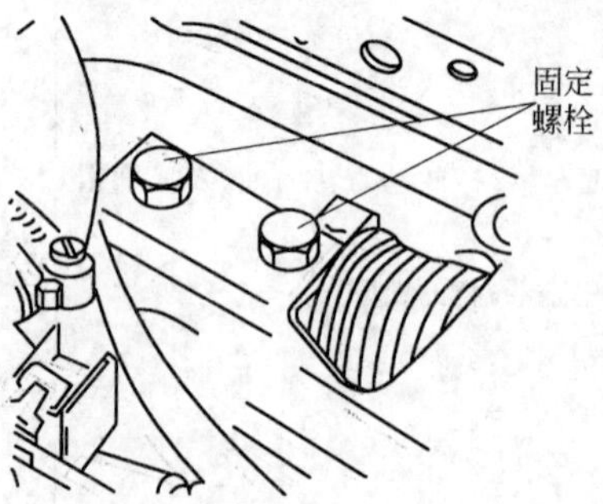 (固定螺栓)
(7)拆卸仪表盘侧边下盖、通风管和踏板盖 (8)拆卸紧固转向齿轮与下轴的螺栓,并使各轴分开	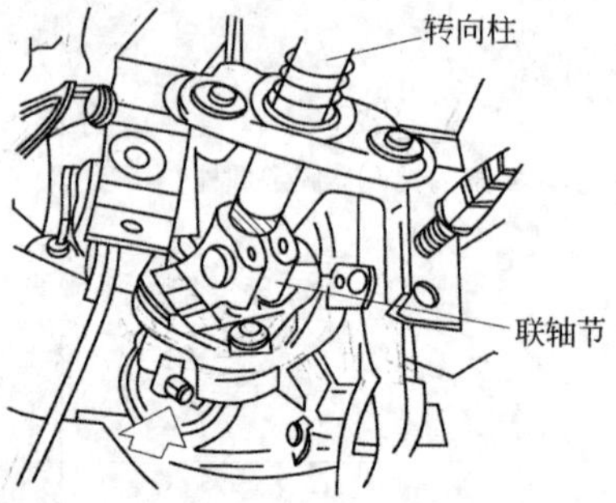 (转向柱、联轴节)
(9)拆卸防尘套 (10)从车厢内部拆卸固定转向分配阀外壳上回油软管的泄放螺栓	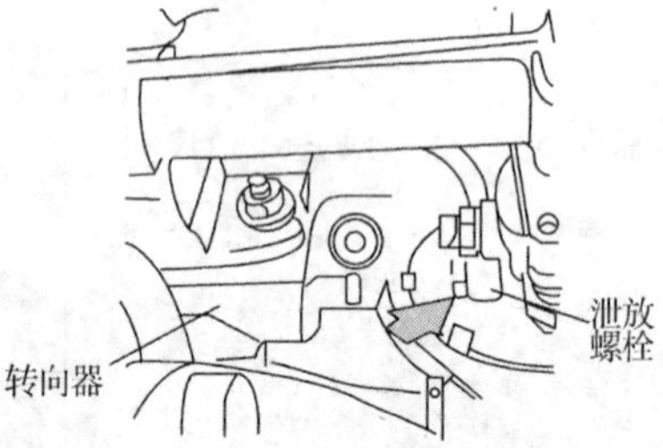 (转向器、泄放螺栓)
(11)拆卸后横板上固定转向器的自锁螺母 (12)拆下转向器	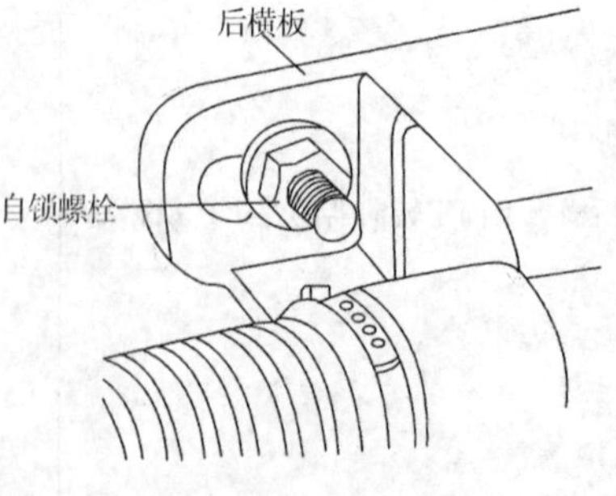 (后横板、自锁螺栓)

3. 动力转向器的安装

安装时应注意:油泵上和在转向控制阀上固定泄放螺栓的密封环只要被拆卸,就应该更换。

(1)安装后横板的转向器,安装自锁螺母但不必完全拧紧。

(2)支撑起车辆。

(3)在转向油泵上安装进油管和回油软管,并用40N·m的力矩拧紧螺栓,并使用新的密封圈;安装左前轮罩上的转向器固定螺栓,并用20N·m的力矩拧紧螺母,安装后横板上转向器固定自锁螺母,并用40N·m的力矩拧紧螺母;把进油管固定在转向分配阀外壳上。

(4)把车辆放下。

(5)用40N·m的力矩拧紧在后横板上固定转向器的螺母;安装横拉杆支架固定螺栓,并用45N·m的力矩拧紧;从车厢内部把回油软管安装在转向分配阀外壳上;安装防尘套;连接联轴器,安装固定螺栓并用25N·m的力矩拧紧;安装踏板盖、通风管和仪表盘盖。

(6)吊起车辆。

(7)安装固定横拉杆支架的自锁螺母,并用45N·m的力矩拧紧。

(8)把车辆放下。

(9)向储油罐内注入ATF油,直到达到标有"Max"处。注意:决不能再使用已排出的ATF油。

(10)举升起车辆,在发动机停转的情况下转动转向盘数次,以便把系统中的空气排出,并补充ATF油,使之达到标有"Max"处。

(11)起动发动机,完全向左和右转动转向盘,观察油面高度,一直操作到油面稳定在标有"Max"处为止。

二、悬架拆装

1. 上海桑塔纳2000GSi轿车的后桥和后悬架拆卸分解(图7-39)

2. 后桥和后悬架的拆卸

(1)将驻车制动拉索从拉杆上吊出。必要时脱开制动蹄。

(2)分开横梁上的制动管和制动软管。

(3)松开车身上的支撑杆座,仅留一个螺母支撑。如图7-40所示。

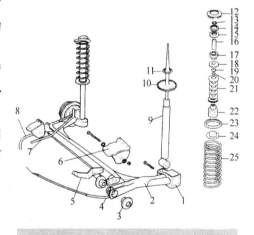

图7-39 后桥和后悬架的分解

1-支撑杆座;2-后悬架臂;3-橡胶金属轴承;4-驻车制动拉索支架;5-调节弹簧支架;6-支撑座;7-制动管和制动软管;8-驻车制动拉索套管(固定弹簧钩在车身上);9-减振器;10-下弹簧座圈;11、18-垫圈;12-塞盖;13-自锁螺母(拧紧力矩35N·m);14-衬盘(隔圈);15-上轴承环;16-隔套;17-下轴承环(橡胶件);19-隔圈;20-卡簧;21-缓冲块;22-波纹橡胶管;23-上弹簧座;24-护盖;25-螺旋弹簧注意:如要把支撑座留在车身上,需拆出支撑座与横梁上的固定螺栓。安装时更要注意,为了避免橡胶金属支撑座在行驶中橡胶扭曲,在旋紧螺栓之前,横梁须平放。

(4)拆下排气管吊环。用专用工具撑住后桥横梁。

(5)取下车厢内减振器盖板。从车身上旋下支撑杆座螺母。如图7-41所示。

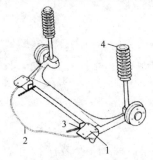 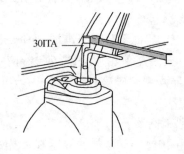

图7-40 支撑座的拆卸
1-支撑座;2-驻车制动拉索;3-制动软管;
4-支撑杆座

图7-41 支撑杆座螺母的拆卸

(6)拆卸车身上的整个支撑座。

(7)慢慢升起车辆。将驻车制动拉索从排气管上拉出。

(8)将后桥从车身底下拆出。

注意:维修时不允许对后桥进行焊接和整形。

3. 后桥和后悬架的安装

后桥、后悬架总成的安装可按拆卸相反的顺序进行,但应注意以下事项:

(1)将驻车制动拉索铺设在排气管上面,然后将后桥装到车身上。

(2)将减振器支撑杆座装入车身的支架中,并用螺母固定。

(3)横梁必须平放,车身与横梁的夹角应为 $17°\pm2°36'$。如图7-42所示。

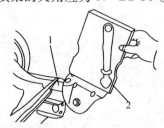

图7-42 车身与横梁的夹角测量
1-横梁;2-支撑座

(4)更换所有自锁螺母,且按规定力矩拧紧。后桥螺母拧紧力矩见表7-5。

后桥螺母拧紧力矩　　　　　　　表7-5

项 目	拧紧力矩(N·m)	项 目	拧紧力矩(N·m)
减振器下端至后桥固定螺母	70	后桥金属橡胶衬套固定螺母	70
减振器上端与车身固定螺母	35	制动底板固定螺母	60
支撑座与车身固定螺母	45	车轮固定螺母	90

三、轮 胎 拆 装

桑塔纳 2000GSi 型轿车前后轮胎工作时状态不完全相同,磨损也可能不同,轮胎换位和动平衡检测需要结合车辆类型和驾驶习惯进行,更换轮胎应该采用大众公司规定的轮胎并注意以下事项:

(1)应成对更换轮胎,并且花纹深的轮胎应装在前轮。

(2)装新的无内胎轮胎时应同时装上橡胶气门嘴。

(3)千斤顶在顶起汽车时应顶在指定位置。

(4)新换的或修理后的轮胎必须进行动平衡试验,通过添加动平衡块进行校正,轮辋边缘不平衡量小于80g。

(5)保证轮胎螺栓与车轮配对使用,车轮螺栓紧固力矩为 110 N·m。

1.轮胎的拆卸与安装

拆装时应使用换胎机器,如图 7-43 所示。在拆装铝制车轮或钢丝辐条车轮上的轮胎时,所需附件应同换胎机器厂家联系,以保护车轮粗糙度。仅用手工工具和轮胎撬棒更换轮胎,可能会损坏轮胎沿口或轮辋,影响其气密性。

正确的轮胎拆卸和安装过程如下:

(1)检查换胎机器是否正常,准备拆卸。

(2)将轮胎放气并卸下气门芯,将车轮及轮胎放在换胎机器上。

(3)通过脚踏板控制换胎机器工作。

(4)将换胎机器臂缓慢降至轮胎和车轮组件上的正确位置。

(5)将撬棒插在轮胎和车轮之间,踩下使车轮转动的踏板,使轮胎与车轮分开。

(6)等轮胎完全离开轮辋后,卸下轮胎。

(7)使用换胎机器将两侧车轮及轮胎都卸下。

(8)车轮在安装轮胎之前,应用钢丝刷刷掉轮辋密封面处的脏物和锈迹。

(9)做好安装轮胎前的准备,将橡胶混合物允足地加到将要安装的轮胎沿口区。

图 7-43 换胎机器

(10)安装轮胎与(3)、(4)、(5)、(6)步骤相反,将轮胎套到轮辋上使轮胎对车轮落座。

(11)重新安装气门芯,将轮胎充气到推荐压力值。

2.车轮动平衡检测

(1)对被测车轮进行清洗,去掉泥土、砂石,拆掉旧平衡块。

(2)检查轮胎气压,并充气至规定气压值。

(3)根据轮辋中心孔的大小选择锥体,将车轮安装于平衡机上,如图 7-44 所示。

(4)打开电源开关,检查指示装置是否指示正确。

(5) 键入轮辋直径、宽度,测出轮辋边缘到机箱之间的距离并键入。

(6) 放下防护罩,按下起动键,开始测量。

(7) 当车轮自动停转后,从指示装置读出车轮内、外动不平衡量和位置。

(8) 抬起车轮防护罩,用手慢慢旋转车轮,当动平衡机指示装置发出信号时,停止转动车轮。

(9) 根据动平衡机显示的动不平衡量,在轮辋内侧或外侧的上部(时钟 12 点位置)的边缘加装平衡块。内、外侧要分别进行,平衡块要装卡牢固。

(10) 重新起动动平衡机,进行动平衡试验,直至动不平衡量小于 5g,机器显示"00"或"OK"时为止。

(11) 取下车轮,关闭电源,测试结束。

3. 轮胎换位方法

斜交轮胎可采用交叉换位法,子午线轮胎应采用单边换位法,如图 7-45 所示。在路面拱度较大的地区或夏季,轮胎磨损差别较大,可增加换位次数。

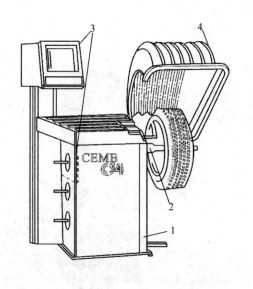

图 7-44 离车式车轮动平衡机
1-机箱;2-转轴;3-显示与控制装置;4-车轮护罩

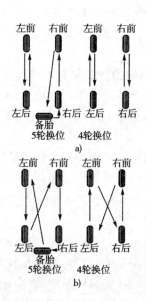

图 7-45 四轮二桥轿车换位方法
a)子午线轮胎单边换位法;b)带束斜交轮胎交叉换位法

子午线轮胎的旋转方向应始终不变,如反向旋转,会因钢丝帘线反向变形产生振动,汽车平顺性变差,所以采用单边换位法。轮胎换位后,应按照所换的轮胎要求,重新调整气压。轮胎换位后须做好记录,下次换位仍要按上次选定的换位方法进行。

四、学习工作页

完成汽车转向系和行驶系拆装的实训任务,填写表 7-6。

汽车转向和行驶系结构与拆装

转向系和行驶系结构与拆装工作页　　　　表 7-6

汽车转向系和行驶系结构与拆装	班级		日期	
	姓名		成绩	

实训目标：
1. 指认机械转向系、动力转向系各零件的名称；
2. 指认行驶系的悬架、车轮各零件的名称；
3. 熟练拆装循环球式转向器、车轮等部件。

实训设备：
桑塔纳 2000GSi 型轿车 1 部、转向器 5 个。

（一）转向系的结构拆装
1. 根据图 7-46，指认桑塔纳转向系部件的名称
1-_____;2-_____;3-_____;4-_____;5-_____

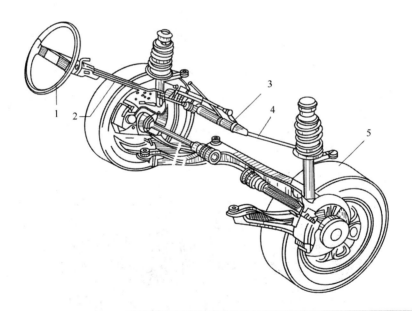

图 7-46　桑塔纳汽车转向系

2. 动力转向系各零件的认知
根据图 7-47 所示，在实物上指认下列零件，并填写工作页。
1-_____;2-_____;3-_____;4-_____;5-_____;6-_____;7-_____;
8-_____;9-_____

续上表

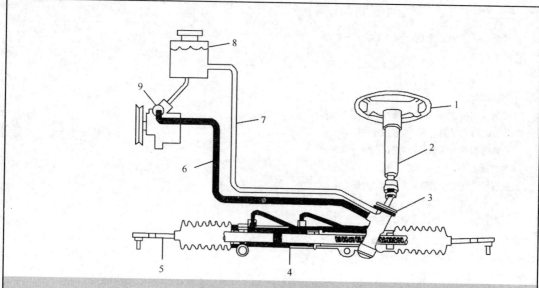

图 7-47 动力转向系的结构

3. 转向器的拆装

参照维修手册,进行循环球式转向器总成的拆装,认识其结构零件及相互位置关系,理解、对照所分解的循环球式转向器实物,写出图 7-48 中序号所表示的零件名称。

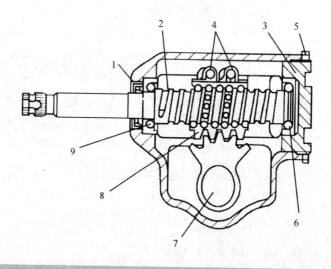

图 7-48 循环球式转向器总成

1-_____;2-_____;3-_____;4-_____;5-_____;6-_____;7-_____;
8-_____;9-_____

(二)行驶系的结构拆装
1.通过学习、查阅相关资料或网络信息完成下列问题
(1)写出图7-49(行驶系)标号所对应的名称。

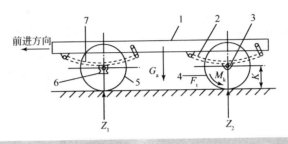

图7-49 行驶系

1-_____;2-_____;3-_____;4-_____;5-_____;6-_____;7-_____
(2)写出下列车架的名称。

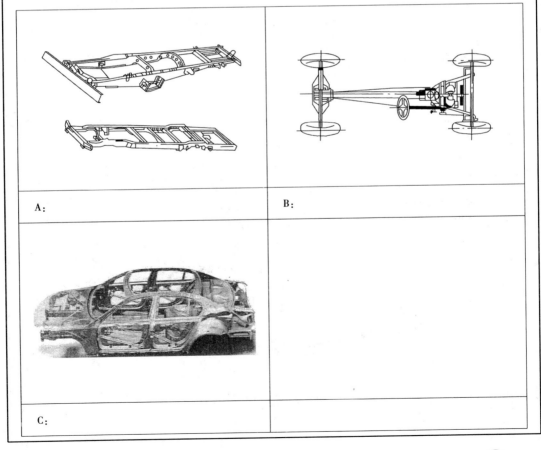

A:

B:

C:

续上表

(3)写出下列车桥的名称。

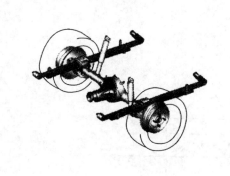

A：

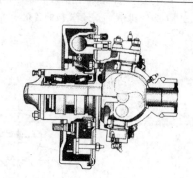

B：

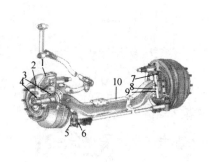

C：

D：

2. 常见悬架的结构认知

(1)根据图7-50所示，对照实物指认东风汽车前悬架各零件的名称，并填空。

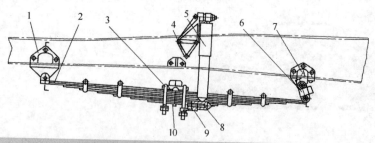

图7-50　悬架的结构

续上表

1-_____;2-_____;3-_____;4-_____;5-_____;6-_____;7-_____;8-_____;
9-_____;10-_____
(2) 该悬架由_____、_____和_____组成。
(3) 钢板弹簧的上端与_____连接。下端与_____连接。减振器的上端与_____连接,下端与_____连接。

3. 根据图 7-51 所示,对照实物指认桑塔纳轿车前悬架部分零件的名称

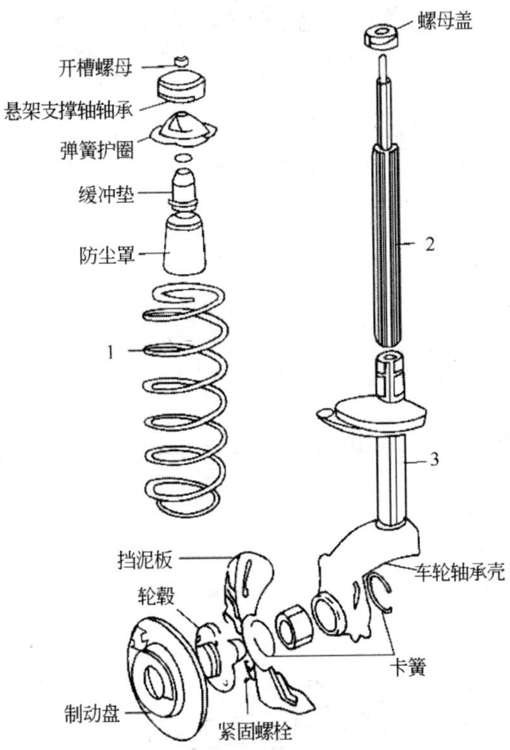

图 7-51 桑塔纳轿车前悬架分解

1-_____;2-_____;3-_____
该悬架属于_____悬架。
A. 麦弗逊独立悬架 B. 双叉式悬架

4. 车轮的结构认知
(1) 根据图 7-52 所示,指认车轮各零件的名称。
1-_____;2-_____;3-_____;4-_____;5-_____;6-_____

续上表

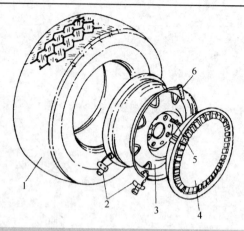

图 7-52 车轮总成

（2）指认轮胎上各字母与数字的含义。
①指认轮胎标志"185/60R15"的含义。

②指认轮胎上"TUBELESS"和"STEEL BELTED RADIAL"的含义。

③指认图上"TREADWEAR 200"、"TRACTION A"和"TEMPERATURE A"的含义。

（3）车轮总成的拆卸。
①停稳车辆，用三角木掩住各车轮。
②取下车轮上的装饰罩，弄清汽车左右侧车轮与轮毂连接螺栓的螺旋方向，使用_____初步拧松各连接螺母，如图 7-53 所示。

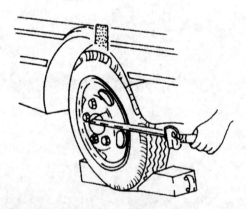

图 7-53 拆卸车轮

③用_____顶在指定的位置，使被拆车轮稍离地面。也可将车辆停在举升架上，升起车辆，使车轮稍离开地面。
④拧下车轮与轮毂连接的全部螺母，取下垫圈，并摆放整齐。

⑤边向外拉边左右晃动车轮,从车轴上取下车轮总成。
(4)完成车轮总成的安装并填空。
①顶起车桥,套上车轮,将螺母初步拧在螺栓上。
②放下车轮并在车轮前后用三角木掩住,用扭力扳手或车轮螺母拆装机,按对角线顺序分2~3次拧紧车轮螺母,最后一次要按规定力矩拧紧,如图7-54所示。

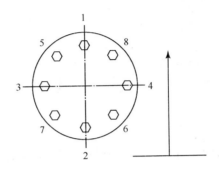

图7-54 车轮螺母紧固顺序

③安装后轮双胎时,要先拧紧内侧车轮的内螺母,再装外侧轮胎。在安装过程中,应用千斤顶分两次顶起车桥,分别安装内、外两个车轮。双轮胎胎压高低搭配要合适,一般较低胎压的胎装于里侧,较高胎压的胎装于外侧。应注意内侧轮胎和外侧轮胎的气门嘴应互成180°位置。

评 价 反 馈

1. 自我评价

(1) 通过本学习任务的学习你认为自己是否已经掌握了汽车转向系和行驶系的相关知识?

① 是否已经掌握如下汽车转向系的知识:

转向系的作用是什么?它有哪几种类型?各由哪几部分组成?

_____
_____

② 是否已经掌握如下汽车行驶系的知识:

行驶系的作用是什么?悬架有哪几种类型?各由哪几部分组成?

_____
_____

③ 是否能够根据汽车转向系拆装工序,完成转向器的拆装任务?

_____

④ 是否能够根据汽车行驶系拆装工序,完成车轮的拆装任务?

_____

(2) 在车辆转向和行驶系维修的过程中用到了哪些设备和工具?你是否已经掌握了这些设备和工具的正确操作方法?

_____

(3) 实训过程完成情况。

评价:_____

(4) 仪容仪表是否符合职业规范?

评价:_____

(5) 能否积极主动参与工作现场的清理、清洁和整顿工作?

评价:_____

(6) 在完成本学习任务的过程中,你和同学之间的协调能力是否得到了提升?是否有过与其他同学探讨车辆转向和行驶系故障维修接待过程中的有关问题?讨论的最多的问题是什么?讨论的结果是什么?_____
_____

(7) 通过本学习任务的学习,你认为还要学习汽车转向和行驶系哪些知识和技能才能胜任汽车维修服务岗位?_____
_____

签名:_____   ____年____月____日

2. 小组评价(表7-7)

小 组 评 价 表　　　　　　　　　　表7-7

序号	评价项目	评价情况
1	学习过程是否主动并能深度投入	
2	在实训过程中的执行力是否突出	
3	是否能按照职业人的要求对待到课率	
4	学习态度是否符合要求	
5	是否合理规范地使用实训设备	
6	是否按照安全和规范的要求完成作业	
7	是否遵守实训场地的规章制度	
8	是否能主动地和他人在实训中合作	
9	是否能按要求对实训场地进行清理、清洁	
10	在团队活动中是否能做到相互尊重	

参与评价的同学签名：_____　　____年____月____日

3. 教师评价

_____

_____

教师签名：_____　　____年____月____日

学习任务8　汽车制动系结构与拆装

　学习目标

1. 能够懂得汽车制动系的作用和基本组成；
2. 能够懂得汽车制动系制动器结构和工作原理；
3. 根据规范的作业要求完成盘式和鼓式制动器拆装作业。

　任务描述

故障1：一辆大宇希望轿车，制动时必须将制动踏板踩到底，才能进行制动。经检查问题就出在左前制动轮缸上。拆下轮缸后，发现固定轮缸用的滑道已与轮缸锈蚀在一起，导致轮缸不再可以自由移动。将锈蚀的部位彻底清除后，换油、放气、试车，制动系的故障被彻底排除了。

故障2：一辆宝马528i轿车 ABS 及 ASC 警告灯亮，车速表不工作。经检查将右后轮轮速传感器换至左后轮处，试车，车速表工作正常，但发动机系统内的车速信号值为0km/h，更换左后轮轮速传感器后再试车，故障排除。

学习引导

本学习任务沿着以下脉络学习：

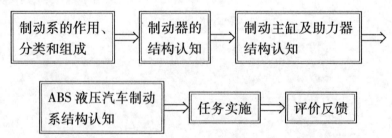

单元一　制动系统的作用、分类和组成

单元要点

1. 制动系统的作用；
2. 制动系统的分类；
3. 制动系统的组成。

相关知识

一、制动系统的作用

为了保证高速行驶汽车的安全性，在汽车上设有制动机构，使行驶中的汽车能顺利减速、停车，并使已经停下来的汽车保持不动。

制动系统应具备以下基本性能：

(1) 制动效能。即指汽车迅速降低车速直至停车的能力。汽车制动效能的评价指标是制动距离和制动减速度。

(2) 恒定性。即在连续制动时，即使工作条件恶劣(如涉水或下长坡)，其制动效能不下降。

(3) 可靠性。当制动系统中某一部分出现问题，必须使剩余部分仍有最小限度的制动效能。例如，制动系的双管路系统，当一个系统出现问题时，另一个系统仍能维持一定的制动力。

(4) 制动方向的稳定性。在制动过程中，汽车无跑偏、侧滑或不能按照驾驶员给定方向行驶的现象。

二、制动系统的分类

一般汽车应包括两套独立的制动系统即行车制动系统和驻车制动系统。行车制动系统是由驾驶员用脚来操纵的，故又称脚制动系统。它的功用是使正在行驶中的汽车减速，或在最短的距离内停车。驻车制动系统俗称手刹车，它的作用是在停车时将车轮锁住而不能随意转动，使汽车可以固定地停靠。但在紧急情况下，两套制动系统可同时使用，以增强汽车的制动效果。行车制动系统分类如下：

(1) 按照是否为防抱死制动系统：可分为传统的制动系统和电控制动系统。
(2) 按照制动动力源的类型：可分为液压式和气压式。

目前轿车一般采用液压制动系统,因此重点介绍其结构和特点。

三、液压制动系统的基本结构与工作原理

常规制动系统中前轮使用盘式制动器,后轮使用鼓式制动器。当驾驶员踩下制动踏板时,与踏板连接的制动总泵活塞使系统中制动液压力升高,制动液通过液压管路进入组合阀,并被输入到各轮缸以推动制动蹄,使制动蹄上的摩擦件压到随车轮旋转的制动鼓上,通过摩擦力使车轮产生很大的阻力,降低车速直至停车。

液压制动系统由四部分组成,如图 8-1 所示,包括制动踏板、制动主缸、制动油管、制动器等。其中制动器组成分别是:

(1)固定在轮毂上随之共同转动的旋转部分,如制动盘、制动鼓。

(2)安装在车架上的固定部分,如制动底板、制动钳体等。

(3)制动时,向旋转件施加摩擦力的摩擦件,如制动蹄等。

(4)在制动结束后,使摩擦件复位的复位弹簧。

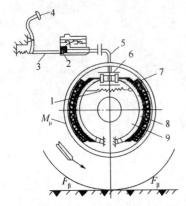

图 8-1 常规鼓式制动系统
1-制动蹄复位弹簧;2-制动主缸;3-推杆;4-制动踏板;5-油管;6-制动轮缸;7-制动鼓;8-制动蹄;9-制动底板

单元二 制动器的结构认知

单元要点

1. 制动器的功用；
2. 制动器类型和工作原理；
3. 制动器的结构认知和拆装。

相关知识

一、制动器的作用、类型

制动器是通过摩擦力产生制动力的总成。现代轿车上主要使用盘式制动器和鼓式制动器。

二、鼓式制动器

鼓式制动器主要有非平衡式、平衡式和自增力式三种。本书主要介绍现代汽车上常用的非平衡式和自增力式制动器。

（一）非平衡式（领蹄式）制动器

目前轿车上使用非平衡式（领蹄式）制动器，如图 8-2 所示。

领蹄式制动器由制动底板、制动轮缸、领蹄、从蹄、上下复位弹簧、手制动操纵机构和手制动自调装置组成。

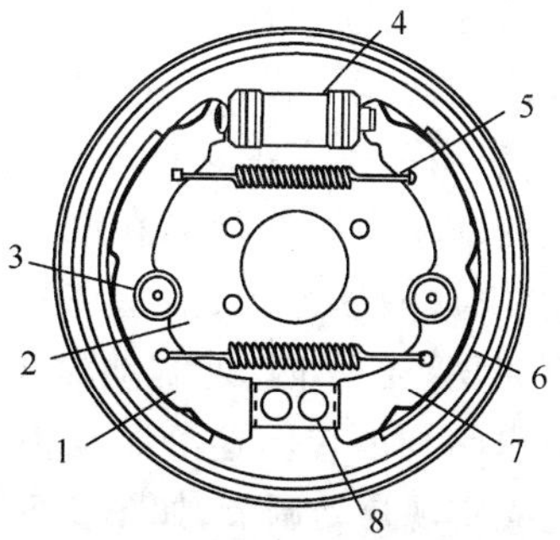

工作原理：当汽车前进制动时，轮缸两活塞向外张开，由于制动蹄采用的是浮式支撑，使领蹄和从蹄克服弹簧的作用力向外靠近制动鼓，但由于领蹄的张开方向与制动鼓的张开方向是一致的，可获得

图 8-2 领蹄式制动器的结构
1-领蹄；2-制动底板；3-保持销钉；4-制动轮缸；
5-复位弹簧；6-制动衬片；7-从蹄；8-限位板

70% 左右的制动力。当汽车倒车制动时，由于从蹄的张开方向与制动鼓的张开方向是一致的，也可获得 70% 左右的制动力。

现代汽车的驻车制动装置通常装在鼓式制动器内，如图 8-2 所示，当施加驻车制动时，通过连接拉索，使驻车制动钢丝收缩。驻车制动杆下端内移，上端因杠杆作用压向制动鼓，起制动作用。

（二）自增力式制动器

其结构如图 8-3 所示，自增力式制动器由制动底板、轮缸、第一蹄、第二蹄、驻车制动和自调节装置等零件组成。

自增力式制动器的工作原理：如图 8-3 所示，当行车制动时，两制动蹄在轮缸作用下同时向外张开，压靠到旋转的制动鼓上，并由于摩擦力的作用，使两蹄均沿顺时针方向移动。第一蹄与制动鼓所产生的切向合力所造成的绕下支点的力矩，与作用力所造成的绕同一支点的力矩同向；第一蹄即对浮动的可调顶杆产生作用力，并间接作用在后制动蹄上，此时后制动蹄端为支撑点，在作用力与推力的共同作用下产生制动。

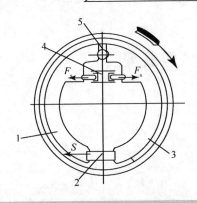

图 8-3　自增力式制动器的结构
1-第一蹄；2-浮动顶杆；3-第二蹄；4-轮缸；5-支撑销

三、盘式制动器

盘式制动器主要有浮动式和固定式两种形式。目前轿车上主要使用浮动式盘式制动器。

1. 盘式制动器的结构

盘式制动器由制动盘、制动钳、轮毂、制动挡板、制动软管等组成，如图 8-4 所示。制动钳内由活塞、摩擦片、制动盘、密封圈等组成，如图 8-5 所示。

2. 盘式制动器的工作原理

制动时，在液压作用下，活塞将制动盘内侧的制动摩擦片推向制动盘。当活动制动摩擦片与制动盘靠死后，制动钳在活塞反向力的作用下将附装在其内端面上的制动摩擦片拉靠在制动盘上，使车轮制动；解除制动时，液压消失，活塞在变形的橡胶密封圈的推动下回复原位。内、外制动摩擦片在其自身弹簧的作用下也回到原位。这种制动器的间隙可借活塞橡胶密封圈实现自动调节，如图 8-5 所示。

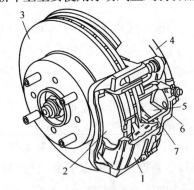

图 8-4　盘式制动器的结构
1-制动钳；2-制动摩擦块；3-制动盘；4-进油管；5-活塞；6-制动轮缸；7-活塞密封圈

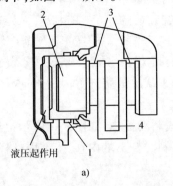
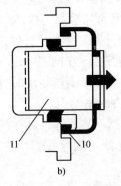

图 8-5

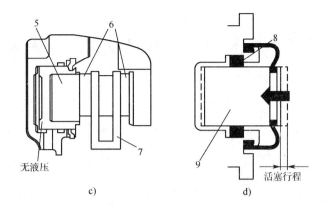

图 8-5 制动钳的结构

a)制动时;b)制动时,密封圈的状态;c)不制动时;d)不制动时,密封圈的状态

1、8、10-密封圈;2、5、9、11-活塞;3、6-摩擦片;4、7-制动盘

单元三　制动主缸及助力器结构认知

单元要点

1. 制动主缸的作用和工作原理；
2. 助力器的作用和工作原理。

相关知识

一、制动主缸的作用

制动主缸的作用是将驾驶员的作用力转变成液压力。目前为了保证制动系统工作的稳定性,采用串联式制动主缸,如图8-6所示。

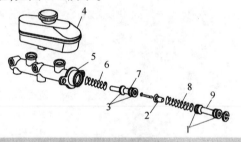

图8-6　制动主缸的结构
1、3-活塞突缘;2-弹簧座;4-储油室;5-缸体;6、8-弹簧;7-第二活塞;9-第一活塞

二、制动主缸的结构

制动主缸由储油室、缸体、第一活塞、第二活塞、弹簧、弹簧座等组成,如图8-6所示。

三、制动主缸的工作原理

制动主缸被两活塞分隔为两个独立的工作腔。第一活塞前的第一工作腔连接着右前、左后两轮缸。第二活塞前的第二工作腔则与左前、右后两轮缸连接。

当制动主缸工作正常时,如图8-7a)所示,制动时,驾驶员踩下制动踏板,真空助力器推动第一活塞向左移动,在其密封圈遮住补偿孔后,第一工作腔的油压开始升高。油液一方面通过腔内出油孔进入右前、左后制动管路;一方面又对第二活塞产生推力(此时第一活塞与第二活塞不接触),在此推力作用下,第二活塞也向左移动(但第二活塞不与缸体底部接触),这样,第二工作腔也产生了压力,推开腔内出油阀,油液进入左前、右后制动管路,于是两制动管路对汽车施行制动。如图8-7b)所示。

当第一活塞或管路受到损坏时,第一活塞腔内没有油压,第一活塞抵住第二活塞,使第二活塞向前移动建立油压,保证另一管路实施制动。如图8-7c)所示。

当第二活塞或管路受到损坏时,开始,第一活塞腔内的油压由于第二活塞向前移动体积不断变大,而不能增加,只有当第二活塞抵住缸体的底部时,第一活塞腔才能建立油压,实施制动。如图8-7d)所示。

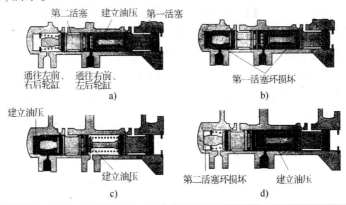

图8-7 制动主缸的工作原理
a)、b)施行制动;c)第一活塞或管路受到损坏时;d)第二活塞或管路受到损坏时

四、助 力 器

助力器被用于增加制动主缸的液压力,从而减轻驾驶员操纵强度。目前现代轿车上大多使用真空式助力器,少部分轿车使用液压式助力器。

五、真空式助力器的结构

助力器通常位于制动踏板和制动主缸之间,如图8-8a)所示。它主要由外壳、膜片、控制

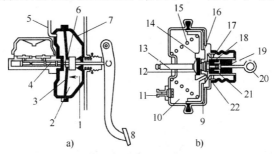

图8-8 真空式助力器的结构
a)安装位置;b)基本组成
1-空气阀(常开);2-大气压力;3、9-膜片;4-推杆;5-进气管压力;6-真空管(常闭);7-壳体;8-制动踏板力;10-真空腔;11-止回阀;12-反作用盘;13-输出推杆;14-膜片支架;15-复位弹簧;16-空气腔;17-密封圈;18-阀门护圈;19-滤清器;20-输入推杆;21-阀总成;22-阀门推杆

阀、复位弹簧、止回阀等组成,如图 8-8b)所示。

六、真空式助力器的工作原理

当驾驶员松开制动踏板时,输入推杆在弹簧的作用下复位,此时真空阀打开,空气阀关闭,真空腔与空气腔的压力相等,输出推杆不动,助力器不起作用,如图 8-9a)所示。

当驾驶员踩下制动踏板时,输入推杆克服弹簧的作用力向左移动,此时空气阀打开,空气流入空气腔,真空阀关闭,空气腔压力大于真空腔的压力,使膜片向左移动,输出推杆随之左移,助力器起作用,如图 8-9b)所示。

当驾驶员踩住制动踏板不放松时,如果空气腔打开时间过长,会造成膜片弯曲量过大而损坏膜片。所以当输入推杆推到底时,真空阀与空气阀均关闭,维持制动,如图 8-9c)所示。

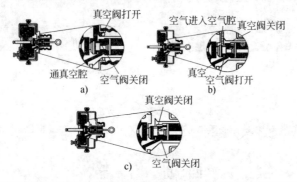

图 8-9 真空式助力器的工作原理
a)真空阀开,空气阀关闭;b)空气阀开,真空阀关闭;c)真空阀和空气阀均关闭

单元四 ABS液压汽车制动系统结构认知

【单元要点】

1. ABS的作用和工作原理；
2. 液压控制总成的结构和工作原理。

【相关知识】

一、ABS的作用

ABS(Anti-lock Brake System)即"防抱死制动系统"，主要作用是改善整车的制动性能，提高行车安全性，防止在制动过程中车轮抱死(即停止滚动)，从而保证驾驶员在制动时还能控制方向，并防止后轴侧滑。如图8-10所示。

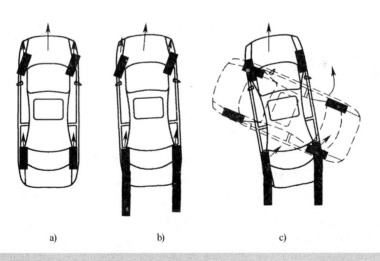

图8-10 ABS的作用
a)前轮抱死；b)四轮抱死；c)后轮抱死

二、ABS液压汽车制动系统

防抱死制动系统主要由ECU(电子控制模块)、液压控制总成、液压控制元件(包括制动主缸等)、增压器、车速传感器和制动器等元件组成，如图8-11所示。

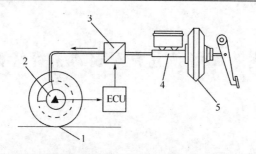

图 8-11 液压汽车制动系的组成
1-车轮和制动器;2-车速传感器;3-液压控制总成;4-制动主缸;5-增压器

三、ABS 液压汽车制动系统的工作原理

当驾驶员踩下制动踏板时,增压器增大驾驶员作用在制动踏板上的力,传递到制动主缸,制动主缸将人力转变成液压力,分两路送入 ABS 泵。ABS 泵根据车速、路面的附着力等因素调节油压,并将压力适当的油液传入制动轮缸,轮缸将液压力传给制动片,转变成摩擦力实现制动。

四、液压控制的作用与类型

(1)液压控制的作用是根据计算机的输出信号控制制动轮缸的压力。
(2)液压控制总成有两种形式:组合式和独立式。

液压控制总成对制动管路的控制有单通道、三通道和四通道控制。

①单通道控制仅对后轮液压进行控制,如图 8-12 所示。

②三通道控制有两种形式:一种是平行通道控制,即两前轮用一根管线,但分别控制,后轮一体控制,如图 8-13a)所示;另一种是左前轮与右后轮用一根管线,右前轮与左后轮用一根管线的布置形式,但前轮独立控制,后轮一体控制,如图 8-13b)所示。

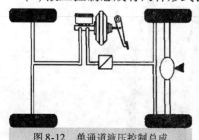

图 8-12 单通道液压控制总成

③四通道控制是分别对 4 个车轮进行液压控制,如图 8-14 所示。

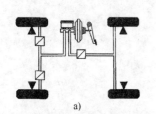
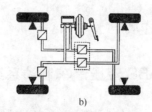
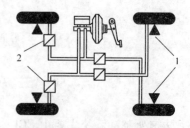

图 8-13 三通道液压控制总成
a)平行通道控制;b)交叉通道控制

图 8-14 四通道液压控制总成
1-轮速传感器;2-液压控制单元

五、液压控制总成的结构

液压控制总成通常安装在车辆翼子板处,由保压阀、减压阀、蓄能器等组成,如图8-15所示。

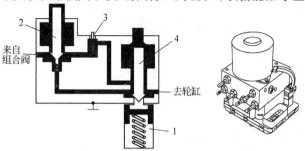

图8-15 液压控制总成的结构
1-蓄能器;2-保压阀;3-开关;4-减压阀

(1)保压阀。保压阀的作用是车轮传感器向计算机指示车轮即将抱死时,计算机激活保压阀,防止来自于主缸的压力继续升高,保持系统的压力。

(2)减压阀。减压阀的作用是ECU判断出当保压阀被激活后,车轮有继续被抱死的趋势时,激活减压阀,使系统内的压力下降。

(3)蓄能器。蓄能器的作用是暂时储存制动液,并使系统减压。

六、液压控制总成的工作原理

(1)保压过程,如图8-16a)所示。车轮传感器向计算机指示车轮即将抱死时,计算机激活保压阀(通电关闭),使主缸和轮缸之间管路隔开,防止来自主缸的压力继续升高,保持系统的压力。

(2)减压过程,如图8-16b)所示。当计算机激活保压阀,使主缸和轮缸之间管路隔开后,车轮传感器向计算机继续指示车轮即将抱死时,计算机将减压阀激活(通电打开),使油液流回储油室或流入蓄能器,减小系统的压力。

(3)增压过程,如图8-16c)所示。当车轮传感器向计算机继续指示车轮未被抱死时,计算机将停止激活保压阀和减压阀,使主缸的油液输入轮缸,增加系统的压力。

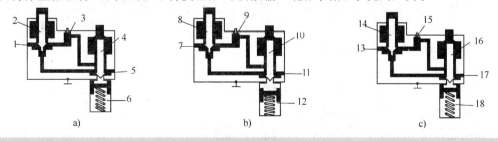

图8-16 液压控制总成的工作原理
a)保压过程;b)减压过程;c)增压过程
1、7、13-来自组合阀;2、8-保压阀被激活;3、9、15-开关;4-减压阀未激活;5、11、17-去轮缸;6、12、18-蓄能器;10-减压阀被激活;14-保压阀未激活;16-减压阀未被激活

任 务 实 施

一、制动器的拆装

1. 鼓式制动器的拆装

(1) 制动器的拆卸。

①拧松车轮螺栓、螺母,取下车轮。

②用专用工具 VW637/2 卸下轮毂盖,如图 8-17 所示。

③取下开口销,旋下后车轮轴承上的六角螺母,取出止推垫圈。

④用螺丝刀通过制动鼓螺孔向上拨动楔形件,使制动蹄与制动鼓放松,如图 8-18 所示。

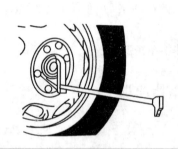

图 8-17 拆卸轮毂盖

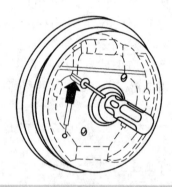

图 8-18 放松制动蹄与制动鼓

⑤用鲤鱼钳拆下压簧座圈。用手从后面的支架上提起制动蹄,取出下复位弹簧。

⑥取下制动杆上的驻车制动拉索。用鲤鱼钳取下楔形件的复位弹簧。

⑦卸下制动蹄。

⑧把带压力杆的制动蹄卡紧在台虎钳上,拆下定位弹簧,取下制动蹄,如图 8-19 所示。

⑨拆下制动轮缸。

(2) 制动器的安装。

①装上复位弹簧,将制动蹄装在压力杆上。

②装上楔形件,凸块朝向制动器底板。

③将带有传动臂的制动蹄装在压力杆上,如图 8-20 所示。

④装入上复位弹簧,在传动臂上套上驻车制动拉索。

⑤把制动蹄装在车轮制动轮缸的活塞外槽上。

⑥装入复位弹簧,并把制动蹄提起,装到下面的支座上。

⑦装楔形件的复位弹簧,装压簧和弹簧座圈。

⑧装上制动鼓及后轮轴承,然后调整轮毂轴承的间隙。

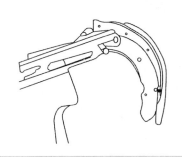

图 8-19　拆下制动蹄

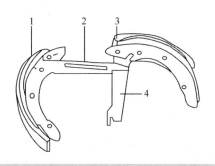

图 8-20　装制动蹄
1-制动蹄;2-压力杆;3-销轴;4-制动杆

⑨用力踩一下行车制动器,使后车轮制动蹄片正确就位,摩擦片与制动鼓的间隙得到自动调整。

⑩安装轮盖和车轮,拧紧车轮螺栓、螺母(拧紧力矩110N·m)。

2. 盘式制动器的拆装

(1)盘式制动器的拆卸,如图 8-21 所示。

①松开车轮螺栓、螺母。

②拆卸上、下定位螺栓,用手拆下上、下定位弹簧,如图 8-22 所示。

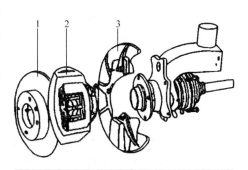

图 8-21　盘式制动器的拆卸
1-制动盘;2-制动钳;3-制动底板

③取下制动钳壳体,取下制动器底板上的制动摩擦片,如图 8-23 所示。

图 8-22　拆卸上、下定位螺栓

图 8-23　取下制动摩擦片

(2)盘式制动器的安装

①装入新的摩擦片。安装制动钳壳体,用 70 N·m 的力矩紧固定位螺栓。

②安装上、下定位弹簧。

③安装后,停车时用力将制动器踏板踩到底数次,以便使制动摩擦片正确就位。

④安装车轮,拧紧螺栓、螺母(拧紧力矩 110 N·m)。

二、制动主缸和助力器的拆装

1. 拆卸
(1)松开主缸安装罩壳在支架上的紧固螺母。
(2)松开安装罩壳上的紧固螺母。
(3)松开制动主缸与助力器连接的两只紧固螺母,使主缸和助力器分离。
(4)拧松真空橡皮管的卡箍和管接头,取下真空管。

2. 装配
(1)装上真空橡皮管的卡箍和管接头。
(2)拧紧制动主缸与助力器连接的两只紧固螺母(拧紧力矩 20 N·m)。
(3)拧紧安装罩壳上的紧固螺母(拧紧力矩 20 N·m)。
(4)拧紧主缸安装罩壳在支架上的紧固螺母(拧紧力矩 15 N·m)。

三、ABS 控制器的拆卸与装配

1. ABS 控制器的拆卸
(1)关闭点火开关,拆下蓄电池及支架。
(2)从 ABS 的 ECU 上拔下 25 针插头。
(3)踩下制动踏板,并用踏板架定位,如图 8-24 所示。
(4)在 ABS 控制器下垫一块布,用来吸干从开口处流出的制动液,如图 8-25 所示。

图 8-24 踏板架定位

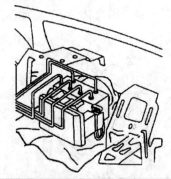
8-25 吸干从开口处流出的制动液

注意:拆下液压控制单元时要直拉,别碰坏阀体。
(5)拆下制动主缸到液压控制单元的制动油管 A 和 B,并做上记号,立即用密封塞将开口部塞住,如图 8-26 所示。
(6)用软铅丝把制动油管 A 和 B 扎在一起,挂到高处,使开口处高于制动储油罐的油平面。
(7)拆下液压控制单元通到各轮的制动油管,并做上记号,立即用密封塞将开口部塞住。在操作过程中,必须特别小心,不能使制动液渗入到 ABS 的 ECU 壳体中去。如果制动液渗漏到控制器中去,会使触点腐蚀,损坏系统。如果壳体太脏,可用压缩空气吹净。

(8)把 ABS 控制器从支架上拆下来。

(9)用专用套筒扳手拆下 ABS 的 ECU 与液压控制单元的 4 个连接螺栓,如图 8-27 所示。

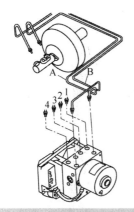

图 8-26　拆下油管 A 和 B

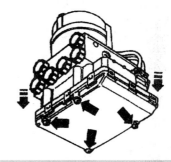

图 8-27　拆下 ABS 的 ECU 与液压控制单元

(10)将液压控制单元与电子控制单元分离。

(11)在 ABS 的 ECU 电磁阀上盖一块不起毛的布。

2. ABS 控制器的装配

(1)装配场地必须清洁,不允许有灰尘及脏物。

(2)把 ABS 液压控制单元和 ECU 装成一体,用专用套筒扳手拧紧新的螺栓,力矩不得超过 4N·m。

(3)将 ABS 控制器装到支架上,以 10 N·m 的力矩拧紧固定螺栓。

(4)ABS 液压控制单元开口处的密封塞,只有在制动油管要装上去的时候才能拆下,以免异物进入制动系统。拆下液压口处的密封塞,装上各轮制动油管,检查油管位置是否正确,以 20 N·m 的力矩拧紧管接头。

(5)装上连接主缸的制动油管 A 和 B,以 20 N·m 的力矩拧紧管接头。

(6)插上 ABS 的 ECU 线束插头。

(7)对 ABS 系统充液和放气。

(8)如果更换新的 ABS 的 ECU,必须对 ECU 重新编码。

(9)打开点火开关,ABS 警告灯须亮 2s 后再熄灭。

(10)使用 V.A.G1552 故障诊断仪,先清除故障存码,再查询故障代码。

(11)试车检测 ABS 功能,须感到踏板有反弹。

四、学习工作页

完成汽车制动系结构拆装实训任务,将内容填写在表 8-1 中。

汽车制动系结构与拆装工作页　　　　　表8-1

汽车制动系结构与拆装	班级		姓名	
	日期		成绩	

实训目标：
1. 能讲述制动器、制动主缸、助力器的总体构造及特点；
2. 能指认传统制动系、ABS的总体结构和各部件的名称；
3. 能熟练拆装鼓式、盘式制动器和制动主缸总成；
4. 能熟练拆装ABS部件。

实训设备：
桑塔纳2000GSi轿车1辆，盘式和鼓式制动器各3个。

（一）制动系的认知
观察实物如图8-28所示，填空。

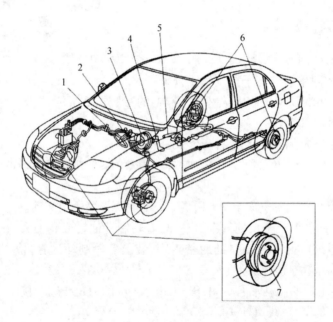

图8-28　汽车制动系统

1-_____;2-_____;3-_____;4-_____;5-_____;6-_____;7-_____

续上表

(二)制动器的结构认知与拆装

(1)鼓式制动器的结构认知

根据实物,参照图8-29,指出鼓式制动器各零件的名称

1-_____;2-_____;3-_____;4-_____;5-_____;6-_____

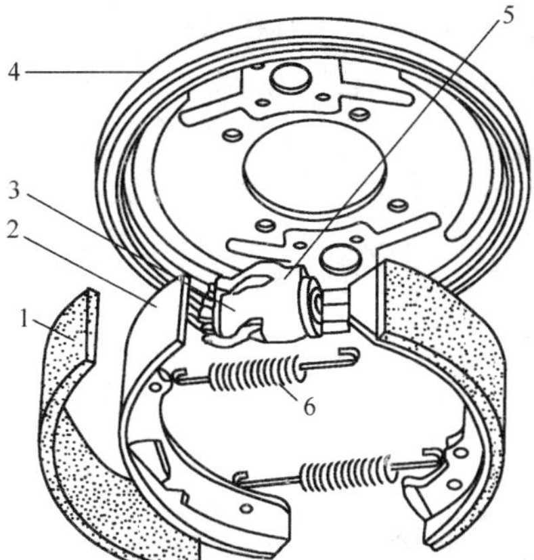

图8-29　鼓式制动器

(2)盘式制动器的结构认知

根据实物参照图8-30,指出盘式制动器各零件的名称。

1-_____;2-_____;3-_____;4-_____;5-_____;6-_____;7-_____;
8-_____;9-_____

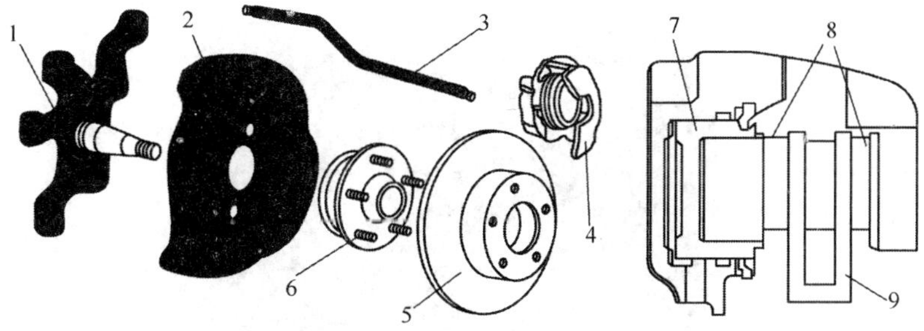

图8-30　盘式制动器

(3)拆装制动器,完成以下内容

①你所拆卸的盘式制动器包含的零件有:

☐ 盘式制动器制动钳　　☐ 衬块磨损指示器　　☐ 盘式制动器制动衬块　　☐ 制动轮缸(活塞)

☐ 盘式制动器转子(盘)　☐ 导向销

②你所拆卸的鼓式制动器包含的零件有:

续上表

| □ 制动鼓 | □ 制动轮缸 | □ 制动蹄 | □ 制动衬片 | □ 轮缸活塞顶块 | □ 复位弹簧 |
| □ 制动蹄限位杆及弹簧 | □ 撑杆 | □ 空气排放塞 |

③检查你所拆卸的制动器属于下面哪种类型：
□ 定钳盘式制动器　□ 浮钳盘式制动器　□ 领从蹄式制动器　□ 单向双领蹄式制动器
□ 双向双领蹄式制动器　□ 双向自增力（双向伺服）式制动器

④仔细观察你所拆卸的制动器类型，分析一下它们各自的结构特点和性能特点。

（三）制动主缸结构认知与拆装

(1)根据实物，指认制动主缸各零件的名称，如图8-31所示。
1-_____;2-_____;3-_____;4-_____;5-_____;6-_____;7-_____;
8-_____;9-_____

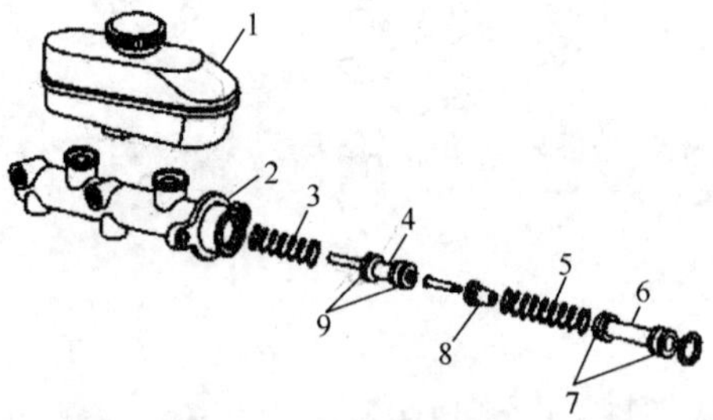

图 8-31　制动主缸的结构

(2)根据实物，指认制动主缸的安装位置，如图8-32所示。

图 8-32　制动主缸的安装位置

(3)拆卸制动主缸，认识内部结构，理解其工作原理。
在图8-33中找出下列零件所对应的序号。
□ 1号活塞　□ 2号活塞　□ 储液罐　□ 1号复位弹簧　□ 液位传感器　□ 2号复位弹簧
□ 活塞皮碗

续上表

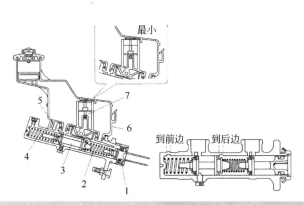

图 8-33　制动主缸

(四)制动助力器的结构认知

(1)真空助力器的作用是什么？它由哪几部分组成？_____
_____

(2)拆卸真空助力器或利用解剖的实物模型认识其结构和零件之间的装配关系,理解其工作原理。对照真空助力器实物,写出图 8-34 中序号所对应的零件名称。根据实物,指认制动助力器的安装位置。

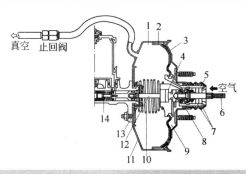

图 8-34　制动助力器的结构

1-_____;2-_____;3-_____;4-_____;5-_____;6-_____;7-_____;8-_____;
9-_____;10-_____;11-_____;12-_____;13-_____;14-_____

(五)ABS 泵的结构认知

根据实物,指认 ABS 泵有几根进油管、几根出油管？并指认哪几根是出油管、哪几根是进油管。
_____
_____

评 价 反 馈

1. 自我评价

(1) 通过本学习任务的学习你认为自己是否已经掌握了制动系统相关知识?

①汽车制动系作用、组成及工作原理:
_____
_____

②汽车 ABS 系统的作用、组成及工作原理:
_____
_____

(2) 通过本学习任务的学习你认为自己是否已经掌握了制动系拆装技能?
_____
_____

①你是否已经掌握了制动系的制动器、制动主缸等拆装技能?
_____
_____

②你是否已经掌握了 ABS 系统的制动器、制动主缸等拆装技能?
_____
_____

③在车辆制动系维修的过程中用到了哪些设备和工具? 你是否已经掌握了这些设备和工具的正确操作方法?
_____
_____

(3) 实训过程完成情况。

评价:_____

(4) 仪容仪表是否符合职业规范?

评价:_____

(5) 能否积极主动参与工作现场的清理、清洁和整顿工作?

评价:_____

(6) 在完成本学习任务的过程中,你和同学之间的协调能力是否得到了提升? 是否有过与其他同学探讨车辆制动系故障维修接待过程中的有关问题? 讨论的最多的问题是什么? 讨论的结果是什么?
_____
_____

(7) 通过本学习任务的学习,你认为还要学习汽车制动系哪些知识和技能才能胜任汽车维修服务岗位?
_____

签名：_____ ____年____月____日

2. 小组评价（表8-2）

小 组 评 价 表

表8-2

序　　号	评价项目	评价情况
1	学习过程是否主动并能深度投入	
2	在实训过程中的执行力是否突出	
3	是否能按照职业人的要求对待到课率	
4	学习态度是否符合要求	
5	是否合理规范地使用实训设备	
6	是否按照安全和规范的要求完成作业	
7	是否遵守实训场地的规章制度	
8	是否能主动地和他人在实训中合作	
9	是否能按要求对实训场地进行清理、清洁	
10	在团队活动中是否能做到相互尊重	

参与评价的同学签名：_____ ____年____月____日

3. 教师评价

教师签名：_____ ____年____月____日

学习任务9　汽车电气系统结构与拆装

1. 能够懂得汽车电气系统的基本组成和作用；
2. 能够懂得蓄电池和发电机基本结构和工作原理；
3. 能够懂得起动机的基本结构和工作原理；
4. 能够懂得仪表系统和照明系统的基本组成和工作原理；
5. 能够懂得空调系统的基本组成和工作原理；
6. 根据正确的作业要求规范完成发电机、起动机、压缩机等常用电气设备的拆装作业。

 任务描述

故障1：开启广州本田轿车冷气和音响时，出现水温表的指针往上升；右转向灯比左转向灯亮度高一倍，前照灯关闭后，还有微弱的红色光丝亮着。根据故障分析，先拆下仪表盘检查，未发现异常。直接用线搭铁接入仪表盘的搭铁线上，试开转向灯，发现闪烁正常，水温表也正常了。由此判断故障是搭铁线连接不当，查找和故障有关的搭铁线时，发现右边蓄电池架侧边的一组搭铁线松动，紧固这组搭铁线后，上述故障消除。

故障2：一辆2004年款奇瑞风云7160轿车，行驶里程5万km，车主反映，在天气炎热时开空调，空调效果不好，出风口有时候吹冷风，有时候吹自然风，该车曾经在其他修理厂更换过制冷剂，但是问题没有解决。经检查发现，怠速提升继电器J_1热稳定性不好造成间歇性工作故障，更换了装有继电器J_1的中央电器盒总成，经长时间路试，故障排除。

学习引导

本学习任务沿着以下脉络学习：

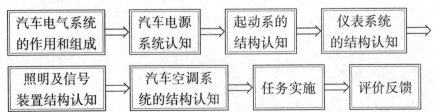

单元一 汽车电气系统的作用和组成

单元要点

1. 汽车电气系统的作用；
2. 汽车电气系统的组成。

相关知识

电气系统的功能是保证车辆在行驶过程中的可靠性、安全性和舒适性。桑塔纳2000系列轿车电气系统可分为以下几个系统：

(1) 供电系统：包括蓄电池、交流发电机及其调节器。

(2) 起动系统：包括直流起动机、进气预热装置。

(3) 点火系统：包括点火开关、点火线圈、分电器(AJR型发动机无)、霍尔传感器、点火控制器、火花塞等。

(4) 照明系统：包括前照灯、雾灯、牌照灯、顶灯、阅读灯、仪表盘照明灯、行李舱灯、门灯、发动机舱照明灯等。

(5) 仪表系统：包括车速里程表、燃油表、水温表、发动机转速表等。

(6) 信号系统：包括音响信号和灯光信号装置，制动信号灯、转向信号灯、倒车信号灯以及各种报警指示灯等。

(7) 辅助用电设备：包括电动玻璃升降器、中央集控门锁、电动后视镜、风窗刮水器、洗涤器、电喇叭、点烟器等。

桑塔纳2000型轿车电气设备布置大致可参照图9-1所示。

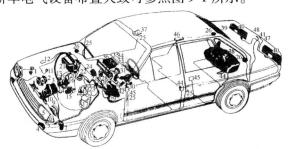

图9-1 桑塔纳2000型轿车电气设备布置

1-双音喇叭;2-空调压缩机;3-交流发电机;4-雾灯;5-前照灯;6-转向指示灯;7-空调储液干燥器;8-中间继电器;9-电动风扇双速热敏开关;10-风扇电动机;11-进气电预热器;12-化油器急速截止电磁阀;13-热敏开关;14-机油油压开关;15-起动机;16-火花塞;17-风窗清洗液电动泵;18-冷却液液面传感器;19-分电器;20-点火线圈;21-蓄电池;22-制动液液面传感器;23-倒车灯开关;24-空调、暖风用鼓风机;25-车门接触开关;26-扬声器;27-点火控制器;28-风窗刮水器电动机;29-中央接线盒;30-前照灯变光开关;31-组合开关;32-空调及风量旋钮;33-雾灯开关;34-后窗电加热器开关;35-危急报警灯开关;36-收放机;37-顶灯;38-油箱油面传感器;39-后窗电加热器;40-组合后灯;41-牌照灯;42-电动天线;43-电动后视镜;44-中央集控门锁;45-电动摇窗机;46-顶灯;47-后盖集控锁;48-行李舱灯

单元二　汽车电源系统认知

单元要点

1. 蓄电池的结构与工作原理；
2. 交流发电机的结构与工作原理；
3. 调节器的作用和工作原理。

相关知识

如图9-2所示,汽车电源系统为汽车发动机起动和常用电气设备工作提供电源。主要由蓄电池、交流发电机等组成。

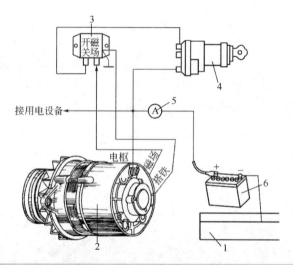

图9-2　汽车电源系统
1-车架;2-发电机;3-调节器;4-钥匙开关;5-电流表;6-蓄电池

一、蓄电池的用途、分类、型号和工作原理

(一)汽车用蓄电池的作用

(1)起动发动机时,给起动机提供强大的起动电流(一般高达200~1000A)。
(2)发电机电压较低或不发电时,蓄电池向用电设备供电。
(3)发动机正常运转,发电机的端电压高于蓄电池的电动势时向蓄电池充电。
(4)发电机过载时,蓄电池协助发电机向用电设备供电。
(5)蓄电池相当于一只大容量电容,能吸收电路中出现的瞬时过电压,保护电子元件。

(二)汽车用蓄电池的分类

汽车用蓄电池根据结构可分:普通型、干荷电型、湿荷电型、免维护型和胶体型。普通型蓄电池即为汽车用铅酸蓄电池。

(三)汽车用蓄电池的型号

蓄电池的型号由三部分组成:

(1)第一部分为串联单格电池数,用阿拉伯数字表示。

(2)第二部分为电池类型和特征,常用汉字的第一个字母表示。电池特征为附加部分,仅在同类用途的产品具有第二种特征(A-表示干荷电、H-表示湿荷电、W-表示免维护、S-表示少维护、Q-表示起动、I-表示胶质电解液)。

(3)第三部分为电池的额定容量,其单位不是用库仑而是用 A·h,一般在型号中可略去不写,有时在额定容量后面用一个字母表示特殊性能(G-表示高起动功率、S-表示塑料外壳、D-表示低温起动性能)。

例如:夏利轿车用6-QA-40S型蓄电池:由6个单格电池组成,额定电压为[12V(6×2V=12V)],额定容量为40A·h,起动用干荷电铅蓄电池,采用塑料外壳。

(四)蓄电池的构造

蓄电池主要由正负极板、隔板、电解液、外壳、联条、接线柱等部件组成。如图9-3所示。桑塔纳2000系列轿车装用的是上海蓄电池厂按德国DIN标准生产的12V风帆牌整体干荷式免维护式蓄电池,其额定容量为54A·h,最大允许放电电流为256A。该蓄电池具有寿命长、故障少、维护工作少等优点。

蓄电池由极板组、隔板、电解液、外壳等组成。12V蓄电池由6个单格电池串联而成。蓄电池采用负极搭铁,其搭铁线采用金属编织线。

1. 极板

极板由栅架活性物质组成,如图9-4所示。活性物质是极板上的工作物质。正极板的活性物质为二氧化铅(PbO_2),呈棕褐色。负极板上的活性物质为海绵状纯铅,呈深灰色。活性物质都做成膏状涂敷在有一定机械强度的栅架上,制成正负极板。由于正极板活性物质容易脱落,所以正极板做得比负极板厚。

将正负极板各一片浸入电解液中,就可获得2V的电动势。为了增大蓄电池容量,通常把多片正负极板分别并联,用横板焊接成正负极板组,构成一个单格蓄电池,一个蓄电池通常有一个或几个单格电池串联而成。

2. 隔板

隔板的作用是使正负极板尽量的靠近而不至于短路,缩小蓄电池的体积,防止极板变形和活性物质脱落。为了有利于电解液渗透,隔板用具有良好的耐酸性和抗氧化性的微孔塑料制成。

3. 电解液

电解液的作用是形成电离,促使极板活性物质溶离,产生可逆的电化学反应,其物质是硫酸水溶液。

4. 外壳

外壳的作用是用来盛装电解液和极板组,使铅蓄电池构成一个整体,外壳材料有硬橡胶和塑料两种。

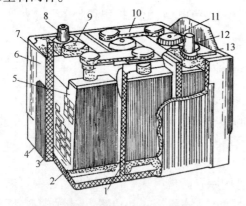

图9-3 铅酸蓄电池的结构
1-隔壁;2-凸筋;3-负极板;4-隔板;5-正极板;
6-电池壳;7-防护板;8-负极接线柱;9-通气孔;10-联条;11-加液螺塞;12-正极接线柱;
13-单格电池盖

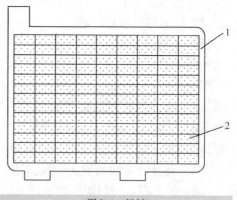

图9-4 极板
1-栅架;2-活性物质

5. 联条

联条的作用是将单格电池串联起来,提高整个蓄电池的端电压。联条一般由铅锑合金制成,有外露式和内藏式两种。

6. 接线柱

一个普通铅蓄电池首尾两极板组的横板上焊有接线柱。一个为正极接线柱,旁边标有"＋"或"P"记号;另一个为负极接线柱,旁边标有"－"或"N"记号,有的用不同颜色表示。

(五)铅酸蓄电池工作原理

1. 放电原理

电池放电时,正极由二氧化铅转变为硫酸铅,负极由海绵状铅变为硫酸铅。放电过程中电池电压逐渐下降,硫酸浓度不断降低。在放电末期,由于正负极生成的不良导电体硫酸铅逐渐积累使电极电阻迅速增大,同时硫酸浓度下降后氢离子扩散缓慢,导致电池电压下降很快,此时应终止放电,否则会出现过放电。电池过放电的害处是部分硫酸铅再充电时不能正常转化和恢复,下次放电时电池容量降低。多次过放电会造成电池容量迅速衰减,使用寿命显著缩短。

2. 充电过程原理

电池充电时,正极由硫酸铅转化成棕色二氧化铅,负极则由硫酸铅转变为灰色铅。随充电过程进行,正极电位逐渐升高,负极电位降低。在充电末期,会发生水的电解反应,正极开始产生氧气,负极则由于活性物质过量且加入析氢电位高的金属(如钙、镉)而不会产生氢气。正极产生的氧气透过隔膜传递到负极,与负极铅化合成氧化铅,氧化铅与硫酸化合生成水,即水可以循环利用,因此在使用过程中不需加水维护,从而实现电池密封。密封铅蓄电池要求必须恒压充电,就是为了保证充电末期仅有少量氧气产生,以便能及时传递到负极重新化合,避免水的损失;相反,如果充电电压过高,会有大量氧气产生,因氧气来不及化合使内压急剧增加,最后冲开安全阀释放出来,造成水的损失,严重影响电池寿命。

二、交流发电机

(一)交流发电机的构造

交流发电机的基本构造都是由转子、定子、整流器和端盖四部分组成。国产 JF 交流发电机分解图如图 9-5 所示。

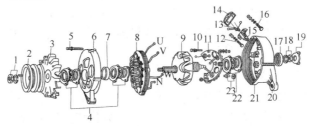

图 9-5　国产 JF 系列交流发电机分解

1-紧固螺母及弹簧垫圈;2-带轮;3-风扇;4-前轴油封及垫圈;5-组装螺栓;6-前端盖;7-前轴承;8-定子;9-转子;10-"-"电枢接柱;11-散热板;12-"-"(搭铁)接柱;13-电刷及压簧;14-电刷架外盖;15-电刷架;16-"F"(磁场)接柱;17-后轴承;18-转轴固定螺母及弹簧电刷;19-后轴承衬垫及护盖;20-安装臂钢套;21-后端盖;22-后端盖轴承油封及护圈;23-散热板固定螺栓

1. 转子

(1)功用:产生磁场。

(2)组成:如图 9-6 所示,由磁轭、磁场绕组、爪极(共两块,每块上都有 6 个鸟嘴形磁级,一块爪极磁化为 N 极,另一块爪极磁化为 S 极。两爪极压装在转子轴上,两爪极间的空腔内装有磁轭和磁场绕组)。集电环(由两个彼此绝缘的铜环组成)组成,磁场绕组的两端分别与集电环相连。发电机的电刷与两集电环相接触,引入励磁电流给转子绕组。与集电环接触的两电刷分别接在发电机外部的两接柱上,成为发电机的"磁场或 F"接线柱和"搭铁或-"接线柱。

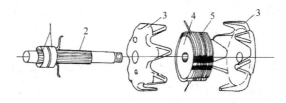

图 9-6　发电机转子的分解

1-集电环;2-转子轴;3-爪极;4-转子铁芯;5-磁场绕组

(3)励磁方式。

①他励:硅整流发电机磁极尺寸小,存留的剩磁很弱,在发电机低速时,仅靠剩磁产生的电动势小于 0.6V,并不能使二极管导通,不能及时向蓄电池充电。因此,在发电机低速、发电机电压低于蓄电池电压时,采用他励供电(即励磁电流由蓄电池供给),使发电机很快建立磁场,电压迅速升高。

②自励:当发电机电压略高于蓄电池电压时,发电机向蓄电池充电,同时向自身励磁绕组提供励磁电流。

2.定子(又称电枢)

(1)功用:产生交流电即相当于电源。

(2)组成:如图9-7所示,由定子铁芯和定子绕组组成。定子铁芯由内圆带槽的环状硅钢片叠成,定子绕组为三相对称绕组,安放在定子铁芯的槽内。三相绕组的接法有星形连接(即每相绕组的首端分别与整流器相连,每相绕组的尾端接在一起,如:车用发电机定子)和三角形连接(即每相绕组首尾相连成"△"形,如:神龙富康轿车用发电机定子)。

3.整流器

(1)功用:把定子绕组产生的三相交流电变为直流电输出。

(2)组成:如图9-8所示,整流器一般由6个硅二极管和负二极管组成;分正二极管和负二极管两种。

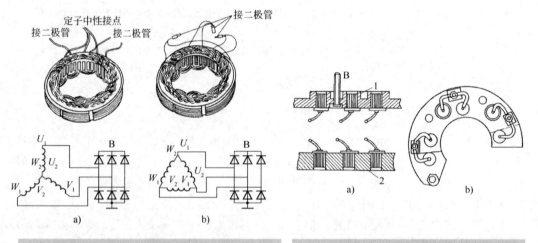

图9-7 定子及定子绕组的连接方法
a)星形连接;b)三角形连接

图9-8 散热板二极管的安装
a)二极管安装示意图;b)散热板总成
1-正散热板;2-负散热板

正二极管的中心引线为二极管正极,外壳为负极,管底多标红色标记。正二极管的外壳压装或焊装在散热板上,共同组成发电机的正极,由一个与后端盖绝缘的元件板固定螺栓通至机壳外,成为发电机的"电枢"柱(也叫"B"或"+")。

负二极管的中心引线为负极,外壳为正极,管底有黑色标记。3个负二极管的外壳压装或焊接在另一散热板上或后端盖上,和发电机外壳一起成为发电机的负极。

整流器二极管与定子绕组的连接方式如图9-7所示。

4.端盖

前、后端盖均用铝合金铸造而成(防漏磁)。在后端盖上装有电刷组件(由电刷、电刷架、电刷弹簧组成),如图9-5所示。

交流发电机的搭铁形式有内搭铁和外搭铁之分,磁场绕组的一端经电刷在发电机端盖上搭铁,称为内搭铁。磁场绕组的两端均与端盖绝缘,其中一端经调节器后搭铁,称为外搭铁。

发电机前端盖之间装有传动带轮,由发动机通过传动带驱动带轮和转子转动。

发电机的通风散热是靠风扇完成(由铝合金或钢板冲压而成),发电机有1~2个风扇。对于只有一个风扇的发电机,风扇均装于前端盖与带轮之间;对于有两个风扇的发电机,有的是在转子爪极两侧各焊装一个,有的是一个风扇装于前端盖与皮带轮之间,另一个风扇装在后端盖与转子爪极之间,如图9-9所示。

(二)交流发电机的工作原理

1. 发电机工作原理

发电机转子的磁场绕组中有电流通过,产生磁场;发电机的三相定子绕组按一定规律分布在发电机的定子槽中,彼此相差120°的交流电动势的电位角,如图9-10所示。发电机转子由发动机通过传动带旋转时,定子绕组就会切割转子磁力线进而产生频率相同、幅值相等、相位互差120°的交流电动势。

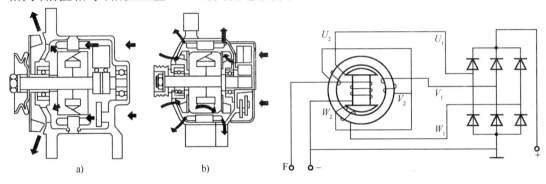

图9-9　发电机散热方式
a)单风扇式;b)双风扇式

图9-10　交流发电机的工作原理

2. 整流原理

在三相桥式整流电路中如图9-11所示。3个正二极管(引线为正)的负极通过元件板连在一起,它们的正极分别与三相绕组的首端相连。这3只正极管的导通条件是:在某一瞬间,哪一相绕组的电压最高,则与该相绕组相连的正二极管导通。3个负二极管(引线为负)的负极与三相绕组的首端的相连,其负极通过元件板或端盖连在一起。这3只负极管的导通条件是:在某一瞬间,哪一相绕组的电压最低,则与该相绕组相连的负二极管导通。

在硅整流发电机运转过程的每一个时间区间,总是一相绕组电压最高,一相绕组电压最低,整流器的6只整流二极管中,始终保持有两个管子(一正一负)导通,负载两端得到的是两相绕组间的线电压。

(三)调节器

1. 功用

保持发电机在转速和负荷变化时输出电压的稳定。

2. 分类

如图9-12所示为常用调节器的分类。

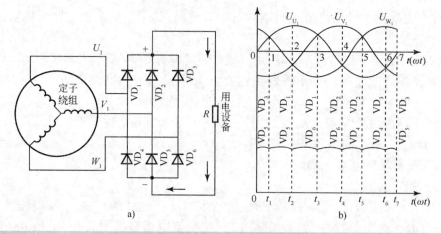

图 9-11　三相桥式整流电路及电压波形
a)三相桥式整流电路；b)三相交流电的波形

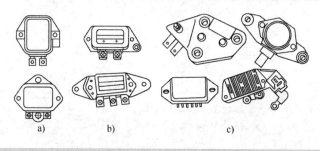

图 9-12　常见调节器外形
a)触点振动式；b)晶体管式；c)集成电路式

(1)触点式调节器。结构复杂,电压调节精度低,触点火花对无线电干扰大,可靠性差,寿命短,正被逐渐淘汰。

(2)晶体管调节器。电压调节精度高,对无线电干扰少,体积小,无运动件,耐振,故障少。

(3)集成电路调节器。超小型、可直接装于发电机内部,具有耐振、防潮、防尘、耐高温性能好、价格低等优点。

3. 触点式调节器

工作过程:如图 9-13 所示,接通点火开关,蓄电池经触点 K 向发电机励磁绕组供电,他励电路接通。当发电机端电压高于蓄电池电动势时,发电机向用电设备供电同时进行自励。在他励、自励电路接通时,调节器磁化线圈通电,但产生的磁吸力较小,不足以将触点 K 吸开。当发电机电压稍高于调节电压时,通过磁化线圈的电流产生的电磁力超过弹簧弹力而将触点 K 引开,将电阻 R_1、R_2 串入励磁电路,使励磁电流减小,发电机电压下降。当发电机电压略低于调节器电压时,通过磁化线圈的电流产生的磁吸力减小,使触点 K 重又闭合,励磁电流增大。

触点式电压调节器就是通过反复开闭触点来调节励磁电流的大小,以使发电机电压稳定在一定范围内。

4. 电子式调节器

电子式调节器大多采用 NPN 型三极管制成,与外搭铁式硅整流发电机匹配,电子调节器电压调节值在制造时已调试精确,普遍采用整体封装结构,使用时无法调整。

电子式调节器的工作过程如图 9-14 所示。

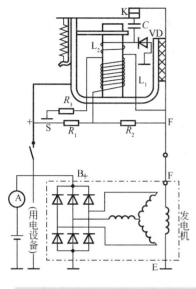

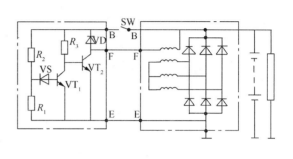

图 9-13 触点式调节器的电路　　　　图 9-14 电子调节器基本电路

（1）他励。接通点火开关,蓄电池电压经分压器(即电阻 R_1、R_2、R_3)加在稳压管 VS 两端,此时加在稳压管 VS 上的电压未达到其反向击穿电压,故稳压管 VS 截止。三极管 VT_1 的基极电压为零,故 VT_1 截止。蓄电池电压加在 VT_2 的基极电压为 0.7V,故 VT_2 导通。接通了发电机励磁电路,发电机进行他励建立电动势。

（2）自励。当发电机转速升高时,发电机由他励转为自励正常发电。电源为发电机电路同他励电路。

（3）调压。随着发电机转速的升高,当发电机电压高于规定值时,加在稳压管 VS 上的电压超过其反向击穿电压,故稳压管 VS 导通,三极管 VT_1 的基极电压高于 0.7V,故 VT_1 导通。此时 VT_1 的集电极电压下降为 0,导致 VT_2 的基极电压为 0,VT_2 截止,励磁电路被切断,发电机端电压下降,当电压降至规定值时又恢复自励电路,再次接通励磁电路,发电机端电压又上升。如此反复,使发电机电压维持在规定值。

5. 集成电路调节器

桑塔纳轿车采用的 JFZ1913Z,其配套的调节器为 JFT152 型混合集成电路调节器。图 9-15 为整体式交流发电机结构图,这种发电机用 11 个二极管和内装集成电路式调节器。

如图 9-16 所示,该电路的特点是在一般常用的六管三相桥式整流电路的基础上,增加了 3 个励磁二极管 VD_7、VD_8、VD_9 和两个中性二极管 VD_{10}、VD_{11}。3 个励磁二极管 VD_7、VD_8、VD_9 专供励磁电流。两个中性二极管 VD_{10}、VD_{11} 工作时,可增大交流发电机的输出电流。

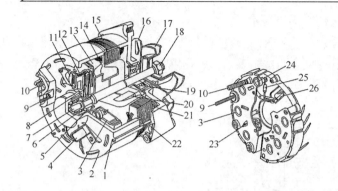

图9-15 整体式交流发电机的结构
1-连接螺栓;2-后端盖;3-散热板;4-防干扰电容器;5-滑球;6-全封闭轴承;7-转子轴;8-电刷;9-磁场接线柱;10-输出线接柱;11-电压调节器;12-电刷架;13-磁极;14-电枢;15-定子铁芯;16-风扇叶轮;17-带轮;18-紧固螺母;19-全封闭轴承;20-励磁绕组;21-前端盖;22-定子槽楔子;23-电容气接片子;24-输出整流二极管;25-磁场整流二极管;26-电刷架压紧片

(四)桑塔纳2000型轿车交流发电机

桑塔纳2000GLi型轿车采用带调节器的整体式交流发电机,如图9-17所示。它主要由转子总成、定子总成、整流部分、风扇、元件板等组成。

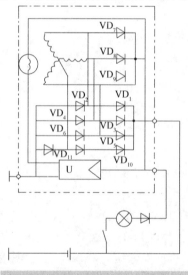

图9-16 11管交流发电机充电系统电路

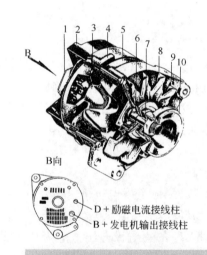

图9-17 交流发电机结构
1-调节器;2-后罩盖;3-转子;4-后端盖;5-定子;6-轴承;7-轴;8-风扇;9-前端盖;10-V形带轮

图9-18为桑塔纳2000型轿车交流发电机配用的调节器为集成式电压调节器(称为IC调节器),该调节器具有结构紧凑、工作可靠、体积小、质量小等优点。IC调节器与电刷组件制成一个整体结构,并采用外装式结构,当电刷磨损或调节器损坏需要更换时,拆下总成部件的两个固定螺钉,即可取下总成,维修十分方便。IC调节器与电刷组件总成如图9-18所示,整体式交流发电机的内部电路如图9-19所示,交流发电机技术参数见表9-1。

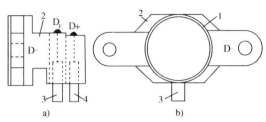
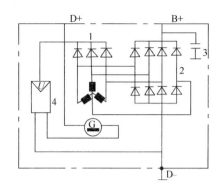

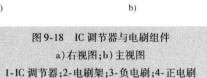

图9-18 IC调节器与电刷组件
a) 右视图;b) 主视图
1-IC调节器;2-电刷架;3-负电刷;4-正电刷

图9-19 整体式交流发电机电路
1-磁场二极管;2-输出整流二极管;3-防干扰电容器;4-IC调节器;U、G-磁场绕组

交流发电机技术参数　　　　　　　　　　　　　　　　表9-1

发电机型号	JFZ1913Z、JFZ1813Z	工作环境温度(℃)	-40 ~ +90
额定电压(V)	14	调节器形式	集成电路式
额定电流(A)	90	调节电压(V)	12.5 ~ 14.5
额定输出功率(W)	1200	安装方式	单挂脚
零电流转速(r/min)	≤1050	质量(无带轮)(kg)	5.66
开始充电转速(r/min)	≤1900	比功率(W/kg)	223
常用工作转速(r/min)	6000	新电刷高度(mm)	10
最高工作转速(r/min)	15000	电刷极限高度(mm)	5
磁场绕组电阻(Ω)(20℃)	2.8	搭铁形式	外搭铁

单元三　起动系的结构认知

单元要点

1. 起动系的作用和组成；
2. 起动用直流电动机的结构和工作原理；
3. 起动机传动机构的结构和工作原理；
4. 起动机控制电路的类型和工作过程。

相关知识

一、起动系的作用和组成

(一)起动系的作用

起动系的作用就是供给发动机曲轴足够的起动转矩,以便使发动机曲轴达到必需的起动转速,使发动机进入自行运转状态。当发动机进入自由运转状态后,便结束任务立即停止工作。

发动机常用的起动方式有人力起动、辅助汽油机起动和电力起动机起动。现代汽车上均采用电力起动机起动方式,电力起动机简称为起动机,均安装在汽车发动机飞轮壳前端的座孔上,用螺栓紧固。

(二)起动系的组成

电力起动系简称起动系,由蓄电池、起动机和起动控制电路等组成,如图9-20所示。起动控制电路包括起动按钮或开关、启动继电器等。

起动机在点火开关或起动按钮控制下,将蓄电池的电能转化为机械能,通过飞轮齿圈带动发动机曲轴转动。为增大转矩,便于起动,起动机与曲轴的传动比:汽油机一般为13～17,柴油机一般为8～10。

(三)起动机的组成及其分类

1. 起动机的组成

起动机由直流电动机、传动机构和控制装置三大部分组成,如图9-21所示。

直流电动机的作用是将蓄电池输入的电能转换为机械能,产生电磁转矩。

传动机构的作用是利用驱动齿轮啮入发动机飞轮齿圈,将直流转矩传给曲轴,并及时切断曲轴与反拖电动机之间的动力传递,防止起动机损坏。控制机构的作用是接通或切断起动机与蓄电池之间的主电路,并使驱动小齿轮进入或退出啮合。有些起动机控制机构还有副开关,能在起动时将点火线圈附加电阻短路。

2. 起动机的类型

(1)强制啮合式起动机。是靠人力或电磁力经拨叉推移离合器,强制性地使驱动齿轮啮入和退出飞轮齿圈。因其具有结构简单、动作可靠、操纵方便等优点,现代汽车普遍采用。

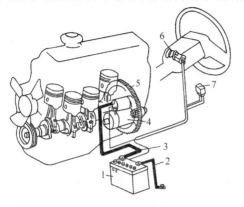

图9-20 起动系的组成
1-蓄电池;2-搭铁电缆;3-起动机电缆;4-起动机;
5-飞轮;6-点火开关;7-启动继电器

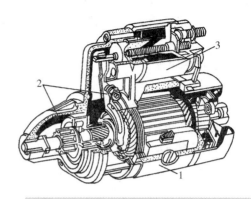

图9-21 起动机的组成
1-直流电动机;2-传动机构;3-电磁开关

(2)电磁啮合式起动机。它是靠电动机内部辅助磁极的电磁力,吸引电枢作轴向移动,将驱动齿轮啮入飞轮齿圈。起动结束后,再由复位弹簧使电枢复位,让驱动齿轮退出飞轮齿圈,所以,又称电枢移动式起动机。多用于大功率的柴油汽车上。

除上述形式外,还有永磁起动机、减速式起动机等。

3. 起动机的型号

根据《汽车电气设备产品型号编制方法》(QC/T 73-1993)的规定,起动机的型号由以下五部分组成(图9-22):

(1)产品代号:QD、QDJ 和 QDY 分别表示起动机、减速型起动机和永磁型起动机。

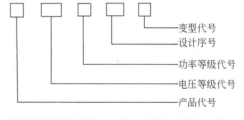

图9-22 起动机的型号

(2)电压等级代号:1 代表 12V;2 代表 24V。

(3)功率等级代号:含义如表9-2所示。

起动机的功率等级代号　　　　　　表9-2

功率等级代号	1	2	3	4	5	6	7	8	9
功率/kW	~1	>1~2	>2~3	>3~4	>4~5	>5~6	>6~7	>7~8	>8~9

例如:QD124 表示额定电压为 12V、功率为 1~2kW、第四次设计的起动机。

二、起动机用直流电动机

(一)直流电动机的工作原理

直流电动机是将电能转变为机械能的装置。它是根据载流导体在磁场中受到电磁力作用而发生运动的原理工作的。如图 9-23 所示,在直流电动机的电刷 A、B 上外加直流电压,这时线圈中将有电流流过,其流向由电刷 B 经 dcba 到电刷 A,于是载流导体在磁场中受到电磁力作用,形成力矩(称电磁转矩)使线圈转动。由左手定则可以确定,电磁转矩使线圈顺时针转动。当线圈转过 180°时,线圈中的电流虽然改变了方向,即从 a 到 d,但线圈在磁场中的位置也相应发生了改变,电磁转矩方向也就不变,使线圈仍按原来的顺时针方向继续旋转。

为了增大电磁转矩和转动的平稳性,电动机都采用多组线圈和相应的换向片,同时用两对或数对磁极产生磁场。

(二)直流电动机的组成

起动机的直流电动机主要由定子、转子、换向器、电刷及端盖等组成,如图 9-24 所示。

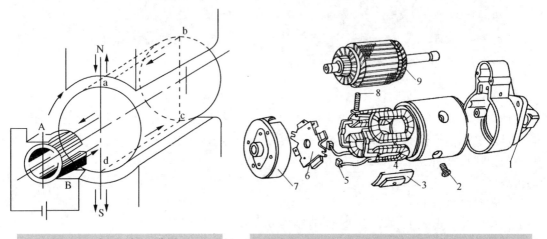

图 9-23　直流电动机工作原理

图 9-24　起动机用的直流电动机结构
1-驱动端盖;2-埋头螺栓;3-定子铁芯;4-定子绕组;5-电刷;6-电刷架;7-电刷端盖;8-接线柱;9-转子

1. 定子

定子俗称"磁极",作用是产生磁场,分励磁式和永磁式两类。为增大转矩,汽车起动机通常采用 4 个磁极,两对磁极相对交错安装,定子与转子铁芯形成的磁力线回路,如图 9-25 所示,低碳钢板制成的机壳是磁路的一部分。

(1)励磁式定子。励磁式电动机定子铁芯为低碳钢,铁芯磁场要靠绕在外面的励磁绕组通电建立。为使电动机磁通能按设计要求分布,将铁芯制成如图 9-26 所示形状,并用埋头螺钉紧固在机壳上。励磁绕组由扁铜带(矩形截面)绕制而成,如图 9-26 所示,其匝数一般为 6~10 匝;铜带之间用绝缘纸绝缘,并用白布带以半叠包扎法包好后浸上绝缘漆烘干而成。励磁绕组与转子串联,故称串励式电动机。具体连接如图 9-27 所示,先将励磁绕组两两串联后并联,再与电枢(转子)绕组串联。

(2)永磁式定子。永磁式电动机不需要电磁绕组,可节省材料,而且能使电动机磁极的径向尺寸减小;在输出特性相同的情况下其质量比励磁定子式电动机可减轻 30% 以上。条形永久磁铁可用冷粘接法粘在机壳内壁上,或用片弹簧均匀地固装在起动机机壳内表面上。由于结构尺寸及永磁材料性能的限制,永磁起动机的功率一般不大于2kW。

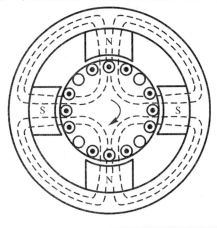

图9-25 电动机磁路

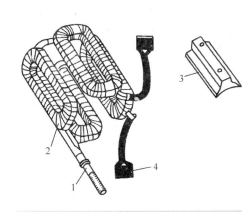

图9-26 励磁式电动机定子
1-接线柱;2-定子绕组;3-定子铁芯;4-绝缘电刷

2. 转子

转子俗称"电枢",由电枢轴、铁芯、电枢绕组和换向器等组成。转子的作用是产生电磁转矩。典型起动机转子结构如图9-28所示。转子铁芯由硅钢片叠包后固定在转子轴上。铁芯外围均匀开有线槽,用以放置转子绕组;转子绕组由较大矩形截面的铜带或粗铜线绕制而成。在铁芯线槽口两侧,用轧纹将转子绕组挤紧以免转子高速旋转时由于惯性作用将绕组甩出,转子绕组的端头均匀地焊在换向片上。为防止铜制绕组短路,在铜线与铜线之间及铜线与铁芯之间用性能良好的绝缘纸隔开。减速型起动机转子转速较普通型转子转速提高了50%~70%,绝缘性能及动平衡要求较高,因此,采用环氧树脂涂封或耐热尼龙纸作为转子槽绝缘纸。

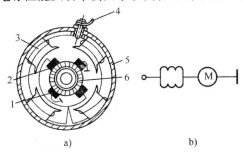

图9-27 串励式电动机内部线路
a)结构;b)符号
1-搭铁电刷;2-绝缘电刷;3-磁极;4-接线柱;
5-机壳;6-换向器

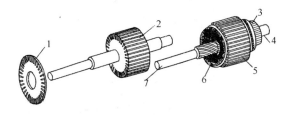

图9-28 起动机转子
1-铁芯叠片;2-未绕绕组的铁芯转子;3-换向器;4-轴;
5-铁芯;6-绕组;7-轴

换向器由钢片和云母叠压而成,压装于电枢轴前端,钢片间绝缘,铜片与轴之间也绝缘,换向片与线头采用锡焊连接。减速型起动机的换向器用塑料取代了云母,换向片与线头采用了银铜硬钎焊,耐高速又耐高温。考虑到云母的耐磨性较好,当换向片磨损以后,云母片就会凸起。影响电刷与换向片的接触,因此,有些汽车在换向片与云母片之间留出间隙0.5~0.8mm。

转子轴驱动端制有螺旋形花键,用以套装传动机构中的单向离合器。

转子与定子铁芯的气隙:普通起动机一般为0.5~0.8mm,减速型起动机一般为0.4~0.5mm。

3. 电刷端盖

电刷端盖一般用浇铸或冲压法制成,盖内装有4个电刷架及电刷,其中两只搭铁电刷利用与端盖相通的电刷架搭铁。另外两只电刷的电刷架则与端盖绝缘,绝缘电刷引线与励磁绕组的一个端头相连接,如图9-29所示。起动机电刷通常用铜粉(80%~90%)和石墨粉压制而成,以减少电阻并提高耐磨性。电刷架上有盘形弹簧,用以压紧电刷。

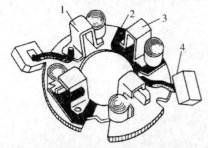

图9-29 起动机用电刷及支架
1-搭铁电刷架;2-绝缘垫;3-绝缘电刷架;4-搭铁电刷

4. 驱动端盖

驱动端盖(图9-24)上有拨叉座和驱动齿轮行程调整螺钉,还有支撑拨叉的轴销孔。为了避免电枢轴弯曲变形,一些起动机装有中间支撑板。端盖及中间支撑板上的轴承多用青铜石墨轴承或铁基含油轴承。轴承一般采用滑动式,以承受起动机工作时的冲击性载荷。

两端盖与机壳靠两个较长的穿心连接螺栓将起动机组装成一个整体,端盖与机壳间的接合面上一般制有定位用安装记号。

(三)直流电动机的类型

直流电动机按励磁方式可分为永磁式和电磁式两大类,电磁式按励磁绕组与电枢绕组的连接关系,又可分并励式、串励式和复励式三种,分别如图9-30所示。

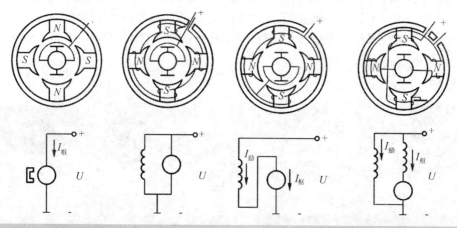

图9-30 直流电动机的类型

串励式直流电动机的励磁绕组与电枢绕组相串联,电枢电流等于励磁绕组电流,并与总电流相等。串励式电动机具有起动转矩大,轻载转速高,重载转速低,短时间内能输出最大功率等特点,具有较"软"的机械特性,因此特别适合应用于直接驱动式起动机。

复励式电动机的磁极上有两组励磁绕组,一组同电枢串联,另一组则同电枢并联。复励式电动机在空载运行的情况下与并励电动机相似,加了负载后,串励绕组的磁场将随负载的增加而加强,运行情况接近串励电动机。因此它的机械特性比并励式软,较串励式硬。复励式直流电动机被一些大功率起动机所采用。

三、起动机的传动机构

一般起动机的传动机构是指包括驱动齿轮的单向离合器。减速起动机的传动机构还包括减速装置。驱动齿轮与飞轮的啮合一般是靠拨叉强制拨动完成,如图9-31所示。起动机不工作时,驱动齿轮处于图9-31a)所示位置;当需要起动时,拨叉在人力或电磁力的作用下,将驱动齿轮推出与飞轮齿圈啮合,如图9-31b)所示;待驱动齿轮与飞轮齿圈接近完全啮合时,起动机主开关接通,起动机带动发动机曲轴运转,如图9-31c)所示。发动机起动后,如果驱动齿轮仍处于啮合状态,则单向离合器打滑,小齿轮在飞轮带动下空转,电动机处于空载下旋转,避免了被飞轮反拖高速旋转的危险。起动完毕后,起动机拨叉在复位弹簧作用下复位,带动驱动小齿轮退出飞轮齿圈的啮合。

常见起动机单向离合器的结构主要有滚柱式、弹簧式和摩擦片式三种。下面主要介绍滚柱式单向离合器的结构和工作原理。

1. 构造

滚柱式单向离合器是通过改变滚柱在楔形槽中的位置实现接合和分离的。其结构分十字块式和十字槽式两种,如图9-32所示,主要由驱动齿轮、外壳及十字槽套筒(或外座圈及十字块套筒)、滚柱、弹簧等组成。离合器的套筒内有螺旋花键,此花键与起动机电枢轴前端的花键结合。单向离合器既可在拨叉作用下沿电枢轴轴向移动,又可在电枢驱动下作旋转运动。

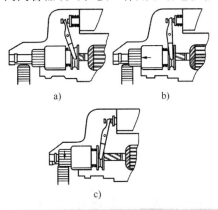

图9-31 起动机驱动齿轮啮合过程
a)静止未工作;b)电磁开关通电推向啮合;
c)主开关接通接近完全啮合

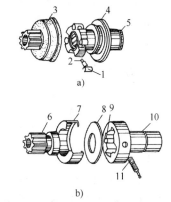

图9-32 滚柱式单向离合器
a)十字块式;b)十字槽式
1、9-滚柱;2、11-弹簧;3-驱动齿轮及套筒;
4-防护盖;5-十字块套筒;6-驱动齿轮;7-防护罩;8-垫圈;10-十字槽套筒

2. 工作过程

起动时,起动机带动发动机旋转,滚柱被挤到楔形槽的窄端,并越挤越紧,使十字块与驱动小齿轮形成一体,电动机转矩便由此输出,如图9-33a)所示。发动机起动后,当飞轮转动线速度超越驱动小齿轮线速度时,飞轮便带动电枢旋转,此时滚柱被推到楔形槽宽端,出现了间隙。十字块和驱动小齿轮便开始打滑,于是齿轮空转,起到了保护电枢的作用,如图9-33b)所示。

滚柱式单向离合器工作时属线接触传力,所以不能传递大转矩,一般用于小功率(2kW以下)的起动机上,否则滚柱易变形、卡死,造成单向离合器分离不彻底。由于它结构简单,目前广泛用于汽油发动机上。

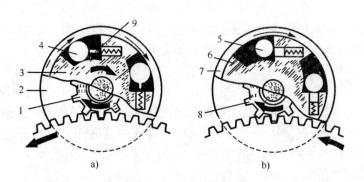

图9-33 滚柱式单向离合器的工作原理
a)起动时;b)起动后
1、8-驱动齿轮;2、7-外壳;3、6-十字块;4、5-滚柱;9-压帽与弹簧

四、起动机的控制机构

起动机控制机构也叫"操纵机构"。下面介绍广泛使用的电磁操纵强制啮合式起动机控制机构的组成和工作过程。

(一)组成

电磁操纵式起动机电路原理图及符号如图9-34所示。控制机构由电磁开关、拨叉等组成,电磁开关由吸引线圈、保持线圈、活动铁芯、固定铁芯、主开关接触盘及复位弹簧等组成。其中吸引线圈与电动机串联,保持线圈与电动机并联。活动铁芯可驱动拨叉运动,又可推动接触盘推杆。

(二)工作过程

控制机构作用过程如下:

(1)起动机不工作时,驱动齿轮处于与飞轮齿轮脱开啮合位置,电磁开关中的接触盘与各接触点分开。

(2)将起动开关接通时,蓄电池经起动控制电路向起动机电磁开关通电,其电流回路如图9-35所示。

此时,吸引线圈和保持线圈磁场方向相同。活动铁芯在电磁力作用下克服复位弹簧的弹力向内移动,压动推杆使起动机主开关接触盘与接触点靠近,与此同时带动拨叉将驱动小齿轮推向啮合;当驱动小齿轮与飞轮齿圈接近完全啮合时,接触盘已将接触点接通,起动机主电路接通,直流电动机产生强大转矩通过接合状态的单向离合器传给发动机飞轮齿圈。主开关接通后,吸引线圈被主开关短路,电流消失,活动铁芯在保持线圈电磁力作用下保持在吸合位置。此时主开关副触片接通,将点火线圈附加电阻短路。

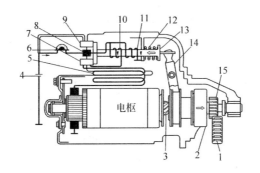

图9-34 电磁操纵式起动机电路原理
1-飞轮齿圈;2-离合器;3-螺纹花键;4-蓄电池;5-励磁线圈;6-起动开关;7-接起动机磁场;8-接点火开关;9-接蓄电池;10-吸引线圈;11-保持线圈;12-复位弹簧;13-活动铁芯;14-拨叉;15-驱动齿轮

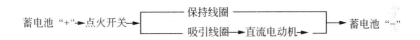

图9-35 起动时起动机电路电流流向

（3）发动机起动后，飞轮转动线速度超过了起动机驱动小齿轮的线速度，单向离合器打滑，避免了电枢绕组高速甩散的危险。

（4）松开起动开关时，起动控制电路断开，但电磁开关内吸引线圈和保持线圈通过仍然闭合的主开关得到电流。其电流回路如图9-36所示。

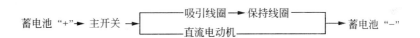

图9-36 起动后起动机电路电流流向

因吸引线圈和保持线圈磁场方向相反，相互削弱，活动铁芯在复位弹簧作用下迅速回位，使驱动小齿轮脱开啮合，主开关断开，起动机停止工作，启动结束。

常见的电磁开关按开关与铁芯的结构形式分为整体式和分离式两种，如图9-37所示。开关接触盘组件与活动铁芯固定连接在一启的称整体式电磁开关；接触盘组件与移动铁芯不固定在一启的称分离式开关。

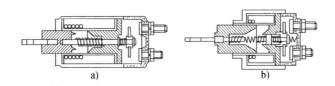

图9-37 起动机电磁开关形式
a)整体式;b)分离式

五、起动系控制电路

常见的起动系控制电路有:开关直接控制、继电器控制和起动复合继电器控制三种。

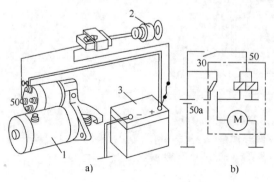

(一)开关直接控制起动系

开关直接控制是指起动机由点火开关或起动按钮直接控制,如图9-38所示。起动功率较小的汽车(如长安奥拓微型轿车、天津夏利轿车)常用这种控制形式。

(二)启动继电器控制起动系

启动继电器控制是指用启动继电器触点控制起动机电磁开关的大电流,而用点火开关或起动按钮控制继电器线圈的小电流,如图9-39所示。启动继电器的作用就是以小电流控制大电流,保护点火开关,减少起动机电磁开关线路的压降。

图9-38 开关直接控制起动系电路
a)接线图;b)电路原理图
1-起动机;2-点火开点;3-蓄电池

装有自动变速器的轿车,在自动变速器上装有空挡起动开关,空挡起动开关串联于启动继电器线圈搭铁端,只有自动变速器变速杆处于停车挡(P)和空挡(N)时才接通,其他挡位时均处于断开状态,有利于保护起动机和蓄电池。

(三)启动复合继电器控制起动系

为了在发动机起动后使起动机自动停转并保证不再接通起动机电路,解放CA1092及东风EQ1092等汽车采用了具有安全驱动保护功能的启动复合继电器控制起动系。启动复合继电器由启动继电器和保护继电器两部分组成,如图9-40所示。

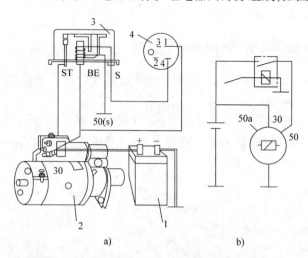

图9-39 启动继电器控制起动系电路
a)接线图;b)电路原理图
1-蓄电池;2-起动机;3-继电器;4-点火开关

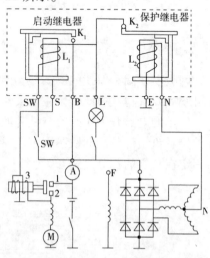

图9-40 启动复合继电器控制起动系电路

六、桑塔纳2000型轿车起动机的结构与技术参数

桑塔纳2000系列轿车起动机为串励直流式,主要由直流电动机、传动机构和控制装置三部分组成。起动机型号为QD1229(长沙汽车电器厂生产)和QD1225(上海汽车电机厂生产)。起动机的额定电压为12V,额定功率0.95kW,制动时电流小于480A,最大输出转矩不小于13N·m,最大启动电流为110A。起动机的主要技术参数见表9-3。

起动机技术参数　　表9-3

型号	QD1225、QD1229	最大输出转矩(N·m)	≮13
额定电压(V)	12	驱动齿轮齿数(个)	9
额定功率(kW)	0.95	压力角(°)	12
制动电流(A)	≤480	驱动齿轮模数(mm)	2.1167
启动电流(A)	110	质量(kg)	4.7

单元四　仪表系统的结构认知

单元要点

1. 仪表系统的结构；
2. 组合仪表盘总成。

相关知识

一、仪表盘的结构

上海桑塔纳 2000 型轿车仪表盘上主要有车速－里程表、转速表、冷却液温度表、燃油表、时钟、动态油压报警、防冻液液位报警、高温报警、燃油不足报警、驻车制动作用、充电、后风窗加热除霜、远光指示、紧急闪光、ABS 报警等二十几种仪表或显示装置。其中采用电子仪表或电子控制的装置有十几种。仪表盘线路采用薄膜印刷线路板，可以很方便地检查线路故障。仪表盘显示采用导光装置、透过式标度盘及导光指针，使照明清晰美观，富有立体感。

仪表盘上还布置收放机、点烟器、杂物箱以及空调出风口等。图 9-41 所示为桑塔纳 2000 型轿车仪表盘。

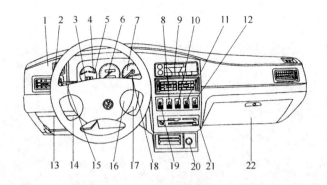

图 9-41　桑塔纳 2000 型轿车仪表盘外观

1-出风口；2-灯光开关和仪表盘照明亮度调节器；3-电子钟；4-冷却液温度表和燃油量表；5-信号灯/警告灯；6-车速－里程表；7-发动机转速表；8-后窗除霜开关（GSi）/备用；9-收放机；10-雾灯开关/紧急闪光灯开关（GSi）；11-防盗系统指示灯（GSi）/后窗除霜开关；12-紧急闪光灯开关/ABS 指示灯（GSi 和加装 ABS 系统的车辆上）；13-熔断丝盖板；14-阻风门拉手（仅 GLS）；15-转向信号灯及变光拨杆开关；16-喇叭按钮；17-点火开关及转向盘锁；18-风窗刮水器及洗涤剂喷射装置拨杆开关；19-空调开关；20-点烟器；21-空调控制面板；22-杂物箱

二、组合仪表盘总成

桑塔纳2000型轿车的组合仪表盘总成线路板采用薄膜印刷线路,面板布置如图9-42所示。其中燃油量表、冷却液温度表、车速表、发动机转速表采用指针式仪表。图9-43所示为组合仪表电路图。

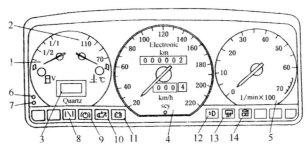

图9-42 桑塔纳2000型轿车仪表盘
1-燃油表;2-冷却液温度表;3-电子液晶钟;4-电子车速－里程表;5-电子发动机转速表;6-电子钟分钟调节钮;7-电子钟时钟调节钮;8-阻风门拉起指示灯(仅GLS);9-驻车制动拉起和制动液面警告灯;10-机油压力警告灯;11-充电指示灯;12-远光指示灯;13-后窗除霜加热指示灯;14-冷却液液面警告灯

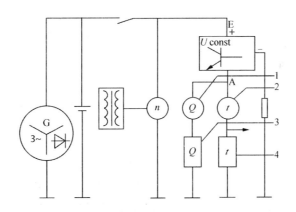

图9-43 桑塔纳轿车仪表电路
1-燃油表;2-水温表;3-水温传感器;4-燃油液位传感器

1. 燃油量表

上海桑塔纳2000型轿车的燃油表为电热式燃油表,它不是用来检测汽车油耗的,是用来指示燃油箱内燃油平面高低,即存油量的。其工作原理如图9-44所示。

燃油表由带稳压器(与冷却液共用)的油面指示表和油面高度传感器(变阻器)组成。电流自蓄电池经稳压器的双金属片、燃油表电阻丝、油面高度传感器的可变电阻和滑动接触片,最后回到蓄电池。

当低油量时,浮子处于较低位置,滑动接触片触头位于可变电阻的右端,此时电阻最大而电流量最小,表头内的电阻丝散热量少,使表头内的双金属片产生的变形较小,指针则处于接近"零"位;当加油后,油面高度增加时,浮子上升,滑片逐步向左移动,回路电阻减小,电流增大,双金属片热变形增大,指针随之右移,当油箱加满时,指针移到最大刻度"1"上。

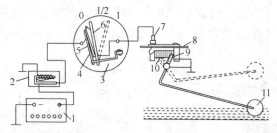

图9-44 电热式燃油表
1-蓄电池;2-电热式稳压器;3-油量表;4-双金属片;5-加热线圈;6-指针;7-接线柱;8-油量表传感器;9-滑片;10-电阻器;11-浮子

当燃油表显示满载时,变阻器阻值为50Ω;当燃油表显示空载时,变阻器阻值为560Ω。当燃油量低于10L时,红色警告灯点亮。

燃油箱内的油面高度传感器上有一根棕色导线搭铁,变阻器信号由一根紫/黑色导线经由中央线路板后连接仪表盘印刷线路板并与燃油表连接。燃油表电源则由稳压器供给。

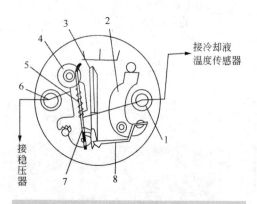

图9-45 冷却液温度表
1、6-接线柱;2-右调节板;3-指针;4-左调节板;5-电阻丝;7-双金属片;8-弹簧片

2. 冷却液温度表及冷却液位、温度指示灯

冷却液温度表是显示发动机冷却液的工作温度。桑塔纳2000型轿车采用电热式冷却液表。

冷却液温度表的表头结构与工作原理如图9-45所示,与燃油表共用一个稳压器,其工作电压在$9.5 \sim 10.5V$范围内。发动机冷却液温度的监控报警由冷却液温度传感器、冷却液温度表、液位指示灯以及冷却液不足指示器的控制器等组成。

冷却液温度传感器在桑塔纳2000GLS/GLi型轿车发动机上是单独制成,在2000GSi型轿车上则和发动机电控系统的冷却液温度传感器制成一体,共用检测到的温度量值。冷却液温度传感器(俗称水温感应塞)的电阻为负温度系数的热敏电阻。安装在发动机水套上的冷却液温度传感器受热后,热敏电阻值下降,电路回路的总电阻值也因此而下降。这时通过冷却液温度表(图9-45)表头内电阻丝5的平均值相应增加,双金属片7因热变形带动指针转动。由于双金属片变形程度与温度呈单值线性函数关系,因此指针的位置可以准确表示温度值。当发动机水温达到115℃左右时,其阻值为62Ω,此时冷却液温度表头指针指示满刻度,同时冷却液温度过热报警灯闪光报警。当发动机冷机时,电阻值在500Ω左右,冷却液指向低温刻度。

3. 车速－里程表

桑塔纳 2000 型轿车采用电子车速－里程表,是用来指示车辆瞬时行驶速度,并记录车辆行驶累计里程和短程里程的综合仪表。

电子车速－里程表采用安装在变速器主传动器输出端的车速传感器所输出的脉冲信号,通过导线输入车速－里程表。图 9-46 所示为电子车速－里程表,它由永久磁铁、矩形塑料框内线圈针轴、游丝、电子模块、步进电动机和机械计算器组成。

安装在主传动器输出端盖上的车速传感器,检测到输出轴上的脉冲齿轮转速信号的脉冲变化,并输送到车速表表头,信号频率愈大,车速表指针偏转愈大,指示车速

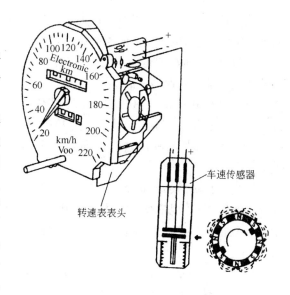

图 9-46　电子车速－里程表

愈高。同时,里程表中的电子模块把脉冲量转换成里程数,通过机械计算器累计起来。

车速－里程表上还有一个短程(单程)里程表,当需要消除短程里程时,只需按一次复位杆,短程里程表就会归零。

4. 发动机转速表

发动机转速表用来测量发动机曲轴转速。转速表按其结构不同可分为机械式和电子式,其中,应用较广泛的是电子式。

桑塔纳 2000 型轿车采用电子发动机转速表。其中 2000GLi 型轿车是从点火线圈中获得一次电流中断时产生的脉冲信号,在点火线圈中转换成电压脉冲,经数字集成电路计算后,在表头上偏转指针以显示出发动机转速的。

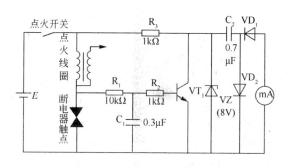

图 9-47　脉冲式电子转速表

图 9-47 为利用电容充放电的脉冲式电子转速表的原理图,其信号取自点火系初级电路。当发动机工作时,断电器触点不断开闭,其开闭次数与发动机转速成正比,如六缸发动机,曲轴转一圈,触点开闭三次。当触点闭合时,三极管 VT_1 无偏压而处于截止状态,电容器 C_2 被电源充电,充电电路为蓄电池正极 → 电阻 R_3 → 电容器 C_2 → 二极管 VD_2 → 蓄电池负极。

当触点断开时,三极管 VT_1 的基极电位接近电源正极而导通,此时,电容器 C_2 便通过导通的三极管 VT_1、转速表测量机构 M(实际上为毫安表)和二极管 VD_1 构成放电电路,从而驱动转速测量机构。

当触点不断开闭时,C_2 不断进行充放电,其放电电流的平均值与发动机转速成正比,通过转速表指针便可指示出发动机的转速。

使用转速表,驾驶员可以正确地选择换挡时机、防止发动机超速运转。转速表上都标有红色危险区,发动机转速一般不得超过危险标线,否则会造成发动机早期损坏。

2000GSi 型轿车则是由安装在飞轮侧的发动机转速传感器,直接把转速脉冲信号输入表头转换成发动机转速信号的。

当发动机转速超过 6000r/min 时,指针进入表头的红色警戒区,这时,应放松加速踏板,以免损伤发动机机件。对于电控喷射式发动机 GLi、GSi 型轿车的发动机电子控制系统,ECU 则立即切断喷油器供油而阻止发动机转速的上升,直到恢复正常转速又会继续供油。

5. 发动机机油压力指示

桑塔纳 2000 型轿车的机油压力指示系统,由低压油压开关、高压油压开关、油压检查控制器、机油压力指示灯等组成。当发动机工作时,用来检测发动机主油道中机油压力的大小。

低压油压开关安装在发动机缸盖上,其外壳直接搭铁。低压油压开关为常闭型开关,当油压低于 0.03MPa 时,开关常闭(发动机未发动)。当油压高于 0.03MPa 时,开关打开。

低压油压开关上的黄色导线进入中央线路板后导入组合仪表盘,接通到油压控制器,送入低油压信号。

高压油压开关安装在机油滤清器支架上,其外壳直接搭铁。高压油压开关为常开型开关,当油压低于 0.18MPa 时,开关常开,当油压高于 0.18MPa 时,开关闭合。

高压油压开关上的蓝/黑色导线进入中央线路板后,导入组合仪表盘,接通到油压控制器,送入高油压信号。

油压检查控制器安装在车速-里程表的框架上。红色机油压力指示灯位于仪表盘上。图 9-48 所示为机油压力系统的接线图,供检查时参考。

6. 其他指示灯

组合仪表盘上的其他指示灯简介如下。

(1) 阻风门拉起指示灯。这仅限于桑塔纳 2000GLS 型轿车。

(2) 驻车制动拉起和制动液面警告灯。该指示灯在点火开关置于 ON、驻车制动拉起时点亮,起步时应完全释放驻车制动,此灯应熄灭后行驶,以免使后制动器处于常摩擦状态,既影响动力,又损伤零件。如该灯在驻车制动释放情况下,仍常亮,则应检查制动液液面是否过低。如发生警告灯点亮报警,或线路不正常,应及时检查排除后再使用。

(3) 机油压力警告灯。当点火开关接通后,该指示灯即点亮,发动机起动后,该灯应熄灭。如车辆在行驶时,该灯仍然发亮或闪烁,应检查发动机润滑系统是否有故障,及时停车检查排除后再使用。

(4) 充电指示灯。当点火开关接通时,充电指示灯点亮,发动机起动后,该灯应熄灭,表示充电系统工作。如车辆在起动后,此灯常亮,则表示充电系统有故障,应及时送修检查,以免蓄电池电源耗尽而造成车辆不能起动和"抛锚"。

(5) 远光指示灯。该指示灯在示宽灯、前照灯开关开启时,表示远光灯已点亮,拨动转向盘左侧的变光拨杆,可以关闭和开启远光灯。日常使用中把变光拨杆向转向盘侧抬起,此指示灯点亮,以使远光灯瞬间点亮,用于提示前方车辆避让或需超越。若远光指示灯在点火开关关闭时常亮,则应检查相关远光灯继电器、组合灯光开关等线路和装置,及时排除故障。

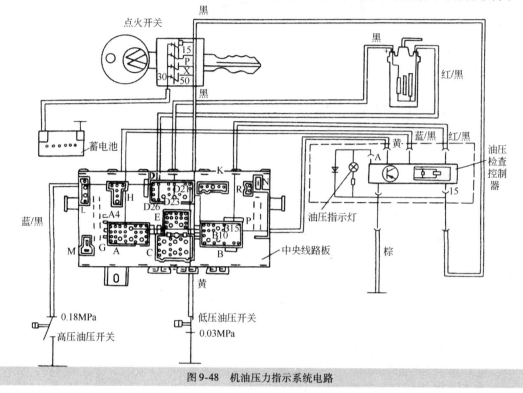

图9-48　机油压力指示系统电路

(6)后窗除霜加热指示灯。后窗除霜加热指示灯在后窗加热开关开启时点亮,表示后窗加热器通电工作,从车内后视镜中观察到后窗除霜已达到效果时,应及时关闭后窗加热器,以免耗电和使后窗加热器过热,同时该灯应熄灭。若此灯在关闭后窗加热器时常亮,或开启后窗加热器时不亮,均应送修检查相关线路和装置,及时排除故障。

(7)冷却液液面警告灯。若冷却液液面警告灯在冷却液水箱中的冷却液面低于最低标线时点亮,指示冷却液液面不足,应及时添加冷却液。

单元五　照明及信号装置结构认知

单元要点

1. 照明装置的组成和工作原理；
2. 信号装置的组成和工作原理。

相关知识

为了保证汽车在夜间无光或微光条件下安全行驶,汽车上装有照明系统。为使其他车辆和行人注意本车的行驶状况,保证车辆和行人安全,汽车上装备有灯光信号和音响信号。

一、照 明 装 置

汽车上装备有多种照明装置。目前,中高档轿车一般都装备有20只左右的外部照明灯和40只左右的内部照明灯。

按照明灯的安装位置不同,既可分为前部照明灯和后部照明灯,也可分为外部照明灯和内部照明灯。前部照明灯的安装位置如图9-49所示,后部照明灯的安装位置如图9-50所示。外部照明灯主要有前照灯、防雾灯、牌照灯、倒车灯等；内部照明灯主要有仪表照明灯、阅读灯、顶灯等。在所有照明装置中,前照灯是最重要的照明装置。

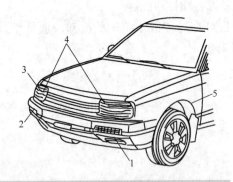 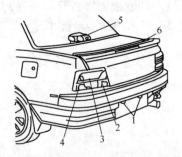

图9-49　前部照明灯安装位置
1-左前转向信号灯;2-右前转向信号灯;3-右前示宽灯;4-前照灯;5-左前示宽灯侧转向信号灯

图9-50　后部照明灯安装位置
1-牌照灯;2-倒车灯与停车灯;3-尾灯;4-转向信号灯;5-高位制动灯;6-高位停车灯(LED停车灯)

为使汽车外形美观,目前各种汽车普遍采用组合式外部照明灯,图9-51和图9-52所示分别为轿车装备的组合前照灯和组合后灯。

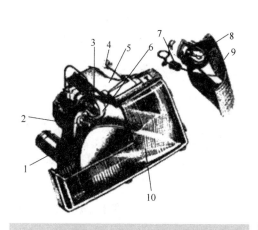

图9-51 轿车组合前照灯
1-前照灯反射镜;2-驻车灯灯泡;3-前照灯灯泡;4-光束调整螺栓;5-灯体;6-遮光罩;7-拉簧;8-前转向灯灯泡;9-前转向灯配光镜;10-前照灯配光镜

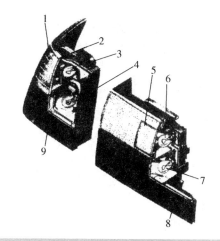

图9-52 轿车组合后灯
1-后转向灯;2-后转向灯配光镜;3-后转向灯灯泡;4-制动灯与尾灯配光镜;5-倒车灯配光镜;6-倒车灯灯泡;7-后防雾灯灯泡;8-后防雾灯配光镜;9-制动灯与尾灯配光镜

（一）前照灯

前照灯俗称大灯,其功用是在夜间行车时照亮车前的道路及物体,同时可以利用远近光线变换信号,超越前方车辆。

1. 前照灯的基本要求

（1）照明距离不低于100m。前照灯应保证车前有明亮而均匀的照明,使驾驶员能够辨明车前100m以内路面上的任何障碍物。随着汽车行驶速度的提高,对前照灯的照明距离要求也越来越大,现代汽车的照明距离应当达到200～250m。

（2）防止眩目功能。前照灯应具有防止眩目功能,以免夜间两车迎面相遇时,使对方驾驶员眩目而造成交通事故。

2. 前照灯的结构特点

前照灯的光学系统由灯泡（图9-53）、反射镜（图9-54）和配光镜（图9-55）三部分组成。

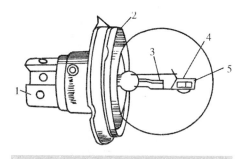

图9-53 前照灯灯泡
1-引脚;2-对焦盘;3-远光灯丝;4-近光灯丝;5-配光屏

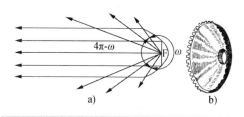

图9-54 反射镜
a)聚光作用;b)反射镜

359

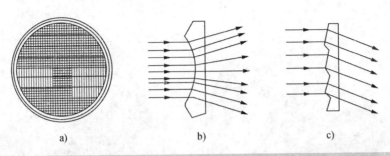

图9-55 配光镜
a)配光镜;b)扩散;c)折射

(1)前照灯灯泡。灯泡是照明的光源,目前汽车使用的前照灯灯泡有普通充气灯泡、卤钨灯泡和新型高压(20kV)放电氙灯等几种类型。目前普遍使用卤钨灯泡。如图9-56所示,卤钨灯泡具有体积小、发光强度大和发黑现象轻微的优点。

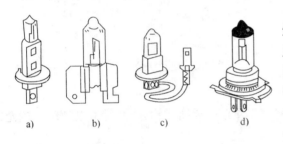

图9-56 卤钨灯泡
a)H_1型;b)H_2型;c)H_3型;d)H_4型

新型高压放电氙灯的组件系统由弧光灯组件、电子控制器和升压器三大部件组成,图9-57是其外形及原理示意图。灯泡发出的光色和日光灯非常相似,亮度是目前卤钨灯泡的3倍左右,寿命可达卤钨灯泡的5倍,克服了传统钨灯的缺陷,几万伏的高压使得其光亮强度增加,完全满足汽车夜间高速行驶的需要。这种灯的灯泡里没有传统灯泡的灯丝,取而代之的是装在石英管内的两个电极,管内充有氙气及微量金属(或金属卤化物)。在电极上加上数万伏的引弧电压后,气体开始电离而导电,气体原子即处于激发状态,使电子发生能级跃迁而开始发光,电极间蒸发少量水银蒸汽,光源立即引起水银蒸发弧光放电,待温度上升后再转入卤化物弧光灯工作。

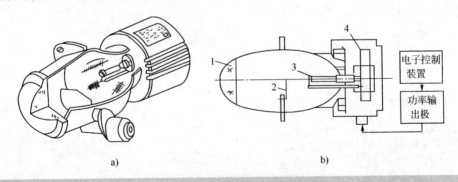

图9-57 新型高压放电氙灯的构造
a)外形;b)原理示意
1-透镜;2-遮光板;3-弧光灯;4-引燃及稳弧部件

为实现前照灯更亮、更远、更美观的要求,许多轿车上采用了投射式前照灯、高亮度弧光灯。

投射式前照灯外形特点是装用很厚的无刻纹的凸型散光镜,由于反射镜是椭圆形的,所以外径很小,结构如图9-58所示。反射镜有两个焦点。第一焦点处放置灯泡,第二焦点在灯光中形成。凸形散光镜的焦点与第二焦点重合。来自灯泡的光利用反射镜聚成第二焦点,再通过散光镜将聚集的光投射到前方。投射式前照灯采用的光源为卤钨灯泡。

在第二焦点附近设有遮光板,可遮挡上半部分光,形成明暗分明的配光。由于它的这种配光特性可适用于前照灯的近、远光灯,也可用作雾灯。

(2) 反射镜。前照灯灯泡的功率为40~60W,因此,灯丝发出的光度有限。如无反射镜反射光束,则只能照亮汽车前方6m左右的路面。

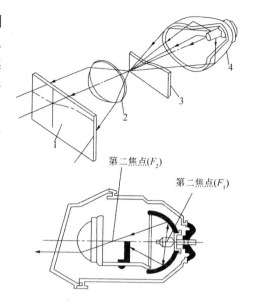

图9-58 投射式前照灯的构造
1-屏幕;2-凸形散光镜;3-遮光镜;4-椭圆反射镜

反射镜的作用是将灯泡发出的光线经反射镜反射后成平行光束射向远方,使光束增强几百倍甚至几千倍,使汽车前方150~400m范围内的路面和障碍物清晰可见。

(3) 配光镜。为使照明范围内照度均匀,需要将反光镜反射出的平行光束进行整形,故在前照灯上装有配光镜,又称为散光玻璃。

配光镜的作用是将反射镜反射出的光束在水平方向扩散、在垂直方向向下折射,使前照灯照射符合配光法规要求。配光镜由若干块棱镜和透镜组合而成,几何形状比较复杂。

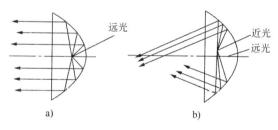

图9-59 近、远光灯光束
a) 近光灯丝电路接通时 b) 远光灯丝电路接通时

(4) 前照灯的防眩措施。夜间会车时,强光束会导致迎面车辆的驾驶员眩目而发生交通事故。为了避免驾驶员眩目,前照灯采用了双丝灯泡,从而保证了夜间行车安全,如图9-59所示。双丝灯泡有两根灯丝,其中一根灯丝功率较大,为远光灯丝;另一根灯丝功率较小,为近光灯丝。

在国内外汽车用双丝灯泡的前照灯中,按近光灯配光方式不同,分为对称形和非对称形两种配光方式,我国采用了非对称形配光方式。

在非对称形配光方式中,双丝灯泡的远光灯丝也设置在反射镜的焦点上,但近光灯丝设在焦点前方且稍高于光学轴线,并在近光灯丝下方设有金属制成的配光屏(即屏蔽罩)。

当接通近光灯丝电路时,由近光灯丝射向反射镜上部的光线经反射镜反射后倾向路面,而配光屏挡住了近光灯丝射向反射镜下部的光线,故没有向上反射引起炫目的光线

[图9-59a)]。当接通远光灯丝电路时,灯丝发出的光线由反射镜反射后沿光学轴线平行射向远方[图9-59b)]。

当汽车夜间行驶且迎面无来车时,可接通远光灯丝电路进行照明,使前照灯光束射向远方,以利提高车速;当两车相遇时,应当接通近光灯丝电路使光束倾向路面,车前50m内路面也能清晰可见,从而避免迎面车辆的驾驶员眩目。

3. 前照灯的分类

按前照灯数量不同可分为四灯制和双灯制两种。安装两只前照灯的称为双灯制;内装双丝灯泡;安装四只前照灯的称为四灯制,外侧两只采用双丝灯泡,内侧两只采用单丝(远光灯丝)灯泡。当需要使用远光照明时,四只灯泡同时发亮,用以增强照明效果。

按照反射镜的结构形式可分为可拆卸式、半封闭式和全封闭式三种。目前汽车大多采用半封闭式和全封闭式两种。

(二)雾灯

雾灯有前雾灯和后雾灯两种。前雾灯装于汽车前部比前照灯稍低的位置。用于在雨雾天气行车时道路的照明;为给雾天高速行驶的汽车的后方车辆或行人提供本车的位置信息,交通管理部门规定,运行车辆应在车辆后部加装功率较大的后雾灯,以降低交通事故的发生率。雾灯的光色规定为光波较长的黄色、橙色或红色。

(三)牌照灯

牌照灯装于汽车尾部的牌照上方,用于夜间照亮汽车牌照。

(四)仪表灯

仪表灯装于汽车仪表盘上,用于仪表的照明,以便驾驶员获取行车信息和进行正确的操作,其数量根据仪表设计和布置而定。

(五)顶灯

顶灯装于驾驶室或车厢顶部,用于车内照明。

(六)工作灯

车上一般只装工作灯插座,配导线及移动式灯具,用于在排除汽车故障或检修时提供照明。

二、信 号 装 置

汽车采用的信号装置分为灯光信号和音响信号两种。灯光信号包括各种指示灯和控制装置。指示灯有转向信号灯与指示灯、危急报警信号灯与指示灯、制动信号灯、示宽灯、尾灯、停车灯和门控灯等;音响信号装置包括喇叭、蜂鸣器和语音倒车报警器等。

(一)灯光信号系统

1. 信号灯与指示灯

(1)转向信号灯。转向信号灯又称转向灯。转向信号灯的功用是当汽车转弯时,在闪光器(一种使信号灯和指示灯闪烁发光的装置)的控制下,向其他车辆和行人发出明暗交替的闪烁信号,指示汽车向左或向右的行驶方向。

转向信号灯一般采用功率为20W左右的白炽灯泡,安装在汽车前部、后部和中部左右两侧,每车4只或6只(侧转向灯2只),受转向灯开关和闪光器控制。

通常将前转向信号灯和示宽灯制成双丝灯泡,其中功率较大(20W左右)的灯丝用于转向信号灯,功率较小(8W左右)的灯丝用于示宽灯。后转向信号灯与尾灯通常也制成双丝灯泡。

(2)转向指示灯。转向指示灯的功用是向驾驶员指示汽车转向方向和转向信号灯工作情况。转向指示灯安装在驾驶室仪表盘上,每辆汽车安装2只,受转向灯开关和闪光器控制。

(3)危急报警信号灯与指示灯。在汽车行驶过程中,如遇危险或紧急情况,可将危急报警信号灯开关接通,前、后、左、右及两侧转向信号灯和仪表盘上的转向指示灯同时闪烁,向其他车辆和行人发出报警信号。

危急报警信号灯与指示灯分别由转向信号灯与指示灯组成,受危急报警灯开关和闪光器控制。实际上,危急报警功能是转向信号系统的扩展功能,是利用危急报警灯开关将左右转向信号灯电路同时接通来实现危急报警功能。

(4)制动信号灯。制动信号灯的功用是在汽车制动时,向跟进车辆发出红色信号,提醒跟进车辆驾驶员采取相应措施(减速或躲避),以免发生追尾事故。

制动信号灯受制动灯开关控制。在驾驶员踩下制动踏板的同时,使制动灯开关将制动信号灯电路接通而发出红色信号。

(5)示廓灯。示廓灯是示宽灯与示高灯的统称。其功用是在汽车夜间行驶时,分别指示汽车的宽度和高度。

示宽灯又称为前小灯,安装在汽车前部两侧边缘上。示高灯配装在载货汽车和大客车上,安装在汽车前后左右外侧顶部,能够指示车身高度和顶部宽度。

(6)停车灯。停车灯的功用是指示汽车夜间停放的位置。汽车前后各2只,通常将示宽灯兼作停车灯。

(7)门控灯。门控灯的功用是指示车门的开闭状况。通常将顶灯兼作门控灯。

门控灯受车门轴处的门控开关控制。当车门关闭时,门控开关断开,门控灯熄灭;当车门打开时,门控开关接通,门控灯发亮照明车内空间,以便乘员入座。

(8)尾灯。尾灯的功用是在夜间行车时,提醒跟进车辆保持一定距离。尾灯安装在汽车尾部左右两侧,受车灯开关控制。

现代汽车特别是小轿车外形美观、流线型好,普遍都将汽车后部的后转向信号灯、制动灯、倒车灯和尾灯等组合在一起构成组合后灯,而将前照灯、防雾灯和前转向信号灯等组合在一起构成组合前灯。

2. 闪光器

在转向信号系统或危急报警信号系统中,控制信号灯和指示灯闪烁发光的装置,称为闪光继电器,简称闪光器。闪光器按结构不同可分为电热式、电容式、水银式、电子式闪光器等几种类型。国产汽车目前使用较多的有电热式和电子式两种。轿车目前普遍采用闪光频率稳定、使用寿命较长的电子式闪光器。

(二)音响信号

1. 电喇叭

汽车用喇叭分为电喇叭和气喇叭两种,现代汽车普遍采用电喇叭。电喇叭是利用电磁转换原理使金属膜片产生振动而发出音响信号的装置。电喇叭又分为筒形电喇叭、盆形电喇叭和电子式(无触点)电喇叭三种。

盆形电喇叭的结构如图9-60所示,主要由电磁铁机构、触点总成和金属膜片组成,利用电磁转换原理使金属膜片产生振动而发出音响信号。盆形电喇叭体积和质量较小,轿车普遍采用。

2. 声音报警器

(1)倒车蜂鸣器与语音报警器。当汽车倒行时,为了警告车后的行人和其他车辆,除了在尾部装备有倒车灯之外,部分汽车还备有倒车蜂鸣器。

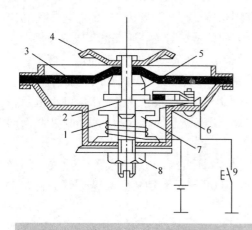

图9-60 盆形电喇叭
1-磁环线圈;2-活动铁芯;3-膜片;4-共鸣片;5-振动块;6-外壳;7-触点K;8-音量调整螺钉;9-喇叭按钮

倒车蜂鸣器或语音倒车报警器以及倒车灯的电源电路均受安装在变速器盖上的倒车灯开关控制。当变速器换挡杆拨入"倒挡"位置使倒车灯开关接通时,倒车蜂鸣器或语音倒车报警器以及倒车灯才能接通电源,使倒车灯发出闪烁信号,倒车蜂鸣器发出断续鸣叫声。

(2)座椅安全带报警器(美国车系)。当接通点火开关而没有扣紧座椅安全带时,座椅安全带报警器会发出报警声并点亮报警灯。座椅安全带扣环开关是一端搭铁的常闭式开关,如果安全带未扣好,常闭式开关便接通蜂鸣器及报警灯电路。

单元六　汽车空调系统的结构认知

单元要点

1. 轿车空调系统的结构；
2. 暖风装置。

相关知识

一、轿车空调系统的结构

桑塔纳 2000 系列轿车空调系统采用了替代 R12 的、对大气层无害的新型制冷剂 HCF134a。

该空调系统在原空调的基础上对蒸发器、压缩机、冷凝器、储液器、软管、加注阀等总成或零件做了重大改进，使它的降温效果有了明显提高。桑塔纳 2000 系列轿车空调系统布置如图 9-61 所示。

空调系统的工作过程如图 9-62 所示。由蒸发器 1 出来的低温、低压制冷剂 HCF134a 气体，经低压软管 2、低压阀 9 进入压缩机 3。压缩机将气态制冷剂吸进并压缩，变成高温、高压的制冷剂气体，由高压阀出来经过高压管 4 进入冷凝器 5，并把热量排出车外，被冷却为高温、高压的液态 HCF134a，从冷凝器底部流向储液干燥器 6，经过滤、脱水后由高压管 4 送

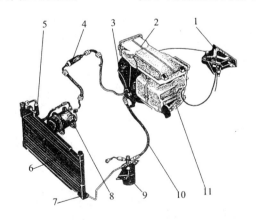

图 9-61　空调系统布置
1-控制装置;2-进气罩;3-蒸发箱;4-S 管;5-D 管;6-冷凝器;7-C 管;8-空调压缩机;9-储液干燥管;10-L 管;11-加热器

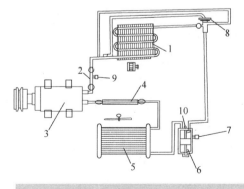

图 9-62　空调系统工作原理
1-蒸发器;2-低压软管;3-压缩机;4-高压软管;5-冷凝器;6-储液干燥器;7-高压阀;8-膨胀阀;9-低压阀;10-压力开关

至膨胀阀8。经膨胀阀的高压液态制冷剂减压后,成为低温、低压的雾状物进入蒸发器,通过蒸发器芯管吸收周围空气中的热量而变为气体,冷却后的空气即为冷气,经风扇被强制送回车内,达到了降温的目的。低温、低压的气态制冷剂,经低压软管回到压缩机,开始新一轮工作循环。

空调系统操纵杆及空调系统出风口如图9-63和图9-64所示。

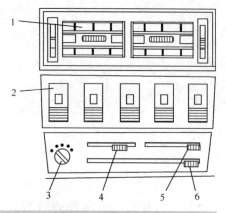

图9-63 空调系统操纵杆
1-中央出风口;2-空调控制开关;3-自然风鼓风机开关;4、5-气流分布拨杆;6-温度选择拨杆

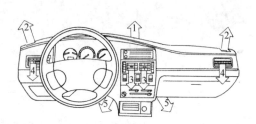

图9-64 空调系统出风口布置

1. 压缩机

由于桑塔纳2000系列轿车空调系统的制冷剂由R12改为HCF134a,这种制冷剂具有高渗透性,因此普通桑塔纳轿车空调系统所用的SD-508型压缩机已不适用,改为SE-5H14型压缩机。该压缩机是在SD-508压缩机的基础上根据制冷剂的要求进行了局部改动而成,主要改动有:①冷冻机油由原5GS矿物油改为SW100酯类合成油;②轴封由原来的机械密封式改为双唇口径向密封式;③有关零件提高了强度或改变了材料。为提高密封性能,其中的橡胶密封件材料由NBR/FKM改为氢化丁腈橡胶。

SE5H14型压缩机属于摇摆斜盘式压缩机(图9-65),当主轴旋转时,摇板作轴向往复摇摆,从而带动压缩机的活塞作轴向往复运动。压缩机采用电磁离合器形式,当接通电源时,电磁离合器线圈中的电流在离合器片与固定框之间产生一磁场,离合器的磁铁吸向转子,电磁离合器带轮将从发动机上得到的动力传给压缩机轴,带动压缩机工作。当切断电源时,磁场消失,离合器分离,带轮空转。

这种压缩机的吸、排气压力及工作转矩的波动小,平均功耗低,工作变化平稳,且不会结霜。

2. 冷凝器

冷凝器的作用是把来自压缩机的高温制冷剂气体冷凝成高压液体,并把吸收的热量排放到车外环境中。由于使用HFC134a制冷剂后,系统压力升高,为提高冷凝效果,已将桑塔纳LX型空调采用的管片式冷凝器,改为传热效果更好的全铝管带式平流冷凝器(图9-66)。

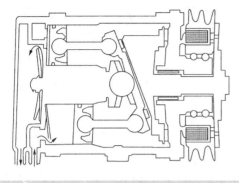

图 9-65 摇摆式压缩机工作原理

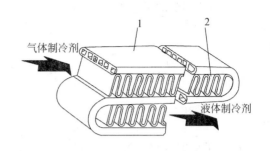

图 9-66 管带式冷凝器结构
1-异形扁管；2-波纹片

3. 蒸发器

蒸发器安装在副驾驶员一侧杂物箱下方，采用风冷全铝板带式结构，它的功能是：经节流阀流入的制冷剂液体蒸发成气体，吸收车内热空气的热量，从而达到降温的目的。蒸发器上插有感温开关的毛细管。由于采用HFC134a制冷剂，引起冷凝压力和温度上升，制冷效率下降。为此，将桑塔纳2000系列轿车的蒸发器的扁管加宽，翅片间距减小，从而增大了热交换面积，改善了换热性能。

4. 储液干燥器

储液干燥器安装在发动机左前方纵梁上，它由过滤器、干燥剂、窥视玻璃孔、组合开关及引出管等组成（如图9-67所示）。它的主要功能有储存制冷剂、吸收制冷剂中的水分及过滤异物、高低压保护等。由于HFC134a与水的亲和力强，脱水困难，故干燥剂由原来的XH—4A—5改为XH—7，由于干燥剂用量增加，为提高罐体的抗腐蚀能力，其材料由铁改为铝。其主要规格见表9-4。

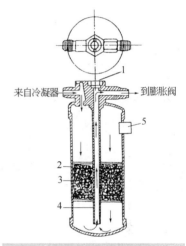

图 9-67 储液干燥器结构
1-窥视玻璃；2-过滤器；3-干燥剂；
4-引出管；5-组合开关

储液干燥器主要规格 表9-4

配套车型	桑塔纳2000型
容量（mL）	500
干燥剂型号（分子筛）	XH—7
干燥剂重量（g）	50
平衡吸水量（g）	3
易熔塞击穿温度（℃）	103～110.5
压力开关名称	高、中、低三位一体压力开关

续上表

配套车型	桑塔纳2000型
开关值(表压,MPa)	高压开关:3.14±0.20 中压开关:1.77±0.10 低压开关:0.196±0.10
气门芯	快速连接
适用制冷剂	HCF134a

储液干燥器要直立安装,倾斜度不要大于15°,否则,液态与气态制冷剂将不能完全分离。在空调系统的安装和维修过程中,干燥器必须最后一个安装到系统中,防止空气进入干燥器。

5. 膨胀阀

膨胀阀的主要功能是:把高温、高压的液态制冷剂节流降压,转化为低压、低温的雾状物,送入蒸发器。并控制向蒸发器的供液量,防止过多的液体引起阻滞现象。

桑塔纳2000系列轿车采用 H 型膨胀阀(如图9-68所示),主要由阀体、感温元件、调节杆、弹簧、球阀等组成。与桑塔纳LX型所采用的 F 型膨胀阀相比,由于它的感温元件直接安装在阀体内,因而调节灵敏度和制冷效率更高。

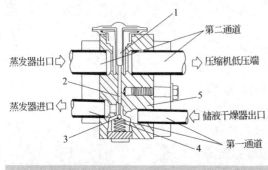

图9-68 H 型膨胀阀结构
1-感温元件;2-调节杆;3-球阀;4-弹簧;5-阀体

二、暖风装置

汽车暖风装置是用来为车厢内取暖及风窗除霜用的,它是汽车空调的组成部分。上海桑塔纳轿车采用水暖式暖风机,包括暖风水箱(散热器)、鼓风机及外壳。它与制冷气的蒸发器组成一体,与冷风共用鼓风机及壳体。暖风水箱的进水管上设置调节水阀以实现热水从发动机分流到暖风水箱,并可调节水流量的大小。

桑塔纳轿车的采暖量可用改变水阀的开度来调节,也可用改变风机转速来调节,水阀的开度通过绳索由操纵板控制。

除前风窗的热风除霜口外,在左右两侧还有侧窗除霜口,以提高行车安全性。

任 务 实 施

一、电源系统的拆装

(一)蓄电池的拆卸和安装

1. 蓄电池的拆卸

(1)先拆下蓄电池的负极接线,再拆正极接线。如图9-69所示。

(2)拆下蓄电池压板,从支架中取出蓄电池。如图9-70所示。

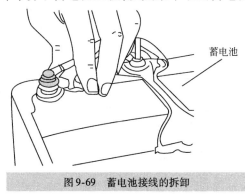

图9-69 蓄电池接线的拆卸

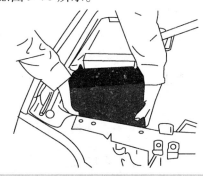

图9-70 蓄电池的取出

2. 蓄电池的安装

(1)将固定压板压在蓄电池底部凸缘上。

(2)先将蓄电池正极接线接上,然后连接上搭铁线。如图9-71所示。

3. 蓄电池的清洁

为了防止蓄电池过多地自行放电,蓄电池的表面必须保持清洁。因此要经常清洗蓄电池表面,在清洗蓄电池时要注意以下几点:

①清洗时,要一边用水(最好用热水)冲,一边用刷子刷。

②蓄电池极柱由于有电解液漏出,容易被腐蚀,应仔细把电解液洗掉,清理直到裸露出金属。如图9-72所示。

图9-71 蓄电池接线安装

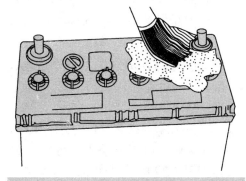

图9-72 蓄电池的清洁

（二）发电机的拆卸和安装

用专用扳手固定发电机V形带轮，旋下紧固螺母，发电机即可拆下，如图9-73所示。安装发电机时可按拆卸相反的顺序进行。

1. 发电机的分解

（1）拆下前端盖连接螺栓，分解前端盖、带轮、转子、后端盖、整流调压器。

（2）拆下定子绕组端头，从后端盖上取出定子。

（3）拆下电刷架，取出电刷总成、二极管、整流器及电容器。

（4）拆下带轮固定螺母，取下带轮、半圆键、风扇、轴套，使转子和前端盖分离。

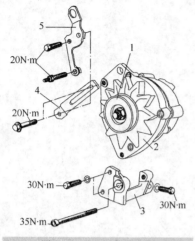

图9-73 发电机拆装分解
1-V形带；2-发电机；3、4、5-支架

2. 发电机的装复

发电机可按分解的相反顺序装复，V形带紧固螺母的拧紧力矩为35N·m。

二、起动机的拆装

（一）起动机的拆卸和安装

拆卸起动机时，应首先拆下蓄电池搭铁线，然后再拆下起动机的各连接线。

起动机通过安装支架与发动机相连。安装时先将支架套在起动机上，装上垫片、弹簧垫和螺母（M5），并用力旋紧，然后将支架连同起动机一起装在发动机上。

检查起动机的外壳两个螺栓（M5）是否能在支架槽孔中活动，必要时用锉刀加工，调整起动机到最佳位置，最后以20N·m的力矩拧紧紧固螺母。

（二）起动机的分解与组装

1. 起动机的分解

（1）如图9-74所示，用扳手旋下电磁开关的接线柱"30"及"50"的螺母，取下导线。

（2）如图9-75所示，旋下起动机贯穿螺钉和衬套螺钉，取下衬套座和端盖，取出垫片组件和衬套。

（3）如图9-76所示，用尖嘴钳将电刷弹簧抬起，拆下电刷架及电刷。

（4）如图9-77所示，取下励磁绕组后，用扳手旋下螺栓，从驱动端端盖上取下电磁开关总成。

（5）如图9-78所示，在取出转子后，从端盖上取下传动叉，然后取出驱动齿轮与单向离合器，再取出驱动齿轮端衬套。

2. 起动机的组装

起动机的组装可按起动机的分解相反顺序进行，但应注意以下事项：

（1）安装时，衬套中应涂上润滑脂。

（2）如图9-79所示，用止推垫圈调整驱动齿轮的轴向间隙（推到极限位置），标准值为0.3～1.5mm。

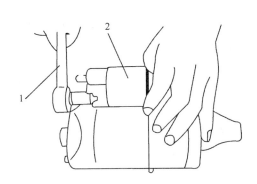

图 9-74　起动机导线的拆卸
1-扳手；2-电磁开关

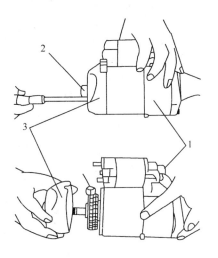

图 9-75　起动机衬套及端盖的拆卸
1-起动机；2-衬套座；3-端盖

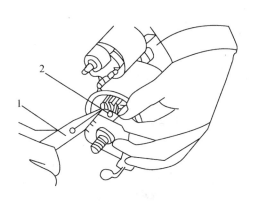

图 9-76　起动机电刷的拆卸
1-尖嘴钳；2-电刷弹簧

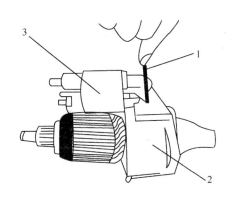

图 9-77　起动机电磁开关的拆卸
1-扳手；2-驱动端盖；3-电磁开关

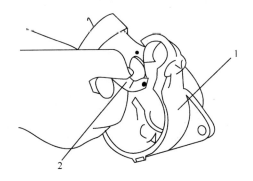

图 9-78　起动机传动叉的拆卸
1-端盖；2-传动叉

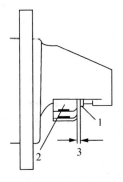

图 9-79　起动机驱动齿轮轴向间隙的调整
1-止推垫圈；2-驱动齿轮；3-驱动齿轮轴向间隙

三、照明及信号装置的拆装

1. 组合开关的拆装

组合开关安装在转向管柱上,包括点火开关、前风窗刮水及清洗开关、转向灯开关及变光开关等。组合开关的拆装如图9-80所示,转向管柱开关如图9-81所示。

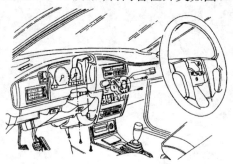

图9-80 组合开关拆装

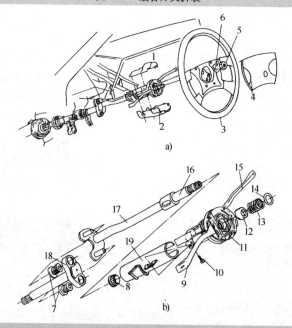

图9-81 转向管柱开关
a)结构图;b)分解图

1-上装饰罩;2-下装饰罩;3-转向盘;4-盖板;5-六角螺母 M16;6-弹簧垫片;7-衬套;8-支撑环;9-转向灯开关;10-圆头螺栓;11-喇叭簧片;12-接触环;13-压紧弹簧;14-垫片;15-刮水下清洗开关;16-转向管柱上端;17-转向管柱中部;18-转向管柱下端;19-套管

2. 前照灯、转向灯的拆装

前照灯、转向灯的拆装如图9-82所示,前照灯安装后应进行调节,在拆卸前照灯时应防止空气进入。转向灯修理时,可以从前照灯上拆下固定弹簧,拆卸转向灯时不需要拆卸前照灯，只要卸下转向灯，即可更换灯泡。图 9-83 所示为前照灯分解与组装图。

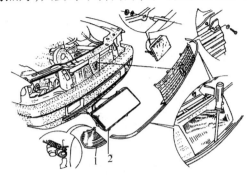

图 9-82 前照灯的拆装
1-转向灯；2-前照灯

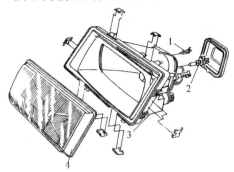

图 9-83 前照灯的分解与组装
1-示宽灯灯泡；2-前照灯灯泡；3-前照灯壳体；
4-前照灯灯罩

3. 雾灯的拆装

雾灯的拆装如图 9-84 所示。

4. 尾灯、牌照灯的拆装

尾灯、牌照灯的拆装如图 9-85 所示。

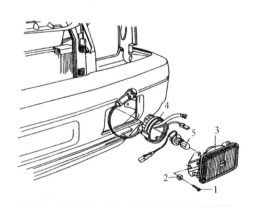

图 9-84 雾灯的拆装
1-固定螺钉；2-固定螺母；3-雾灯灯罩；4-灯座；
5-雾灯灯泡

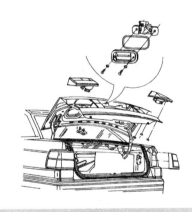

图 9-85 尾灯、牌照灯的拆装

5. 行李舱灯的拆装

行李舱灯的拆装如图 9-86 所示。

6. 发动机舱照明灯的拆装

发动机舱照明灯的拆装如图 9-87 所示。

7. 杂物箱照明灯的拆装

杂物箱照明灯的拆装如图 9-88 所示。

8. 车内照明灯的拆装

车内照明灯的拆装如图 9-89 所示。

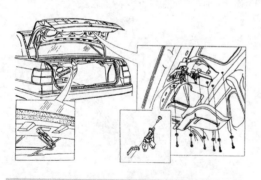
图 9-86 行李舱灯的拆装

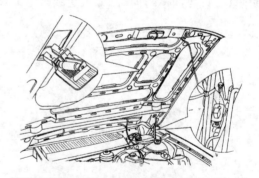
图 9-87 发动机舱照明灯的拆装

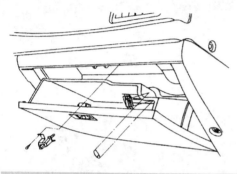
图 9-88 杂物箱照明灯的拆装

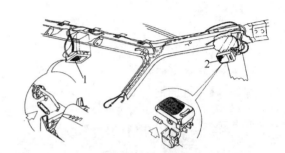
图 9-89 车内照明灯的拆装
1-内照明灯;2-右左侧顶灯

9. 照明灯开关的拆装

照明灯开关的拆装如图 9-90 所示。拆卸时,要用力压住。制动灯开关的拆装如图 9-91 所示。雾灯开关、报警灯开关的拆装如图 9-92 所示。

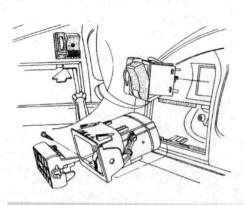
图 9-90 前照灯开关的拆装

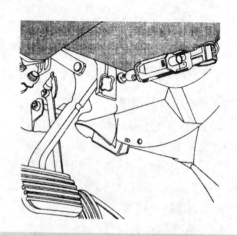
图 9-91 制动灯开关的拆装

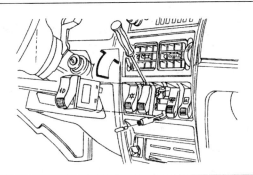

图9-92 雾灯开关和报警灯开关的拆装

四、空调系统的拆装

(一) 压缩机的拆装

1. 压缩机的拆卸

(1) 拔下蓄电池插头。

(2) 排放制冷剂。

(3) 拆卸高、低压管,封闭管口,防止异物侵入。

(4) 拆卸电磁离合器导线。

(5) 拆卸压缩机固定螺栓,取下压缩机。

2. 压缩机的分解

压缩机和离合器的主要部件组成如图9-93和图9-94所示。压缩机的分解与组装可参照进行。

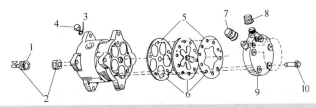

图9-93 压缩机的主要部件

1-孔用弹性挡圈;2-毡圈密封组件;3-加油塞O形密封圈;4-加油塞;5-阀板组件和汽缸垫;6-阀板;7-进气口护帽;8-排气口护帽;9-缸盖;10-缸盖螺栓

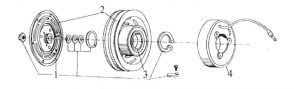

图9-94 离合器主要附件

1-附件(螺母、键、垫片、挡圈、挡圈导线压板);2-吸盘组件和带轮;3-轴承;4-线圈

3. 压缩机的安装

安装步骤与拆卸步骤相反,但应注意以下几点:

(1)安装压缩机时,必须使离合器带轮、发动机带轮的带槽对称面处在同一平面内。并保持传动带适当的张紧度。

(2)以规定力矩拧紧固定螺栓。

(3)冷凝器与风扇之间应保持一定间隙,一般不少于20mm,压缩机及其托架和软管之间的间隙为15mm。

(4)应更换高、低压管密封垫圈,检查发动机供油系统及冷却系统,防止渗漏。

(二)冷凝器的拆装

1. 冷凝器的拆卸

(1)排放制冷系统的制冷剂。

(2)拆下散热器。

(3)拆下冷凝器进口管和出口管。

(4)拧下固定螺栓,拆下冷凝器。

2. 冷凝器的安装

(1)安装前应充分清洗冷凝器,确保有足够的空气流经冷凝器盘管,使其充分散热。

(2)安装时注意冷凝器下部的正确位置,上端与发动机罩的间隙不得小于5mm。

(三)蒸发器的拆装

1. 蒸发器的拆卸

(1)排放制冷系统的制冷剂。

(2)拆下新鲜空气风箱盖。

(3)拆下蒸发器外壳。

(4)拆下低压管固定件及压缩机管路,并封住管子端部。

(5)拆下高压管固定件及储液罐,并封住管子端部。

(6)拆下仪表盘右侧下部挡板及网罩。

(7)拆下蒸发器口的感应管。

(8)拆下蒸发盘,取出蒸发器。

2. 蒸发器的安装

(1)蒸发器外壳下方有排水孔,应保证排水孔通畅,不能阻塞或遮挡。

(2)连接电线与发动机机体之间的距离至少为50mm,和燃油管的间隙最少为100mm。

(3)安装蒸发盘时,应将边缘安置在横向盘网的凸缘上。

(4)蒸发器上插有感温开关的毛细管,安装时切勿将感温管扭曲,为防止将其拔出,应将其夹紧。

(四)储液罐的拆装

1. 储液罐的拆卸

(1)拔下蓄电池插头。

(2)排放制冷系统内的制冷剂。

(3)拆下管路接头,封住管子端部。

(4)拆下储液罐。

2. 储液罐的安装

(1)储液罐应垂直安装,冷凝器的出口接储液罐入口。

（2）在抽真空之前方可将导管接至储液罐入口。

五、学习工作页

完成汽车电气系统结构与拆装实训任务，填写表9-5工作页。

汽车电气系统结构与拆装工作页　　　　　　表9-5

汽车电气系统结构与拆装	班级		姓名	
	日期		成绩	

实训目标：
1. 能指认蓄电池、交流发电机、起动机、照明系统、空调系统等设备的结构名称；
2. 能熟练拆装交流发电机、起动机、前照灯、压缩机总成。

实训设备：
蓄电池3个、发电机3个、起动机3个、桑塔纳2000轿车1辆。

（一）观察蓄电池实物，根据图9-95将蓄电池结构和序号对应填空。

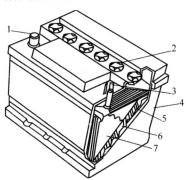

图9-95　蓄电池结构

负极板__5__；负极__6__；正极板__6__；加液孔盖_____；外壳_____；隔板_____；正极_____

（二）交流发电机认知

1. 拆卸发电机，指出图9-96所列零件的名称

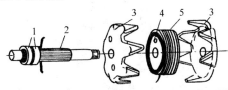

图9-96　发电机转子

1-_____；2-_____；3-_____；4-_____；5-_____

续上表

2. 根据如图 9-97 所示电路,指出下列元件的名称和作用
1-_____;2-_____;3-_____;4-_____
(三)拆卸起动机
1. 将图 9-98 所列零件的名称所对应的序号填入空白处

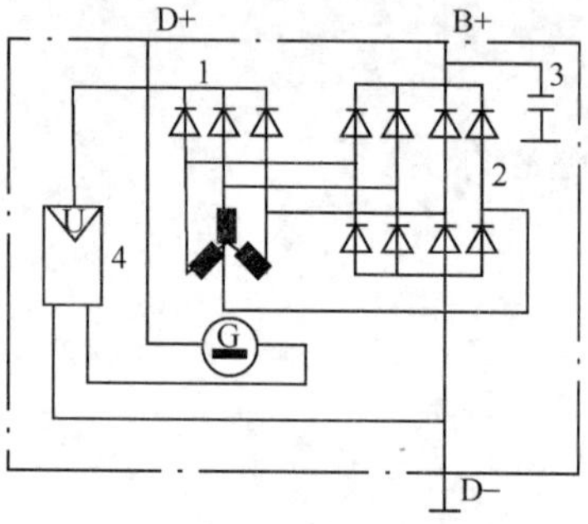

图 9-97 发电机电路 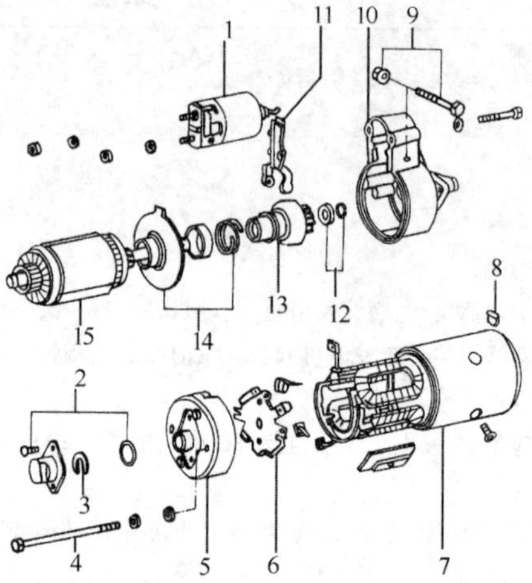　　　　图 9-98 起动机结构

电枢_____;电磁开关_____;轴承盖和 O 形密封圈_____;锁片_____;螺栓_____,电刷端盖_____;单向离合器_____;电刷架_____;驱动端盖_____;电动机壳体_____;橡胶密封圈_____;移动叉支点螺栓和螺母_____;移动叉_____;止推垫圈与卡环_____;中间轴承_____

2. 根据起动系电路控制原理,将图 9-99 列部件用线连接起来

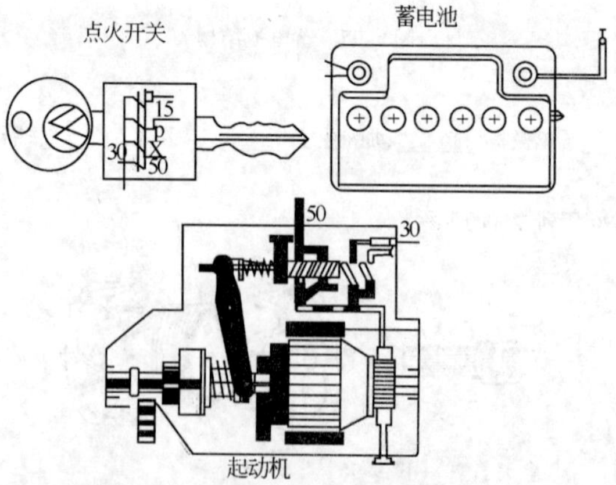

图 9-99 起动机接线图

3. 直流电动机主要由_____、_____、_____和_____等组成

续上表

4.观察实物,将图9-100序号填入下列端子名称后面

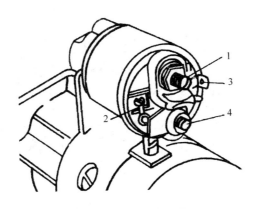

图9-100 电磁开关端子位置

"15a"端子_____;"30"端子_____;
"C"端子_____;"50"端子_____

(四)仪表系统的认知,确认图9-101、图9-102、图9-103、图9-104中的车辆组合仪表及相关仪表指示符号

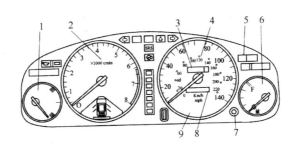

图9-101 机械式组合仪表

温度表_____;转速表_____;短程里程器_____;车速表_____;巡航控制_____;燃油表_____

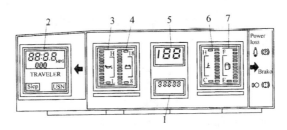

图9-102 电子式组合仪表

燃油计算机_____;里程表_____;机油压力表_____;电压表_____;车速表_____;冷却液温度表_____;燃油表_____

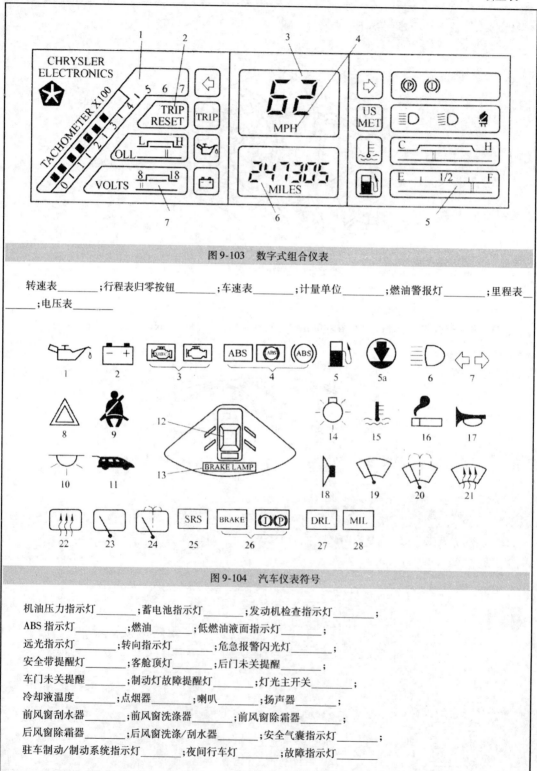

图 9-103　数字式组合仪表

转速表＿＿＿＿；行程表归零按钮＿＿＿＿；车速表＿＿＿＿；计量单位＿＿＿＿；燃油警报灯＿＿＿＿；里程表＿＿＿＿；电压表＿＿＿＿

图 9-104　汽车仪表符号

机油压力指示灯＿＿＿＿；蓄电池指示灯＿＿＿＿；发动机检查指示灯＿＿＿＿；
ABS 指示灯＿＿＿＿；燃油＿＿＿＿；低燃油液面指示灯＿＿＿＿；
远光指示灯＿＿＿＿；转向指示灯＿＿＿＿；危急报警闪光灯＿＿＿＿；
安全带提醒灯＿＿＿＿；客舱顶灯＿＿＿＿；后门未关提醒＿＿＿＿；
车门未关提醒＿＿＿＿；制动灯故障提醒灯＿＿＿＿；灯光主开关＿＿＿＿；
冷却液温度＿＿＿＿；点烟器＿＿＿＿；喇叭＿＿＿＿；扬声器＿＿＿＿；
前风窗刮水器＿＿＿＿；前风窗洗涤器＿＿＿＿；前风窗除霜器＿＿＿＿；
后风窗除霜器＿＿＿＿；后风窗洗涤/刮水器＿＿＿＿；安全气囊指示灯＿＿＿＿；
驻车制动/制动系统指示灯＿＿＿＿；夜间行车灯＿＿＿＿；故障指示灯＿＿＿＿

续上表

(五)照明系统认知与拆装
1.拆卸前照灯,确认图9-105汽车前照灯部件,将序号填入空白处

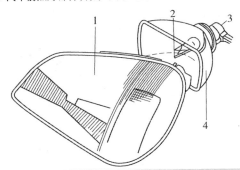

图9-105　灯泡安装示意

前照灯引入线绝缘子_____;灯体_____;配光镜_____;反光镜_____

2.根据图9-106所示确认汽车车内照明组件(发动机舱灯、阅读灯、行李舱灯、杂物箱灯等)

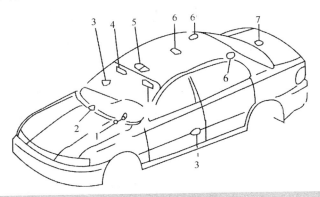

图9-106　轿车灯光位置

点火开关照明灯_____;杂物箱灯_____;门控灯_____;化妆照明灯_____;阅读灯_____;顶灯_____;行李舱灯_____

3.根据图9-107、图9-108所示确认汽车车外及车内信号灯(转向灯、示宽灯、制动信号灯)

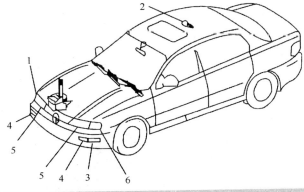

图9-107　汽车前部及车内信号灯

续上表

示宽灯_____；顶灯_____；
中间制动灯_____；倒车灯_____；
组合后灯_____；牌照灯_____；
雾灯_____；前转向信号灯_____；
前照灯_____

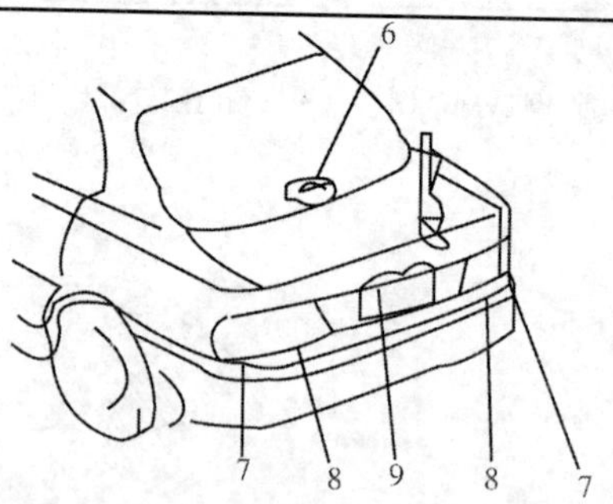

图9-108　汽车后部及车内信号灯

(六)空调系统的认知
1.指认图9-109、图9-110中的空调装置在轿车上的布置

蒸发器总成_____；加热器及鼓风机总成_____；压缩机_____；冷凝器_____；缓冲器_____；真空罐_____

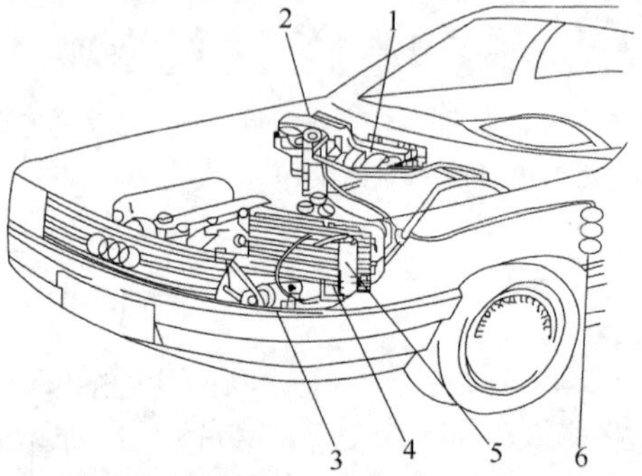

图9-109　汽车空调装置

排气软管_____；加热器进水管_____；加热器出水管_____；加热器组件_____；风机组件_____；吸气软管_____；液态接管_____；干燥器_____；压缩机_____；冷凝器_____；加热器组件_____

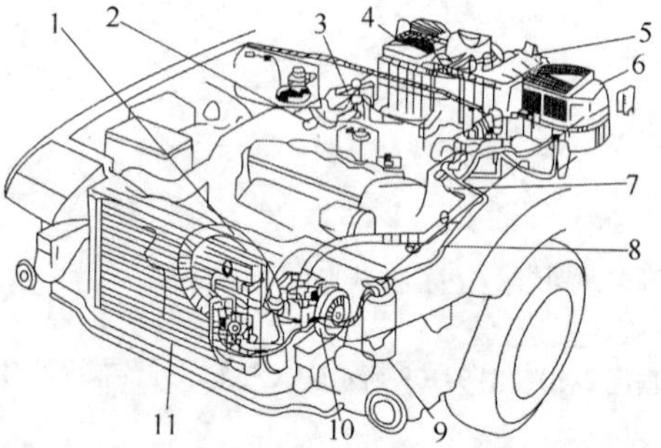

图9-110　汽车空调装置

2.确认图9-111所示的空调制冷循环装置

循环离合器_____；冷凝器_____；冷凝器风扇_____；储液干燥器_____；低压开关_____；温度开关_____；压缩机_____；高压开关_____；温度传感器_____；冷凝滴水盘_____；蒸发器_____；风机_____；风机开关_____；膨胀阀_____

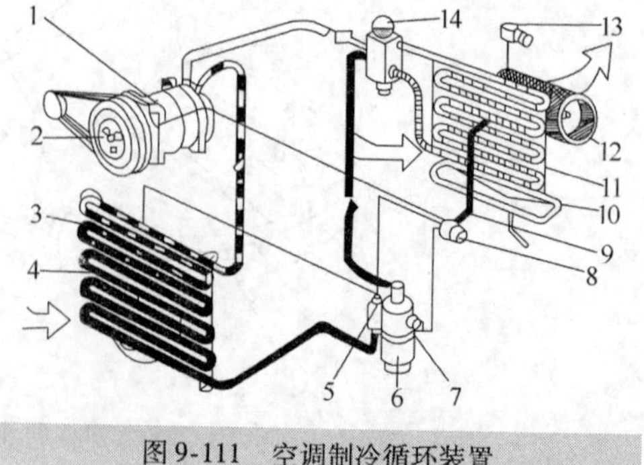

图9-111　空调制冷循环装置

评 价 反 馈

1. 自我评价

(1) 通过本学习任务的学习你认为自己是否已经掌握了汽车电气系统相关知识?

①汽车电源系统的组成和工作原理:

②汽车起动系的组成和工作原理:

③汽车仪表系的组成和工作原理:

④汽车照明和信号装置的组成和工作原理:

⑤汽车空调系统的组成和工作原理:

(2) 在车辆电气系统维修的过程中用到了哪些技能? 你是否已经掌握了在工作中运用这些技能的正确方法? 在车辆电气系统维修的过程中用到了哪些设备和工具? 你是否已经掌握了这些设备和工具的操作方法?

(3) 实训过程完成情况。
评价:

(4) 仪容仪表是否符合职业规范?
评价:

(5) 能否积极主动参与工作现场的清理、清洁和整顿工作?
评价:

(6) 在完成本学习任务的过程中,你和同学之间的协调能力是否得到了提升? 是否有过与其他同学探讨车辆电气系统故障维修接待过程中的有关问题? 讨论的最多的问题是什么? 讨论的结果是什么?

(7) 通过本学习任务的学习,你认为还要学习汽车电气系统哪些知识和技能才能胜任汽车维修服务岗位?

签名:_____   ____年____月____日

2. 小组评价(表9-6)

小组评价表　　　　　　　　　　表9-6

序号	评价项目	评价情况
1	学习过程是否主动并能深度投入	
2	在实训过程中的执行力是否突出	
3	是否能按照职业人的要求对待到课率	
4	学习态度是否符合要求	
5	是否合理规范地使用实训设备	
6	是否按照安全和规范的要求完成作业	
7	是否遵守实训场地的规章制度	
8	是否能主动地和他人在实训中合作	
9	是否能按要求对实训场地进行清理、清洁	
10	在团队活动中是否能做到相互尊重	

参与评价的同学签名：_____　　　____年____月____日

3. 教师评价

_____

_____

教师签名：_____　　　____年____月____日

学习任务 10　汽车车身结构与拆装

学习目标

1. 能够懂得轿车、客车、载货汽车车身的结构和特点；
2. 能够懂得桑塔纳车身结构的特点和各总成的组成；
3. 能够懂得汽车座椅等车身附属装置类型和结构特点；
4. 根据正确的作业要求规范完成车门、部分车身附属设备的拆装作业。

任务描述

一辆高速行驶的雷克萨斯(LEXUS 400型)轿车与停在路肩正在因故障维修的解放CA1091载货汽车及路边护栏发生碰撞。雷克萨斯轿车前保险杠及前照灯损坏脱落,前部整体变形约400mm。发动机罩掀起并有较重褶皱变形,解放载货汽车车厢尾部变形,见图10-1和图10-2,需要进行事故定损和维修评估。

图10-1　雷克萨斯轿车整体损坏变形情况

图10-2　解放载货汽车车厢尾部变形及刮擦

学习引导

本学习任务沿着以下脉络学习：

单元一　车身的结构认知

单元要点

1. 车身的组成和特点；
2. 轿车、客车、载货汽车的车身类型和特点。

相关知识

一、车身概述

汽车车身是汽车的重要组成部分，它既是驾驶员的工作场所，也是容纳乘客和货物的场所。车身是车内各种承力元件组成的刚性空间结构件。如图10-3所示。

汽车车身结构主要包括车身本体、车窗、车前钣金制件、车身内外装饰件、车身附件、座椅以及通风、暖气、冷气、空气调节装置等。载货汽车和专用汽车上还包括车厢和其他设备。

车身本体是一切车身部件的安装基础，通常是指结构件与覆盖件焊接或铆接成不可拆卸的总成；车身本体通常还包括在其上敷设的隔音、隔热、防振、防腐、密封等材料及涂层的涂装车身，如图10-4所示。

图10-3　汽车车身　　　　　　图10-4　车身本体结构

车门通过铰链安装在车身本体上，其结构较复杂，是保证车身使用性能的重要部件，如图10-5所示。对轿车和长头式载货汽车或客车来说，车前钣金制件包括散热器固定框、发动机罩、翼子板、挡泥板等。

车身外部装饰主要是指装饰条、车轮装饰罩、标志、浮雕式文字等；散热器面罩、保险杠、灯具及后视镜等亦有明显的装饰性，如图10-6所示。

图 10-5　车门结构

图 10-6　车身外部装饰

车身内部装饰包括仪表盘、顶篷、侧壁、座椅等表面覆饰物,以及窗帘和地毯,如图 10-7 所示。

车身附件包括:门锁、门铰链、玻璃升降器、各种密封件、风窗刮水器、风窗洗涤器、遮阳板、后视镜、拉手、点烟器、烟灰盒等。在现代汽车上还装有无线电收放音机和杆式天线,在有的汽车上还装有无线电话机、电视机或加热食品的微波炉和小型电冰箱等附属设备。

车身内部的通风、暖气、冷气以及空调装置是维持车内正常温度,保证驾驶员和乘客安全舒适的重要装置。如图 10-8 所示。

图 10-7　车身内部装饰

图 10-8　车身内部装饰

座椅和靠背应具有一定的弹性。调节机构可使座椅前后或上下移动以及调节坐垫和靠背的倾斜角度。某些座椅还有弹性悬挂和减振器,可对其弹性悬挂加以调节,以便在驾驶员不同的体重作用下仍能保证坐垫离地板的高度适当。如图 10-9 所示。

为了保证行车安全,现代汽车广泛采用对乘员施加约束的安全带、头枕、安全气囊以及汽车碰撞时防止乘员受伤的各种缓冲和包垫装置。如图 10-10 所示。

总之,车身应为驾驶员提供便利的工作条件,为乘员提供舒适的乘坐条件,保护他们免受汽车行驶时的振动、噪声、废气的侵袭以及外界恶劣气候的影响,并保证完好无损地运载货物且装卸方便。汽车车身上的一些结构措施和设备还有助于安全行车和减轻事故发生的后果。

车身应保证汽车具有合理的外部形状,在汽车行驶时能有效地引导周围的气流,以减少空气阻力和燃料消耗,即车身应具有较好的流线型。此外,车身还应有助于提高汽车行驶稳定性和改善发动机的冷却条件,并保证车身内部良好的通风。如图10-11所示。

图10-10 汽车安全气囊

图10-9 多功能的汽车座椅

图10-11 流线型的车身

另外,车身外部应美观大方,使用寿命要长,具有一定的可维修性,同时应注意维修方便可行。

二、轿车车身

现代轿车车型较多,因此轿车车身的种类也很多。如图10-12所示,轿车车身的分类方法有按车身承载方式分类、按车身外形分类、按车门数目分类、按车身材料分类等。

图10-12 轿车车身

(一)按车身的承载方式分类

按照车身的承载方式分类,车身可分为承载式、非承载式和半承载式三种。

1. 承载式车身

承载式车身的结构特点是没有独立车架的整体结构形式。车身由底板、骨架、内蒙皮和外蒙皮、车顶等组焊成刚性框架结构,整个车身构件全部参与承载,所以称之为承载式车身。由于无独立车架,因此也称之为无车架式车身,如图10-13所示。

对承载式车身而言,由于整个车身都参与承载,强度较好,因此可以减轻车身的自重而无需车架,车室内空间可增大,地板高度可降低,整车的高度也可下降,有利于提高轿车的行驶稳定性和上、下车的方便性。

承载式车身的制造工艺性好、生产效率高,适合大批量的现代化生产方式。当汽车发生碰撞时,车身具有均匀受载和将载荷扩散的能力,车身局部变形对轿车室内的影响相对小一些,提高了安全性。承载式车身的主要缺点是:振动和噪声直接传至乘客室,影响乘坐的舒适性;车身损坏后修复难度大。

某些轿车为了便于安装发动机和动力传动系统以及改善安装点部位受力状况而采用副车架结构。副车架通过软垫直接连接到车身上,前、后副车架结构如图10-14所示。

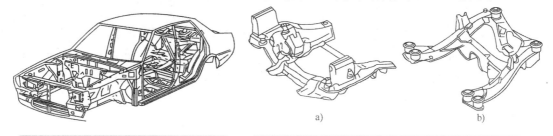

图10-13 承载式车身

图10-14 副车架结构形式
a) 前副车架;b) 后副车架

2. 非承载式车身

非承载式车身的结构特点是有独立的车架,所以也称有车架式车身。车身用弹簧或橡胶垫弹性地固定在车架上面,轿车的底盘总成如传动系统、驱动桥、转向系统以及发动机总成等也安装在车架上,因此,安装和承载的主体是车架,车身只承受所载人员和行李的重力。非承载式车身的结构如图10-15所示。

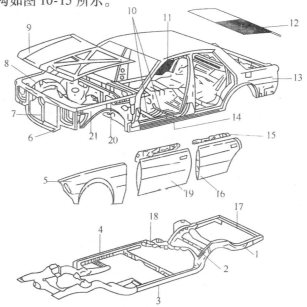

图10-15 非承载式车身
1-后边梁;2-上、下中横梁;3-内、外中边梁;4-防振梁;5-翼子板;6-水箱支架;7-发动机罩锁扣支架;8-挡泥板;9-内、外发动机罩;10-前底板横梁和外副座椅支架;11-后侧轮罩内板;12-行李舱盖内板;13-后侧围板;14-车门槛板和底板侧梁;15-门内侧板加强板;16-门铰链侧板;17-后横梁;18-后边梁;19-门外板;20-门内隔板;21-前围板

由于汽车的振动是通过车架传至车身(乘坐区)的,而车架与车身之间为弹性连接,这样,车身所受冲击小、振动小,因此可提高乘坐的舒适性,减少车身所受载荷。

对于非承载式车身,其发动机和底盘总成直接安装在车架上,然后与车身组装成一体,这对车身的改型和改装带来了方便。而且,车身的维修也较方便。

由于非承载式车身只承受人和行李的重力,不参与承载,所以整车的质量和尺寸增大了,这对整车的动力性和燃油经济性以及行驶稳定性有不利的影响。

3. 半承载式车身

半承载式车身的结构与非承载式车身的结构基本相同,也属于有车架式。它们之间的区别在于:半承载式车身与车架的连接不是柔性的而是刚性连接,即车架与车身焊接或用螺栓固定。由于是刚性连接,所以车身只是部分地参与承载,车架是主承载体。

(二)按车身外形分类

按外形分类,可分为阶梯背、斜背式、短背式、平背式四种。

1. 阶梯背车身

阶梯背车身有明显的发动机舱、客舱、行李舱。车身顶盖与车身如图10-16所示。

2. 斜背式车身

斜背式车身的特点是后风窗与行李舱连接线近似成直线,如图10-17所示。

这种车身形状呈流线型,能较好地满足空气动力学的要求。

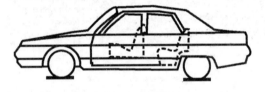
图10-16 阶梯背车身

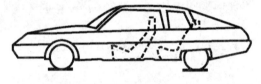
图10-17 斜背式车身

3. 短背式车身

短背式车身的特点是后风窗与行李舱盖为一整体的后部车门,车身顶盖向后延伸与车身后部也成折线。该车身可使整车总长缩短,后悬较短,离去角增大,使汽车通过性提高,如图10-18所示。

4. 平背式车身

平背式车身的后背近乎成直线,如图10-19所示。

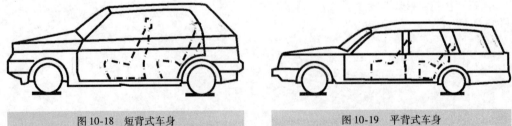
图10-18 短背式车身　　　　　　　　图10-19 平背式车身

(三)按车身材料分类

随着材料科学的发展,除传统的钢制车身外,出现了许多轻金属材料及塑料、钢塑材料制成的车身。常见的有:铝合金车身、镁合金车身、塑料车身、合成材料车身等。

（四）按座椅排数分类

按座椅排数可分为一排座、二排座、三排座轿车。普通型轿车多为二排座，三排座多用于高级豪华轿车。

（五）按车门数分类

根据车身的门数可分为二门、四门、五门轿车。

（六）按车身用途分类

按车身用途可分为普通轿车、运动车、赛车以及特殊用途车等。

（七）按车身配置豪华程度分类

按车身配置的豪华程度还可分为豪华型、普通型和简易型等。

（八）按车身舱分类

按车身舱分类有一厢式车身、两厢式车身和三厢式车身。一厢式车身的发动机舱、客舱和行李舱在外形上形成一个空间形态的车身，如图10-20所示；两厢式车身的发动机舱独立形成一个空间形态，而客舱和行李舱合成另一个独立的空间形态，即从外形上形成两个空间形态的车身，如图10-21所示；三厢式车身的发动机舱、客舱和行李舱在外形上形成各自独立形态的车身，如图10-16所示。

图10-20　一厢式车身

图10-21　两厢式车身

三、客车车身

客车车身按不同的用途可分为旅行客车、城市客车、长途客车、游览客车等，它们的区别主要在于车身外形尺寸和内部设施，如座椅结构、座位排列、乘客数及装备、装饰等。按车身承载形式可分为非承载式车身、半承载式车身和承载式车身三类。如图10-22所示。

图10-22　客车车身

1. 非承载式车身

这种车身属于有车架式车身结构。这种结构在车架上设置底横梁,而底横梁支撑在悬伸梁上,悬伸梁与车架纵梁两侧用螺栓连接;车身两侧的骨架立柱与底横梁焊接形成整体车身骨架,如图10-23所示。

图10-23 依维柯汽车车身结构(非承载式)
1-驾驶员门;2-加油口;3-装货门;4-车厢侧门;5-乘客门;6-发动机罩

非承载式车身结构被广泛采用是因为它制造和装配工艺简单,底盘和车身可分别制造后再进行组装,有利于修理和改装;其次,车架便于底盘各总成和部件的安装,车辆碰撞时,车架对车身起到一定的保护作用。但由于保留车架,故整车高度的降低受到限制。

2. 半承载式车身

半承载式车身是将车架横梁加宽并直接与车身侧壁骨架刚性连接而成,这种结构可降低重心,减轻客车自重,如图10-24、图10-25所示。此时的"车架"可称为底架。

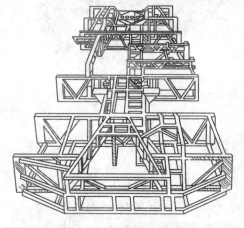

图10-24 大型客车的承载底架

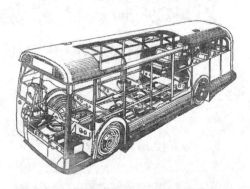

图10-25 客车半承载式车身骨架及底盘

3. 承载式车身

现代大型客车广泛采用无车架的承载式车身结构。目的是减轻客车自重以及使车身结构合理化。

根据客车车身上部与下部受力程度的不同,可将承载式车身分为基础承载式和整体承载式两种。

(1)基础承载式。它具有贯通式纵梁和一些与车身等宽的横梁,车身骨架与这些横梁刚性连接,使整个车身与底架形成一个刚性空间承载系统,如图10-24所示。

这种结构的底架纵向和横向构件一般采用薄壁钢管或薄钢板制造,既保证刚度和强度又减轻质量。这类客车适用于大型长途客车和旅游车。

（2）整体承载式。这种结构的整个车身壳体构件都参与承载。车身底部取消了贯通式纵梁，采用矩形管焊接成格子栅栏式底架结构，并使上下构件相互牵连和协调。在受载荷时自动调节，使整个车身达到稳定平衡状态，如图10-26所示。

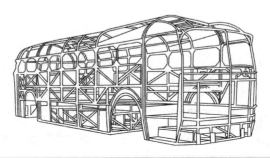

图10-26　整体承载式客车车身骨架

四、货车车身

货车车身主要由驾驶室和车厢两大部分组成，如图10-27所示。图10-28为装有专用车厢的载货汽车。图10-29为装用栏板车厢载货汽车。

货车车厢可分为栏板车厢（见图10-29）和专用车厢（见图10-28）两大类。普通载货汽车的车厢大部分为栏板式货厢，栏板式货厢又分普通货厢和高栏板式货厢。货厢的栏板又分为三面开和一面开两种形式。

图10-27　货车车身

图10-28　装有专用车厢的载货汽车
a)闭式车厢载货汽车；b)气力吹卸车散装水泥容罐车；c)倾卸式车厢载货汽车

1. 栏板式货厢

普通栏板式货厢由底板和四块高度为300~500mm的栏板组成。底板通过横梁支于下面的纵梁上。高栏板式车厢比普通式栏板车箱高 250~400mm,有的车厢两块边板中部可放平,形成折叠式条凳,还可加插篷杆,这种车厢适用于农用和军用。如图 10-29 所示。

2. 专用车厢

专用车厢有翻斗车、油罐车、洒水车、集装箱车、散装水泥车、封闭式货厢车等约 300 个种类 900 个品种,如图 10-30 所示。

图 10-29 装用栏板车厢的载货汽车

图 10-30 集装箱运输车

单元二　桑塔纳车身结构认知

单元要点

1. 桑塔纳车身的特点；
2. 桑塔纳车身总成组成和特点。

相关知识

一、桑塔纳2000型轿车车身结构概述

桑塔纳2000型轿车车身是借鉴巴西拉美汽车公司生产的SPRUCE(斯普鲁斯)轿车的造型，在桑塔纳LX普通型轿车的基础上，加长轴距而成的一种新型轿车车身。尤其是车头和车尾的钣金件可以直接沿用巴西的SPRUCE轿车件。因此其车身件由桑塔纳LX轿车车身件、巴西SPRUCE轿车车身件和新增的2000轿车车身件组成。如图10-31所示。

桑塔纳2000型轿车具有中级轿车的特点，都是四门折背式、全金属结构、承载式车身。车身外覆盖件采用0.7~0.8mm的优质低碳合金钢板冲压而成。车身头部略微下倾，尾部稍稍抬高，前风窗玻璃倾角为59°30′，使车身整体成楔形，外观丰富，具有鲜明的流线感。桑塔纳2000型轿车车身特点如下：

图10-31　桑塔纳轿车透视图

(1)车身轴距较LX型增加了108mm，总长加长134mm。这样，内部空间更为宽敞，前后座位距离增大，后门加宽，增加了乘坐舒适性和上下车的方便性。

(2)整体造型成楔形，空气阻力小，空气阻力系数为0.37；尾部造型更趋潮流，不但在视觉上浑厚美观，又使行李舱容积增加了近90L。

(3)前、后风窗玻璃和后侧围玻璃均采用粘贴结构，取代了传统的橡胶密封条，既简化了装配工艺，又增加了车身的扭转刚度。尤其是98款2000GSi型轿车的前风窗玻璃取消了分离柱，改为整体式电动升降玻璃。

(4)全金属的整体式四门封闭式安全车身，其前后部为碰撞变形区，参照美国试验法规，进行碰撞试验，车辆以55km/h的车速正面碰撞后，试验车的所有车门都可从门内或门外用

人力开启,符合美国现行碰撞试验条件的基本要求,保证了车内乘员在碰撞后的安全和自救。

(5)驾乘舒适,按人体工程学原理设计的座位安排、脚踏板位置、转向盘位置、各操纵手柄和按钮的布置均和人体的手脚有最佳的位置关系,保证驾乘人员都有广阔的视野。

(6)内饰豪华、造型美观的仪表盘,操纵方便的电控车内装备,如电动车门玻璃升降器、自动升降天线、中央集控式门锁、电动外后视镜、高档音响系统、一体化式防盗系统等,以及可以根据不同用户需要选配的真皮坐垫,使桑塔纳2000型轿车更趋豪华。

(7)整车装有遮阳带/带色安全玻璃;前照灯、转向灯做了较大的改进;尾灯上下分割。采用了新型D柱饰板、散热器格栅;车顶两侧装有车顶饰条;车身后部可选装扰流板及高位制动灯;全新的前端饰件、侧面防护板、涂装保险杠,使整车造型更加和谐。

与其他桑塔纳2000型轿车车身相比,上海桑塔纳2000GSi型轿车车身有如下特点:

(1)采用德国帕萨特B4车型的外拉式门外把手,只需轻拉门外把手一个动作,车门就能轻松自如地打开,使车门开启更方便,门锁及车门经久耐用。

(2)前车门采用整块玻璃结构,取消了原车门两块玻璃间的直槽。采用双导轨电动摇窗机,使玻璃运行更平稳可靠,不仅使车门造型更富时代气息,而且开阔了视野。

(3)可供选择的原装真皮座椅,使汽车内部更显得富丽堂皇,同时满足车主不同的喜好和追求。

二、桑塔纳2000型轿车车身总成

(一)车身的结构

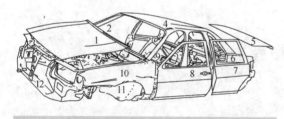

图10-32 桑塔纳2000型车身组成件
1-发动机罩;2-前柱;3-中柱;4-顶盖;5-行李舱盖;6-后翼子板;7-后车门;8-前车门;9-地板;10-前翼子板;11-挡泥板;12-前围

轿车车身总成结构主要包括:车身壳体、车门、车窗、车前后钣金件、车身内外装饰件、车身附件、座椅以及通风装置等。图10-32所示为桑塔纳2000型轿车的车身组成件。表10-1为桑塔纳2000型轿车的主要结构参数。

车身壳体是一切车身部件和零件的安装基础,由纵、横梁支柱等主要承力元件,以及与它们相连接的钣金件经焊接而共同组成的刚性空间结构。桑塔纳2000型轿车采用承载式车身的特点是没有车架(大梁),车身就作为发动机和底盘各总成的安装基础。各种载荷全部由车身承受。

车前后钣金件,包括散热器框架前后围板、发动机罩、前后翼子板、挡泥板等。图10-33所示为车身前部零件分解图,图10-34所示为车身中部零件分解图,图10-35所示为车身后部零件分解图。这些钣金件形成了容纳发动机、车轮等部件的空间。

桑塔纳 2000 型轿车车身主要结构参数　　　　　　表 10-1

参　数	代　号	数　据
汽车总长(mm)	L103	4680
车身长度(mm)	L109	4583
轴距(mm)	L101E	2656
后悬(mm)	L105E	1059
前轮距(mm)	W101	1412
后轮距(mm)	W102	1422
总高(空载)(mm)	H100	1423
总宽(mm)	W103	1700
前门开启角	W827E	64°
后门开启角	W828E	75°
前风窗角度	H122	62°
后风窗角度	H121	59°30′
后门进出方便性(mm)	L19	358
加速踏板至后座靠背距离(mm)	L99	2010
后座头部空间(mm)	H63	961

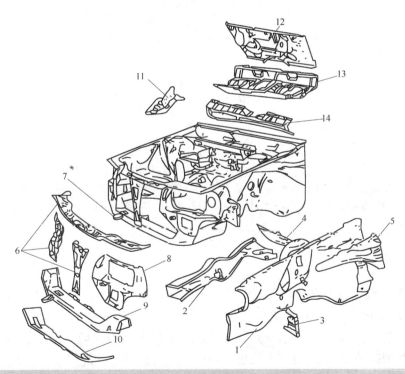

图 10-33　车身前部零件分解

1-前轮罩;2-前车身纵梁;3-前保险杠支架;4-前围罩下板;5-前轮罩加强板;6-散热器框架;7-拖钩;8-前照灯底板;9-散热器框架下横梁;10-下横梁隔板;11-蓄电池支架;12-前围板;13-前围上板;14-转向器支架横梁

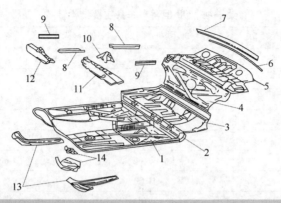

图 10-34 车身中部零件分解

1-前地板;2-后地板加强板;3-后地板;4-后隔板;5-后隔板上板;6-后风窗下板;7-后隔板支撑板;8-前座椅导轨;9-前座椅滑槽;10-前座椅导向支架;11-前左座椅支架横梁;12-前右座椅支架横梁;13-纵梁;14-变速器托架

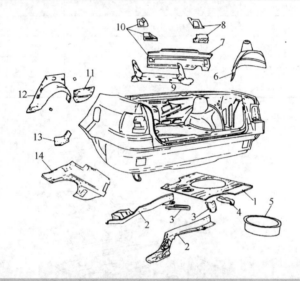

图 10-35 车身后部零件分解

1-后舱地板;2-后纵梁;3-备胎座支撑板;4-排气管支架;5-备胎座;6-后轮罩内板;7-后围板下板;8-后围板边板;9-后围板横梁;10-尾灯底板;11-连接板;12-后轮罩外板;13-后门锁加强板;14-后翼子板

(二)车身附件结构

1. 外装饰件

车身的外部装饰件主要是指装饰条、车轮装饰罩、标志等。散热器面罩、保险杠、灯具以及后视镜等附件亦具有明显的装饰性。

(1)车身前端装饰。车身前端装饰改垂直的散热器结构为倾斜结构,并增加了栅格数,底边与两侧护条相连接,与车身同色。散热器罩与相关零件缝隙小,且均匀、形面配合一致。

(2)保险杠。在结构与固定方式上与 LX 型车相似,仅缩小了与相关零件的配合间隙。保险杠形状大,覆盖面较宽,省去了一定的前翼子板用料。塑料外壳可用反射聚氨酯材料,也可用改性PP材料。本体可选用黑色、灰色,也可涂装与车身相同的颜色。表面中部镶嵌镀铬光壳饰件。

(3)侧面防护饰板。侧面防护饰板由前、后轮罩护板,前、后车轮防护饰件及门槛外饰板组成。与保险杠颜色、工艺及材料相同,而且车身中部改为分体式防擦条,与下部饰板为一体式宽形结构,上部镶嵌光亮饰条。

(4)车顶饰条。车顶饰条采用软性PVC镶金属嵌件,用挤出工艺加端头注塑接合而成。中间嵌槽涨紧、前后端黏结固定,安装方便。一般为黑色,也可与车身同色。

(5)外后视镜。外后视镜左侧采用平面玻璃表面镀铬的后视镜片,右侧为凸面镜片,增大了右侧视野。采用电动调节方式。

(6)后端商标、字牌。"VW"大众汽车公司商标位于后端中部,左右两侧分别是企业名称、车型名称和牌号。标牌采用薄型结构、斜体字,用注塑制成,表面烫印银色铬膜、自粘固定,显得简洁明快。

2. 内装饰件

车身内饰件包括仪表盘、顶篷、侧壁、座椅表面覆饰以及窗帘和地毯。

(1)门、侧柱内饰及其附件。采用骨架成形加覆面料的门、侧柱内饰件。但骨架可选用多种材料,如酯醛粉末树脂、玻璃网同聚氨酯一同发泡、聚丙烯木粉板等。用PVC发泡膜做侧柱内饰,用PVC发泡膜加织物面料做门内饰板。发泡膜表面采用"水牛"皮纹,前后内把手通用且与搁手采用钢片骨架,中间浇注含软PUR发泡沫,外包仿真皮PVC膜。

(2)车顶内饰及其附件。车顶内饰为发泡层、增强层、表面装饰层热压成一体的结构。重量轻、安装易、不变形、隔音隔热好;遮阳板右侧背面镜片两侧增加了照明灯;内后视镜通过多组分黏结剂直接定位于前风窗上部遮阳色带中间喷涂有磁漆的区域内。

(3)地毯衬里与防振隔音垫。地毯衬里的纤维更长、排列更密、质感更好,加上浅灰色色调,显得高雅大方。

小件行李架面积大,采用含酚醛粉末树脂的无纺织物半成品热压硬化后,再与地毯面层、泡沫塑料底层粘合成一体,重量轻、隔音效果好。

在防振隔音垫上做了多项改进,如排水板上部采用6mm厚熔粘性阻尼垫,使防振隔音效果更加显著。

单元三　附属装置结构认知

单元要点

1. 汽车座椅的作用和类型；
2. 电动车窗的组成、类型和工作原理；
3. 电动后视镜的作用和控制原理；
4. 风窗刮水器及除霜装置的结构和工作原理；
5. 风窗洗涤器的结构和工作原理。

相关知识

一、汽车座椅

(一) 概述

汽车座椅是汽车车身重要的内部附件。具有良好性能的座椅是保证乘员乘坐舒适、减轻乘员疲劳的必要条件。如图 10-36 所示。座椅又是汽车安全部件之一，在发生事故时，它可以起到保护乘员避免伤亡的作用。同时，座椅又是车内重要的装饰件，独特的座椅造型、协调的色彩与良好的品质可给人以美的享受，令人精神愉快。

图 10-36　多功能座椅

座椅主要分为驾驶员座椅和乘客座椅。其中乘客座椅从不同的角度，可以有多种分类。按形状分类：有分离式座椅、库斗式座椅、半分离式座椅和长凳式座椅等；按可否调整分类：有固定式和调整式座椅；按乘坐人数分类：有单人座椅、双人座椅和多人座椅；按使用功能分类：有成人座椅和儿童座椅；按是否带座椅减振器分类：有简单座椅和悬挂座椅；按控制方式分类：有一般座椅和电控座椅等。

(二) 座椅的种类

1. 电动座椅

电动座椅实质上是将座椅的各种调节结构由手动操纵改为电动操纵的座椅。电动座椅中布置有多台电机，电机带动传动机构，使座椅的相应部位产生位移，实现座椅位置的前后、上下倾斜调整。电动座椅用按钮代替手柄，因而极大地提高了轻便性和方便性，应用日益广泛。

2. 悬挂式座椅

悬挂式座椅是在座椅与地板之间增设悬挂装置。悬挂装置用以缓解座椅的振动，如图10-37所示。悬挂装置由缓冲元件、减振元件及定位元件组成。缓冲元件有钢板弹簧及螺旋弹簧等。减振元件主要是减振器，如油气弹簧，可起缓冲减振的作用。

3. 悬浮式座椅

悬浮式座椅利用磁力悬浮装置，除座椅自身的重量外，还可承载一定重量的物体。由于悬浮状态隔离了力波的直接传导，从而具有减振、缓冲等特性，座椅更舒适、更安全。悬浮式座椅是未来汽车座椅的发展趋势之一，目前仍处于开发状态。

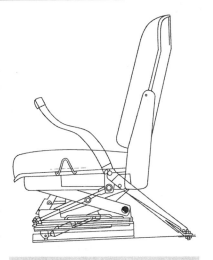

图10-37　悬挂式座椅

4. 安全座椅

安全座椅可以称之为动态座椅。普通座椅一般只考虑了静止的舒适性，对于撞车时的动态状况不能做出任何反应。而安全座椅则可以在撞车时设法使乘员随座椅主动运动。如美国人机工程公司研制出的CBM（反向平衡）式座椅，该种座椅下部有一对下凹曲线形滑轨，汽车碰撞时，乘员和座椅的组合体沿滑轨运动，抵消了人的前冲运动。图10-38为瑞典沃尔沃公司正在研究开发的可以保护乘员头颈的座椅。汽车追尾时，该种座椅靠背和靠枕向后平行移动，使乘员头部和上身处于平衡状态，并使头和靠枕之间的间隙减小。然后，座椅靠背向后倾斜使身体继续得到平衡，并减小身体向后倾斜后出现的向前回弹。在整个过程中，座椅传递的力相当柔和。随着"动态安全"这一观念的逐步推广，安全座椅将被越来越多的人所接受。

5. 薄型座椅

薄型化是座椅发展的又一趋势，传统座椅是先设计好一个骨架，后放上一个合适的坐垫，而在薄型4t座椅设计中，却先按照人体的轮廓设计一个合适的骨架来决定乘坐表面的形状，然后再做座椅设计。薄型化座椅的重点是结构材料和弹性纤维。目前已开发出的薄型座椅的最轻质量可达9.27kg。图10-39所示即为已开发出的薄型座椅。

图10-38　动态安全座椅

图10-39　汽车超薄型座椅

二、电动车窗

所谓电动车窗,一般是指其玻璃升降器能自动升降的风窗玻璃,即使在行车过程中也能方便地开、关门窗。

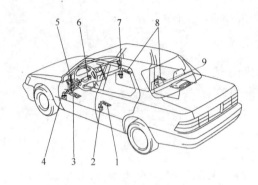

图10-40 电动车窗部件在车上的布置
1、8-电动车窗开关;2、4、7、9-电动车窗电动机;3-主开关;5-电动车窗主继电器;6-点火开关;

电动车窗系统是由车窗、车窗玻璃升降器、电动机、开关等装置组成。电动车窗电动机及开关等在车上的布置如图10-40所示。

电动车窗使用的电动机是双向的,有的为永磁型,有的为双绕组串励型。现代汽车的每个车窗都装有一个电动机,通过开关控制它的电流方向,使车窗升降。一般都装有两套开关:一套装在仪表盘上或驾驶员侧门上,为总开关,它由驾驶员控制每个车窗升降;另一套分别装在每个车窗中部,为分开关,由乘客进行操纵。每个车窗的电动机都要通过总开关搭铁,所以电流不但通过每个车窗上的分开关,还通过总开关上的相应开关(如图10-41所示)。有些汽车的总开关上还装有锁止开关,如将它断开,分开关就不起作用。

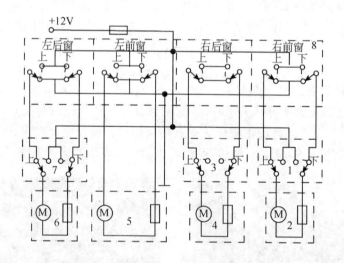

图10-41 永磁电动机的电动车窗控制电路
1-右前车窗开关;2-右前车窗电机;3-右后车窗开关;4-右后车窗电机;5-左前车窗电机;6-左后车窗电机;7-左后车窗开关;8-驾驶员主控开关组件

为防止电路过载,电路或电动机内装有一个或多个热敏断路开关,用来控制电流。当车窗完全关闭或由于结冰而车窗玻璃不能自由运动时,即使操纵的开关没有断开,热敏开关也会自动断路。有的车上还专门装有一个延时开关,在点火开关断开以后约10min内或在车门打开以前,仍有电流供给,使驾驶员和乘客能有时间关闭车窗及操纵其他辅助设备。

电动车窗的玻璃机械升降机构的结构形式有绳轮式、交臂式、软轴式。分别如图10-42、图10-43、图10-44所示。我国引进的轿车中大部分采用绳轮式(如一汽奥迪、上海桑塔纳、神龙富康等),少部分是交臂式(如广州标致)和软轴式(如北京切诺基)。

图10-42 电动丝绳轮式车窗升降器

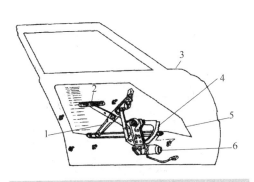

图10-43 交臂式电动车窗升降器
1-调整杆;2-支架和导轨;3-车门;4-驱动齿扇;5-车窗玻璃;6-电动机

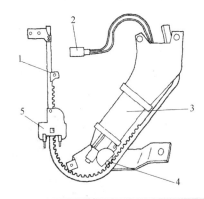

图10-44 软轴式电动车窗升降器
1-齿条;2-电源接头;3-电动机;4-小齿条;5-凸片

三、电动后视镜

汽车后视镜俗称倒车镜,通常分为车外和车内两种。对于外后视镜,一般汽车左右两侧都有,其功用主要是让驾驶员观察汽车左右两侧的行人、车辆以及其他障碍物的情况,确保行车或倒车安全。内后视镜主要供驾驶员观察和注视车内乘员、物品以及车后路面的情况。内后视镜还具有在夜间防止后随车辆的前照灯光线所引起眩目功能。如图10-45所示。

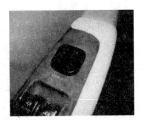

图10-45 汽车后视镜

(一)组成及结构

电动后视镜主要由镜片、驱动电动机、控制电路及操纵开关等组成,如图 10-46 所示。反射镜的背后装有两套可逆电动机和驱动器,可操纵反射镜上下及左右转动。电动机为永磁型的。通常上下方向的转动用一个电动机控制,左右方向的转动用另一个电动机控制。通过改变电动机的电流方向,就可完成对后视镜的上下和左右方向的调整。桑塔纳 2000 型轿车电动后视镜控制电路如图 10-47 所示。

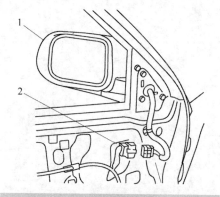

图 10-46　电动后视镜位置
1-电动后视镜;2-13P 插接器

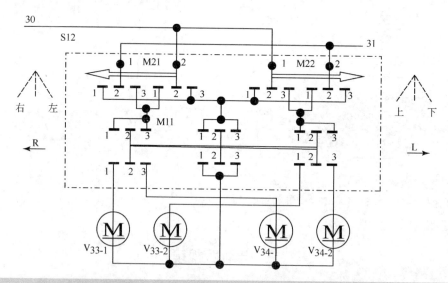

图 10-47　桑塔纳 2000 型轿车电动后视镜控制电路

(二)后视镜新技术

后视镜作为汽车重要的安全附件,人们对其提出了越来越高的要求。传统后视镜普遍存在着反光炫目、雨雾模糊和灰尘污染等弊端。随着技术的进步,后视镜系统逐步朝着高性能、多用途和高科技的技术方向发展。

1. 防模糊后视镜

这种后视镜可以防止雨天行车时,因雨水沾附而干扰驾驶员视线。如在后视镜中加入超声波除雨滴装置,当打开开关后,控制电路中激振控制器使压电振子产生高频振动,使附着在镜片上的水滴瞬时雾化,同时,加热器使雾化的水滴蒸发。此装置也可用于冬季除霜;也可在后视镜制造过程中引进亲水处理技术,使其具有防模糊雾化功能。该种后视镜使用氧化钴和二氧化硅制成的镜膜,当被雨淋之后,膜上的水珠被光照射会扩散成薄膜,不妨碍视线。同时,该膜还具有分解镜面附着的灰尘和雾露的作用,可以自洁,免于维护,使用十分简便。

2. 防炫目后视镜

防炫目后视镜种类繁多,有一种可以自动调节其功能的防炫目后视镜,该后视镜使用特殊的芯片,一旦遇到外来强光的照射,镜面会自动变暗,不至于反射出刺眼的光线。

3. 低轮廓后视镜

这种后视镜可以减小空气阻力、降低燃油消耗。目前开发出的低轮廓后视镜比常规安装的后视镜少凸出60%,空气阻力降低5%,100km油耗可节省0.3L。

4. 多功能后视镜

多功能后视镜除后视功能外,兼起其他作用。如目前美国开发出的"智能大师"装置,它既可以做后视镜用,又能打电话和接收电子邮件。后视镜的右上角处,还能显示汽车行驶中的方位及车外温度等数据。

四、风窗刮水器及除霜装置

(一)风窗刮水器的功用及类型

汽车设置了风窗刮水器。风窗刮水器的功用是用来刮除风窗玻璃上的雨水、雪、泥土及灰尘等污染物,以确保驾驶员有良好的视野。

风窗刮水器的类型有以下几种:

1. 按刮水片与刮臂的停置方式分类

(1)自动复位外露式。当切断刮水器电动机电源时,刮片自动回位到风窗玻璃的最下沿。

(2)自动降位外露式。刮臂、刮片自动回位到比正常刮刷低限位置还要低的位置。

(3)自动复位(降位)凹入式。在风窗玻璃的底部设有凹槽,刮水器与刮臂停置时部分或全部掩蔽在槽内。

(4)隐藏式。当刮水器不工作时,刮臂与刮片全部隐藏在凹槽内,并由活动盖板封住,起到保护和美观的作用。

2. 按刮水器刮片的刮拭方式分类

(1)同向刮拭式。两个或两个以上的刮臂和刮水片刮拭时呈同一方向,相互之间平行运动。同向刮拭式是使用最为广泛而典型的刮拭方式,适用于高速汽车,如图10-48a)、b)、f)所示。

(2)对向刮拭式。刮片刮拭时相互交叉运动,如图10-48d)所示。它的缺点是:刮片工作时,易在风窗玻璃的中部形成一个顶部下垂的倒三角形的刮刷盲区,会影响驾驶员的视野。

同向刮拭式、对向刮拭式的刮水器均装有两个以上的刮臂和刮片。还有一种单刮片式,如图10-48c)所示,同样具有很好的高速适应性,多用于赛车或汽车后风窗玻璃。图10-48e)为双刮臂结构,它可改变刮臂与刮片之间的角度,可使刮片在刮到终端时平行于车窗的侧立柱,有效地扩大了驾驶员的视野,多用于客车。

3. 根据驱动刮水器的动力源分类

(1)气动式刮水器。气动式刮水器只适用于具有压缩空气气源的汽车,利用汽车上气泵所产生的压缩空气作为动力源,推动刮水器本体内的大活塞,经过换向阀使左右腔交替接通压缩空气或与大气相通,使大活塞作往返运动,通过扇形齿轮和齿条的传动,带动刮臂轴左、右转动,使刮水片左右摆动,消除风窗玻璃上的污垢。

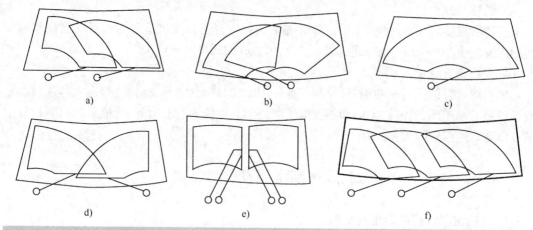

图10-48　各种刮片刮拭形式
a)、b)、f)同向刮拭式;c)单刮片式;d)对向刮拭式;e)双刮臂式

(2)电动式刮水器。电动式刮水器是用电动机驱动的,刮水器的左、右刮片被刮臂压靠在风窗玻璃外表面上,电动机驱动变速机构旋转,通过驱动杆系统作往复运动,带动刮臂和刮片左右摆动,刮拭风窗玻璃。其动力源是汽车自身的蓄电池,工作时不受任何条件的限制,所以被广泛使用。

电动式刮水器由电动机、传动机构、刮水片和控制装置四大部分组成,如图10-49所示。

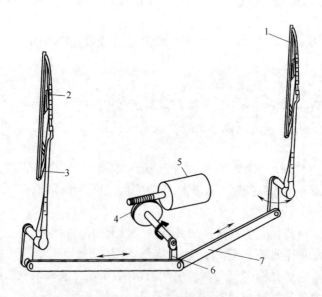

图10-49　电动刮水器的组成
1-刮水片;2-刮水片架;3-刮水臂;4-蜗轮;5-电动机;6-摇臂;7-拉杆

控制电路如图 10-50 所示。

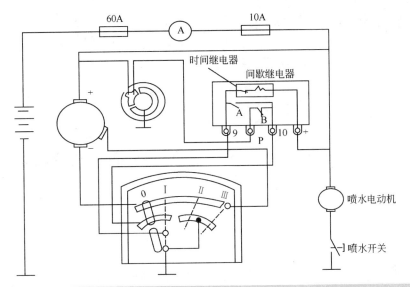

图 10-50　电动刮水器的控制电路

(二) 除霜装置

车辆在冬季行驶时,车内人员呼吸散发出的气体使车厢内的湿度增大,如果玻璃内表面的温度低于露点,小水珠就会凝结在玻璃上,使玻璃内表面起雾。还有,风窗玻璃外表面上的霜和冰雪,用刮水器是无法清除的,必须用除霜装置来消除汽车风窗玻璃上的雪、霜和雾气。

1. 前风窗除霜装置

大多数汽车前风窗除霜装置是采用暖风装置的热空气吹向玻璃的方法,来达到除霜的目的。此类除霜装置结构如图 10-51 所示,由鼓风机、进出暖风风管、除霜喷口等组成。除霜器喷口安装在风窗玻璃的下部,喷口长度应占风窗玻璃半边的 2/3 左右。

暖风的进口和车内暖风装置的风管相连,以便直接用暖风将覆盖于风窗玻璃外表面的霜、冰雪熔化,消除风窗玻璃内表面的雾气。

桑塔纳轿车前风窗除有热风除霜口外,左右两侧还有一个侧窗除霜口,其目的是提高行车的安全性。

2. 后风窗除霜装置

向风窗玻璃上吹热空气的除霜方法需较长的时间,且不能快速将整个风窗玻璃上的霜溶化。不少汽车采用热电式除霜装置。热电式除霜装置是把电阻丝直接加工制造在玻璃层内即用肉眼看见的那几道红线,利用汽车本身的电流加热电阻丝,达到除霜目的。但线条印在玻璃上会影响视线,因此,这种方法仅用于后风窗。

电热丝式除霜装置如图 10-52 所示,由一组平行的含银陶瓷电阻丝组成,玻璃两侧有汇流条,各焊一个接线柱,一个用以供电,另一个搭铁。因为后风窗电阻丝消耗电流较大,电路中除开关外还设置一个定时器,通电 10min 后将自动切断电热丝的电流,如霜未除净,驾驶员可再接通仪表盘下面的除霜开关,但每一次只能通电 5min。

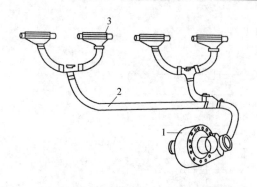

图 10-51 除霜装置结构
1-鼓风机;2-风管;3-喷口

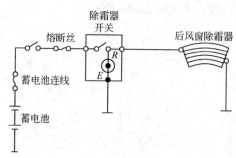

图 10-52 电热丝除霜装置

五、风窗洗涤器

汽车行驶的环境通常灰尘较多,灰尘会飘落在风窗玻璃上,遮挡驾驶员的视线。为了消除附在风窗玻璃上的脏物,现代汽车上又增设了风窗玻璃洗涤器,与刮水器配合使用,构成完善的风窗刮洗系统。在需要的情况下,汽车风窗洗涤装置向风窗玻璃表面喷洒专用洗涤液或水,在刮水器配合工作下,保持风窗玻璃表面的清洁。

(一)风窗洗涤器的类型

不同型号汽车上的风窗玻璃洗涤器各具特色。汽车上的风窗洗涤器有的用单独的电动机驱动,也有的和刮水器共用一个电动机。

风窗洗涤器的喷嘴有的采用单座可调节偏置喷管;大多数的风窗洗涤器在前围板总成的左右两面各装一个喷管,各自冲洗自己的区域;还有一些风窗洗涤器的喷管装在刮水器刮臂里,当刮臂作弧形运动时,喷管就向风窗玻璃喷洒清洗液。

(二)风窗洗涤器的结构

图 10-53 所示为电动风窗洗涤器,它由储液罐、电动机、洗涤泵、喷嘴、软管、三通接头和控制开关组成。

风窗清洗装置的电路比较简单,一般和电动刮水器共用一个熔断丝。有的车清洗开关单独设置安装,有的则和刮水器开关组合在一起,便于操作,如图 10-50 所示。

当清洗开关接通时,清洗电动机带动液压泵转动,将清洗液加压,通过输液管和喷嘴喷洒到风窗玻璃表面。

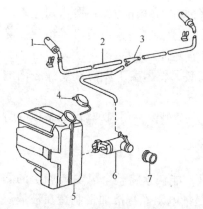

图 10-53 风窗清洗装置
1-喷嘴;2-输液管;3-接头;4-箱盖;5-储液罐;6-清洗泵;7-衬垫

任务实施

一、车门的拆装

(一) 前车门的拆装

1. 前车门的拆卸分解

(1) 拧下车门铰链固定螺栓,卸下前车门。

(2) 分解前车门及部分车门附件,如图10-54所示。

(3) 分解前车门锁、门锁内扳手、车门外把手,如图10-55所示。

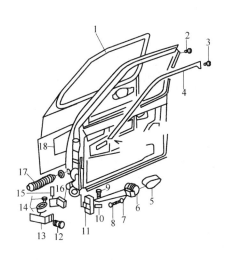

图10-54 前车门的分解

1-车门外板;2、11-防护软垫;3-夹子;4-车门密封条;5-门限位器护套;6-车门限位器;7-盆形弹簧垫圈;8、12-六角螺栓;9-车门限位器销轴;10-夹紧垫圈;13-铰链固定板;14-半铰链;15-铰链轴销;16-堵塞;17-折叠式护套;18-减振毡垫

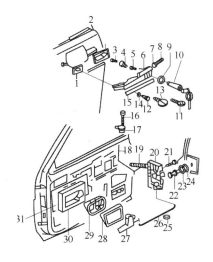

图10-55 前门附件结构

1-前橡胶衬垫;2-后橡胶衬垫;3-沉头螺钉;4-拨杆;5-扭簧;6-车门外把手;7、23-盆形弹簧垫圈;8-扁圆头螺栓;9-锁芯密封圈;10-门锁芯;11-主钥匙;12-扁圆头螺栓;13-副钥匙;14-弹簧垫圈;15-车门拉手饰条;16-门锁按钮;17-按钮座套;18-紧拉杆;19-杠杆;20-前门锁;21-沉头螺杆;22-门锁挺杆;24-塑料垫圈;25-电线扎带;26-横拉杆;27-内扳手;28-右车门内扳手饰框;29-车门内板底座;30-车门内扳手底座软垫;31-塑料面膜

(4) 分解前车门玻璃升降器机构。手动前车门玻璃升降器结构如图10-56所示,电动升降器如图10-57所示。

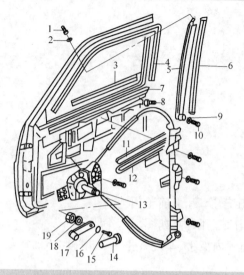

图10-56　手动前车门玻璃升降器结构

1-扁圆头螺钉；2、9-盆形弹簧垫圈；3-车窗玻璃外密封条；4-车窗玻璃导向槽；5-车窗玻璃导软；6-车窗玻璃导向槽；7-车窗玻璃内密封条；8-夹子；10-六角螺栓；11-玻璃升降托座密封条；12-玻璃升降托座；13-前车窗玻璃升降器；14-摇窗手柄饰板；15-沉头螺栓；16-齿形垫片；17-摇窗手柄；18-垫片；19-手柄泡沫垫

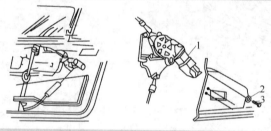

图10-57　电动前车门玻璃升降器结构

1-电动前车门玻璃升降器；2-垫圈；3-六角螺母

2. 前车门的安装与调整

前车门的安装顺序与拆卸顺序相反。调整前车门的主要步骤如下：

（1）用专用工具拧松车身侧铰链螺栓，按图10-58中所示的箭头指示方向调整好车门的位置后，再拧紧车身侧铰链螺栓。

（2）拧松车门侧铰链螺栓，按图10-59中所示的箭头指示方向调整好车门的位置后，再拧紧车门侧铰链螺栓。

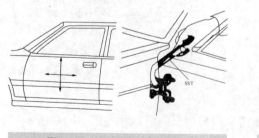

图10-58　调整前车门位置(一)

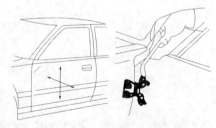

图10-59　调整前车门位置(二)

(3)调整门锁闩眼,检查车门装配和门锁配合是否已调整好。轻轻地拧松闩眼安装螺钉,并用锤子敲打闩眼以调整其位置,然后拧紧闩眼固定螺钉,如图10-60所示。

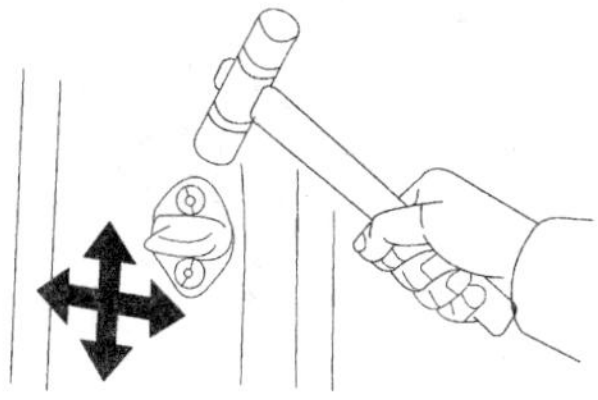

(二)后车门的拆装

1. 后车门的拆卸分解

(1)拧下车门铰链固定螺栓,卸下后车门。

(2)分解后车门门锁等附件。

(3)分解后车门玻璃升降器。

2. 后车门的安装与调整

后车门的安装顺序与拆卸顺序相反,调整后车门的主要步骤如下:

(1)用扳手拧松车身侧的铰链螺栓,按图10-61中箭头所指的方向调整好车门位置后,拧紧车身侧铰链螺栓。

(2)用扳手拧松车门侧的铰链螺栓,按图10-62中箭头所指方向调整好车门位置后,拧紧车门侧铰链螺栓。

图 10-60 调整门锁闩眼

图 10-61 调整后车门位置(一)

图 10-62 调整后车门位置(二)

(3)调整门锁闩眼,检查车门装配和门锁配合是否已正确调整好。轻轻地拧松闩眼安装螺钉,并用锤子敲打闩眼以调整其位置,然后拧紧闩眼固定螺钉。

二、车身附属设备的拆装

桑塔纳轿车的刮水器及清洗装置,由熔断器、带间歇挡的前风窗刮水器开关、前风窗刮水器继电器、电动机、刮水器支座、连杆总成、定位杆以及刮水橡胶条、喷水泵、储液罐、喷嘴等组成,如图10-63和图10-64所示。

1. 刮水橡胶条的拆装

(1)用鲤鱼钳把刮水橡胶条被封住的一侧的两块钢片夹在一起,从上面的夹子里取出,并把橡胶条连同钢片从刮水片其余的几个夹子里拉出。

(2)把新的刮水橡胶条塞进刮水片下面的夹子里,并把它扎紧。

(3)把两块钢片插入刮水橡胶条的第一条的槽口,对准橡胶条并进入槽内的橡胶条凸缘内。

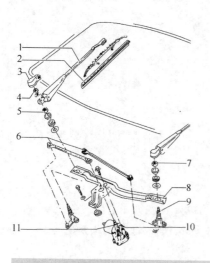
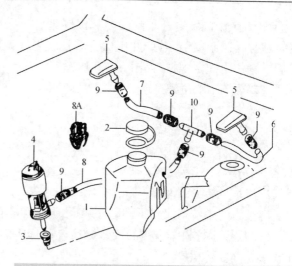

图 10-63 刮水器的结构
1-刮水臂；2-刮水橡胶条；3-防护罩；4、5、7-螺母；6-摆杆；8-支座；9-轴颈；10-电动机；11-曲柄

图 10-64 清洗装置的结构
1-储液罐；2-加液口盖；3-密封垫；4-喷水泵；5-喷嘴；6、7、8-塑料管；8A-软管夹子；9-橡胶管；10-三通接头

（4）用鲤鱼钳把两块钢片与橡胶条重新夹紧，并插入上端夹子,使夹子两边的凸缘均进入刮水橡胶条的限位槽内。

2. 曲柄定位位置的调整

（1）使刮水器电动机转到极限位置。

（2）装上曲柄，并调整到能看见管内螺纹为止。

3. 刮水器支座的更换

刮水器支座一经拆卸，就应进行更换。在拆卸刮水器支座时，用割刀切断铆钉，如图 10-65 所示。安装刮水器支座时，支座应支撑牢固，如图 10-66 所示。

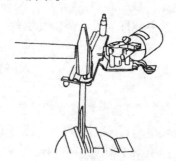

图 10-65 刮水器支座的拆卸　　图 10-66 刮水器支座的安装

三、学习工作页

完成汽车车身结构与拆装的实训任务，填写工作页表 10-2。

汽车车身结构与拆装工作页　　　　　　　　表 10-2

汽车车身结构与拆装	班级		姓名	
	日期		成绩	

实训目标：
1. 能讲述汽车车身的类型和特点；
2. 能指认汽车车身内外的各组成部分；
3. 能熟练拆装车门及附件总成。

实训设备：
汽车车身 3 个，轿车、载货汽车、客车各 1 辆。

1. 确认图 10-67 中的车身安全结构

图 10-67　车身安全结构

碰撞吸能机构_____；侧碰撞吸能机构_____；车门防侧撞杆_____；翻车保护装置_____；
吸能型车身_____；前碰撞吸能机构_____

2. 请指出图 10-5 所示车门部件是属于上述哪种安全机构
3. 运用所学知识判断表 10-3 中 A、B 两车身，哪个是承载式车身，哪个是非承载式车身

承载式车身与非承载式车身对比　　　　　　　　表 10-3

项目	图示
A	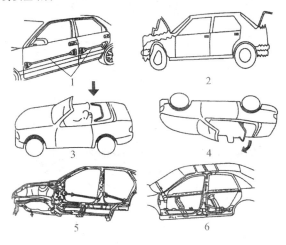

续上表

项 目	图 示
B	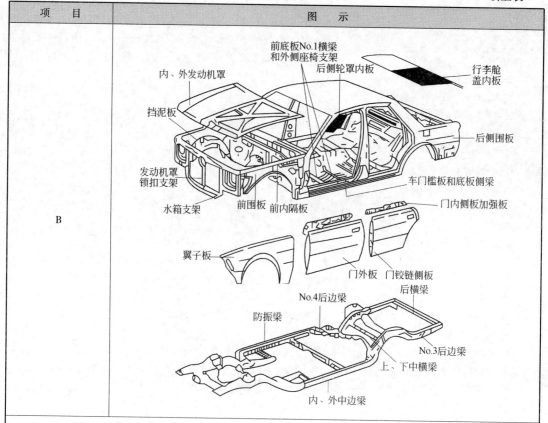

1. 确认图10-68中的轿车驾驶室内结构

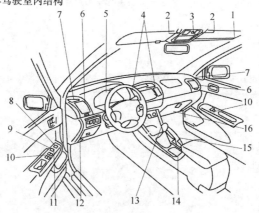

图10-68 轿车驾驶室内结构

辅助箱_____;个人用灯_____;车顶开关_____;中央通风口_____;仪表盘_____;
侧通风口_____;侧除霜器出口_____;电动后视镜控制开关_____;电动车门锁定开关_____;
电动车窗开关_____;车窗锁定开关_____;发动机罩锁定释放杆_____;
手动变速器变速杆_____;杯架_____;停车制动杆_____;杂物箱_____

续上表

2. 确认图 10-69 和图 10-70 中的轿车座椅和车内后视镜

图 10-69 轿车座椅

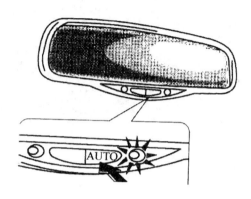

图 10-70 车内后视镜

座椅位置调节杆_____；
座椅高度调节钮_____；
座椅靠背位置调节杆_____；
座椅腰部支撑调节钮_____

描述其作用：
_____
_____
_____

3. 如图 10-71 所示，对轿车车身进行确认

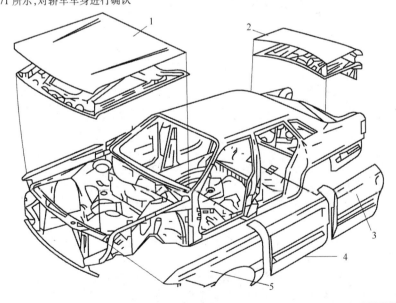

图 10-71 轿车车身

发动机罩总成_____；行李舱盖总成_____；左/右后门总成_____；左/右前门总成_____；
左/右翼子板总成_____

续上表

4. 确认轿车车身结构,将图10-72中的序号填入对应的横线处

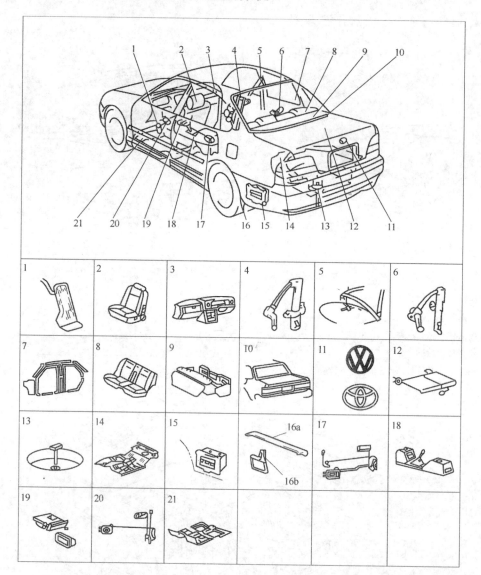

图10-72 轿车车身外部结构

警告牌_____;前挡泥板_____;发动机罩锁_____;前窗饰条_____;拉手_____;
前风窗玻璃_____;顶盖内衬_____;顶盖_____;锁筒组件_____;后角窗_____;
侧构件_____;后保险杠_____;燃油箱_____;后门_____;侧装饰条_____;前门_____;
地板隔热罩_____;发动机罩/前翼子板_____;地板纵梁_____;悬架横梁_____;
蓄电池支架_____;散热器格栅_____;前保险杠_____

5. 确认图10-73中的发动机罩和前翼子板

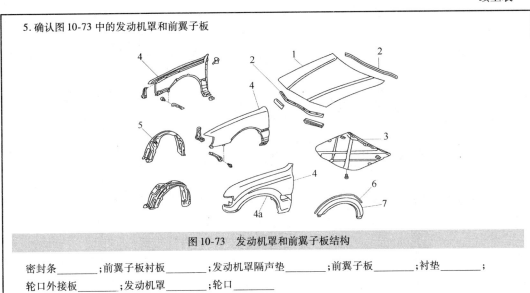

图10-73 发动机罩和前翼子板结构

密封条_____;前翼子板衬板_____;发动机罩隔声垫_____;前翼子板_____;衬垫_____;
轮口外接板_____;发动机罩_____;轮口_____

评 价 反 馈

1. 自我评价

(1) 通过本学习任务的学习你认为自己是否已经掌握汽车车身相关知识？
① 轿车、客车和载货汽车车身的结构特点是什么？有何异同点？
_____

② 桑塔纳车身总成由哪几部分组成，各有什么特点？
_____

③ 汽车座椅、电动车窗、电动后视镜、风窗刮水器、风窗洗涤器的作用、类型和工作原理是什么？
_____

(2) 在汽车车身结构拆装的过程中用到了哪些技能？你是否已经掌握了在工作中运用这些技能的正确方法？在汽车车身结构拆装的过程中用到了哪些设备和工具？你是否已经掌握了这些设备和工具的正确操作方法？
_____

(3) 实训过程完成情况。
评价：_____

(4) 仪容仪表是否符合职业规范？
评价：_____

(5) 能否积极主动参与工作现场的清理、清洁和整顿工作？
评价：_____

(6) 在完成本学习任务的过程中，你和同学之间的协调能力是否得到了提升？是否有过与其他同学探讨汽车车身故障维修接待过程中的有关问题？讨论的最多的问题是什么？讨论的结果是什么？
_____

(7) 通过本学习任务的学习，你认为还要学习汽车车身结构哪些知识和技能才能胜任汽车维修服务岗位？
_____

签名：_____ ____年____月____日

2. 小组评价（表10-4）

小组评价表　　　　　　　　　　　　　　　表10-4

序号	评价项目	评价情况
1	学习过程是否主动并能深度投入	
2	在实训过程中的执行力是否突出	
3	是否能按照职业人的要求对待到课率	

续上表

序号	评 价 项 目	评 价 情 况
4	学习态度是否符合要求	
5	是否合理规范地使用实训设备	
6	是否按照安全和规范的要求完成作业	
7	是否遵守实训场地的规章制度	
8	是否能主动地和他人在实训中合作	
9	是否能按要求对实训场地进行清理、清洁	
10	在团队活动中是否能做到相互尊重	

参与评价的同学签名：_____　　____年____月____日

3. 教师评价

_____

_____

教师签名：_____　　____年____月____日

参 考 文 献

[1] 陈家瑞.汽车构造[M].北京:机械工业出版社,2004.
[2] 王正键.现代汽车构造[M].广州:华南理工大学出版社,2006.
[3] 蒋勇.汽车结构与拆装[M].上海:复旦大学出版社,2008.
[4] 左适够.汽车结构与拆装(上册)[M].北京:高等教育出版社,2007.
[5] 汤定国,周亚.汽车结构与拆装(下册)[M].北京:高等教育出版社,2007.
[6] 丛树林,王峰.汽车底盘实训教程[M].北京:人民交通出版社,2008.
[7] 张立新,李振宇.汽车发动机及电器维修实训教程[M].北京:人民交通出版社,2009.
[8] 沈沉,张立新,虞耀君.汽车自动变速器维修实训教程[M].北京:人民交通出版社,2009.
[9] 曾鑫,卫登科.汽车底盘拆装技能实训[M].北京:人民邮电出版社,2008.
[10] 胡祥卫.汽车电器实训教程[M].天津:天津大学出版社,2009.
[11] 黄立新,武振跃.汽车底盘总成拆装[M].上海:上海科学技术出版社,2007.
[12] 尹广德.汽车发动机总成拆装[M].上海:上海科学技术出版社,2007.
[13] 刁毓亮.汽车发动机构造与维修[M].北京:中国劳动社会保障出版社,2008.
[14] 赵奇.汽车电气构造与维修[M].北京:中国劳动社会保障出版社,2008.
[15] 何宇漾.汽车车身电控技术[M].北京:中国劳动社会保障出版社,2007.
[16] 冷传广.汽车底盘构造与维修[M].北京:中国劳动社会保障出版社,2008.
[17] 梁代春.汽车零部件与总成识别[M].北京:机械工业出版社,2010.
[18] 陈高路.汽车发动机控制系统检测与维修工作页[M].北京:人民交通出版社,2008.
[19] 卢若珊.汽车发动机构造与检修[M].北京:国防工业出版社,2006.
[20] 潘伟荣.汽车空调[M].北京:机械工业出版社,2002.
[21] 汤定国.汽车发动机构造与维修[M].北京:人民交通出版社,2005.
[22] 沈锦.汽车底盘构造与检修学习工作单[M].北京:机械工业出版社,2009.
[23] 王正旭.汽车自动变速器原理与检修实用教程[M].北京:机械工业出版社,2012.
[24] 解福泉.汽车典型电控系统构造与维修[M].2版.北京:人民交通出版社,2011.

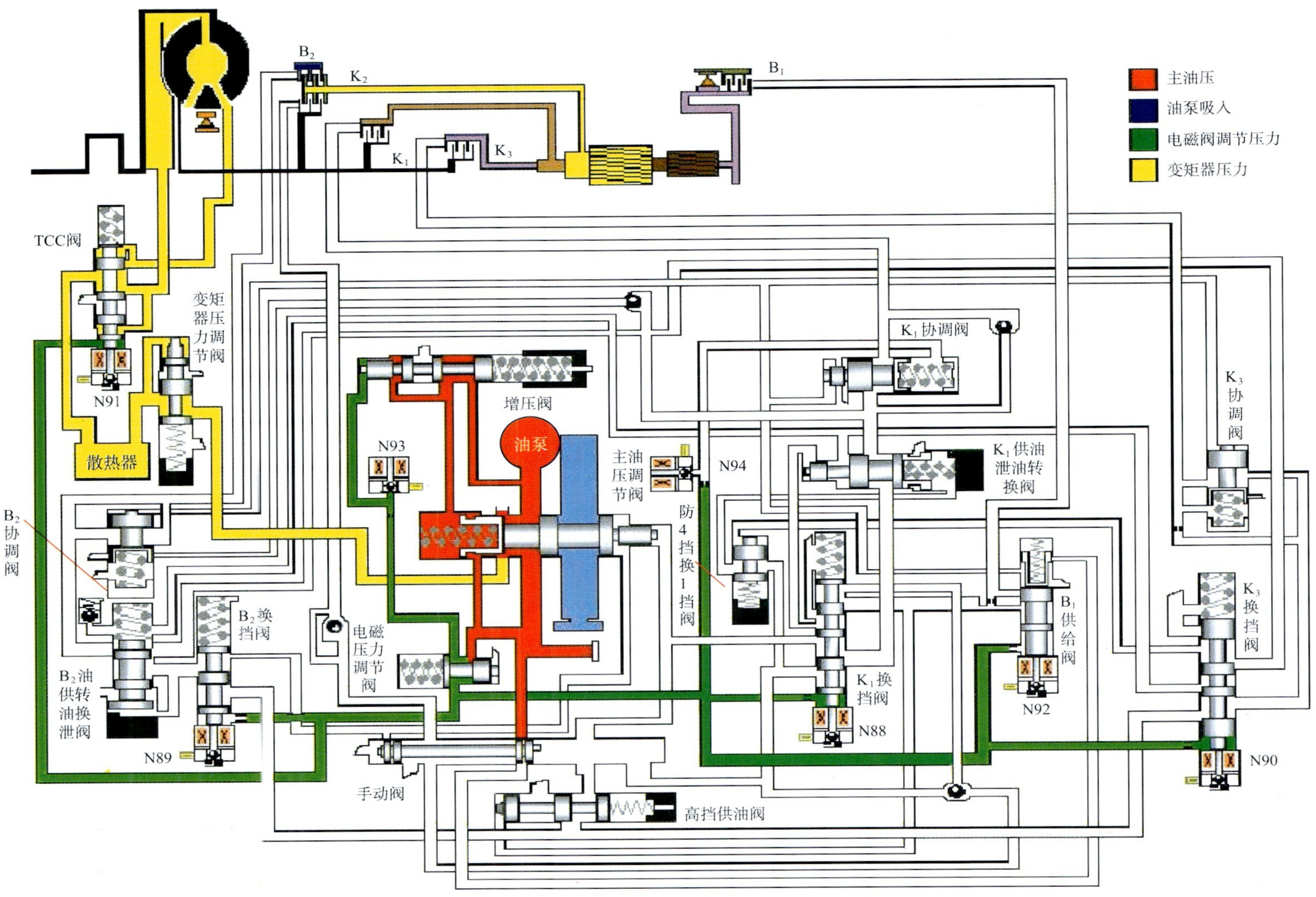
主油压
油泵吸入
电磁阀调节压力
变矩器压力
B_2
K_2
B_1
K_1
K_3
TCC阀
变矩器压力调节阀
N91
散热器
增压阀
油泵
N93
主油压调节阀
N94
K_1协调阀
K_1供油泄油转换阀
K_3协调阀
防4挡换1挡阀
B_2协调阀
B_2换挡阀
电磁压力调节阀
B_2油供转油换泄阀
N89
手动阀
高挡供油阀
K_1换挡阀
N88
B_1供给阀
N92
K_3换挡阀
N90

图 6-67　P 挡油路图

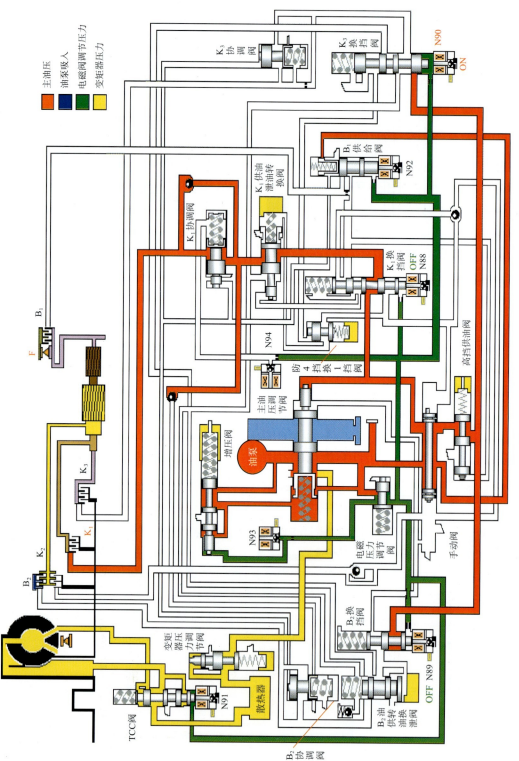

图 6-68 D 位 1 挡油路图

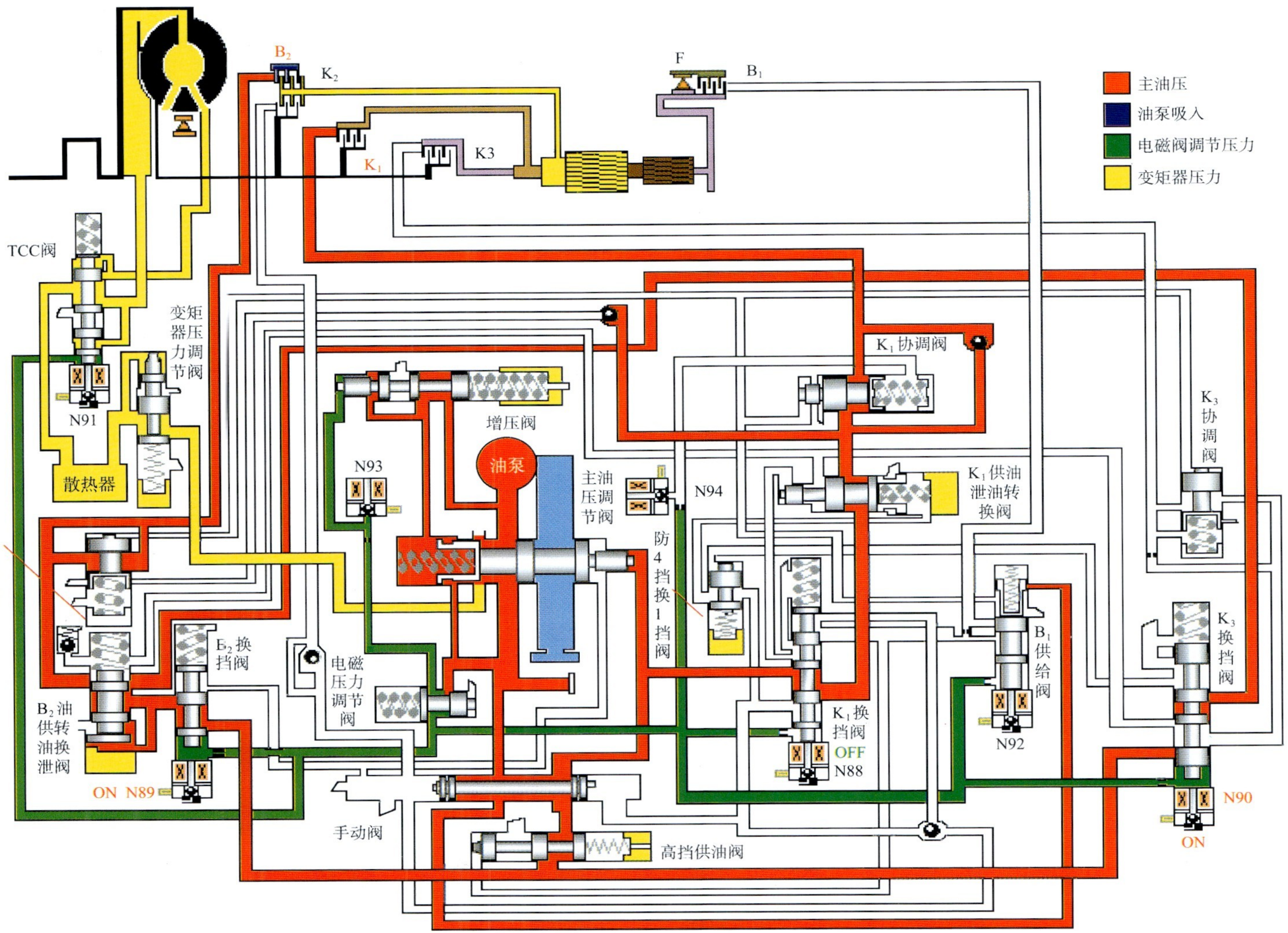

图 6-69 D 位 2 挡油路图

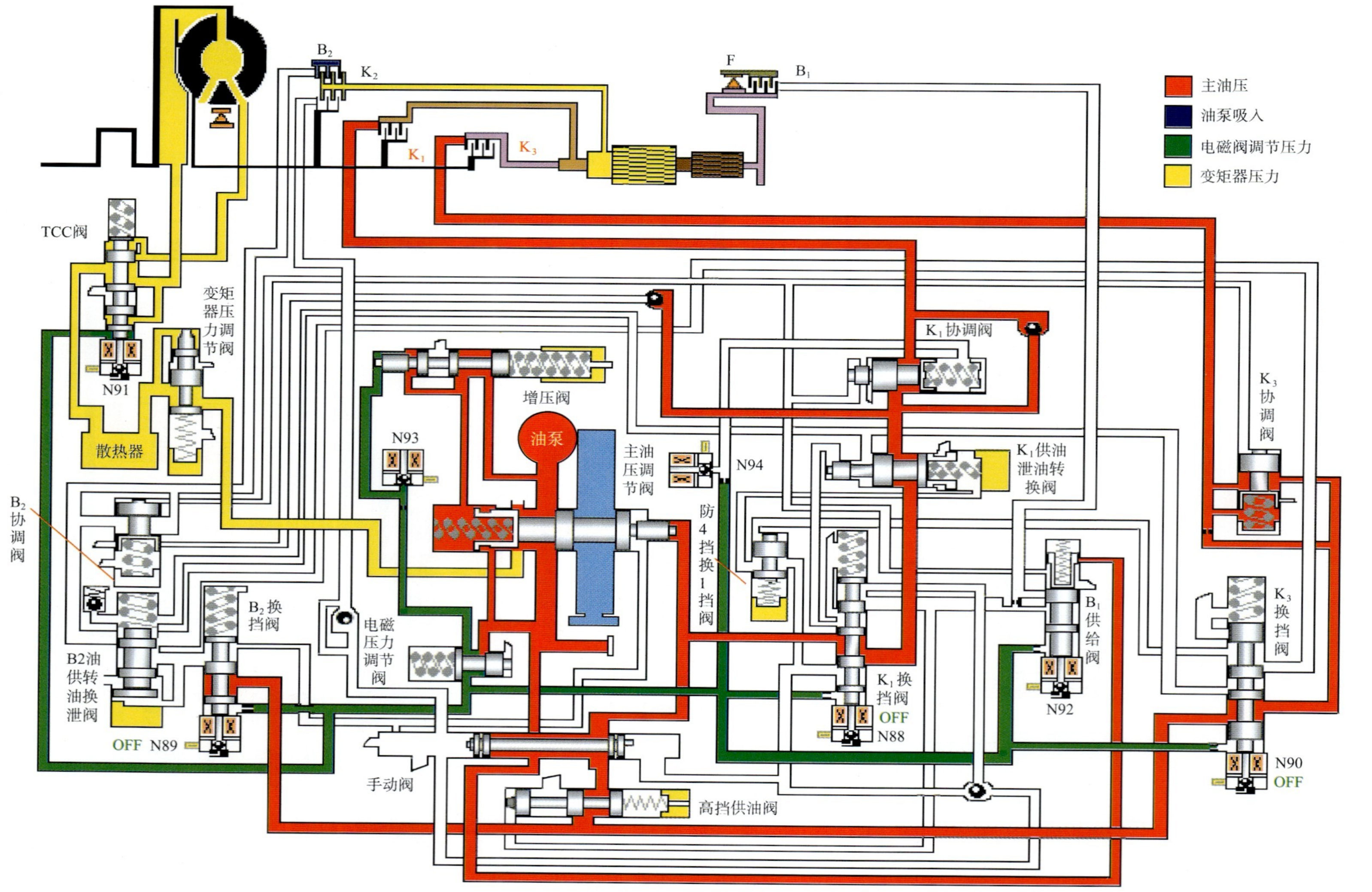

图 6-70 D 位 3 挡油路图

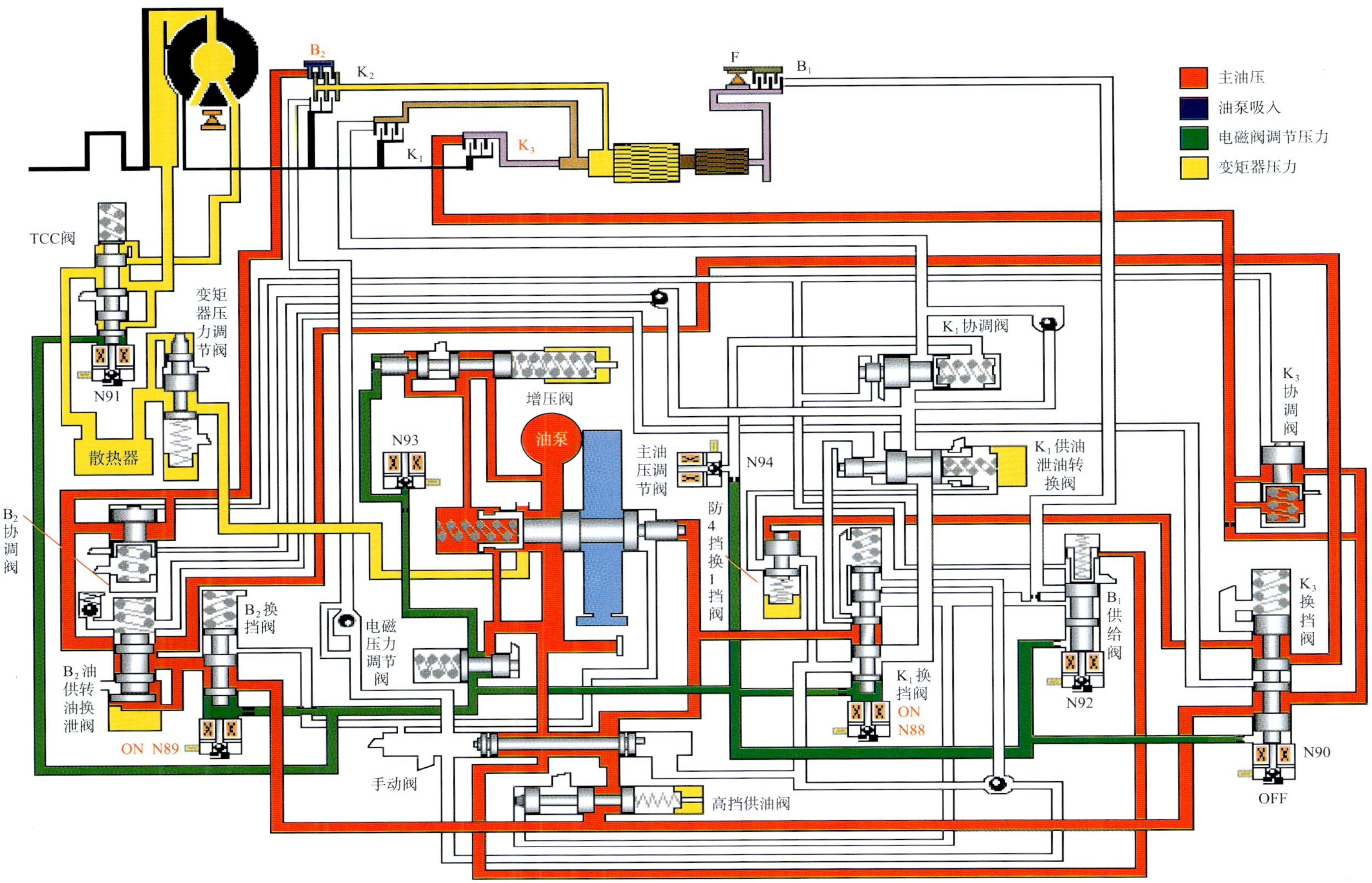

图6-71 D位4挡油路图

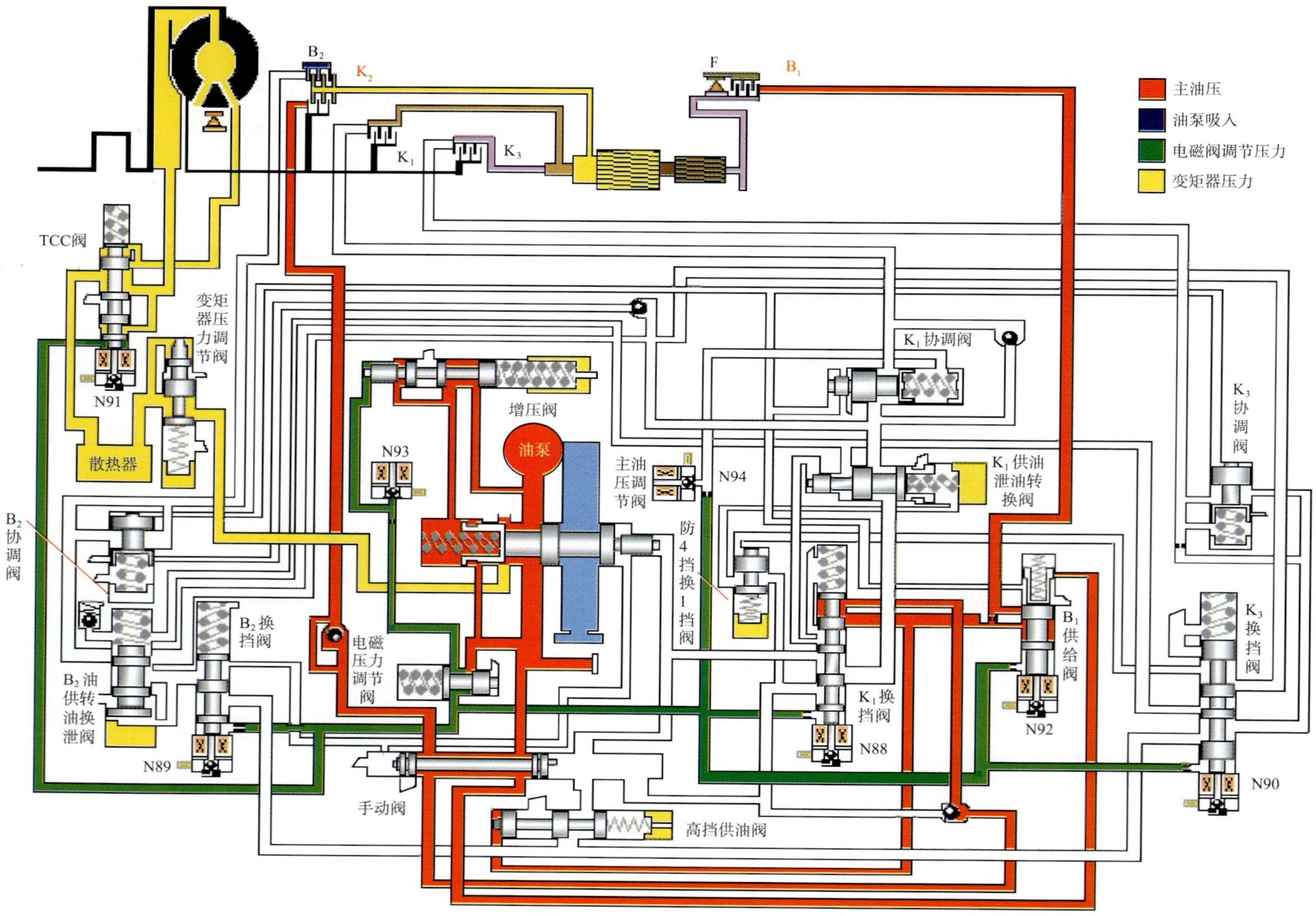

图 6-72 R 位倒挡油路图